KB136676

한국어의 어휘와 사전

배주채

1987년에 서울대학교 인문대학 국어국문학과를 졸업했다. 같은 대학원에서 1989년에 석사학위를, 1994년에 박사학위를 받았다. 현재 가톨릭대학교 국어국문학과 교수로 재직하고 있다. 저서로『국어음운론 개설』(1996/2011), 『고흥방언 음운론』(1998), 『국어학의 이해』(공저, 1999/2008), 『함북 북부지역어 연구』(공저, 2002), 『한국어의 발음』(2003/2013) 등이 있고, 편서로『한국어 기초어휘집』(2010), 번역서로『언어의 중심, 어휘』(2008)가 있다.
전자우편 cukbjc@catholic.ac.kr   **누리집** http://blog.daum.net/jolijo

한국어의 어휘와 사전

초판 1쇄 인쇄 | 2014년 9월 18일
초판 1쇄 발행 | 2014년 9월 25일

지은이 | 배주채
펴낸이 | 지현구
펴낸곳 | 태학사
등 록 | 제406-2006-00008호
주 소 | 경기도 파주시 광인사길 223
전 화 | 마케팅부 (031)955-7580~82 편집부 (031)955-7585~89
전 송 | (031)955-0910
전자우편 | thaehak4@chol.com
홈페이지 | www.thaehaksa.com

값은 뒤표지에 있습니다.
ISBN 978-89-5966-660-7 93710

이 도서의 국립중앙도서관 출판시도서목록(CIP)은 서지정보유통지원시스템 홈페이지 (http://seoji.nl.gp.kr)와 국가자료공동목록시스템(http://www.nl.go.kr/kolisnet) 에서 이용하실 수 있습니다.(CIP제어번호: CIP2014026573)

배주채 지음

한국어의
어휘와 사전

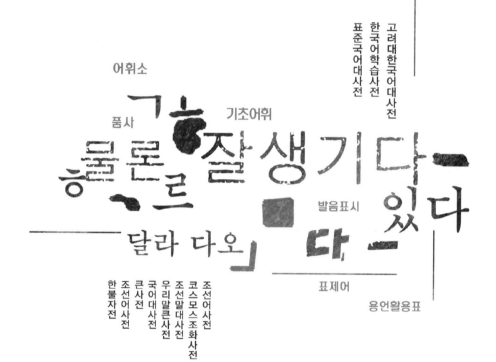

어휘소

품사 　기초어휘

고려대한국어대사전
한국어학습사전
표준국어대사전

발음표시

표제어

용언활용표

조선어사전
코스모스조화사전
조선말대사전
우리말큰사전
국어대사전
큰사전
조선어사전
한불자전

태학사

▌머리말

지난 15년간 한국어의 어휘와 사전에 관해 발표해 온 논문들을 묶어 책을 낸다. 어휘에 관한 논문 여섯 편과 사전에 관한 논문 다섯 편에다 어휘와 사전에 관한 간략한 해설 두 편을 새로 닦아 모두 열세 편을 꾸렸다. 사전과 관련된 저자의 첫 논문 「'그러다'류의 활용과 사전적 처리에 대하여」(1995)도 이 책에 함께 실릴 만하나 저자의 음운론 관련 논문을 묶은 『국어음운론의 체계화』(2008)에 이미 끼었으므로 이 책에서 빠졌다.

한국어의 어휘에 관한 학문적 연구는 이제 산만큼 쌓여 있고 또 해마다 적지 않은 논문과 책이 그 위에 겹으로 쌓이고 있는 것이 사실이다. 그러나 연구가 절실히 필요한 주제들을 골고루 그리고 제대로 연구하여 한국어 어휘의 참모습을 차근차근 밝혀 나가고 있다고 말하기는 어려운 듯하다. 특히 사전이라는 실용적 분야에 어휘연구가 얼마나 기여하고 있는지를 살펴보면 불만스러운 느낌을 감추기 어렵다.

저자는 한국어를 사용하고 언어를 이해하는 데 도움이 되는 지식, 우리의 삶을 윤택하게 하는 데 쓸모가 있는 지식을 생산하려는 태도로 이 분야의 연구에 임해 왔다. 그리고 그러한 지식을 다른 이들이 쉽게 받아들일 수 있는 정제된 형태로 빚어 내놓으려고 애를 써 왔다.

이제 저자의 연구결과를 모아놓고 보니 산을 이룬 연구물들 틈에서 내게 될 빛이 너무도 희미한 것 같아 망연하다. 또 간간이 길게 늘어진 글은 충분히 간결하게 다듬지 못한 탓이 아닌지 우려스럽기도 하다. 지금은 그렇게 흐릿하고 산만하지만 언젠가 산 전체를 밝히는 희망의 빛이 될 수도 있으리라 기대하며 굳이 엮어 놓는다.

그러한 기대가 실현되는 데 조금이라도 보탬이 될까 하는 심정으로 논문마다 '이 글을 다시 읽으며'라는 제목 아래 그 논문을 작성하게 된 배경이나 후일담, 더러는 현재의 심경을 덧붙였다. 그리고 바야흐로 세계화시대인 만큼 논문과 함께 작성되었던 외국어 요약문을 버리지 않고 책의 끝에 모았다. 외국어 요약문이 원래 달려 있지 않았던 2장, 5장, 8장, 10장에 대해서는 영어 요약문을 새로 작성해 구색을 맞추었다. 그 외에는 각 논문의 원래 모습 그대로 싣는 것을 원칙으로 했다.

오래 전부터 출판사업을 통해 국어학의 발전에 기여해 온 태학사에서 선뜻 이 책의 출간을 맡아 준 데 대해 더없는 감사를 드린다.

2014년 6월 30일
저자 씀

차 례

제1부　어 휘

1장

어휘론의 주요 개념

1. 어휘와 단어

어휘는 단어의 집합이다. '어휘'의 한자 표기 '語彙'에서 '語'는 단어를 가리키고 '彙'는 무리, 집합을 가리킨다. '어휘'에 대응하는 영어 단어는 'vocabulary'로서 역시 단어의 집합을 나타낸다.

간혹 단어를 가리키기 위해 '어휘'라는 말을 쓰는 것은 '어휘'의 뜻을 정확히 모르기 때문에 생긴 일이다. 예를 들어 일상적으로 흔히 쓸 법한 다음 문장들에서 '어휘'는 '단어'로 바꿔야 정확하다.

- 한 페이지에 모르는 <u>어휘</u>가 서너 개씩 등장한다.
- 글을 쓸 때 문맥에 맞는 적당한 <u>어휘</u>가 떠오르지 않으면 사전을 뒤적이게 된다.
- 시험에 자주 출제되는 <u>어휘</u>들을 모은 목록이 있나요?

이와 비슷한 오용이 '차량(車輛)'의 사용에도 나타난다. '차량'은 차의 집합을 나타내는 단어이다. 다음과 같이 특정한 차를 가리켜 '차량'이라고 표현하는 것은 잘못이다. '차량' 대신 '차'라고 표현해야 정확하다.

- 길가에 주차된 <u>차량</u>에 간판이 가려 보이지 않는다.
- 고객께서 소유하신 <u>차량</u>은 현재 시세가 600만 원 정도입니다.
- <u>차량</u>을 구입할 때 비용은 어떻게 지불하나요?

'단어'보다 '어휘'가, '차'보다 '차량'이 더 고급의 단어이다. 일반인들은 고급단어를 사용하면 더 지식이 있는 사람처럼 느낀다. 그러한 심리 때문에 순전히 전문가처럼 보이기 위한 목적으로 고급단어를 쓰는 사람이 많다. 영어학원 경영자는 '단어'보다 '어휘'를, 자동차 영업사원은 '차'보다 '차량'을 씀으로써 고객들에게 전문성을 드러내고 싶어한다. 결과적으로 '어휘'와 '차량'이라는 단어를 잘못 사용함으로써 오히려 전문성이 부족함을 들켜 버리는지도 모르면서 말이다. 국어를 연구하고 교육하는 전문가들은 국어 단어를 누구보다도 정확하게 사용해야 할 사명이 있다. '차량'보다 '어휘'의 오용이 더 큰 문제인 것은 그 때문이다.

영어에서는 'word'와 'vocabulary'의 혼동이 전혀 없다. 일본어에서도 '單語(tango)'와 '語彙(goi)'를, 중국어에서도 '单词(dāncí)'와 '词汇(cíhuì)'를 전혀 혼동하지 않는다. '단어'와 '어휘'를 혼돈의 세계로 빠뜨리고 있는 한국만 문제이다.

어휘론은 '어휘'를 정확히 규정하는 데서 출발한다.

2. 어휘와 문법

어휘와 문법은 상호보완적이다. 우리가 언어를 사용할 때 의미의 어떤 부분은 어휘가 담당하고 어떤 부분은 문법이 담당한다. 어휘와 문법이 서로 잘 도와야 적절한 의미를 가진 문장이 탄생한다. 예를 들어 비가 오는 상황을 표현한 다음 문장들도 모두 어휘와 문법의 협력으로 성립한다.

비다.
비 온다.
비가 내린다.
빗방울이 떨어진다.
비라도 왔으면.

이 문장들에 쓰인 명사 '비, 빗방울', 동사 '오-, 내리-, 떨어지-'는 모두 어휘적 요소이다. 이들을 제외한 나머지 요소들은 문법적 요소이다. 즉 조사나 어미 같은 눈에 보이는 형태들이 문법적 요소임은 물론이고, 조사가 쓰일 수 있는 자리에 쓰이지 않은 현상("비 온다."에서 '비' 뒤에 '가'가 쓰이지 않은 현상)도 문법적 요소이며, 어순도 문법적 요소이다.

이 문장들이 성립하기 위해서는 어휘적 요소와 문법적 요소가 모두 필요하다. "비라도 왔으면."의 경우 '비'라는 어휘적 요소(또는 그것을 대신하는 '소나기' 등의 다른 단어)를 반드시 사용해야 온전한 문장을 만들 수 있으며, '-었-으면'이라는 두 어미의 결합형을 사용하지 않고서는 원하는 의미를 정확히 표현할 수 없다.

비유컨대 벽돌로 담장을 쌓을 때 벽돌은 단어이고 한 벽돌을 다른 벽돌과 연결하는 방법은 문법이다. 벽돌의 방향과 위치, 그리고 벽돌끼리 붙게 해 주는 모르타르 등이 문법이다. 두 가지 요소 중 어느 한쪽만 가지고는 제대로 된 벽돌담을 쌓을 수 없다.

어휘와 문법의 경계가 어디인지는 언어마다 다르다. 국어의 경우 의존명사를 어휘적 요소로 보는 관점도 가능하고 문법적 요소로 보는 관점도 가능하다.

> 해가 뜨기를 기다린다.
> 해가 뜨는 것을 기다린다.
> 해가 뜨는 순간을 기다린다.

'-기'는 누가 봐도 문법적 요소이다. 그러나 '것'은 문법적 요소로 볼 수도 있고 어휘적 요소로 볼 수도 있다. 두 문장을 비교할 때 '-기'와 '-는 것'의 기능이 거의 같기 때문에 문법 연구자들은 '-는 것'을 명사형어미처럼 다룰 때가 많다. 전형적인 명사형어미인 '-음', '-기'와 함께 '-는 것'을 명사절을 구성하는 문법적 요소로 인정하는 연구자가 많은 것이다.

그러나 둘째 문장을 셋째 문장과 비교하면 '것'은 '순간'과 마찬가지로 체언임이 분명하며 '것'을 어휘적 요소로 기술하는 데에 아무런 문제가 없음을 알 수 있다. 의존명사 '것'은 어휘와 문법의 경계에 있다고 할 수 있다. 어휘의 영역을 넓게 잡으면 '것'은 어휘적 요소가 되고 문법의 영역을 넓게 잡으면 문법적 요소가 되는 것이다. 달리 말해서 '-기'는 문법론의 연구대상이고 '순간'은 어휘론의 연구대상이지만, '것'은 연구자의 관점에 따라 문법론에서 다룰 수도 있고 어휘론에서 다룰 수도 있다.

어휘와 문법의 경계에 있는 다른 대표적인 요소로 보조용언을 들 수 있다. '(-어) 보다, (-어) 주다, (-어) 있다, (-고) 있다' 등의 보조용언은 단어의 지위를 가지기 때문에 어휘론에서 다루는 것이 옳겠지만 현실에서는 어휘론보다 문법론에서 다루는 일이 많다. 보조용언을 어휘의 영역에 넣을 것인가 문법의 영역에 넣을 것인가 하는 것은 이론적인 태도에 따라 달라진다.

단어는 형태소라는 더 작은 단위들의 결합으로 기술할 수 있다. 형태소가 결합하여 단어를 구성할 때 작용하는 법칙을 조어법(또는 단어형성법)이라 한다. 조어법을 단어에 관한 문법으로 간주하여 문법의 영역을 넓게 잡는 일이 많다. 그렇게 되면 문장에 관한 문장문법과 단어에 관한 단어문법(=조어법)을 통틀어 문법이라고 규정하게 된다.

단어는 원칙적으로 어휘적 요소이므로 단어의 조어구조에 관한 법칙도 어휘의 영역에 든다고 해야 할 것이다. 그런데 단어문법과 문장문법은 유사한 부분이 꽤 많다. 그래서 조어법을 관점에 따라 어휘의 영역에 넣기도 하고 문법의 영역에 넣기도 한다. 마찬가지로 조어론을 어휘론의 하위 분야로 보기도 하고 문법론의 하위 분야로 보기도 한다.

3. 어휘소

어휘를 단어의 집합이라고 정의하는 것은 이해하기 쉽기는 하지만 정확하거나 정교한 것은 아니다. 어휘라는 집합을 구성하는 원소는 단어라기보다 어휘소(語彙素 lexeme)이기 때문이다. 단어와 어휘소가 일치하는 언어의 경우에는 어휘를 단어의 집합이라고 정의하는 것이 문제가 없지만 국어의 경우에는 어휘소의 개념이 분명하게 정립되어 있지 않고 '어휘소=단어'라는 등식을 인정할지도 확실하지 않으므로 그러한 정의는 부정확한 것이다.

어휘소를 어떤 관점에서 정의하느냐에 따라 어휘소의 개념이 조금씩 달라진다. 여기에 정설이라 할 만한 것은 아직 없는 듯하다. 그러나 어휘소를 어휘라는 집합의 원소라고 전제하는 데서 출발하면 어휘소의 정체가 비교적 뚜렷해진다.

국어에서 어휘소의 전형은 9품사 중에서 조사를 뺀 8품사이다.

　명사, 대명사, 수사, 동사, 형용사, 관형사, 부사, 감탄사

이 8품사는 어떤 관점에서 어휘소를 규정하든 어휘소로 인정하게 되므로 가장 좁은 의미의 어휘소를 구성한다고 할 수 있다. 조사는 국어문법론에서 일반적으로 단어로 인정하나 문법적 요소로 보는 것이 일반적이고 또 합리적이다. 단어를 실사(實辭)와 허사(虛辭)로 나누는 동아시아의 전통을 상기하면 위의 8품사는 실사이고 조사는 허사이다. 다시 말해 어휘소의 전형은 실사이다.

'착하다, 피하다, 깨끗하다, 화려하다'의 어근 '착, 피, 깨끗, 화려'와 '소곤소곤, 어슬렁어슬렁'의 어근 '소곤, 어슬렁' 등도 어휘적 의미를 충분히 가지고 있으나 단어의 일부에 불과하므로 어휘소로 보기 어렵다. 특히 이들을 어휘소로 보면 이들이 구성하고 있는 '착하다, 소곤소곤' 등을 어휘소로 중복하여 인정하게 되는 문제 때문에 어근을 어휘소로 인정하는 것은 불합리하다.

연어, 숙어, 속담은 문법론보다 어휘론에서 주로 다룬다. 그것은 이들이 어휘론적으로 실사와 같은 지위를 가진다고 보기 때문이다. 여기에는 이들을 어휘소로 인정한다는 전제가 깔려 있다. 이들을 어휘소로 보게 되는 이유는 이들이 문장 속에서 문법적으로나 의미상으로 한 단위처럼 행동한다는 데 있다.

　연어: 소리가 나다, 눈을 감다, 약속을 하다, 엄청나게 크다, 땀을 뻘뻘
　　　　흘리다
　숙어: 새빨간 거짓말, 쥐 죽은 듯, 가슴에 손을 얹고 생각해 보다, 해가

서쪽에서 뜨다

속담: 약방에 감초, 가는 날이 장날, 집 떠나면 고생이다, 소 잃고 외양
간 고친다

이들은 주어진 구조를 바꾸지 않은 채 문법적으로 한 단위처럼 행동할
때가 많다. 또 숙어와 속담은 의미 해석이 특별히 정해진 쪽으로만 이루
어진다는 면에서 의미상으로도 한 단위로 보는 것이 유리하다.

그런데 이들을 어휘소로 인정하면 어근을 어휘소로 인정할 때와 똑같
은 문제에 부딪친다. 일반적인 단어로서의 '소리, 새빨갛다, 약방' 등을 이
미 어휘소로 인정한 상태에서 이들을 포함한 구나 문장을 다시 어휘소로
인정하는 것은 불합리하다. 연어, 숙어, 속담이 문법적·의미적 고정성을
가지고 있다는 점만으로 어휘소의 자격을 줄 수는 없다.

용언의 활용형과 어휘소의 관계도 분명하게 규정할 필요가 있다. 국어
의 동사와 형용사는 반드시 어미를 동반한다. 학교문법에서는 어미가 붙
은 활용형이 곧 용언 자체인 것으로 전제하고 있고 학계에서도 그러한
견해를 취하는 사람이 많다. 그러나 활용형을 이른바 어간과 어미로 분석
하고 그 둘이 각기 독자적인 의미와 문법적 기능을 가지고 있다는 상식을
깨뜨리지 않으려면 활용형과 용언을 동일시해서는 곤란하다. 이른바 어
간만이 용언이며 어미는 용언의 일부가 아니라고 보아야 한다.

예를 들어 활용형 '붙잡았으면'은 어간 '붙잡-'과 어미 '-았으면'으로 분
석된다. '-았으면'은 다시 어미형태소 '-었-'과 '-으면'으로 분석된다. 여기
서 '붙잡-'만이 동사이다. '-았으면'은 '붙잡-'이라는 동사의 일부가 아니다.
종결어미 '-다'를 붙인 형태 '붙잡다'를 동사라고 말하는 것은 소통의 편의
를 위한 것이다. '붙잡-'만 동사이고 '-다'는 어미라고 말하는 것이 정확하
다. 이렇게 하면 동사어간이니 형용사어간이니 하는 용어는 불필요해진

다. 그냥 동사에 어미가 붙고 형용사에 어미가 붙는 것으로 기술하면 된다. 결국 활용형에서 어미를 제거하고 남은 부분이 용언으로서 어휘소에 속한다고 할 수 있다.

요컨대 국어에서 어휘소는 8품사에 속하는 단어들뿐이다. 조사를 단어로 보는 것은 학교문법의 전통에 따른 것으로서 어휘와 문법의 경계를 정하는 자리에서는 조사를 문법적 요소로 보고 단어로 인정하지 않는 것이 바람직하다. 즉 국어의 단어는 전통적으로 실사로 불렸던 8품사에 속하는 말들만 가리키는 것으로 규정하는 것이 합리적이다. 또 이들만을 어휘소로 보는 것이 합리적이다. 위에서 어휘와 문법의 경계에 놓인 요소라고 한 의존명사와 보조용언도 품사분류에서는 각각 명사와 용언에 들므로 어휘소로 볼 수 있다.

이제 어휘론의 관점에서 국어의 어휘소를 다음과 같이 규정한다.

국어의 어휘소는 단어와 같다.
국어의 어휘소는 문법적으로 8품사로 분류된다.

4. 단어의 분류와 어휘체계

단어는 여러 속성의 복합체이다. 속성이 같은 단어들을 묶는 것이 단어의 분류이다. 한 단어는 특정한 속성을 공유하는 다른 단어들과 함께 한 무리를 이룬다. 한 단어는 여러 무리에 동시에 속한다. 예를 들어 '생각'이라는 단어는 어떤 속성을 기준으로 무리를 짓느냐에 따라 이쪽 단어들과 한 무리가 되기도 하고 저쪽 단어들과 한 무리가 되기도 한다.

'생각'의 여러 속성과 이웃 단어들

속성의 범주		속성의 예	속성을 공유하는 단어들
형태	발음	2음절	버릇, 사진, 시작, 서른, 붙잡-, 어라, 허튼, 벌써, 아야
	표기	ㄱ자 두 개	가족, 과학자, 콩나물국, 푸르죽죽, 걸어가다
문법	품사	명사	땅, 말, 대표, 버릇, 시작, 낯가림, 디자인, 삼등분, 비닐봉지, 미나리아재비, 때문, 마리
	공기	의존명사 '중' 바로 앞에서 '중'을 수식할 수 있음(생각 중)	가족, 고민, 공기, 근무, 오전, 회의
의미		정신활동을 뜻함	갈등, 고민, 관심, 기억, 믿음, 추측, 배우다, 잊다
사용		기초단어	값, 날씨, 많다, 앉다, 천천히, 글쎄
형성	조어	뒤에 '하다'가 붙어 동사가 됨(생각하다)	더, 뜻, 말, 잘, 구경, 시작, 가까이, 낯가림, 삼등분, 게을리, 비틀비틀
	역사	고유어	얼굴, 자네, 서른, 붙잡-, 어라, 허튼, 따로, 아야

　속성의 범주 하나에 여러 속성이 포함될 수 있다. '생각'이 가진 발음 범주의 속성에는 자음 'ㅅ'으로 시작한다는 속성도 포함되고 평순모음만 가진다는 속성도 포함된다. '생각'이 가진 공기(共起 co-occurrence) 범주의 속성에는 다른 명사 바로 뒤에서 그 명사의 수식을 받을 수 있다는 속성 도 포함된다(결혼 생각, 날씨 생각, 돈 생각, 친구 생각).

　이들 속성 가운데 2음절어라는 속성, 명사라는 속성, 뒤에 '하다'가 붙 어 동사가 될 수 있다는 속성을 기준으로 '생각'을 포함한 몇 단어를 분류 한 것을 그림으로 나타내 보면 다음과 같다. 만약 네 가지 이상의 속성에 따라 분류한 내용을 그림으로 정확히 나타내려면 이보다 더 복잡한 그림 을 그려야 할 것이다.

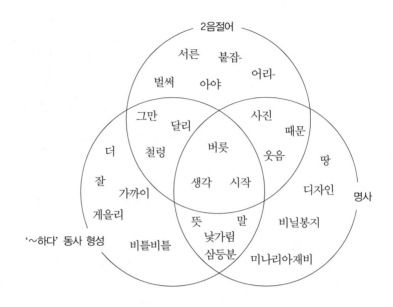

2음절어

서른 붙잡-

벌써 아야 어리-

그만

달리 사진

더   철령 때문

잘 버릇 땅

가까이 웃음 디자인

게을리 생각 시작 명사

뜻 말 비닐봉지

'~하다' 동사 형성 낯가림 미나리아재비

비틀비틀 삼등분

　'생각'이라는 단어는 이 그림에 있는 단어들을 포함한 많은 단어들과 일정한 관계를 맺고 있다. '생각'과 어떤 다른 단어의 관계가 깊고 얕은 정도는 각기 다르다. 공유하는 속성이 많으면 그 관계가 깊을 것이고 적으면 얕을 것이다. 예를 들어 위 그림에서 '생각'과 '버릇'의 관계는 '생각'과 '비틀비틀'의 관계보다 깊다.

　다른 단어들과 맺고 있는 관계를 한 단어에 대해서만 살펴보아도 매우 복잡한 모습을 보게 된다. 수많은 단어가 서로서로 맺고 있는 관계를 한꺼번에 파악하는 것은 엄청난 작업이 될 것이다. 그러므로 실제로 이루어지는 어휘적 작업은 대개 거대한 어휘체계의 한 부분에 집중하기 마련이다. 예를 들어 의미적 속성을 기준으로 하면 어휘장(語彙場 lexical field)을 확인할 수 있다. '생각'은 '갈등, 고민, 관심, 기억, 믿음, 추측, 배우다, 잊다' 등과 함께 한 어휘장을 구성한다. 그리고 조어적 속성을 기준으로 하면 단어족(單語族 word family)을 확인할 수 있다. '생각'에 '하다'를 붙여 만든 합성동사 '생각하다'는 '더하다, 뜻하다, 구경하다, 가까이하다, 낯가림하다, 비틀비틀하다' 등과 함께 한 단어족을 구성한다. 또 '생각'을 어기로 하여 만들어진 합성어와 파생어들도 하나의 단어족을 이룬다. '뒷생각, 딴생각, 별생각, 속생각, 잡생각, 토막생각, 헛생각, 생각나다, 생각되다, 생각하다, 뒷생각하다, 딴생각하다, 속생각하다, 헛생각하다' 등이 그것이다.

5. 어휘와 사전

한 언어의 어휘가 보여 주는 복잡다단한 모습을 명시하려는 노력의 결과가 사전이다. 사전은 어휘에 관한 정보를 모아 놓은 책이다. 어휘연구의 결과는 결국 사전에 반영된다.

외국어를 배울 때 그 언어의 표기와 발음을 배우는 것을 제외하면 학습내용은 크게 문법과 어휘로 나누어진다. 문법을 배우기 위해 문법책을 공부해야 하고 어휘를 배우기 위해 사전을 참고해야 한다. 문법에 관한 지식과 어휘에 관한 지식을 바탕으로 말하기, 듣기, 쓰기, 읽기를 수행하는 훈련이 외국어 학습의 핵심이다. 이러한 관점에서 문법과 문법책의 관계가 어휘와 사전의 관계와 같다고 할 수 있다.

기존의 어휘연구의 결과가 사전에 반영되어 있다고 전제한다면 새로운 어휘연구의 출발점 역시 사전이 되어야 한다. 어휘연구의 기본적인 방향은 사전에 기술된 내용의 개선이라고 할 수 있는 것이다.

그런데 최근의 어휘연구는 아직 사전에 반영되지 않은 것도 있을 수 있다. 또 사전의 어떤 내용은 어휘연구보다 앞서 사전편찬자가 밝혀 낸 것일 수도 있다. 그러므로 사전편찬과 어휘연구는 서로 돕고 보완함으로써 발전해 나갈 수 있다.

2장

국어 어휘의 통계적 특징

1. 머리말

1.1. 목적

어휘는 발음, 표기, 문법 같은 이웃 부문에 비해 단위의 개수가 현저히 많은 부문이다. 어휘의 단위를 일반적으로 단어로 보고 있으므로 수많은 단어가 어휘를 구성하는 방식이 어떠한가에 어휘론의 주된 관심이 놓이게 된다. 그런데 우리는 아직 국어에 단어가 몇 개나 있는지조차 제대로 말할 수가 없다. 1999년에 역대 최대의 확장형 국어사전인 『표준국어대사전』(이하『표준』으로 약칭)이 나왔으므로 이 사전의 표제어 수에 근거하여 국어에 약 50만 단어가 존재한다는 이야기를 할 수 있게는 되었다.

그러나 『표준』과 같은 확장형 국어사전의 표제어 수와 국어 단어의 수를 동일시할 수 없는 것은 다음과 같은 몇 가지 이유 때문이다.

    (1) 국어사전의 표제어로 단어가 아닌 것도 포함되어 있다. 다시 말해서 단어 이하의 단위인 이형태와 형태소, 단어 이상의 단위인 구와 문장의 형식을 띤 표제어들이 적지 않게 들어 있다. 예를 들어 『표

준』의 본문 첫 면에 실린 표제어 가운데 자모 'ㄱ', '가하다'(힘을 가하다)의 어근 '가(加)', 접미사 '-가(哥)', 접두사 '가(假)-' 등이 형태소로 된 표제어들이며 주격조사 '가'는 이형태로 된 표제어이다. 또 '과학의 날'이나 '금동 미륵보살 반가상'은 구 형식의 표제어이고 '누구를 위하여 종은 울리나'는 문장 형식의 표제어이다.

(2) 현대국어를 대상으로 한 공시적인 국어사전이라고 하기에는 이른바 유령어(ghost word)들이 많이 들어 있다. 유령어란 그 쓰임을 실제 언어자료에서 확인할 수 없는 단어로서 대부분이 예전 사전에 들어 있던 표제어를 그대로 가져온 것들인데 그런 단어들은 일종의 고어로 처리해야 옳을 것이다.

(3) 현대국어에 존재하는데 국어사전에 표제어로 실리지 않은 단어도 많다. 끊임없이 생겨나는 신어들이 그 예이며, 한편으로는 생긴 지 꽤 오래되었음에도 아직 표준어로 인정받지 못한 비운의 단어들도 있을 수 있다.

(4) 한 어휘소의 서로 다른 어형들이 각각 표제어로 올라 있어 마치 서로 다른 단어인 것처럼 기술된 예들도 있다. 『표준』에서 '어저께'는 '어제'와 동의어로 풀이하고 있는데[1] 이것은 둘을 서로 다른 어휘소로 본다는 뜻이다. 그러나 둘은 같은 어휘소에 속하는 서로 다른 어형이라고 보아야 할 것이다. 또 '내'는 대명사 '나'가 주격조사나 보격조사 앞에 쓰일 때의 형태로 풀이되어 있어 역시 독립된 어휘소가 아니다. 사전학적으로 엄밀히 말하면 '어저께'나 '내'처럼 어형을 표제화하는 것은 그것이 속한 어휘소 표제어로 이용자를 안내하기 위한 것이며 이들을 특별히 가표제어라 부른다.

---

1 비슷한 처지에 있는 '그제'는 '그저께'의 준말로 풀이하고 있어서 처리방식이 다르다.

상황이 이와 같다 하더라도『표준』을 바탕으로 국어에 50만 개 정도의 단어가 존재한다고 말하는 것이 의미가 없지는 않을 것이다. 단어가 끊임없는 생멸의 과정에 있기 때문에 한 언어의 전체 단어 수를 확정할 수 없을 바에야 대체적인 수에라도 바탕을 두고 그 다음 작업을 하는 것이 이득일 수 있기 때문이다. 이러한 전제를 깔고 우리는 국어 어휘의 구성을 어림하기 위해『표준』과 같은 사전의 통계를 활용하고자 한다.

확장형 국어사전은 빈도가 매우 높은 중요한 단어나 빈도가 매우 낮은 어려운 단어나 각각 한 단어의 자격을 주고 있기 때문에 국어 어휘에 대해 언중이 느끼는 체감 특징을 그대로 보여주기 어렵다. 따라서 중요한 단어만 모아 따로 통계적으로 분석하는 방법도 병행하는 것이 국어 어휘의 전체적인 경향을 파악하는 데 도움이 될 것이다. 그래서 기초어휘 목록에 바탕을 둔 통계와『표준』의 표제어에 바탕을 둔 통계를 비교하여 분석하는 데에 이 글의 목적을 두고자 한다.

1.2. 자료

국어 어휘 전체에 대한 통계는『표준』을 통계적으로 분석한 이운영(2002)를 바탕으로 작성한다.[2] 이에 따르면『표준』의 총 표제어 수는 509,076개이다.[3]

---

2 『표준』의 통계적 분석은 정호성(2000)에서 처음 이루어졌으나 더 정확하고 상세한 통계를 보여 주는 것이 이운영(2002)이다.

3 도원영·차준경(2009)는『고려대 한국어대사전』(2009)을 대상으로 이운영(2002)와 비슷한 사항들에 대해 통계를 제시하고 있어서 역시 국어 어휘 전체의 통계적 경향을 보여 준다. 이 사전은 총 표제어 수가 386,889개로서『표준』의 총 표제어 수의 76% 정도이지만 전체적인 통계적 경향은 비슷하게 나타나 있다. 한편 문영호(2001:27)은 북한의『조선말대사전』(1992)의 표제어 중 일반어(즉 전문어가 아닌 단어) 184,705개에 대한 통계표를 제시하

기초어휘에 대한 통계 작성에는 우선 조남호(2003)을 이용할 수 있다. 이것이 국어의 기초어휘 목록 가운데 최신의 것이면서 동시에 가장 정제된 것이기 때문이다. 이 목록은 조사를 뺀 8가지 품사에 속하는 단어 가운데 한국어 학습자가 초급(1, 2급), 중급(3, 4급), 고급(5, 6급)에서 배워야할 5965개를 모은 것이다. 이것을 초급(A) 982개, 중급(B) 2111개, 고급(C) 2872개로 구분해 놓았다. 그런데 조남호(2003)은 기초어휘 목록으로서 다음과 같은 몇 가지 문제를 지니고 있다.

(5) 외국인의 처지를 고려한 결과 한국문화에 관련된 단어의 비중이 너무 높다. 특히 고유명사의 상당수가 한국문화에 관련된다는 이유로 중요도가 과장되어 있다. 예를 들어 A등급 '남대문, 남대문시장'은 이 목록의 작성에 참고하기 위해 현대국어 말뭉치에서의 출현빈도를 조사한 조남호(2002)에서 각각 11번, 12번 출현한 것으로 조사되어 있는데 일반 단어 58,437개에 대한 빈도순위로 환산해 보면 12,000위쯤에 해당한다. 강범모·김흥규(2009)의 부록 CD의 빈도순위 목록에는 '남대문'과 '남대문시장'이 각각 공동 11,220위, 공동 26,199위에 놓여 있다. 이러한 단어를 한국문화를 대표한다고 보고 982단어의 초급어휘 안에 넣는 것은 지나친 처사로 생각된다.[4]

(6) 한국문화 관련 단어 외에도 중요도 판정에 문제가 있는 단어들이

고 있는데 『표준』, 『고려대 한국어대사전』과 부분적으로 다소 다른 통계적 특징을 보인다. 이는 남북한 언어 자체의 이질성이나 남북한 사전 기술 태도의 차이보다는 주로 통계 처리 방법의 차이에서 기인한 것으로 보인다.

4 한국에 갓 와서 한국어를 배우기 시작한 초급 학습자에게 한국의 문화재나 한국의 시장문화에 관해 '남대문, 남대문시장' 같은 단어를 가지고 수업을 하는 것이 효과적이라고 보는 관점도 있을 수 있다. 그러나 그것은 거주지가 서울에서 멀어 남대문과 남대문시장을 구경할 기회가 거의 없는 수많은 학습자들에게 일종의 지역차별이 될 위험이 크다.

있다. 예를 들어 B등급 '줄무늬'는 조남호(2002)에서 출현빈도가 20번이고 빈도 순위가 8219위인 단어인데 교재, 교과서, 교양, 문학, 신문, 잡지, 대본, 구어, 기타 분야 중 교양 분야의 말뭉치에서 17번 출현하고 교재 분야에 1번, 문학 분야에 2번 출현하여 분포가 보편성이 있다고 하기 어려운 단어이다. 강범모・김흥규(2009)의 부록 CD에 의하면 '줄무늬'의 출현빈도는 공동 15,660위이다. C등급에 넣어야 할지도 망설여지는 단어이다.

(7) 표준어 판정이나 단어 판정에 문제가 있는 예가 있다. C등급의 부사 '그제서야'는 역시 C등급에 들어 있는 부사 '그제야'의 비표준어이다. 또 §1.1에서 본 바와 같이 '어제'와 '어저께'는 같은 어휘소이므로 목록에 한 단어로 올라야 할 텐데 명사 '어제'와 부사 '어제'를 각각 A등급으로, 명사 '어저께'를 C등급으로 수록했다. 품사가 다르면 다른 항목으로 간주한다는 작업 방침을 받아들인다 하더라도, 그리고 부사 '어저께'를 제외했다는 비일관성을 눈감아준다고 하더라도 '어저께'를 '어제'와 분리하여 C등급으로 다시 수록하는 것은 옳지 않다고 할 것이다. 그리고 '그렇게, 이렇게, 저렇게' 등은 각각 '그렇다, 이렇다, 저렇다'의 활용형에 불과한데도 품사 대신 "분석 불능"이라는 이름을 붙여 단어처럼 B등급으로 실었다.[5] 이들도 어휘소라 할 수 없으므로 기초어휘에 수록할 항목으로 인정할 수 없다. 또 A등급 동사 '가지다'와 B등급 동사 '갖다'는 같은 어휘소의 어형들이며 A등급 보조용언 '가지다'와 B등급 보조용언 '갖다'도 마찬가지이다. 어휘론적으로는 이들 넷을 한 어휘소로 보는 것이 옳을 것이다.

---

5 이들과 마찬가지로 활용형이면서 이들만큼 많이 쓰이는 '어떻게'는 실려 있지 않다.

이런 문제점을 고려하여 기초어휘를 새롭게 선정한 배주채 편(2010)을 바탕으로 기초어휘에 대한 통계를 작성한다. 배주채 편(2010)은 한국어 학습자가 1급부터 4급까지 배울 단어 2700개를 제시했다.

이운영(2002)와 배주채 편(2010)은 서로 다른 관점에서 국어 어휘를 통계적으로 분석한 것이라서 양자의 대조가 가능하고 대조할 의의가 있는 경우로 한정하여 논의를 펴고자 한다. 이운영(2002)가 통계의 대상으로 삼은 목록은 국어 어휘 전체라는 의미에서 [전]으로, 배주채 편(2010)의 목록은 기초어휘라는 의미에서 [기]로 약칭한다. 그리고 각종 통계에서 백분율 수치는 소수점 이하 둘째 자리까지 밝힌다.

2. 첫 자모

단어의 첫 자모가 무엇인지를 관찰하는 것은 표면적으로는 표기에 관한 관찰이 된다. 그런데 이것은 발음에 관한 관찰로 이해할 수도 있다. 국어 단어 가운데 첫 자모가 'ㅇ'인 것은 모두 발음상 모음으로 시작하는 단어가 되며, 나머지 자모로 시작하는 단어는 첫 음소가 그 자모의 발음과 일치하기 때문이다. 물론 '가시'(생선 가시)의 발음을 현실적으로 많이 쓰이는 [까시]가 아닌 표준발음 [가시]로 간주하고, '버스' 같은 외래어도 글자 그대로 [버스]로 발음된다고 간주했을 때 그렇다는 것이다. 결국 첫 자모의 관찰은 국어 어휘 가운데 어떤 자모로 시작하는 단어가 많고 적으며 어떤 음소로 시작하는 단어가 많고 적은가를 동시에 따지는 것이 된다.

그런데 이운영(2002)에서는 첫 자모 통계에서 경음자를 따로 처리하지 않고 대응하는 평음자에 포함했다. 예를 들어 'ㄲ'으로 시작하는 단어는 'ㄱ'으로 시작하는 단어들에 넣어 셈했다. 그래서 첫 자모가 경음자인 단어의 개수는 드러나 있지 않다. 따라서 아래에 제시하는 표에서 자모 'ㄱ, ㄷ, ㅂ, ㅅ, ㅈ'은 각각 'ㄲ, ㄸ, ㅃ, ㅆ, ㅉ'도 포함하는 것으로 이해해야 한다.

첫 자모 통계: 자모 순 [전]

자모	단어 수	비율(%)
ㄱ	75734	14.88
ㄴ	19512	3.83
ㄷ	35186	6.91
ㄹ	10447	2.05
ㅁ	30005	5.89
ㅂ	46399	9.12
ㅅ	63111	12.40
ㅇ	79145	15.55
ㅈ	60135	11.81
ㅊ	23836	4.68
ㅋ	5698	1.12
ㅌ	11537	2.27
ㅍ	14812	2.91
ㅎ	33519	6.58
계	509076	100.00

첫 자모 통계: 자모 순 [기]

자모	단어 수	비율(%)
ㄱ	420	15.56
ㄴ	133	4.93
ㄷ	139	5.15
ㄹ	3	0.11
ㅁ	185	6.85
ㅂ	228	8.44
ㅅ	319	11.81
ㅇ	574	21.26
ㅈ	318	11.78
ㅊ	108	4.00
ㅋ	26	0.96
ㅌ	48	1.78
ㅍ	66	2.44
ㅎ	133	4.93
계	2700	100.00

첫 자모 통계: 비율 순 [전]

자모	단어 수	비율(%)
ㅇ	79145	15.55
ㄱ	75734	14.88
ㅅ	63111	12.40
ㅈ	60135	11.81
ㅂ	46399	9.12
ㄷ	35186	6.91
ㅎ	33519	6.58
ㅁ	30005	5.89
ㅊ	23836	4.68
ㄴ	19512	3.83
ㅍ	14812	2.91
ㅌ	11537	2.27
ㄹ	10447	2.05
ㅋ	5698	1.12
계	509076	100.00

첫 자모 통계: 비율 순 [기]

자모	단어 수	비율(%)
ㅇ	574	21.26
ㄱ	420	15.56
ㅅ	319	11.81
ㅈ	318	11.78
ㅂ	228	8.44
ㅁ	185	6.85
ㄷ	139	5.15
ㄴ	133	4.93
ㅎ	133	4.93
ㅊ	108	4.00
ㅍ	66	2.44
ㅌ	48	1.78
ㅋ	26	0.96
ㄹ	3	0.11
계	2700	100.00

표에서 드러나는 특징은 다음과 같다.

(8) [전]과 [기]의 공통 특징

　① 'ㅇ'이 첫 자모로 가장 많이 쓰인다.

　② 'ㅇ' 다음으로 많이 쓰이는 자모는 'ㄱ, ㅅ, ㅈ, ㅂ' 순이다.

　③ 유기음자는 'ㅊ, ㅍ, ㅌ, ㅋ' 순으로 많이 쓰이는데 전체 중에서
　　이들의 순위가 가장 낮은 편이다.

　④ 'ㄹ'은 순위가 매우 낮다.

(9) [전]과 [기]의 다른 특징

　① 'ㅇ'의 비율이 [전] 15.55%, [기] 21.26%로서 기초어휘에서 더 높다.

　② 'ㅁ'의 비율이 [전] 5.89%, [기] 6.85%, 'ㄴ'의 비율이 [전] 3.83%,
　　[기] 4.93%로서 역시 기초어휘에서 더 높다.

　③ 'ㄹ'의 비율은 [전] 2.05%, [기] 0.11%로 그 차이가 꽤 크다. [전]
　　에서의 비율이 [기]에서보다 18.64배나 높다.

이상의 사실은 다음과 같이 이해할 수 있다. 첫째, 'ㅇ, ㅁ, ㄴ'으로 시작하는 단어가 기초어휘에 많다는 것인데, 이는 원시언어나 유아어의 특징과 통하는 것으로 보인다.

'ㅁ'과 'ㄴ'의 경우를 조금 더 살펴보자. 2700단어 중 초급 900단어를 대상으로 한 통계와 조남호(2002)의 58,437단어에 대한 빈도조사 통계를 추가해 비교해 보면 'ㅁ'과 'ㄴ'의 비율에 나타난 위의 경향을 다시 확인할 수 있다.

자모	[기] 초급 900개	[기] 초중급 2700개	빈도조사 어휘 58,437개	[전] 509,076개
ㄴ	60개 (6.67%)	133개 (4.93%)	2013개 (3.44%)	19512개 (3.83%)
ㅁ	67개 (7.44%)	185개 (6.85%)	3675개 (6.29%)	30005개 (5.89%)

빈도조사 어휘에서의 ㄴ의 비율 3.44%가 전체적인 경향과 달리 어휘 전체에서의 3.83%보다 적은 것은 『표준』에 실린 일부 표제어들이 빈도조사 대상에서 빠졌기 때문이라고 할 수 있다. 즉 '-ㄴX, -느X, -는X, -니X, -ㄴX' 등의 어미가 빠졌고, '녀X' 등의 북한어가 빠졌으며, '녀X, 니X' 등의 고어가 빠져서 'ㄴ'의 비율이 전체 어휘에서보다 빈도조사 어휘에서 조금 낮아진 것이다. 이 점을 감안하면 중요도가 높아질수록 'ㅁ, ㄴ'의 비율이 높아진다고 일반화할 수 있다.

둘째, 'ㄹ'의 비율이 [전]에서 특히 높은 것은 'ㄹ'로 시작하는 북한어 상당수가 『표준』에 실려 있는 데 한 원인이 있다. 남한어만 세면 'ㄹ'로 시작하는 단어는 3415개(0.67%)로 대폭 줄어든다. 'ㅋ' 5698개(1.12%)보다 적어져서 자모 가운데 꼴찌가 된다. 그래도 이 0.67%는 여전히 [기]에서의 0.11%보다 6배가량 높다. [전]에서 'ㄹ'로 시작하는 어미 441개가 모두 [기]에서 빠지고 'ㄹ'로 시작하는 외래어 중 기초어휘로 인정받지 못한 것이 많기 때문에 이런 비율의 차이가 생긴 것으로 해석할 수 있을 것이다.

3. 음절 수

국어 단어의 길이를 말할 때 흔히 음절 수를 기준으로 삼는다. 영어 같은 언어에서 낱글자 수를 기준으로 삼는 것과 다르다. 예를 들어 국어에서 '닭'과 '오이'는 낱글자 수가 4개씩으로 같지만 전자는 1음절어, 후자는 2음절어라서 후자가 더 긴 단어라고 생각한다. 영어에서 'unity'와 'dream'은 각각 3음절과 1음절로서 음절 수는 다르지만 낱글자 수가 5개씩으로 같아서 길이가 같은 단어로 친다.

이운영(2002)는 주표제어 440,594개를 대상으로 음절 수 통계를 보여준다. 부표제어를 포함한 509,076개를 대상으로 하면 수치가 조금 다르겠으나 대체적인 경향은 비슷할 것이다.

음절 수 통계 [전]

음절 수	개수		비율(%)
1	6421		1.46
2	141765		32.18
3	121368		27.55
4	102895		23.35
5	38578		8.76
6	17937		4.07
7	6838		1.55
8	2877		0.65
9	1132		0.26
10	445		0.10
11	195		0.04
12	86		0.02
13	35		
14	11		
15	3	57	0.01
16	3		
17	4		
18	1		
계	440594		100.00

음절 수 통계 [기]

음절 수	개수	비율(%)
1	271	10.04
2	1371	50.78
3	606	22.44
4	426	15.78
5	26	0.96
계	2700	100.00

어휘 전체에서는 2음절어 > 3음절어 > 4음절어 > 5음절어 > 6음절어 > 7음절어 > 1음절어 > 8음절어 순으로 많다. 1음절어가 7음절어보다 조금 적고 8음절어보다 많다.

기초어휘에서는 가장 긴 단어가 5음절어이다. 2음절어가 전체의 절반 쯤을 차지한다. 단어 수는 2음절어 > 3음절어 > 4음절어 > 1음절어 > 5음절어 순으로 많다. 1음절어가 4음절어보다 적고 5음절어보다 많다. 1음절어의 순위가 어휘 전체에서와 다르다. 고급어휘보다 기초어휘에 속하는 단어의 길이가 전반적으로 짧음을 알 수 있다. 이는 언어의 경제성에 비추어 당연한 현상이라 하겠다.

4. 품사

이운영(2002)의 509,076개에 대한 품사 통계에서 조사(357), 어미(2526), 접사(656), 어근(7346), 무품사(58,509)를 제외한 439,682개(=509076-69394)에 대한 통계표를 아래에 보인다. 품사가 둘 이상인 다품사어는 중복 계산되어 있다. 예를 들어 '오늘'은 자립명사이면서 부사이기 때문에 자립명사 335,057개에도 포함되고 부사 17,895개에도 포함되어 있다. 그래서 다음 표의 합계 443,082가 위의 439,682보다 큰 것이다.[6]

---

6 이운영(2002)에서 자립명사를 '명사'로, 본동사와 본형용사를 각각 '동사, 형용사'로 부른 것은 용어를 부정확하게 사용한 것으로서 읽는 이를 혼란스럽게 만든다. 여기에 인용하면서 용어를 고쳤다.

품사 통계: 다품사어 중복 계산 [전]

품사		개수	비율(%)	개수	비율(%)	개수	비율(%)
명사	자립명사	335057	75.62	336118	75.86	336858	76.02
	의존명사	1061	0.24				
대명사		463	0.10	463	0.10		
수사		277	0.06	277	0.06		
동사	본동사	68394	15.44	68442	15.45	85832	19.38
	보조동사	48	0.01				
형용사	본형용사	17361	3.92	17390	3.93		
	보조형용사	29	0.01				
관형사		1685	0.38	1685	0.38	19580	4.42
부사		17895	4.04	17895	4.04		
감탄사		812	0.18	812	0.18	812	0.18
계		443082	100.00	443082	100.00	443082	100.00

기초어휘에 대해서도 다품사어를 중복 계산한 품사 통계를 작성하면 아래와 같다. 참고로 각 단어의 제1 품사만을 기준으로 계산한 품사 통계를 그 뒤에 보인다.

품사 통계: 다품사어 중복 계산 [기]

품사		개수	비율(%)	개수	비율(%)	개수	비율(%)
명사	자립명사	1465	52.12	1545	54.97	1632	58.06
	의존명사	80	2.85				
대명사		34	1.21	34	1.21		
수사		53	1.88	53	1.88		
동사	본동사	657	23.37	681	24.22	891	31.69
	보조동사	24	0.85				
형용사	본형용사	207	7.36	210	7.47		

품사		개수	비율(%)	개수	비율(%)	개수	비율(%)
	보조형용사	3	0.11				
관형사		28	1.00	28	1.00	269	9.57
부사		241	8.57	241	8.57		
감탄사		19	0.68	19	0.68	19	0.68
계		2811	100.00	2811	100.00	2811	100.00

품사 통계: 제1 품사를 기준으로 [기]

품사		개수	비율(%)	개수	비율(%)	개수	비율(%)
명사	자립명사	1421	52.63	1494	55.33	1581	58.55
	의존명사	73	2.70				
대명사		34	1.26	34	1.26		
수사		53	1.96	53	1.96		
동사	본동사	651	24.11	656	24.30	863	31.97
	보조동사	5	0.19				
형용사	본형용사	205	7.59	207	7.67		
	보조형용사	2	0.08				
관형사		26	0.96	26	0.96	239	8.85
부사		213	7.89	213	7.89		
감탄사		17	0.63	17	0.63	17	0.63
계		2700	100.00	2700	100.00	2700	100.00

다품사어를 중복 계산한 [전]과 [기]의 두 표를 비교한 결과는 다음과 같다.

(10) 명사의 비율은 [전] 75.86%(자립명사는 75.62%), [기] 54.97%(자립명 사는 52.12%)로 상당한 차이를 보인다. 이는 고급어휘로 갈수록 명 사의 비율이 높음을, 쉽게 말해서 어려운 단어는 대부분 명사(특히

자립명사)임을 뜻한다.

(11) 명사(특히 자립명사)의 비율 차이 때문에 다른 모든 품사의 비율도 흔들릴 수밖에 없다. [기]보다 [전]에서 자립명사의 비율이 20% 넘게 높아지므로 다른 품사들이 위축되는 것이다. 반대로 말하면 [전]보다 [기]에서 자립명사의 비율이 20% 이상 낮아지므로 다른 품사들의 비율이 몇 배씩 뛴다.

(12) 특히 비율 차이가 큰 품사는 의존명사, 대명사, 수사, 보조동사, 보조형용사이다.

의존명사: [전] 0.24%, [기] 2.85% (약 12배 차이)

대명사: [전] 0.10%, [기] 1.21% (약 12배 차이)

수사: [전] 0.06%, [기] 1.88% (약 31배 차이)

보조동사: [전] 0.01%, [기] 0.85% (약 85배 차이)

보조형용사: [전] 0.01%, [기] 0.11% (약 11배 차이)

(13) 이들은 모두 어휘적 의미보다 문법적 기능이 강한 단어, 즉 허사이다. 허사가 기초어휘 쪽에 몰려 있는 것은 언어보편적 현상이다.

(14) 동사와 형용사의 비율은 [전] 15.45:3.93≒3.93:1, [기] 24.22:7.47 ≒3.24:1로서 크게 보면 비슷하나 작게 보면 기초어휘보다 어휘 전체에서 그 차이가 더 벌어진다. 형용사보다 동사가 고급어휘 쪽에 좀더 풍부하다고 해석할 수 있다.

(15) 관형사와 부사의 비율은 [전] 0.38:4.04≒1:10.63, [기] 1.00:8.57≒ 1:8.57로서 역시 크게 보면 비슷하나 작게 보면 기초어휘보다 어휘 전체에서 그 차이가 더 벌어진다. 관형사보다 부사가 고급어휘 쪽에 좀더 풍부하다고 해석할 수 있다.

조남호(2003)이 기초어휘 5965개에 대해 제시한 품사별 통계를 위와 같은 형식의 표로 보이면 다음과 같다.[7]

품사 통계: 조남호(2003)

품사		개수	비율(%)	개수	비율(%)	개수	비율(%)
명사	자립명사	3467	58.26	3597	60.45	3691	62.03
	의존명사	130	2.19				
대명사		47	0.79	47	0.79		
수사		47	0.79	47	0.79		
동사	본동사	1345	22.60	1373	23.07	1754	29.47
	보조동사	28	0.47				
형용사	본형용사	376	6.32	381	6.40		
	보조형용사	5	0.08				
관형사		69	1.16	69	1.16	462	7.76
부사		393	6.60	393	6.60		
감탄사		44	0.74	44	0.74	44	0.74
계		5951	100.00	5951	100.00	5951	100.00

명사 60.45%, 의존명사 2.19%, 대명사 0.79%, 수사 0.79%, 보조동사 0.47%, 보조형용사 0.08%는 [전]과 [기]의 중간에서 [기] 쪽에 가까운 수치들이다. 조남호(2003)의 목록이 [기]의 두 배쯤 되는 크기이므로 이는 예상과 일치하는 결과이다. 동사와 형용사의 비율 23.07:6.40≒3.60:1 역시 둘

---

7 고유명사 63개는 보통명사 3404개와 더하여 자립명사 3467개로 반영했다. 또 보조동사와 보조형용사를 구별하지 않고 보조용언 33개로 제시했으나 이들을 보조동사 28개와 보조형용사 5개로 나누어 반영했다. 목록에서 A등급의 '싶다, 있다'와 C등급의 '듯싶다, 듯하다, 만하다'를 보조형용사로, 나머지는 모두 보조동사로 간주했다. 분석불능 14개는 뺐다. 결국 5965개 중 이 14개를 뺀 5951개가 이 표에 반영되어 있다. 그리고 조남호(2003)은 다품사어를 품사별로 나누어 별개의 단어로 처리했으므로 한 단어에는 한 품사만 배정되어 있다.

의 중간쯤에 해당한다. 관형사와 부사의 비율 1.16:6.60≒1:5.69는 [전], [기]의 중간이 아니라 [기]보다도 작다. [기]보다 작은 것은 조남호(2003)에서 관형사로 본 '한, 두, 세, 네, 첫째, 둘째, 셋째, 넷째, 다섯째' 같은 이른바 수관형사들을 [기]에서는 모두 수사로 처리했기 때문이다. 이 점을 빼면 조남호(2003)과 [기]는 전체적으로 비슷한 경향을 보여준다고 할 수 있다.

5. 조어법

『표준』은 어기에 '-하다, -적(的)' 등의 접미사가 붙은 파생어를 그 어기의 부표제어로 수록했다. 이운영(2002)는 이러한 부표제어에 대해 다음과 같은 통계를 보여 준다. 기초어휘에 대해서도 같은 형식의 통계를 작성해 비교해 본다. 아래 첫 표에서 비율은 전체 표제어 509,076개에 대한 백분율이며 둘째 표에서는 기초어휘 2700개에 대한 백분율이다.

파생어 통계 [전]

접미사	명사[8]	동사	형용사	부사	동사/형용사	계	비율(%)
-하다		40692	10191		696	51579	10.13
-되다		4861	20		1	4882	0.96
-거리다		3204				3204	0.63
-대다		3195				3195	0.63
-이다		509				509	0.10
-이				1325		1325	0.26
-히				2382		2382	0.47
-적	1156					1156	0.22
계	1156	52461	10211	3707	697	68232	13.40

파생어 통계 [기]

접미사	명사	동사	형용사	부사	동사/형용사	계	비율(%)
-하다		188	70		1	259	9.59
-되다		11				11	0.41
-거리다						0	0
-대다						0	0
-이다		3				3	0.11
-이				15		15	0.56
-히				30		30	1.11
-적	4			1		5	0.18
계	4	202	70	46	1	323	11.96

두 표의 비교에서 두드러진 특징은 다음과 같다.

(16) '-되다' 파생어의 비율이 [전] 0.96%, [기] 0.41%로서 어휘 전체에서 두 배쯤 높다. '-되다' 파생어가 고급어휘로 많이 쓰인다고 볼 수 있다.

(17) '-거리다' 파생어와 '-대다' 파생어의 비율이 [전] 0.63%로 거의 같은데 기초어휘에는 하나도 포함되지 않았다. 이들 파생어가 고급어휘로 많이 쓰인다는 뜻이다. 반면에 기초어휘에 3개가 포함된 '-이다'

---

8 이운영(2002)에서는 '관형사/명사'로 표현하였다. 『표준』에서 '-적(的)'이 붙은 말은 모두 두 가지 품사(관형사와 명사)를 인정하고 있기 때문이다. 한편 '비교적(比較的)'은 관형사, 명사, 부사로 쓰이고 '가급적(可及的)'은 명사, 부사로 쓰이므로 위의 표에 정확히 들어갈 자리는 없다. 이운영(2002:주 12)에 따르면 '비교적'은 1156개에 포함되어 있지만 '가급적'은 이 표에 들어 있지 않다. '가급적'은 그 자체로 주표제어이고 이 표는 부표제어를 대상으로 작성한 것이기 때문이라는 것이다. [기]에는 '-적'이 붙은 파생어로 명사 '경제적, 과학적, 대표적, 일반적'과 부사 '비교적'이 포함되어 있다.

파생어는^9 어휘 전체에서 위의 두 파생어보다 비율이 오히려 낮다. 수가 적어 확언하기는 어렵지만 '-이다' 파생어의 중요도가 위의 두 파생어보다 높은 것이 아닌가 한다.

(18) '-이' 파생어와 '-히' 파생어의 비율은 어휘 전체에서보다 기초어휘에서 두 배쯤 높다. '-되다' 파생어, '-거리다' 파생어, '-대다' 파생어에 비해 이 둘은 기초어휘로 더 많이 쓰이는 것으로 해석된다.

(19) '-하다' 파생어와 '-적' 파생어의 비중은 어휘 전체와 기초어휘에서 별 차이가 없다.

6. 어종

이운영(2002)는 『표준』의 주표제어 440,594개에 대해 어종별 통계를 제시했다. 혼종어의 하위분류에서 '고+한'은 '고유어+한자어' 또는 '한자어+고유어'의 구조인 단어이다. '한+외', '외+고', '고+한+외'도 순서에 관계없이 서로 다른 어종의 요소들이 결합한 단어를 가리킨다.

어종 통계 [전]

어종		개수	비율(%)	개수	비율(%)
고유어		111156	25.23	111156	25.23
한자어		252278	57.26	252278	57.26
외래어		24019	5.45	24019	5.45
	고+한	36618	8.31		

---

9 이 셋은 '끄덕이다, 망설이다, 움직이다'이다.

혼종어	한+외	14480	3.29	53141	12.06
	외+고	1323	0.30		
	고+한+외	720	0.16		
계		440594	100.00	440594	100.00

어종 통계 [기]

어종		개수	비율(%)	개수	비율(%)
고유어		1313	48.63	1313	48.63
한자어		943	34.93	943	34.93
외래어		103	3.81	103	3.81
혼종어	고+한	337	12.48	341	12.63
	한+외	3	0.11		
	외+고	1	0.04		
	고+한+외	0	0		
계		2700	100.00	2700	100.00

어휘 전체와 기초어휘의 통계 비교에서 다음 사실을 알 수 있다.

(20) 고유어와 한자어의 비율이 상당히 다르다. [전]에서는 '한자어>고유어'인 데 반해 [기]에서는 '고유어>한자어'로서 고유어와 한자어의 순위가 반대이다. 고유어가 기초어휘 쪽에, 한자어가 고급어휘 쪽에 몰려 있음을 뜻한다. 특히 고유어 비율은 [전]의 1/4을 조금 넘는 수준인데 [기]의 절반에 근접하는 큰 차이를 보인다. 한편 외래어는 양쪽에서 모두 비율이 낮은 편이지만 기초어휘 쪽에서 더 낮다. 외래어도 한자어처럼 고급어휘 쪽에 몰려 있다는 뜻이다. 전문어들이 고급어휘의 상당 부분을 차지하는데 그 대부분이 한

자어나 외래어인 점이 주된 요인인 것으로 보인다.

(21) 혼종어의 비율은 둘 다 12%대로서 매우 비슷하다. 그러나 그 하위분류에서는 차이가 나타난다. '고+한'의 비율이 [전] 8.31%, [기] 12.48%이다. [기] 12.48%는 [기]의 혼종어 비율이 12.63%임을 생각하면 매우 큰 수치라 할 수 있다. 즉 기초어휘의 혼종어 대부분은 '고+한'의 형태라는 뜻이다. '한+외, 외+고, 고+한+외'처럼 외래어 요소가 들어 있는 단어는 기초어휘보다 고급어휘에 많은 것이다. 한자어 및 한자형태소는 오랜 세월 동안 고유어 및 고유형태소와 결합하여 단어를 만들어 왔기 때문에 혼종어의 대부분을 차지하고 기초어휘로도 많이 쓰인다고 해석할 수 있다.

조남호(2003)이 기초어휘 5965개에 대해 제시한 어종별 통계를 위와 같은 형식의 표로 보이면 다음과 같다.

어종 통계: 조남호(2003)

어종		개수	비율(%)	개수	비율(%)
고유어		2395	40.15	2395	40.15
한자어		2474	41.48	2474	41.48
외래어		249	4.18	249	4.18
혼종어	고+한	834	13.98	847	14.19
	한+외	11	0.18		
	외+고	2	0.03		
	고+한+외	0	0		
계		5965	100.00	5965	100.00

고유어 40.15%, 한자어 41.48%, 외래어 4.18%는 [전]과 [기]의 중간에서 [기] 쪽에 가까운 수치들이다. 또 혼종어에서 '고+한, 한+외, 외+고'의 순서로 비율이 높은 것은 [전], [기]와 일치한다. 다만 '고+한'의 비율이 13.98%인데 [전] 8.31%와 [기] 12.48%의 중간이 아니라 둘보다 높은 것이 특이하다.

7. 마무리

7.1. 요약

첫 자모로 많이 쓰이는 자모는 'ㅇ, ㄱ, ㅅ, ㅈ, ㅂ' 순이며, 전체적으로 유기음자 순위가 낮은데 그 가운데서는 'ㅊ, ㅍ, ㅌ, ㅋ' 순이다. 어휘 전체에서 북한어를 포함하면 'ㄹ'이 'ㅋ' 바로 앞이지만 북한어를 제외하면 'ㄹ'이 꼴찌가 된다. 기초어휘에서는 'ㄹ'이 단연 꼴찌이다. 한편 'ㅇ, ㅁ, ㄴ'은 어휘 전체보다 기초어휘에서 비율이 더 높은데 기초어휘의 이러한 특징은 원시언어나 유아어의 특징과 통하는 것으로 보인다.

음절 수를 기준으로 한 단어의 길이와 관련하여 어휘 전체와 기초어휘에서 모두 2음절어, 3음절어, 4음절어 순으로 비율이 높다. 이들 각각의 비율은 어휘 전체보다 기초어휘에서 더 높은데 이것은 전반적으로 기초어휘에 속하는 단어의 길이가 짧다는 것을 뜻한다. 언어의 경제성을 반영한 현상으로 볼 수 있다.

품사와 관련하여 명사의 비율이 가장 높다. 그런데 그 비율이 어휘 전체에서는 75.86%(자립명사는 75.62%), 기초어휘에서는 54.97%(자립명사는 52.12%)로 상당한 차이를 보인다. 이는 고급어휘로 갈수록 명사(특히 자립명사)의 비율이 높음을 뜻한다. 명사(특히 자립명사)의 비율 차이 때문에 문법적 기능이 강한 의존명사, 대명사, 수사, 보조동사, 보조형용사의 비율이 어휘 전체에서보다 기초어휘에서 월등히 높다. 허사가 기초어휘 쪽에 몰려 있는 것은 언어보편적 현상이다.

조어법과 관련하여 '-되다, -거리다, -대다' 파생어의 비율이 기초어휘보다 어휘 전체에서 높으므로 이들이 고급어휘로 더 많이 쓰인다고 해석할 수 있다. 반면에 '-이, -히' 파생어의 비율은 어휘 전체보다 기초어휘에서 높아서 이들이 기초어휘로 더 많이 쓰인다고 해석된다. '-하다' 파생어와 '-적' 파생어의 비중은 어휘 전체와 기초어휘에서 별 차이가 없다.

어종과 관련하여 어휘 전체와 기초어휘에서 외래어의 비율이 낮음은 공통이나 고유어와 한자어의 비율은 상반된다. 전체 어휘에서는 한자어 57.26%, 고유어 25.23%로 한자어가 압도적으로 많은 데 반해 기초어휘에서는 고유어 48.63%, 한자어 34.93%로 고유어가 훨씬 많다. 이것은 고유어가 기초어휘 쪽에, 한자어가 고급어휘 쪽에 몰려 있다는 뜻이다. 외래어는 양쪽에서 모두 비율이 매우 낮은 편이지만 기초어휘 쪽에서 더 낮다. 외래어도 한자어처럼 고급어휘 쪽에 몰려 있다는 뜻이다. 혼종어 가운데는 '고+한'의 혼종어가 대부분을 차지하는데 기초어휘 쪽에서 그 비율이 더 높다. 한자어 및 한자형태소가 오랜 세월 동안 고유어 및 고유형태소와 어울려 온 데서 생긴 현상으로 이해할 수 있다.

7.2. 전망

사전을 편찬할 때 맨 먼저 하는 일이 사전의 거시구조를 구성하는 것, 즉 표제어를 선정하고 배열하는 것이므로 완성된 사전을 발행할 때는 사전 이용자를 위하여 표제어에 관한 통계를 정확히 제시하는 것이 가능하고 또 필요하다. 그런데 기존 사전들이 이러한 정보를 잘 제시하지 않았던 전통은 잘못된 것이다. 정호성(2000), 이운영(2002)에서『표준』에 대한 자세한 통계적 분석 결과를 제시한 것은 획기적인 일이다.[10] 이것은 물론 사전 편찬이 전산화되었기 때문에 가능해진 것이다.『고려대 한국어대사전』(2009)에 대해 도원영·차준경(2009)가 정호성(2000), 이운영(2002)와 비슷한 방식으로 기본적인 통계적 분석 결과를 제시함으로써 새로 편찬한 사전의 통계적 정보를 제시하는 새로운 전통이 이어지고 있음은 다행한 일이다.

그러나 이운영(2002)의 통계 가운데 표제어에 관한 통계를 어휘론적으로 활용하는 데에는 몇 가지 한계가 있다. 첫째, 어떤 경우에는 모든 표제어(주표제어와 부표제어)에 대해, 다른 경우에는 주표제어만 대상으로 작성되었다. 둘째, 표제어의 형식이 이형태, 형태소, 단어, 구, 문장 등으로 다양한데 이들을 구별하지 않고 통계를 작성했다. 셋째, 통계에 반영한 항목의 상세함에 한계가 있다. 예를 들어 어종에 관한 통계에서 '반달(半달)'은 '한+고'의 구조이고 '달력(달曆)'은 '고+한'의 구조이며 '반달형(半달形)'은 '한+고+한'의 구조이지만 이들을 구별하지 않고 모두 '한+고'의 유형으로 처리했다.

국어 어휘의 통계적 경향을 제대로 파악하기 위해서는 기초어휘와 어휘 전체를 똑같은 기준으로 분석해야 하는데 우리의 작업은 서로 다른 목적으로 작성된 두 통계 결과를 대조함으로써 한정된 통계적 정보밖에는 얻을 수 없었다. 국어 어휘체계의 특징을 파악하기 위해 다양한 어휘군에 똑같이 적용할 수 있는 분석의 모형을 우선 개발해야 할 것으로 본다.

---

10 『조선말대사전』(1992)를 통계적으로 분석한 문영호(2001)도 의미 있는 성과이다.

참고문헌

강범모·김흥규(2009) 『한국어 사용빈도』, 한국문화사.

도원영·차준경(2009) 「〈고려대 한국어대사전〉의 종합적 고찰」, 『〈고려대 한국어대사전〉 편찬 보고회』, 고려대학교 민족문화연구원.

문영호(2001) 『조선어어휘통계학』, 박이정.

배주채 편(2010) 『한국어 기초어휘집』, 한국문화사.

이운영(2002) 『『표준국어대사전』의 연구 분석』, 국립국어연구원.

정호성(2000) 「『표준국어대사전』 수록 정보의 통계적 분석」, 『새국어생활』 10:1, 국립국어원연구원.

조남호(2002) 『현대 국어 사용 빈도 조사: 한국어 학습용 어휘 선정을 위한 기초 조사』, 국립국어연구원.

_____(2003) 『한국어 학습용 어휘 선정 결과 보고서』, 국립국어연구원.

이 글을 다시 읽으며

저자는 2005년 무렵에 어휘론에 관한 두 가지 작업에 착수했다. 한 가지는 어휘론 분야의 외국 저서를 번역하는 일이었다. 이것은 어휘론 연구를 본격적으로 시작하고자 한다면 관련 외국 책을 번역하는 것부터 시작하는 것이 좋다는 최명옥 선생의 권유에 따른 것이었다. 그래서 번역할 만한 책을 찾던 중 싱글턴(David Singleton)의 *Language and the lexicon*을 발견하고 번역을 시작했다. 그 결과물이 『언어의 중심, 어휘』(2008)이다. 그 과정에서 어휘론 전반을 세계적인 시각에서 훑어보며 저자 자신의 관점을 형성해 나갈 수 있게 되었다.

또 한 가지는 한국어의 기초어휘를 분류하는 작업이었다. 기초어휘의 선정 작업은 여러 차례 수행되어 왔지만 현장의 요구를 채워 줄 좋은 결과물은 나와 있지 않다고 판단하고 그 작업에 스스로 뛰어든 것이었다. 수백 수천의 단어를 분석하고 분류하는 작업이 시간과의 싸움임을 이 분야의 작업 경험이 있는 사람들은 잘 안다. 그래서 그러한 작업은 혼자 할 성질이 못 된다. 그러나 함께 작업을 수행할 동지를 만나지 못한 상태에서 오랜 시간을 도와 2009년에 끝을 보았다. 출판에 1년여를 낭비한 끝에 『한국어 기초어휘집』(2010)을 내놓게 되었다. 작업 과정에 비해서 결과물은 초라해 보였다. 어휘 작업이 원래 그런 것이렷다.

　기초어휘의 선정과 분류를 통해 어휘통계의 중요성을 실감할 수 있었다. 어휘론은 단어 하나하나를 고찰하는 데서 출발하지만 궁극적으로는 어휘 전체를 조망하는 데 더 큰 의의가 있다. 어휘는 수많은 단어가 얽히고설킨 복잡한 체계이다. 그 체계를 명시적으로 보여 주는 기본적인 방법은 분류와 통계이다. 장님 코끼리 만지는 식으로 한국어의 어휘를 부분적이고 지엽적으로만 살피지 않으려면 이러한 거시적인 작업이 잘 이루어져야 한다. 그러한 작업이 다양하게 수행된 뒤에는 이 논문에서 얻은 것보다 훨씬 더 정확하고 상세하고 의미 있는 한국어 어휘의 특징들을 찾아낼 수 있을 것이다.

3장

韓日 기초어휘의 複合度 대조*

1. 머리말

1.1. 複合度의 의의

언어 간의 유사성과 차이를 체계화하려는 言語類型論의 가장 오랜 형
태는 形態論的 類型論이다. 19세기 초 슐레겔 형제의 3분법(고립어, 교착
어, 굴절어)이 그 예이다(Jespersen 1921/1964:34-36). 그 후 포합어가 더해져
4분법이 흔히 받아들여져 왔다. Comrie(1988:452-453)은 綜合指數(index of
synthesis)와 融合指數(index of fusion)를 종합함으로써 이 네 유형을 규정
할 수 있을 것이라고 했다. 종합지수란 한 단어를 구성하는 형태소 수를
가리키고 융합지수란 한 단어 안의 형태소들이 分節해 내기 어렵게 융합
되어 있는 정도를 뜻한다. 한편 Haspelmath(2002:4-6)는 Greenberg(1959)
의 자료를 바탕으로 작성한 綜合度(degree of synthesis) 통계표를 제시하고

* 이 논문은 당시 가톨릭대 한국어교육센터 강사로 재직하고 있던 박지연(朴志沇) 선생
과 공동으로 작성하여 발표한 것이다. 이 논문을 이 책에 수록하도록 허락해 준 박지연
선생께 감사한다.

있다. 그 표에 제시한 종합도는 그린란드에스키모어(3.72), 산스크리트어(2.59), 스와힐리어(2.55), 고대영어(2.12), 레즈기어(1.93), 독일어(1.92), 현대영어(1.68), 베트남어(1.06)로 나와 있다. 이어서 영어가 베트남어와 같은 고립어보다 形態部가 크지만 다른 많은 언어에 비해서는 훨씬 작다고 해석했다.

형태론적 언어유형의 개념은 각 언어의 굴절형태부가 어떤 모습을 띠는지에 근거하고 있지만 Haspelmath(2002)가 제시한 통계는 屈折形態論과 造語形態論을 구별하지 않고 종합도 수치를 조사한 것이므로 형태론적 언어유형과는 절반의 관련성만 가진다는 한계가 있다. 여기서 오히려 造語論의 관점에서도 그러한 통계와 언어유형의 관련성을 분석해 볼 가치가 있다는 암시를 얻을 수 있다. 예를 들어 어떤 언어는 단순어보다 파생어와 합성어가 많고 어떤 언어는 그 반대일 수 있다. 따라서 본고에서는 한 언어의 어휘 가운데 복합어가 차지하는 비율을 複合度라는 개념으로 파악하고 언어에 따라 복합도가 달리 나타날 수 있음을 논의하려 한다. 복합도는 다음과 같이 정의한다.

(1) 複合度(%): 전체 단어 가운데 복합어가 차지하는 비율.

(2) 複合語: 둘 이상의 형태소로 이루어진 語彙素. 한 형태소로 이루어진 어휘소인 單純語와 대립한다. 형태소의 개수를 기준으로 하면 단순어는 單形態素語, 복합어는 多形態素語라 바꿔 부를 수도 있다. 복합어로는 파생어와 합성어가 대표적이고 이 둘에 해당하지 않는 구조의 어휘소가 존재할 수 있다. 예를 들어 부사 '실은(實은)'은 명사 '실'에 조사 '은'이 붙은 구성이 한 단어가 된 것으로서 파생어도 합성어도 아니지만 복합어로 본다.[2]

예를 들어 한국어 어휘 전체가 50만 단어이고 그중 복합어가 10만 단어라면 한국어의 복합도는 20(=100×100000/500000)이다. 이것은 전체 단어 가운데 20%가 복합어이고 80%가 단순어라는 뜻이다.[3]

본 연구는 복합도 조사의 초보적인 작업이므로 한국어와 일본어의 基礎語彙만을 대상으로 하여 복합도를 대조하고자 한다. 두 언어는 우선 屈折論의 관점에서 교착어로 분류되며, 系統的으로 서로 가장 가까운 사이이다. 그리고 歷史的으로 中國語와의 관계도 다른 어떤 언어보다도 가까워서 엄청나게 많은 漢字語를 보유하고 있다. 그중 상당수의 한자어는 의미와 조어구조가 같거나 매우 유사하다. 이와 같이 형태론적으로나 어휘론적으로 비슷한 처지에 있는 두 언어의 복합도를 조사함으로써 복합도가 각 언어의 어휘체계를 이해하는 데 어떻게 이바지할 수 있는지를 탐색하려고 하는 것이다.

---

2 최형용(2003:29-35)도 '실은'과 같은 단어를 "통사적 결합어"라고 부르고 파생어, 합성어와 함께 복합어를 이루는 것으로 파악했다.

3 본고의 복합도와 유사한 개념을 나타내는 용어로 '配意性'이 있다. 이것은 李崇寧(1967:266-267)에서 중세한국어의 '거즛말(僞+言), 목숨(頸+息)' 등의 예를 통해 "語의 構造가 配意性(motivation)을 가진 要素로 分析할 수 있느냐'의 관점에서 한국어와 독일어가 영어, 프랑스어보다 "配意性的인 構造가 짙"다고 했다. 한국어의 경우 복합어의 의미가 그 복합어를 구성하는 형태소들의 의미에 바탕을 둔 경우가 비교적 많음을 말하고자 한 것으로서, 달리 말하면 한국어가 복합도가 높은 언어라는 뜻이다. 李崇寧(1967)이 "配意性'이라고 표현한 것은 요즘 번역어인 '有緣性(motivation)'에 해당하는 것이지 그 자체가 복합도와 일치하는 것은 아니다. 그리고 위와 같은 현상을 '배의성' 또는 '유연성'이라는 용어로 표현하게 되면 복합어의 조어구조를 의미의 관점에서 파악하는 결과가 된다. 이러한 관점에서 배의성의 개념을 의미론적으로 고찰한 것이 이찬규(2008)이다. 이와 달리 본고의 '복합도'는 순수히 조어론적인 관점에서 어휘의 특징을 파악하는 용어이다.

1.2. 기초어휘 목록 선정

基礎語彙는 사용빈도가 높고 중요도가 높은 단어로 구성되므로 우선
적으로 어휘분석의 대상으로 삼을 가치가 있다. 또 기초어휘 분석의 결과
는 韓國語敎育과 日本語敎育에 이바지하는 바가 있을 것이다.

한국어 기초어휘 목록으로 선택한 것은 조남호(2003)으로 발표된 〈한
국어 학습용 어휘〉이다. 이 목록은 현대한국어의 單語 頻度를 조사한 조
남호(2002)를 바탕으로 한국어 학습자가 익혀야 할 기초어휘를 선정한 것
이다.

등급	A등급	B등급	C등급	계
단어 수	982	2111	2872	5965

A, B, C등급은 한국어교육과정에서 말하는 初級, 中級, 高級에 각각 해
당한다. 이 중 '그제서야'는 '그제야'의 非標準語이므로[4] 기초어휘 목록에
넣을 수 없다. 따라서 〈한국어 학습용 어휘〉의 5965단어 중 '그제서야'를
뺀 5964단어가 분석의 대상이 된다.

일본어 기초어휘 목록으로 선택한 것은 國際交流基金(1994)로 발표된
〈일본어능력시험 출제기준〉에 제시된 등급별 단어목록이다. 이 목록은
日本語敎育에서 어휘 학습 지도에 구체적인 기준을 제시하고 아울러 日
本語能力試驗 출제자가 시험 작성에 참고할 수 있도록 함을 목적으로 하
고 있다.

---

4 '그제서야'는 『표준국어대사전』(1999/2008, 이하 『표준』으로 약칭)에도 실려 있지 않다.
'그제야, 이제야'의 남부방언형 '그제사, 이제사'가 표준어형 '그제야, 이제야'와 섞여 '그제사
야>그제서야'와 '이제사야>이제서야'의 변화를 통해 混成語가 형성된 것이다.

등급	4급	3급	2급	1급	계
단어 수	728	681	3626	2974	8009

4급~1급은 일본어교육과정에서 말하는 初級(3, 4급), 中級(2급), 高級(1급)에 해당한다. 3, 4급에는 인사말 등의 표현이 목록과 별도로 제시되어 있는 반면 1, 2급에는 목록 안에 포함되어 있다. 사전에 등재되어 있지 않은 24개의 인사말 등의 표현은 분석의 대상에서 제외했다. 따라서 〈일본어능력시험 출제기준〉의 8009단어 중 인사말 등의 표현을 뺀 총 7985개의 단어가 분석의 대상이 된다.[5]

2. 한국어 기초어휘의 복합도

2.1. 분석 방법

2.1.1. 형태소분석의 어려움

각 단어를 단순어와 복합어로 분류하려면 우선 형태소분석이 이루어져야 한다. 그런데 아직 한국어 어휘 가운데는 형태소분석을 어떻게 해야 할지 불분명한 단어들이 남아 있다. 예를 들어 이익섭·채완(1999:92)는 접미사 '-애/에'가 붙어 만들어진 파생명사로 '우레, 얼개, 써레'를 제시했는데 이들을 과연 파생어로 보아야 할지 의문이다.[6] 이 중 '우레'에 대해 『표준』은 "우레【<울에 〈석상〉 ←우르-+-에】"와 같은 어원정보를 보여

---

5 따라서 분석하게 될 한국어와 일본어의 단어 수가 다르지만 직접 대조할 수치는 단어 수가 아니라 백분율의 형태로 표시되는 복합도이므로 형평성에 문제가 없다.

6 '우레, 써레'는 고영근·구본관(2008:218)에도 파생어로 제시되어 있다.

주고 있으므로 현대한국어에서는 파생어로 처리하지 않는다는 뜻이 된다.[7] '우레'는 상당수의 화자들이 '雨雷(우뢰)'의 잘못된 형태로 생각하고 있으며, '우레'라는 표준어형을 제대로 알고 있는 화자들도 동사어간 '울-'('슬피 울다'의 '울다')에 접미사 '-에'가 붙은 것으로 오해하기 십상이다. 『표준』이 제시한 '우르-'('소리를 치다'의 옛말) 더하기 '-에'에서 온 말임을 아는 사람은 거의 없을 것이다. 오히려 '우레'의 단어구조에 대해 별 생각이 없는 사람이 대부분일 것이다.

이와 같이 어원적으로는 파생어였을 것이나 현대한국어에서는 두 형태소의 결합으로 분석하기 힘든 단어들을[8] 辭典에서와 달리 파생어로 처리하는 태도를 文法書에서 볼 수 있다는 것은 형태소분석에 대해 합의되지 않은 사례가 있음을 뜻한다.

2.1.2 형태소분석의 기준

우리는 『표준』의 형태소분석을 참고하되 다음과 같은 基準에 따라 형태소분석을 수행하고자 한다.[9]

---

7 표제어 '우레, 얼개, 써레'의 표기에 붙임표(-)를 넣지 않았기 때문에 이들을 파생어로 보지 않은 것으로 해석할 수도 있으나, 『표준』은 '얽-애'와 같이 音節字의 경계와 어긋나는 형태소경계는 표시하지 않았다. 따라서 표제어의 표기에 붙임표가 들어 있지 않다고 해서 『표준』이 이들을 파생어가 아니라고 보았다는 해석을 내릴 수는 없다.

8 널리 알려진 바와 같이 이러한 단어의 형성과정을 語彙化 또는 單一語化라 부른다. 이익섭·채완(1999:99-100), 고영근·구본관(2008:207-208)도 이 개념을 소개하고 있으나 '우레, 얼개, 써레'에는 적용하지 않고 있다.

9 『표준』은 표제어에 붙임표를 넣는 방식으로 형태소분석을 제시하고 있는데(이슬-비, 맨-손, 날-개, 웃-음), 다음과 같은 경우에는 형태소분석 정보를 전혀 제시하지 않고 있어서 (배주채 2006) 참고가 되지 않는다.

(1) 형태소경계가 音節字의 경계와 일치하지 않는 경우: 눌리다¹('누르다(壓)'의 피동사), 띄우다²('뜨다(浮)'의 사동사)

(1) 『표준』의 형태소분석이 문제가 없는 경우 그대로 따른다.

(2) '괴롭다, 외롭다' 등의 접미사 '-롭-'을 분석한다. '아름-답다'의 '아름'
처럼 '고(苦)>괴'와 '외'를 語根으로 인정하는 것이다.

(3) 2음절 한자어

ㄱ. 적어도 한쪽이 자립어이면 분석한다. '냉-면, 매-년, 병-원, 수-
학' 등은 '면, 매, 병, 학'이 각각 자립어이므로 분석한다. 반면
에 '맥주, 학원, 과학, 철학' 등은 자립어를 포함하지 않고 있으
므로 분석하지 않는다.[10]

ㄴ. 문법적으로 韓國語構成으로 분석이 가능한 '장-점, 약-점, 초-점,
관-점, 시-점, 학-점' 등은 분석하고 漢文構成이 분명한 '채점'(서
술어+목적어)은 분석하지 않는다.

ㄷ. '미국, 중국, 일본'의 略稱인 '미, 중, 일'은 어느 정도 자립성이
있기는 하지만 '미-국, 중-국, 일-본'과 같이 분석하지 않는다.

ㄹ. 같은 한자형태소에서 왔더라도 자립어와 의미차이가 크면 자립
어로 인정하지 않는다. '만일'의 '만'과 '일', '점심'의 '점' 등은 자
립어 '만(萬), 일(一), 점(點)'과 同一視하지 않는다.

(4) 2음절 한자성분은 어근 역할을 하면 의존적이더라도 분석한다. '우

---

(2) 直接成分(immediate constituent)이 셋 이상인 경우: 상중하(上中下), 동서-남북(東西南
北), 피피엠(PPM)

(3) 2음절 한자어: 금방(金房), 방문(房門), 숫자(數字), 첩약(貼藥)

(4) 어근과 문법형태: 믿음-직, 누르-스름, 떨-떠름

(5) 선어말어미에 어말어미가 결합한 複合語尾: -더니, -더구나

(6) 어말어미에 조사가 결합한 複合語尾: -어요, -지요, -지마는

10 '맥주, 학원, 과학' 등의 2음절 한자어들도 합성어로 처리하는 것이 일반적이다(이익
섭·채완 1999:86-87, 고영근·구본관 2008:250-252). 그러나 이들은 '손발, 벽돌, 등불, 볼일,
덮밥' 등에 비해 生産性이 낮으므로 반쯤 單純語化되었다고 보고 복합도를 산출할 때 제외
하는 것이 바람직하다고 판단한다.

체-국'의 '우체'가 그 예이다.

(5) 혼종어는 분석한다. 예간-장(간醬), 달-력(달曆), 보-자기(褓자기)[11]

(6) 외래어도 자립어나 어근을 포함하고 있으면 분석한다. 예볼-펜, 월드-컵, 티-셔츠, 핸드-폰, 홈-페이지[12]

2.2. 분석 결과

2.2.1. 기초어휘 전체

〈한국어 학습용 어휘〉의 5964단어를 분석한 결과는 다음과 같다.

기초어휘 전체

1형태소어	3425개 57.43%	3425개 57.43%	5828개 97.72%	5945개 99.68%	5963개 99.08%	5964개 100%
2형태소어	2403개 40.29%					
3형태소어	117개 1.96%	2539개 42.57%				
4형태소어	18개 0.30%		136개 2.28%	19개 0.32%		
5형태소어	1개 0.02%				1개 0.02%	

---

11 『표준』은 '간장, 달력, 보자기'를 분석하지 않았다. '보자기'의 원어를 '褓--'로 제시한 점에서 '보-따리(褓--), 보-퉁이(褓--)'와 구조가 같다고 할 수 있는데 '보자기'만은 형태소분석을 보이지 않았다. 이를 따르지 않는다.

12 '펜, 컵, 셔츠, 페이지' 등은 自立語가 분명하므로 분석에 문제가 없다. '폰'은 외래어가 아니라 외국어라는 견해가 있을 수 있으나 요즘 '휴대폰, 공짜폰, 중고폰, 카메라폰, 터치폰, 폰뱅킹, 폰팅'과 같은 외래어 형성에 적극적으로 참여하여 외래형태소로서의 생산성을 인정할 수 있으며 어근의 지위는 이미 얻은 것으로 보인다.

이 통계에 따르면 5964단어 중 多形態素語는 2539개로서 42.57%를 차지한다. 즉 複合度는 42.57이다.[13]

2.2.2 등급별 기초어휘

등급별로 같은 통계를 작성해 보면 다음과 같다.

A등급

1형태소어	685개 69.76%	685개 69.76%	975개 99.29%			
2형태소어	290개 29.53%			981개 99.90%		
3형태소어	6개 0.61%	297개 30.24%			982개 100%	982개 100%
4형태소어	1개 0.10%		7개 0.71%	1개 0.10%		
5형태소어	0개 0%				0개 0%	

B등급

1형태소어	1197개 56.70%	1197개 56.70%	2077개 98.39%			
2형태소어	880개 41.69%			2106개 99.76%		
3형태소어	29개 1.37%	914개 43.30%			2111개 100%	2111개 100%
4형태소어	5개 0.24%		34개 1.61%	5개 0.24%		
5형태소어	0개 0%				0개 0%	

---

13 이 5964단어에 대해 『표준』이 형태소분석을 보인 단어는 2272개이다(38.10%). 위에서 본 바와 같이 『표준』은 다형태소어 중 일부에 대해 형태소분석을 보이지 않고 있으므로 38.10이 『표준』에 따른 복합도라고는 말할 수 없다.

C등급

1형태소어	1543개 53.74%	1543개 53.74%	2776개 96.69%	2858개 99.55%	2870개 99.97%	2871개 100%
2형태소어	1233개 42.95%					
3형태소어	82개 2.86%	1328개 46.26%	95개 3.31%			
4형태소어	12개 0.42%			13개 0.45%		
5형태소어	1개 0.03%				1개 0.03%	

이상을 종합하면 A, B, C등급 기초어휘의 복합도는 각각 30.24, 43.30, 46.26이다. 초급 어휘의 복합도에 비해 중급 어휘와 고급 어휘의 복합도가 두드러지게 높은 것이 특징적이다.

2.2.3. 품사별 기초어휘

주요 품사별로 같은 통계를 작성해 보면 다음과 같다.

명사

1형태소어	2381개 69.95%	2381개 69.95%	3369개 98.97%	3399개 99.85%	3404개 100%	3404개 100%
2형태소어	988개 29.02%					
3형태소어	30개 0.88%	1023개 30.05%	35개 1.03%			
4형태소어	5개 0.15%			5개 0.15%		
5형태소어	0개 0%				0개 0%	

동사

1형태소어	392개 29.37%	392개 29.37%				
2형태소어	899개 66.84%		1291개 96.21%	1341개 99.93%		
3형태소어	50개 3.72%	953개 70.63%			1345개 100%	1345개 100%
4형태소어	4개 0.07%		54개 3.79%	4개 0.07%		
5형태소어	0개 0%				0개 0%	

형용사

1형태소어	117개 31.12%	117개 31.12%				
2형태소어	242개 64.36%		359개 95.48%	374개 99.47%		
3형태소어	15개 3.99%	259개 68.88%			376개 100%	376개 100%
4형태소어	2개 0.53%		17개 4.52%	2개 0.53%		
5형태소어	0개 0%				0개 0%	

부사

1형태소어	204개 52.04%	204개 52.04%				
2형태소어	163개 41.58%		367개 93.62%	386개 98.47%		
3형태소어	19개 4.85%	188개 47.96%			391개 99.75%	392개 100%
4형태소어	5개 1.28%		25개 6.38%	6개 1.53%		
5형태소어	1개 0.25%				1개 0.25%	

명사의 복합도는 30.05이다. 동사와 형용사의 복합도는 각각 70.63, 68.88이다. 동사와 형용사의 복합도가 매우 높은 것이 특징적이다. 명사나 어근에 '하다'가 붙은 합성동사, 합성형용사가 많은 점이 중요한 원인이라고 할 수 있다. 부사의 복합도는 47.96이다.

3. 일본어 기초어휘의 복합도

3.1. 분석 방법

3.1.1. 품사 구분

일본어 기초어휘 목록에 실려 있는 단어들은 품사의 면에서 名詞, 動詞, 形容詞, 形容動詞, 副詞, 接辭, 接續詞, 感動詞, 助詞, 連體詞, 補助動詞, 補助形容詞, 連語로 구분된다. 접사에는 단위명사인 助數詞도 포함된다. 같은 한자어가 둘 이상의 품사로 쓰이는 경우가 있는데 그 쓰임과 중요도가 큰 쪽의 품사를 기준으로 삼는다.

3.1.2. 형태소분석의 공시성

역사적으로 복합어였던 단어가 현대에 와서 형태소분석이 불가능한 것으로 인식되게 된 것은 단순어로 다룬다. 斎賀秀夫(2005:24-25)에서는 현대 일본어 화자의 언어의식에서 더 이상 분석할 수 없는 단어로 'まぶた(mabuta, 瞼), まど(mado, 窓), おしろい(osiroi, 白粉)' 등을 들어 설명하고 있다.

일본어 단어의 형태소분석에서 크게 문제가 되는 것은 2음절 音讀 漢

字語이다. '勉強(benkyou, 공부), 生活(seikatu, 생활)'과 같은 단어에서 '勉, 强, 生, 活'과 같은 한자형태소들이 한자어를 형성하는 방식은 한국어의 경우와 똑같다. 이들의 형태론적 구조는 현대일본어의 공시형태론으로는 설명할 수 없고 漢文文法에 의거해야 한다. 그래서 文法書에서는 이들을 단순어로 처리한다.

3.1.3. 형태소분석의 기준

森岡健二(1997)이 정립한 형태소 분류와 『国語例解辞典』(1985)의 개별 단어 분석을 참고하되 다음과 같은 형태소분석의 기준을 세웠다.

(1) 2음절 음독 한자어

　ㄱ. 단일한 의미를 나타내는 단어는 단순어로 처리한다. 예勉強(benkyou, 공부), 生活(seikatu, 생활), 種類(syurui, 종류).

　ㄴ. 1음절어에 접사가 연결된 단어는 분석한다. 예先-週(sen-syu, 지난 주), 役-者(yaku-sya, 배우). 1음절어가 들어 있더라도 나머지 한쪽이 자립어나 접사가 아니면 분석하지 않는다. '絵画(kaiga, 회화), 人気(ninki, 인기)'에는 1음절어 '絵, 氣'이 들어 있지만 분석하지 않는다.

(2) 고유어

단어와 단어가 결합한 합성명사(手-紙(te-gami, 편지)), 합성동사(目-覚める(me-zameru, 잠이 깨다)), 단어에 접사가 결합된 파생어(勤め-先(tutome-saki, 근무처)) 등은 복합어가 분명하므로 분석한다.

(3) 외래어

한국어에서와 마찬가지로 단어나 어근을 포함하고 있으면 분석한다.

예 'ボールペン(ball-pen), ロープウェー(rope-way). 그러나 'ロマンチック(romantic)'는 영어에서 'roman+tic'으로 분석되는 파생어지만 현대 일본어 화자는 이를 단순어로 인식하므로 분석하지 않는다.

(4) 혼종어[14]

'座-敷(za-siki, 다다미방), 役-割(yaku-wari, 역할)'와 같은 '한자어+고유어', '場-所(ba-syou, 장소), 身-分(mi-bun, 신분)과 같은 '고유어+한자어'의 구조가 가장 많다. 그 밖에 ローマ-字(rooma-zi, 로마자)와 같이 '외래어+한자어'도 있다. 또 '愛-する(ai-suru, 사랑하다)' 등과 같이 1음절 한자어나 2음절 한자어에 'する(suru, 하다)'가 붙은 단어들도 분석한다.

3.2. 분석 결과

3.2.1. 기초어휘 전체

〈일본어능력시험 출제기준〉의 7985어를 분석한 결과는 다음과 같다.

기초어휘 전체

1형태소어	6253개 78.31%	6253개 78.31%	7860개 98.44%	7976개 99.92%	7985개 100%
2형태소어	1607개 20.13%	1732개 21.69%			
3형태소어	118개 1.48%		125개 1.56%		
4형태소어	7개 0.08%			7개 0.08%	

---

14 斎賀秀夫(2005:37)에서 제시한 혼종어의 예로는 '胃-袋(i-bukuro, 위), 市-バス(si-basu, 시영버스), スリル-感(suriru-kan, 스릴), ゴム-消し(gomu-kesi, 고무지우개)' 등이 있다.

기초어휘 전체 7985단어 중 多形態素語는 1732개로서 21.69%를 차지한다. 즉 複合度는 21.69이다.

3.2.2 등급별 기초어휘

등급별로 같은 통계를 작성해 보면 다음과 같다.

1급

1형태소어	2296개 77.46%	2296개 77.46%	2939개 99.15%	2962개 99.93%	2964개 100%
2형태소어	643개 21.69%				
3형태소어	23개 0.78%	668개 22.54%	25개 0.84%		
4형태소어	2개 0.07%			2개 0.07%	

2급

1형태소어	2880개 79.34%	2880개 79.34%	3574개 98.46%	3625개 99.86%	3630개 100%
2형태소어	694개 19.12%				
3형태소어	51개 1.40%	750개 20.66%	56개 1.54%		
4형태소어	5개 0.14%			5개 0.14%	

3급

1형태소어	548개 80.35%	548개 80.35%	664개 97.36%	682개 100%	682개 100%
2형태소어	116개 17.01%				

3형태소어	18개 2.64%	134개 19.65%	18개 2.64%		
4형태소어	0개 0%			0개 %	

4급

1형태소어	529개 74.61%	529개 74.61%	683개 96.33%	709개 100%	709개 100%
2형태소어	154개 21.72%				
3형태소어	26개 3.67%	180개 25.39%	27개 3.67%		
4형태소어	0개 0%			0개 0%	

이상을 종합하면 1, 2, 3, 4급 기초어휘의 복합도는 각각 22.54, 20.66, 19.65, 25.39이다. 등급별 복합도가 별 차이를 보이지 않는 점이 특징이다.

3.2.3. 품사별 기초어휘

주요 품사별로 같은 통계를 작성해 보면 다음과 같다.

명사

1형태소어	4529개 82.20%	4529개 82.20%	5450개 98.92%	5507개 99.95%	5510개 100%
2형태소어	921개 16.72%				
3형태소어	57개 1.03%	981개 17.80%	60개 1.08%		
4형태소어	3개 0.05%			3개 0.05%	

동사

1형태소어	984개 75.17%	984개 75.17%	1302개 99.46%	1309 100%	1309개 100%
2형태소어	318개 24.29%				
3형태소어	7개 0.54%	325개 24.83%	7개 0.54%	0개 0%	
4형태소어	0개 0%				

형용사

1형태소어	162개 70.13%	162개 70.13%	222개 96.10%	231개 100%	231개 100%
2형태소어	60개 25.97%				
3형태소어	9개 3.90%	69개 29.87%	9개 3.90%	0개 0%	
4형태소어	0개 0%				

형용동사

1형태소어	122개 83.00%	122개 83.00%	147개 100%	147개 100%	147개 100%
2형태소어	25개 17.00%				
3형태소어	0개 0%	25개 17.00%	0개 0%	0개 0%	
4형태소어	0개 0%				

부사

1형태소어	132개 33.50%	132개 33.50%	364개 92.39%	392개 99.49%	394개 100%
2형태소어	232개 58.89%				

3형태소어	28개 7.10%	262개 66.50%	30개 7.61%		
4형태소어	2개 0.51%			2개 0.51%	

　명사와 동사의 복합도는 각각 17.8, 24.83이다. 형용사와 형용동사의 복합도는 각각 29.87, 17이다. 형용동사는 의미나 기능의 면에서 한국어의 형용사와 비슷하다. 형용동사가 없는 한국어와의 대조를 쉽게 하기 위해 형용동사와 형용사를 합치면 그 복합도는 24.87이다. 부사의 복합도는 66.5이다. 다른 품사에 비해 부사의 복합도가 유난히 높은 것이 특징적이다.

4. 두 언어의 대조

4.1. 기초어휘 전체의 대조

기초어휘 전체

	한국어			일본어		
1형태소어	3425개	57.43%	57.43%	6253개	78.31%	78.31%
2형태소어	2403개	40.29%		1607개	20.13%	
3형태소어	117개	1.96%		118개	1.48%	
4형태소어	18개	0.30%	42.57%	7개	0.08%	21.69%
5형태소어	1개	0.02%		0개	0%	
계	5964개	100%	100%	7985개	100%	100%

표에서 보듯이 韓國語의 복합도는 42.57이고 日本語는 21.69이다. 한국어는 10단어 중 복합어가 4단어 이상인데 일본어는 2단어 정도로서 상당히 큰 차이를 보인다. 다형태소어의 대부분이 두 언어 모두 2형태소어인데 2형태소어만 놓고 보았을 때도 복합도가 한국어 40.29, 일본어 20.13으로서 역시 한국어가 일본어의 두 배 정도가 된다. 한국어의 복합도가 월등히 높다는 것은 그만큼 단어를 만들 때 같은 형태소를 再使用하는 비율이 높음을 뜻한다. 비교적 적은 수의 형태소를 이용하여 더 많은 단어를 이해하고 표현할 수 있다는 점에서 造語의 경제성이 높다고 할 수 있을 것이다.[15]

4.2. 등급별 기초어휘의 대조

〈한국어 학습용 어휘〉의 A, B, C등급을 각각 초급, 중급, 고급으로, 〈일본어능력시험 출제기준〉의 3, 4급을 초급으로, 2급을 중급으로, 1급을 고급으로 보고 등급별로 두 언어의 복합도를 대조하면 다음과 같다.

초급 어휘

	한국어			일본어		
1형태소어	685개	69.76%	69.76%	1077개	77.43%	77.43%
2형태소어	290개	29.53%	30.24%	270개	19.41%	22.57%
3형태소어	6개	0.61%		44개	3.16%	

---

15 한영균(2006)은 같은 "어기"를 바탕으로 형성된 單語族(word family)을 이용하면 기초어휘를 적은 수의 단어로 구성해도 많은 단어를 학습하게 되는 효과가 있다고 보았는데, 그러한 효과는 일본어보다 복합도가 큰 한국어에서 더 크게 나타날 것으로 예상할 수 있다.

	한국어			일본어		
4형태소어	1개	0.10%		0개	0%	
5형태소어	0개	0%		0개	0%	
계	982개	100%	100%	1391개	100%	100%

중급 어휘

	한국어			일본어		
1형태소어	1197개	56.70%	56.70%	2880개	79.34%	79.34%
2형태소어	880개	41.69%		694개	19.12%	
3형태소어	29개	1.37%	43.30%	51개	1.40%	20.66%
4형태소어	5개	0.24%		5개	0.14%	
5형태소어	0개	0%		0개	0%	
계	2111개	100%	100%	3630개	100%	100%

고급 어휘

	한국어			일본어		
1형태소어	1543개	53.74%	53.74%	2296개	77.46%	77.46%
2형태소어	1233개	42.95%		643개	21.69%	
3형태소어	82개	2.86%	46.26%	23개	0.78%	22.54%
4형태소어	12개	0.42%		2개	0.07%	
5형태소어	1개	0.03%		0개	0%	
계	2871개	100%	100%	2964개	100%	100%

日本語 초급, 중급, 고급 어휘의 복합도는 각각 22.57, 20.66, 22.54로 등급별로 별 차이가 없다. 韓國語는 각각 30.24, 43.30, 46.26으로서 고급

으로 갈수록 복합도가 높아진다. 초급에 비해 중급, 고급 어휘의 복합도가 현저히 높다. 기초어휘 안에서 수준이 높아질수록 복합도가 높아진다는 것은 형태소를 재사용해 단어를 만드는 비율이 높아짐을 뜻하므로 단어를 분석적으로 이해하고 학습하는 데 유리하게 작용할 수 있다.

4.3. 품사별 기초어휘의 대조

주요 품사의 복합도를 대조하면 다음과 같다.

명사

	한국어			일본어		
1형태소어	2381개	69.95%	69.95%	4529개	82.20%	82.20%
2형태소어	988개	29.02%	30.05%	921개	16.72%	17.80%
3형태소어	30개	0.88%		57개	1.03%	
4형태소어	5개	0.15%		3개	0.05%	
5형태소어	0개	0%		0개	0%	
계	3404개	100%	100%	5510개	100%	100%

한국어 명사의 복합도는 30.05이고 일본어는 17.80이다. 기초어휘 전체의 경우와 비슷하게 한국어가 일본어보다 복합도가 두 배쯤 높다.

동사

	한국어			일본어		
1형태소어	392개	29.37%	29.37%	984개	75.17%	75.17%

	한국어			일본어		
2형태소어	899개	66.84%		318개	24.29%	
3형태소어	50개	3.72%	70.63%	7개	0.53%	24.83%
4형태소어	4개	0.07%		0개	0%	
5형태소어	0개	0%		0개	0%	
계	1345개	100%	100%	1309개	100%	100%

형용사 및 형용동사

	한국어			일본어		
1형태소어	117개	31.12%	31.12%	284개	75.13%	75.13%
2형태소어	242개	64.36%		85개	22.49%	
3형태소어	15개	3.99%	68.88%	9개	2.38%	24.87%
4형태소어	2개	0.53%		0개	0%	
5형태소어	0개	0%		0개	0%	
계	376개	100%	100%	378개	100%	100%

일본어의 形容動詞는 한국어의 形容詞와 비슷한 기능을 하므로 일본어의 형용사와 형용동사를 묶어 한국어의 형용사와 대조한다. 동사나 형용사 및 형용동사에서 모두 한국어의 복합도가 일본어의 2.8배 정도 높다. 한국어 동사와 형용사 가운데 명사나 어근에 '하다'를 붙인 합성어의 비율이 매우 높은 데 한 원인이 있을 것이다. 일본어에도 한국어의 '하다'에 대응하는 'する(suru)'가 있지만 '하다'만큼 조어 작용이 활발하지는 않다고 할 수 있다.

부사

	한국어			일본어		
1형태소어	204개	52.04%	52.04%	132개	33.50%	33.50%
2형태소어	163개	41.58%	47.96%	232개	58.89%	66.50%
3형태소어	19개	4.85%		28개	7.10%	
4형태소어	5개	1.28%		2개	0.51%	
5형태소어	1개	0.25%		0개	0%	
계	개	100%	100%	394개	100%	100%

副詞에서는 한국어와 일본어의 복합도가 逆轉된다. 한국어 부사의 복합도가 47.96이면 그 자체로도 매우 높은 편이지만 일본어 부사의 복합도는 66.50으로서 그보다 훨씬 높다. 森岡健二(1997:66, 78)도 언급했듯이 일본어 부사에는 체언에 조사 'に(ni, 에)'가 붙은 단어, 의성어와 의태어 등의 상징어근과 한자어어근에 조사 'と(to, 와/과)'가 붙은 단어가 아주 많다. 'さら-に(sara-ni, 한층)', '順々-に(zyunzyun-ni, 차례차례)'의 '-に(ni)', 'ほっ-と(hot-to, 한숨짓는 모양)', '煌々-と(koukou-to, 휘황찬란하게)'의 '-と(to)'는 어근에 붙어 부사를 형성한다. 또한 '言わ-ば(iwa-ba, 이른바), 思わ-ず(omowa-zu, 무의식중에), 却っ-て(kaet-te, 오히려)'와 같은 용언의 활용형도 부사로 활발히 쓰인다. 조어론적인 면에서 일본어 부사가 매우 특징적이라 할 수 있다.

5. 맺음말

한 단어를 구성하는 형태소의 수가 몇 개인가 하는 문제는 이른바 형태론적 유형론에서 관심을 가져 왔으나 屈折論의 관점과 造語論의 관점이 분리되지 않은 채 피상적인 관찰에 머물러 있었다. 造語論의 관점에서는 單純語와 複合語의 比率이 각각 어떠한가를 유형론적으로 연구할 가치가 있다. 그 비율을 複合度라는 개념을 통해 파악하는 것이 가장 초보적인 단계이다.

본고에서는 언어유형론적으로나 계통적으로나 서로 가장 가까운 관계에 있는 한국어와 일본어를 대상으로 복합도를 고찰했다. 어휘 전체의 복합도를 조사하는 것은 현실적으로 쉽지 않은 문제이므로 두 언어의 基礎語彙를 標本으로 삼아 조사했다. 한국어는 〈한국어 학습용 어휘〉의 5964단어를, 일본어는 〈일본어능력시험 출제기준〉의 7985단어를 대상으로 했다. 두 언어 모두 단어를 형태소로 분석하는 데 다양한 견해가 있는 형편이므로 辭典과 造語論的 연구를 참고해 분석의 기준을 마련하고 분석을 수행했다.

분석의 결과 기초어휘 전체의 복합도는 한국어가 42.57, 일본어가 21.69로서 한국어가 일본어의 2배 정도로 높은 것으로 나타났다. 初級의 경우 한국어가 30.24, 일본어가 22.57로서 한국어가 일본어의 1.3배 정도인데, 中級과 高級의 경우 한국어가 각각 43.30, 46.26, 일본어가 각각 20.66, 22.54로서 한국어가 일본어의 2배를 넘었다. 중급 및 고급으로 갈수록 한국어의 복합도가 높아지는 현상은 한국어에서 형태소와 형태소를 결합해 단어를 만드는 일이 많아져서 학습자가 단어를 분석적으로 이해하고 학습하는 데 유리한 면이 있다고 해석할 수 있다.

체언인 名詞의 복합도는 한국어가 30.05, 일본어가 17.80으로서 한국어가 일본어의 2배까지는 안 되지만 여전히 높다. 용언인 動詞의 복합도는 한국어가 70.63, 일본어가 24.83으로서 한국어가 일본어의 2.8배 정도로 높으며, 形容詞 및 形容動詞의 복합도는 한국어가 68.88, 일본어가 24.87

로서 역시 한국어가 일본어의 2.8배 정도로 높다. 용언에서 한국어의 복합도가 월등히 높은 것은 '하다'가 결합한 복합어가 많은 데 기인한다고 해석된다. 반면에 副詞의 복합도는 한국어(47.96)보다 일본어(66.50)가 높다.

전체적으로 韓國語 기초어휘의 복합도가 日本語 기초어휘의 복합도보다 2배 정도가 높다. 두 언어에서 기초어휘의 복합도의 이러한 차이가 궁극적으로 무엇을 의미하는지, 또 기초어휘 이외의 어휘로 조사를 확대하면 결과가 어떻게 달라질지, 英語나 中國語 같은 다른 언어들과 대조하면 어떤 결과가 나올지, 그리고 앞에서 단순하게 예상한 바와 같이 복합도가 높은 언어의 語彙學習이 더 유리한 면이 있는 것인지 등 複合度와 관련된 더 깊이 있는 연구들이 우리를 기다리고 있다.

참고문헌

고영근・구본관(2008) 『우리말 문법론』, 집문당.
배주채(2006) 「사전 표제어의 성분구조 표시에 대하여」, 『이병근선생정년퇴임
　　　기념 국어학논총』, 태학사.
李崇寧(1967) 「韓國語發達史 下: 語彙史」, 『韓國文化史大系 Ⅴ(言語・文學史) 上』,
　　　고려대 민족문화연구소.
이익섭・채완(1999) 『국어문법론강의』, 학연사.
이찬규(2008) 「의미 형성의 기반이 되는 유연성 원리로서의 배의성」, 『한국어
　　　학』 38, 한국어학회.
조남호(2002) 『현대 국어 사용 빈도 조사』, 국립국어연구원.
＿＿＿(2003) 『한국어 학습용 어휘 선정 결과 보고서』, 국립국어연구원.
최형용(2003) 『국어 단어의 형태와 통사: 통사적 결합어를 중심으로』, 태학사.
한영균(2006) 「한국어 어휘 교육・학습 자료 개발을 위한 계량적 분석의 한 방
　　　향」, 『어문학』 94, 어문학회.

國際交流基金(1994) 『日本語能力試驗 出題基準』.

小学館(1985) 『国語例解辞典』.

山本清隆(2005) 「単純語・複合語・派生語」, 『日本語学』 特集 ③語彙(Ⅰ), 明治書院.

野村雅昭(2005) 「語種と造語力」, 『日本語学』 特集 ③語彙(Ⅰ), 明治書院.

_____(2005) 「二字漢語の構造」, 『日本語学』 特集 ③語彙(Ⅰ), 明治書院.

斎賀秀夫(1997) 「語構成の特質」, 『語構成』, ひつじ書房.

森岡健二(1997) 「形態素論: 語基の分類」, 『語構成』, ひつじ書房.

Comrie, Bernard (1988) "Linguistic typology", in F. J. Newmeyer ed. *Linguistics: The Cambridge Survey* Ⅰ, Cambridge: CUP.

Greenberg, Joseph (1959) "A quantitative approach to the morphological typology of language", *International Journal of American Linguistics* 26.

Haspelmath, Martin (2002) *Understanding Morphology*, London: Hodder Arnold.

Jespersen, Otto (1921/1964) *Language: its nature, development, and origin*, New York: W. W. Norton & Company, Inc.

이 글을 다시 읽으며

이 논문은 오래 전에 읽은 이익섭 선생의 다음과 같은 진술에서 비롯되었다. "우리는 '눈물, 손가락, 손바닥, 책상'처럼 복합어로 만들어 쓰는 것을 영어에서는 tear, finger, palm, desk처럼 단일어로 쓰고 있는 것이다."(이익섭·남기심(1990) 『국어문법론 (Ⅰ)』, 한국방송통신대학출판부) 이 예들이 한국어와 영어의 조어론적 차이를 잘 보여 준다고 할 수 있지만 다른 단어를 더 많이 조사해도 같은 결론이 나올지 늘 궁금했었다. 대규모의 어휘를 대상으로 한 조어구조 분석을 수행하기 전에 느낌만 가지고 이런 진술을 하는 것은 섣부른 일일 수 있기 때문이었다.

기초어휘 선정과 분류를 진행하면서 한국어와 외국어의 조어론적 대조 작업에 드디어 손을 댈 수 있게 되었다. 지도학생인 박지연 선생으로 하여금 박사논문 주제를 한일어의 조어론적 대조 분야에서 찾도록 권유하고 그 시범 작업으로 이 논문을 공동으로 작성하게 되었다. 작업이 마무리 단계에 접어들자 두 언어의 복합도가 서서히 드러났다. 사실 두 언어의 복합도에 대해서는 두 사람 모두 사전에 아무런 직관적 예상도 하지 못하고 있었기 때문에 일본어보다 한국어가 복합도가 두 배나 높다는 통계는 뜻밖의 수확이었다. 그러나 애초에 호기심을 자극했던 한국어와 영어의 복합도 차이를 밝히는 후속 작업은 아직 착수하지 못하고 있다.

최형용(2011) 「한국어의 형태론적 현저성에 대하여」(『형태론』 13:1)는 표본 텍스트를 대상으로 통합성 지수, 합성 지수, 파생 지수, 교착 지수 등을 구분하여 계산했다. 저자와 연구의 목적은 거의 같지만 연구방법의 면에서 한 문단 길이의 텍스트 몇 개를 표본으로 삼아 지수를 계산한 점, 조어법과 굴절법을 모두 고찰의 대상으로 삼은 점이 다르다. 최형용(2013) 『한국어 형태론의 유형론』(박이정)은 언어유형론의 기반 위에서 한국어의 형태론적 특징을 다각적으로 밝히려 한 연구이다. 위의 논문 내용도 포함되어 있다. 언어자료의 정밀한 분석을 통해 한국어의 특징을 밝히는 이러한 작업에 더 많은 연구자들의 노력이 더해져야 할 것이다.

4장

'달라, 다오'의 어휘론

1. 보충법과 불완전계열

흔히 '나에게 주다'를 뜻하는 것으로 생각하는 형태 '달라, 다오', 즉 '달다'의 처리 문제는 고영근(1987)의 논의로써 일단 정리되었다. 그 정리된 내용을 여기 요약해 보이면 다음과 같다.

(1) 아무런 체계적인 이유가 없이 어떤 체언에 조사가 붙지 못하거나 어떤 용언어간에 어미가 붙지 못할 때 그 체언이나 용언어간은 不完全系列(defective paradigm)을 가진다고 말한다.

(2) 어떤 형태소의 이형태가 그 기본형과 어원적인 관련이 없는 상당히 다른 형태로 나타날 때 그 현상을 補充法(suppletion)이라 말한다.

(3) '달다'는 불완전계열을 가진 不完全動詞로 볼 수 없다.[1]

---

1 '모자란움직씨', '불구동사' 등으로도 불리던 것을 '불완전동사'라 바꾼 것이다. 활용계열이 불완전하다는 뜻이다. 그런데 '불완전동사'라는 용어는 동사를 문형에 따라 유형화할 때 보어가 필요한 동사라는 뜻으로 써서 '완전동사'와 대립하는 용어가 되기도 한다. 고영근·구본관(2008:94-95, 108-109, 561)의 '불완전자동사, 불완전타동사, 불완전동사, 불완전용언, 불완전형용사'가 그러한 용어의 충돌을 보여 준다.

(4) '달다'는 '주다'와 기본적으로 의미가 같고 상보적으로 나타나므로 '달라, 다오'의 '달-, 다-'는 形態素 '주-'의 이형태라고 볼 수 있으며, 기본형 '주-'와 어원적인 관련이 없는 상당히 다른 형태이므로 보충법 형태, 즉 補充形(suppletive form)이라고 할 수 있다.

(5) '주다'는 두 가지 기능을 나타내는데 첫째는 '남에게 건네다'(A)이고 둘째는 '나에게 건네다', 즉 '화자에게 건네다'(B)이다. '주다'는 간접 인용문에서 '주라'라는 규칙적인 이형태 대신 '달라'로, 명령문에서 '주어라/줘라'라는 규칙적인 이형태 대신 '다오'로 나타나며 그 외의 환경에서 '주다'의 여러 활용형들이 쓰인다.

(1), (2)는 일반언어학에서 일반화되어 있는 내용을 국어학계에 소개하고 그 개념을 분명하게 제시한 것이다. 이러한 이론적 토대 위에서 '달다'를 '주다'와 관련지어 불완전계열이 아닌 보충법으로써 제대로 기술할 수 있음을 주장한 것이다.

사실 이 주장은 고영근(1973)에서 어느 정도 틀을 잡아 제시했고, 남기심·고영근(1985)에서도 간결하게 제시한 바 있다.[2] 고영근(1973/1989:283-285)의 내용을 요약하면 다음과 같다.

(6) '주다'가 '남에게 주는 것'의 의미(A)를 띨 때와 '자기에게 요청하는 것'의 의미(B)를 띨 때 활용에 차이가 있다. A의 해라체는 '주어라'인데 B의 해라체는 '다오'로 보충된다.

(7) '다-'는 "해라체의 特殊命令法語尾 '-오'" 앞에서만 나타나므로 '주-'

---

2 남기심·고영근(1985)의 해당 부분은 두 저자 중 고영근이 집필했으며 집필 과정에서 남기심과 논란을 벌였음을 고영근(1987)이 밝히고 있다.

와 '다'는 형태론적으로 제약된 이형태이다.

(8) '다'는 간접인용조사 '고' 앞에 나타나는 '달라'의 '달-'과는 음운론적으로 제약되어 있다(ㄹ탈락).

(9) '주-'의 이형태 교체는 /주-∽(달-~다-)/와 같이 표시할 수 있다.[3]

그리고 (6)을 명시적으로 보여 주기 위해 다음과 같은 活用表를 제시했다.

존비법 의미	해라	하게	하오	합쇼	하소서	해(요)	하지(요)
A B	주어라 (다오)	주게 주게	주(시)오 주(시)오	주(시)ㅂ시오 주(시)ㅂ시오	주소서 주소서	주어(요) 주어(요)	주지(요) 주지(요)

남기심·고영근(1985:140-141/1993:145-146) 역시 활용표를 보여 주고 있는데 하소서체와 하지(요)체를 빼고 하라체를 포함한 것이 달라진 점이다.

의미 높임법	남에게 건네다(철수에게 주다)	자기에게 건네다(나에게 주다)
해라	주어라	(다오)
하게	주게	주게
하오	주오	주오
합쇼	주십시오	주십시오
해(요)	주어(요)	주어(요)
하라	주라	(달라)

---

3 이형태 '달-'과 이형태 '다-'의 교체는 음운론적으로 조건된 것이고 '주-'와 '달-~다-'의 교체는 형태론적으로 조건된 것이라는 뜻이다.

고영근(1973)에서 (8)과 같이 '달라'가 간접인용조사 '고' 앞에 나타난다
고 기술했었는데 남기심·고영근(1985)에서는 고영근(1976/1989:331-332)
의 하라體 設定을 바탕으로 활용표에 '달라'를 넣어 '다오'가 '주어라'를 보
충하는 것과 마찬가지로 '달라'가 '주라'를 보충하는 관계임을 명시하게
되었다.⁴

고영근(1973), 남기심·고영근(1985)는 (1), (2)와 같은 理論的 背景을
명시적으로 언급하지 않고 있으나 두 논의 모두 그러한 바탕을 깔고 있음
이 분명하다. 고영근(1973)에서 '주'와 '달-, 다'를 한 형태소의 이형태들
로 보고 그 교체의 성격을 규정하려 한 것이나 보충법과 관련된 "보충"이
라는 표현으로 '다오'를 기술한 것이 그 증거이다. 또 남기심·고영근
(1985)에서 불완전계열에 관한 기술은 '활용의 불완전성'이라는 제목으로
소개하고 '달다'의 문제는 '활용의 규칙성과 불규칙성'이라는 제목으로 소
개한 점에서 불완전계열과 보충법에 대한 이론적 인식이 이미 투철하게
이루어져 있었음을 알 수 있다. 따라서 고영근(1987)은 '달라, 다오'에 관
한 한 새로운 것이 아니다.⁵

이 글은 '달라, 다오'가 불완전계열과 관련된 형태가 아니라 보충법과
관련된 형태라는 고영근(1973), 남기심·고영근(1985), 고영근(1987)의 結
論을 받아들이는 데서 출발한다.⁶ 그러한 결론을 받아들임으로써 어떤 문
제들이 파생되고 그 파생된 문제들을 어떻게 해결해야 하는지 논의하는
것이 이 글의 目的이다. 그 과정에서 고영근(1973), 남기심·고영근(1985),

---

4 홍윤표(1977)도 '달라, 다오'가 보충형임을 논의했다. 그런데 '달라, 다오'를 모두 해라
체로 분류한 점에서 정밀하지 못하고 '달라'와 '주라'가 자유변이하는 관계에 있다고 본 점
도 문제가 된다.
5 고영근(1987)은 '달다'를 포함하여 국어의 보충법을 종합적으로 논의한 데 의의가 있다.
6 그렇다고 해서 '말-' 역시 '않-'의 보충형이라는 고영근(1987)의 주장까지 받아들이는
것은 아니다.

고영근(1987)의 정확하지 않은 점과 정밀하지 않은 점들이 밝혀지게 될 것이며, 그럼에도 불구하고 이들 논의의 결론이 기본적으로 옳았음이 저절로 드러나게 될 것이다.

2. 이형태 교체의 형태론적 조건

고영근(1973), 남기심·고영근(1985)는 '달-/다-'가 '주-'와 "형태론적으로 제약"되어 있다고 했다. 고영근(1973)은 이에 더해 '달-'과 '다-'의 교체가 "음운론적으로 제약"되어 있다고 했다.[7] 그리고 /주-∽(달-∼다-)/와 같은 이형태 교체 관계를 제시했다. 이를 풀이하면 다음과 같다.

(10) 형태소 {주-}의 이형태 교체(1차 안)
이형태: /주-/, /달-/, /다-/
이형태 /주-/와 이형태 /달-/, /다-/의 교체의 성격: 형태론적으로 조건
    된 교체
이형태 /달-/과 이형태 /다-/의 교체의 성격: 음운론적으로 조건된 교체

이형태 /주-/와 이형태 /달-/, /다-/의 교체를 形態論的으로 조건된 교체로 보는 것은 자연스럽다. 문제는 고영근(1989)의 붙임말에서 언급한 바와 같이 이형태 /달-/과 이형태 /다-/의 교체가 음운론적으로 조건된 교

---

[7] 고영근(1973)을 고영근(1989)에 다시 실으면서 논문 끝에 붙인 붙임말에 이에 대한 부연 설명이 있다. "'ㄹ' 불규칙용언의 'ㄹ'탈락 조건이 반드시 음운론적인가 하는 문제는 더 논의가 필요하다. '달라∼다오'에 나타나는 'ㄹ'의 탈락도 과연 같은 성질의 것인지 문제가 많다. 뒷날을 기다린다."(고영근 1989:301)

체인가 하는 것이다. 이병근(1981)은 하오체 명령형어미 '-오' 앞에서 어간의 말음 'ㄹ'이 탈락하는 것은 공시적으로 음운론적 동기가 없는 형태론적으로 조건된 교체 현상이라고 결론지었다. 이에 따라 /달-/과 /다-/의 교체 또한 형태론적으로 조건된 것으로 보는 것이 낫겠다.[8]

그런데 형태소 {주-}의 세 이형태가 형태론적인 조건에 따라 교체하는 현상을 기술하는 일은 이것으로 끝나지 않는다. 先語末語尾 {-으시-} 앞에서의 교체도 감안해야 하기 때문이다.

(11) 선생님께 그에게도 기회를 주시라고 말씀 드리고 싶었습니다.
(12) 선생님께 저에게도 기회를 주시라고 말씀 드리고 싶었습니다.

'달다'와 관련하여 문제가 되는 것은 (12)이다. 여격어 '저에게'를 생각하면 {주-}의 이형태 /다-/가 나타나 '다시라고'가 되어야 할 텐데 '다시라고'는 불가능하고 '주시라고'만 가능한 것이다. 이것은 {주-}의 이형태 교체에 선어말어미 {-으시-}가 또 하나의 형태론적 조건으로 작용함을 뜻한다. 선어말어미 {-으시-} 앞에서 하라체 활용형에 쓰이는 {주-}의 이형태는 /다-/나 /달-/이 아닌 /주-/라는 점이 {주-}의 이형태 교체 기술에 추가되어야 한다.

(13) 나에게도 기회를 다오.

---

8 이를 더 정밀하게 기술하려면 基底形의 개념을 가져와야 한다. {주-}의 이형태 교체는 '주-'와 '달-' 두 가지 형태를 기저형으로 인정하고(이른바 복수기저형), 이형태 /주-/, /cw-/ (활용형 '줘' /cwə/에서의 어간 부분)는 기저형 '주-'로부터, 이형태 /달-/, /다-/는 기저형 '달-'로부터 적절한 음운규칙(w반모음화규칙, ㄹ탈락규칙)을 통해 도출하게 될 것이다. 또 해라체 명령형어미 {-어라}의 한 기저형으로 '-오'를 설정하지 않으면 '다오'를 설명할 수 없다.

(14) *저에게도 기회를 주셔라/다셔라/다시오.

(14)는 여격어 '저에게'와 선어말어미 {-으시-}가 출현한 환경에서 해라체 활용형에 쓰이는 {주-}의 이형태가 무엇인지를 알아내기 위한 예문이다. 그런데 이 예문은 주체를 높이는 선어말어미 {-으시-}의 기능과 그 주체를 낮추는 해라체 명령형어미 {-어라}의 기능이 衝突함으로써 비문이 된다. 그래서 '주다'의 활용형이 '주셔라'인지 '다셔라'인지, 아니면 '다시오'인지를 따지는 것이 무의미해진다. 따라서 활용표에서 선어말어미 {-으시-}와 해라체 명령형어미 {-어라}가 결합한 형태가 놓일 자리는 문법적으로 빈칸이 된다.[9] 이제 (10)은 다음과 같이 수정된다.

(15) 형태소 {주-}의 이형태 교체(2차 안)
이형태: /주-/, /다-/, /달-/
이형태 /주-/와 이형태 /다-/와 이형태 /달-/의 교체의 성격: 형태론적으로 조건된 교체[10]
이형태 /다-/의 환경: 해라체 명령형어미 {-어라} 앞
이형태 /달-/의 환경: 선어말어미 {-으시-}가 끼지 않은 하라체 명령형어미 {-으라} 앞
이형태 /주-/의 환경: 그밖의 경우

---

9 상황에 따라 (14)와 같은 문장을 써야 할 때가 있을지도 모른다. 독백과 같은 말투에서 {-어라}에 의해 표현되는 의미가 명령보다 기원(祈願)에 가까울 때는 "나한테도 제발 좀 기회를 주셔라."가 성립할 가능성이 엿보인다. 이를 정문으로 판정하면 본문의 기술이 달라져야 할 것이나 우선은 일반적인 판단에 따라 비문으로 처리해 둔다.
10 교체의 조건이 문법형태소들의 집합인 문법범주가 아니고 개별 문법형태소라면 형태론적 조건이라기보다 어휘적 조건이라고 보아야 옳다고 할 수도 있으나 여기서는 우선 전통적인 견해를 따라 둔다.

3. 이형태 교체의 통사론적·의미론적 조건

{주}의 이형태 교체를 결정하는 다른 요인으로 與格語가 화자냐 아니냐 하는 문제가 있다. 고영근(1973)은 '주다'가 "자기에게 要請하는 것"의 의미를 띨 때, 남기심·고영근(1985)는 "자기에게 건네다"의 뜻일 때, 고영근(1987)은 "남이 화자에게 무엇을 주는 경우에" '달라, 다오'가 나타난다고 기술했다. '달라, 다오'가 나타나는 통사론적 조건을 어떻게 표현하는 것이 정확한지가 문제이다.

우선 여격어를 '자기'라고 해야 하는가, '화자'라고 해야 하는가, 아니면 '나'라고 해야 하는가?

(16) 나에게/우리에게 공책을 다오.

(17) 철수는 자기에게/자기들에게 공책을 달라고 했다.

(18) 학생들은 자기들에게 공책을 달라고 했다.

(16)에서는 일인칭대명사 '나, 우리'가 여격어가 된다.[11] (17), (18)에서는 재귀대명사 '자기'가 여격어인데 비슷한 문맥에서 재귀대명사 '저, 저희, 당신'도 여격어가 될 수 있다. 이 사실을 포함하여 {주}의 이형태 교체를 기술하면 다음과 같다.

---

11 여격어가 일인칭대명사 '저, 저희'이면 '달라, 다오'를 쓸 수 없다. '저, 저희'의 화자를 낮추는 기능과 해라체의 청자를 낮추는 기능이 충돌하기 때문이다. 이 점은 홍윤표(1977)에서 "*저(또는 저희들)에게 달라."가 비문임을 바탕으로 지적한 바 있다.

(19) 형태소 {주-}의 이형태 교체(3차 안)

교체의 조건 / 이형태	형태론적 조건	통사론적 조건
/다-/	해라체 명령형어미 {-어라} 앞	일인칭대명사나 재귀대명사가 여격어일 때
/달-/	선어말어미 {-으시-}가 끼지 않은 하라체 명령형어미 {-으라} 앞	
/주-/	그밖의 경우	그밖의 경우

그런데 이형태 교체에서 統辭論的 條件이란 것을 인정할 수 있는지를 살펴볼 필요가 있겠다. 남기심(1986)은 통사론적으로 조건된 이형태 교체를 인정할 수 없음을 논한 논문이다.[12] 고영근(1973), 남기심·고영근(1985)가 /달-, 다-/의 출현 조건이 통사론적이라고 명시하지는 않았지만 그 점을 전제하고 있음이 확실하므로 남기심(1986)은 이 두 논의에 대한 비판인 셈이다.

(20) 신을/양말을/구두를 신는다/*쓴다.

(21) 모자를/우산을 *신는다/쓴다.

(22) 눈을 감다/*다물다/*닫다

(23) 입을 *감다/다물다/*닫다

(24) 문을 *감다/*다물다/닫다

남기심(1986)은 (20), (21)에 근거하면 '신-'과 '쓰-'를 통사론적으로 조건

---

12 고영근(2005:25-26)는 중세국어의 문법형태소 교체에서 통사론적으로 조건된 이형태 교체를 인정하는 견해가 있으나 동의할 수 없다고 하고 일반언어학에서도 통사론적으로 조건된 이형태 교체를 잘 인정하지 않는다고 했다. 그렇다고 해서 /주-/와 /달-, 다-/의 교체를 통사론적으로 조건된 것이 아니라고 선험적으로 단정할 수는 없다.

된 이형태로, (22)~(24)에 근거하면 '감-', '다물-', '닫-' 역시 통사론적으로 조건된 이형태로 보아야 하지 않겠느냐고 반문하며 '주'와 '달-, 다'가 통사론적으로 조건된 이형태일 가능성을 부정하고 있다. 그런데 (20), (21)에서 목적어와 着用動詞 '신다', '쓰다'가 호응하는 듯 보이지만 그것은 정확한 관찰이 아니다. 임지룡(1990:125)이 (25)를 바탕으로 논의했듯이 착용물을 뜻하는 目的語가 아닌 착용부위를 뜻하는 副詞語가 착용동사의 선택을 결정한다고 보아야 하며, 김진해(2002:319)가 (26)을 통해 지적한 것처럼 같은 목적어와 부사어를 취한 착용동사 '두르다'와 '매다'의 선택은 着用方法에 따른 것이라고 보아야 할 것이다.[13]

(25) 은행강도가 머리에 스타킹을 *신고/쓰고 있다.
(26) 그는 바지를 목에 둘렀다/맸다/*입었다.

그러므로 착용동사들은 각자 독자적인 의미를 가지고 있는 서로 다른 단어들이라고 해야 한다. 즉 '입-, 신-, 쓰-, 두르-, 매-' 등을 같은 형태소로 볼 수 없다. 따라서 착용동사로써 통사론적으로 조건된 이형태 교체의 존재를 부인하는 논리는 성립하지 않는다. (22)~(24)의 '감다, 다물다, 닫다'도 각각의 의미가 달라서 그들이 취하는 목적어가 다르다고 보아야 할 것이다. '감다, 다물다, 닫다'의 의미가 같다고 보고 한 형태소로 묶을 가능성을 떠올리는 것은 이들을 'open'이라는 한 동사로 표현하는 英語의 논리에 홀린 것이다.

그렇다면 '주다'와 '달다'도 의미가 다른 것이 아니냐고 反問할 수 있다. 고영근(1973), 고영근(1987)이 둘의 의미를 '남에게 건네다'와 '화자에게 건

---

13 같은 문맥에서 착용방법이 달라지면 '걸치다'나 '끼다'가 되어야 할 수도 있을 것이다.

네다'로 구별하고 이를 각각 A, B로 표현한 것이 '주다'와 '달다'의 의미가 다르다는 뜻이 아니냐고 할 수 있는 것이다.[14] 만약 A와 B의 의미가 다르다는 점을 근거로 '주다'와 '달다'를 다른 단어라고 본다면 A의 의미를 가진 '주다'와 B의 의미를 가진 '주다' 또한 다른 단어라고 보아야 한다. 예를 들어 "내가 철수에게 책을 주었다."의 '주다'와 "철수가 내게 책을 주었다."의 '주다'를 서로 다른 단어로 분석하는 지경에 이르게 된다. 반면에 "철수가 내게 책을 주었다."의 '주다'와 "책을 이리 다오."의 '달다'는 같은 의미 B를 가지므로 같은 단어라고 분석하게 된다. 이는 남기심(1986)이 부정하고자 했던 결론이 아닌가? 따라서 (20)~(24)에 근거한 남기심(1986)의 반론은 제대로 성립하기 어렵다.

이제 '주'와 '달-, 다'를 같은 형태소 {주}의 이형태들로 보고 (19)의 통사론적 조건에 문제가 없는지 살펴보자.

(27) 공책을 이리 다오.

(28) 내/우리 손에 공책을 다오.

(29) 철수는 자기/자기들 손에 공책을 달라고 했다.

(30) 학생들은 자기들 손에 공책을 달라고 했다.

(31) 내/우리 아이에게도 공책을 다오.

(32) 철수는 자기 아이에게도 공책을 달라고 했다.

(33) 철수는 자기들 아이들에게도 공책을 달라고 했다.

(34) 학부모들은 자기들 아이들에게도 공책을 달라고 했다.

---

14 일본어에서는 주는 사람과 받는 사람의 인칭의 차이에 따라 'やる(yaru)'와 'くれる(kureru)'라는 서로 다른 동사를 쓰고 있다(이정순 1986). 그 차이가 '주다'의 A와 B의 의미차이를 연상케 하는 점에서 흥미롭다.

(27)~(34)는 (19)와 같은 與格語 條件에 문제가 있음을 보여 준다. 우선 (27)은 여격어 대신 부사 '이리'가 '다오'의 출현을 보장하고 있다. 그리고 (28)~(30)은 여격어 '~ 손'이 일인칭대명사나 재귀대명사가 아님에도 '다오, 달라'가 쓰이고 있다. '손'이 유정물이 아니어서 조사 '에게'가 아닌 '에'가 쓰인 점도 주목할 필요가 있다. (31)~(34)의 여격어 '아이(들)' 역시 일인칭대명사나 재귀대명사가 아닌데 '다오, 달라'가 쓰였다.

이와 같은 사실을 이형태 /달-, 다-/의 출현에 대한 통사론적 조건으로 표현하는 것은 불가능한 것으로 보인다. 주는 행위의 대상이 되는 사물이 이동하는 方向이나 到達點이 話者(또는 화자를 포함한 집단)와 공간적으로나 심리적으로나 직접 관계가 있고 그 사물이 결국 화자의 소유가 되는 것과 마찬가지의 결과가 될 때 이형태 /달-, 다-/가 쓰인다고 말해야 정확할 것이다. 이러한 조건은 분명히 意味論的인 것이다.

이형태 /달-, 다-/의 출현 조건을 의미론적인 것으로 보아야 하는 더 중요한 이유는 '주다'가 補助動詞일 때의 쓰임에서 볼 수 있다.[15]

(35) 나에게 길을 비켜 다오.

(36) 나를/우리를 위해 길을 비켜 다오.

(37) 나를/우리를 위해 영이에게 길을 비켜 다오.

(38) 철수는 자기를/자기들을 위해 영이에게 길을 비켜 달라고 했다.

(39) 사람들은 자기들을 위해 영이에게 길을 비켜 달라고 했다.

---

15 '달라, 다오'를 기술한 최현배(1937/1971:348-349), 고영근(1973), 남기심·고영근(1985), 남기심(1986), 고영근(1987)은 보조동사 '주다'의 활용에 대해서 전혀 언급하지 않고 있다. 보조동사일 때도 이형태 교체의 형태론적 조건이 본동사와 같아서 (15)가 그대로 통함을 지적해 둔다.

(35)는 여격어가 일인칭대명사이므로 '다오'가 쓰였다고 설명할 수 있다. 그러나 (36)~(39)는 '~을 위해' 앞의 일인칭대명사나 재귀대명사 때문에 '다오'가 쓰였다고 설명해야 할 것이다. (37)~(39)에서는 여격어가 일인칭대명사도 재귀대명사도 아닌 '영이'이므로 여격어에 관한 조건을 가지고서는 '달라, 다오'의 출현을 설명할 수 없다. (36)~(39)의 '~을 위해'를 '~을 생각해서'로 바꾸어도 마찬가지이다. (35)의 '~에게'를 (36)~(39)의 '~을 위해'나 '~을 생각해서'와 통사론적으로 한 범주로 묶어 '달라, 다오'의 출현 조건으로 표현하는 것은 불가능하다고 생각된다.[16] 어떤 행위의 결과로 사물을 所有하거나 惠澤을 받게 되는 주체가 |주|를 서술어로 한 節의 話者 또는 화자를 포함한 집단일 때 이형태 /달-, 다/가 나타난다고 기술해야 할 것이며 이 교체 조건은 意味論的인 조건이라고 보아야 할 것이다.[17] 이제 (19)는 다음과 같이 수정된다.

---

16 목정수(2008:80)이 언급한 '~ 대신 V-어 주다' 같은 구문이 가능함을 생각하면 '대신 (에)'까지 한 범주로 묶어야 할 것이다.

17 이선웅(1995:72)는 "철이는 순이를 만나 주었다."에서 수혜자가 순이인지 다른 사람인지는 문장구조적으로 결정되는 것이 아니라 화용적으로 결정된다고 했다. 수혜자를 화용론적으로 명시할 수 있다고 본 것은 우리와 다르나 통사론적으로 명시할 수 없음을 주장한 것은 우리와 같다. 또 류시종(1995)는 보조동사 '주다'의 용법을 두 가지로 구분하면서 "나에게 그 책을 읽어 다오."를 '다오1' 구문으로, "철수에게 가 다오."를 '다오2' 구문으로 구분하고, 후자의 경우 여격어에 제약이 없으나 수혜자는 항상 화자여야 한다는 점에서 전자와 차이가 있는 것으로 보았다. 이 구분이 옳든 옳지 않든 '달다'의 수혜자가 반드시 여격어로 나타나야 하는 것이 아님을 분명히 보여 주는 점에서 우리의 논의와 통한다. 정주리(2006)도 '-어 주다' 구문을 수혜자가 여격어로 나타나는 구문과 그렇지 않은 구문으로 나누어 논의하고 있다. 한편 목정수(2008)은 보조동사 '주다'가 "피행위자(patient), 목표(goal), 수혜자(beneficiary)" 등을 논항으로 취한다고 한 문맥에서 이것이 통사론적인 현상임을 암시하고 있다. 그러나 이와 같은 의미역은 의미론적인 요소로 보아야 할 것이다. 보조동사 '주다' 구문에서 수혜자가 여격어로 나타나지 않을 수 있음은 이기동(1979)에서도 짤막하게 언급한 바 있다.

한 심사위원은 의미론적으로 조건된 이형태라는 것이 성립할 수 있는 개념인지를 먼저 증명해야 '달-, 다'가 |주|의 이형태임을 주장할 수 있을 것이라고 지적했다. 의미론적으로

(40) 형태소 {주-}의 이형태 교체(최종)

교체의 조건 이형태	형태론적 조건	의미론적 조건
/다-/	해라체 명령형어미 {-어라} 앞	어떤 행위의 결과로 사물을 소유하거나 혜택을 받게 되는 주체가 {주-}를 서술어로 한 절의 화자 또는 화자를 포함한 집단일 때
/달-/	선어말어미 {-으시-}가 끼지 않은 하라체 명령형어미 {-으라} 앞	
/주-/	그밖의 경우	그밖의 경우

4. 어휘론적 관점

3장까지의 논의는 '달-, 다-'가 형태소가 아니라 이형태에 불과하다는 것이었다. 그런데 형태소 {주-}의 이형태 교체는 합성어나 파생어 속의 {주-}에도 적용된다고 보아야 할까? 고영근(1973), 남기심·고영근(1985), 고영근(1987)에서는 본동사 '주다'만을 대상으로 논의를 하고 보조동사 '주다'나 합성어, 파생어 속의 '주다'에 대해서는 전혀 언급하지 않고 있다. (36)~(40)에서 본 바와 같이 補助動詞 '주다'도 {주-}의 이형태 교체를 그대로 따르는 것이 확실하다. 合成語와 派生語 속의 {주-}에 대해서는 다음을 가지고 검토해 보자.

(41) 이번에는 철수를 봐줘라.

조건된 이형태의 존재를 보고한 사례를 찾기 어려운 것은 사실이다. 그러나 언어를 귀납적으로 연구하는 처지에서는, 그러한 개념이 원리적으로 인간의 언어에 나타날 수 없음이 증명되기 전까지 언어자료의 검토를 통해 찾아낸 사례를 의심해서는 안 되리라고 본다.

(42) 다시는 안 그럴 테니 이번에는 나를/우리를 봐다오.

(43) 철수는/사람들은 한 번만 봐달라고 했다.

(41)~(43)에 쓰인 '봐주다'(그리고 그 본말인 '보아주다')는 "남의 입장을 살펴 이해하거나 잘못을 덮어 주다."의 뜻이다(〈표준〉).[18] '봐주다'의 목적어가 '봐주'를 서술어로 한 절의 화자(또는 화자를 포함한 집단)인 (42), (43)은 '봐다오, 봐달라'로 나타나 있다. 따라서 합성어에 들어 있는 형태소 {주}도 (40)과 같은 이형태 교체를 보인다고 할 수 있다.

"찌개 맛이 죽여준다." 같은 예문에 쓰이는 합성어 '죽여주다'도 형태소 {주}를 포함하고 있는 것이 사실이다.[19] 그러나 (40)과 같은 이형태 교체와는 관계가 없다.

(44) 찌개 맛아, 제발 죽여줘라/*죽여다오.

(45) 철수는 찌개 맛이 죽여주라고/*죽여달라고 빌었다.

철수가 요리대회에서 찌개를 완성해 놓고 심사위원들이 심사를 하는 광경을 보면서 독백으로 (44)와 같은 발화를 할 수 있을 것이다. '나를 위해' 같은 구절이 '죽여줘라' 앞에 들어갈 수 있으므로 '사물을 소유하거나 혜택을 받게 되는 주체'가 화자임이 분명하다. 그러나 서술어 형태는 '죽여다오'로 교체하지 않는다. (45)에서도 '죽여달라고'는 불가능하고 '죽여

---

18 자주 언급하게 될 다음 사전들에 대해서는 약칭을 사용한다. 『연세 한국어 사전』(1998) → 〈연세〉, 『표준국어대사전』(1999) → 〈표준〉, 『외국인을 위한 한국어 학습 사전』(2006) → 〈학습〉.

19 〈연세〉의 뜻풀이 두 가지 "[속된말로] 매우 뛰어나거나 대단히 좋아서 꼼짝 못하게 하다."와 "[속된말로] 대단히 나빠서 꼼짝 못하게 하다." 가운데 첫째에 해당한다.

주라고'만 쓰일 수 있다.

'봐주다'와 '죽여주다'가 모두 형태소 [주]를 가지고 있지만 '봐주다'는 (40)의 이형태 교체 조건을 그대로 따르고 '죽여주다'는 따르지 않는 차이가 있는 것이다. 이것은 형태소를 기준으로 [주]의 이형태 교체를 기술하는 데 문제가 있음을 뜻한다. '봐주다', '죽여주다' 같은 합성어를 형태소로 쪼갠 상태를 가정하고 형태소들의 이형태 출현 양상을 기술하는 것은 옳지 않다. '주다'와 '봐주다'와 '죽여주다'의 활용을 분리해 기술해야 한다. 그러려면 용언의 활용에 나타나는 교체를 형태소가 아닌 語彙素(lexeme)의 차원에서 기술해야 한다. '봐주다'와 '죽여주다'가 각각 별개의 어휘소이므로 이들이 별개의 교체를 보일 수 있는 것으로 이해해야 한다.

이러한 語彙論的 觀點에서 보면 '데리다'의 활용에 대한 기존의 기술에서도 오류가 눈에 띔을 언급하고 넘어가야겠다. 불완전계열을 다룬 남기심·고영근(1985:128-129/1993:133-134), 고영근(1987/1989:36), 김영욱(1994:96) 등은 물론 최근의 고영근·구본관(2008:108-109), 정경재(2008:31)에서도 '데려'라는 활용형이 가능한 것으로 기술하고 있다. 〈표준〉도 "'데리고', '데리러', '데려' 꼴로 쓰여"라고 기술했다. 이들이 제시하는 '데려'가 쓰인 예는 모두 '데려 가다', '데려 오다' 형태이다. 그렇지만 사전에서 이들은 《데려가다》, 《데려오다》와 같이 한 어휘소로 취급 받아 표제어로 실린다.[20] 《데리다》, 《데려가다》, 《데려오다》는 각각 서로 구별되는 어휘소이므로 《데리다》의 활용형 '데려'가 쓰인 예로 "동생을 학교에 데려갔다."나 "동생을 집에 데려왔다." 같은 것을 들 수는 없는 노릇이다. 어휘소 《데리다》의 활용형 '데려'가 제대로 쓰인 예를 제시하지 못하면서 '데려'가 《데리다》의 몇 안

---

20 주어진 단어가 어휘소임을 분명히 표시하고자 할 때는 《 》로 표시한다. 용언 어휘소를 《데려가》 대신 《데려가다》와 같이 적기도 한 것은 편의적인 것이다.

되는 활용형들의 집합에 포함되는 것으로 기술하는 것은 잘못이다.[21] 용언의 활용에 대한 기술에서 어휘소에 대한 인식이 철저하지 못했음을 보여주는 예라 할 것이다.

교체 현상에 관련된 대표적인 단위가 음소와 변이음, 형태소와 이형태이다. 이와 평행하게 語彙素와 語形(word-form)을 기준으로 활용형의 교체를 기술할 필요가 있다. 이제 (40)은 어휘론적 관점에서 다음과 같이 표현할 수 있다.

(46) 어휘소 «주-»의 어형 교체

교체의 조건 어형	형태론적 조건	의미론적 조건
/다-/	해라체 명령형어미 {-어라} 앞	어떤 행위의 결과로 사물을 소유하거나 혜택을 받게 되는 주체가 동사 '주-'를 서술어로 한 절의 화자 또는 화자를 포함한 집단일 때
/달-/	선어말어미 {-으시-}가 끼지 않은 하라체 명령형어미 {-으라} 앞	
/주-/	그밖의 경우	그밖의 경우

또 «봐주다»의 활용을 기술하기 위해 이 표를 조금 바꾼 다음 표가 필요할 것이다.

---

21 〈표준〉은 '데리고, 데리러, 데려다'가 들어 있는 예문을 제시했다. 활용정보에서 제시한 '데려'는 없고 그 대신 '데려다'가 등장한 점에서 일관성이 없다. 국립국어연구원 편 (2002ㄱ:489)에는 "다행히 밥 지어 주고 옥바라지할 하인 한 명씩 (데려) 들어가는 것은 허락해 주었다. 『현기영, 변방에 우짖는 새』"가 나타난다. 그러나 이 '데려'는 아무래도 '데리고'의 비표준어로 느껴진다. 한편 〈학습〉은 참고정보로 "주로 '데리고 가다, 데리러 가다, 데려다 주다'로 쓴다."라고 하여 가능한 세 활용형 '데리고, 데리러, 데려다'를 정확히 반영하고 있다.

(47) 어휘소 《봐주-》의 어형 교체

교체의 조건 / 어형	형태론적 조건	의미론적 조건
/봐다-/	해라체 명령형어미 {-어라} 앞	봐주는 행위의 결과로 혜택을 받게 되는 주체가 화자 또는 화자를 포함한 집단일 때
/봐달-/	선어말어미 {-으시-}가 끼지 않은 하라체 명령형어미 {-으라} 앞	
/봐주-/	그밖의 경우	그밖의 경우

《죽여주다》의 활용을 기술하기 위해 위와 같은 표를 만들 필요는 없다. 어휘소 《죽여주-》의 어형은 어느 경우에나 '죽여주-'이기 때문이다.

'주다'로 끝난 合成動詞로서 〈표준〉에 표제어로 실린 3음절어, 4음절어, 5음절어는 모두 47개이다. '거주다'와 '그어주다' 같은 준말과 본말의 쌍을 동일한 어휘소로 보면 모두 43개이다.[22] 이 43개 어휘소 중에서 저빈도어이면서 사전의 풀이가 소략하여 '~달라, ~다오'의 활용형이 가능한지 판단하기 어려운 《못주다》, 《우주다》, 《죄주다》, 《침주다》, 《판주다》, 《들고주다》, 《탑새기주다》를 제외한 36개는 다음과 같이 분류된다.

(48) 수혜자가 화자 또는 화자를 포함한 집단인 명령형을 쓰지 않는 것: 겁주다, 힘주다

---

22 '~주다' 형태가 합성동사인지 아닌지(즉 통사적 구성인지)에 대해서는 논란의 여지가 있을 것이다. 예를 들어 떡장수가 지나가는 사람에게 떡을 사라는 뜻으로 "떡 하나 팔아주세요."라고 할 때의 '팔아주다'는 〈표준〉에 표제어로 실려 있지 않지만 '팔다'와 '주다'의 의미만으로 전체의 의미를 예측할 수 없다는 점에서 합성동사로 보아야 할 것이다(그리고 이 '팔아주다'는 (50)의 유형에 속한다). 남경완·이동혁(2004)는 '팔아 주다'에서 보조동사 '주다' 때문에 '팔다'가 '사다'의 의미구조를 얻게 된 것으로 보았으나 보조동사 '주다'에 그런 책임을 지우기는 어려워 보인다. 우선 〈표준〉의 표제어를 기준으로 합성동사 목록을 뽑아본다.

(49) 행위의 결과로 혜택을 받게 되는 주체가 화자 또는 화자를 포함한 집단일 때 '~주라, ~주어라/줘라'를 쓰는 것: 끝내주다, 죽여주다

(50) 행위의 결과로 혜택을 받게 되는 주체가 화자 또는 화자를 포함한 집단일 때 '~달라, ~다오'를 쓰는 것: 내주다, 벌주다, 세주다(洗주다), 세주다(貰주다), 쳐주다, 갈아주다, 건네주다, 그어주다, 꿰어주다, 넘겨주다, 노나주다, 놓아주다, 도와주다, 돌려주다, 들려주다, 들어주다, 몰라주다, 몰아주다, 물려주다, 밀어주다, 별러주다, 보아주다, 알아주다, 접어주다, 찔러주다, 추어주다, 통겨주다, 핀잔주다, 흘려주다, 가져다주다, 뒤보아주다, 바래다주다

«겁주다», «힘주다»는 활용계열에서 '겁달라, 겁다오, 힘달라, 힘다오'가 놓일 자리가 빈칸인 것으로 보인다. 그밖에는 «끝내주다», «죽여주다» 둘 만이 규칙적으로 활용해 '~달라, ~다오' 대신 '~주라, ~주어라/줘라'가 쓰이고 나머지 32개는 (47)과 같은 «봐주»의 어형 교체를 따른다. «끝내주다», «죽여주다»는 俗語이면서 自動詞로 쓰일 수 있는 점에서 공통된다.[23] 자동사로 발달하면서 수혜자의 필수성이 약화되어 '~달라, ~다오'와 같은 어형 교체로부터 이탈한 것으로 해석된다.[24]

---

23 〈표준〉은 «죽여주다»가 타동사와 자동사로 모두 쓰이는 것으로 표시했다.

24 이현희(2009:188-191)는 '죽여주다, 끝내주다, 먹어주다'의 경우 '주다'의 "수여성"이 약화되어 접미사로 발달하기 시작한 단계에 있다고 해석했다. '먹어주다'는 "요즘은 이런 옷이 먹어준다."(이현희 2009:189) 같은 문장에서 몇 년 전부터 젊은이들이 쓰기 시작한 속어로서 '훌륭한 것으로 통하다, 충분한 효과를 나타내다'를 뜻하는 자동사이다. 아직 〈표준〉에 실려 있지 않다. '풀이/화장이/칼이 잘 먹다'에서의 자동사 '먹다'를 기반으로 형성된 단어로 보면 '먹어 주다'와 같은 보조용언 구성으로 보아도 될 법하다. 그래서 그런지 '먹어 달라, 먹어 다오'와 같은 형태로 쓰일 수 있는 듯 느껴진다.

5. 사전에서의 기술

어휘론적 기술은 사전을 통해 구체화된다. 〈표준〉은 '달다'를 다음과 같이 풀이하고 있다.[25]

> **달다**[5] [달 : -] ⚟⚏【⋯을】 (('달라', '다오' 꼴로 쓰여)) 말하는 이가 듣는 이에게 어떤 것을 주도록 요구하다. ¶ 아이가 용돈을 **달라고** 한다. / 옷을 **다오**. / 대관절 얼마나 **달라는** 것이오?
> ⚠⚏⚏ ((동사 뒤에서 '-어 달라', '-어 다오' 구성으로 쓰여)) 말하는 이가 듣는 이에게 앞말이 뜻하는 행동을 해 줄 것을 요구하는 말. ¶ 일자리를 구해 **달라고** 부탁하다 / 책을 빌려 **달라고** 간청하다 / 친구에게 와 **달라고** 전화를 했다. / 형 대신 이 일을 해 **다오**. 【달다<두시-초>】

이 사전이 제공하는 정보 가운데 4장까지의 논의에 비추어 問題가 있는 사항을 지적하면 다음과 같다. 필요한 경우 〈연세〉와 〈학습〉의 풀이도 언급한다.

첫째, 본동사 '주다'의 文型情報를 【⋯에/에게 ⋯을】로 표시하면서 본동사 '달다'의 문형정보를 【⋯을】로 표시하는 것이 옳은가? '달다'의 문형정보도 '주다'와 같아야 마땅하다. 〈연세〉, 〈학습〉에서는 "(🔟이) ②에게 ③을 달다 (🔟사람 ②사람)"과 같이 기본적으로 '주다'와 똑같은 문

---

25 1999년판 종이사전에서는 본동사의 문법정보를 ((주로 '달라', '다오' 꼴로 쓰여)), 보조동사의 문법정보를 ((동사 뒤에서 주로 '-어 달라', '-어 다오' 구성으로 쓰여))로 기술했는데 2008년판 웹사전에서는 '주로'라는 표현을 둘 다 삭제했다. 오로지 '달라, 다오'의 형태로만 쓰이기 때문에 '주로'는 부정확한 표현이었던 것이다. 다른 내용은 달라지지 않았다.

형정보를 제시하고 있다.[26]

둘째, 活用情報를 제시하지 않은 채 본동사의 문법정보로 (('달라', '다오' 꼴로 쓰여)), 보조동사의 문법정보로 ((동사 뒤에서 '-어 달라', '-어 다오' 구성으로 쓰여))라고 표시한 데 문제가 없는가? 이 사전의 일러두기에 따르면 "활용이 온전하지 못한 용언"은 활용정보를 제시하지 않고 문법정보로 그 내용을 제시하고 있다. '달다'를 불완전계열을 가진 동사로 본다는 뜻이다. 이 점은 나중에 검토하기로 하고 여기서는 다만 '달라, 다오'라는 활용형으로만 쓰인다는 정보를 제시했다고 하더라도 이 두 활용형이 각각 어떤 語尾와의 結合形인지를 알려 주지 않은 데 문제가 있음을 지적하고자 한다. '달라'는 어미의 형태가 규칙적이므로 쉽게 추측할 수 있다 하더라도 '다오'는 어미 '-오'가 해라체 명령형어미 형태소 {-어라}의 이형태임을 도저히 추측할 수 없다. 이 점을 명시적으로 보여 주어야 할 것이다. 〈연세〉는 문법정보로 ['달라, 다오'의 명령의 꼴로만 쓰이에]라고 했는데 이들이 명령형이라는 정보를 더 준 점에서 〈표준〉보다 조금 나을 뿐 같은 문제를 안고 있다. 〈학습〉은 참고정보로 "'달라, 다오'처럼 명령형으로만 쓴다. 친한 사람이나 아랫사람에게 말할 때 쓴다."라고 했다. 청자가 친한 사람이나 아랫사람이라는 정보를 더 주어 〈연세〉보다 조금 더 나아갔으나 이들이 각각 '주라, 주어라/줘라'를 보충하는 것임을 더 분명히 제시할 필요가 있다.[27]

---

26 '주다'의 문형정보에서는 괄호를 치지 않은 주어에 "(①이)"와 같이 괄호를 친 것은 '달다'가 명령문에서 주어를 거의 항상 생략함을 고려한 것으로 보인다. ①과 ②를 '사람'으로 표시했는데 문맥에 따라 '동물'도 가능할 것이다.

27 임홍빈 편(1993)은 '주다' 항 끝에 '주다 : 다오/달라'라는 제목의 참고상자를 마련해 본동사 '주다'의 활용형 대신 본동사 '달라, 다오'가 쓰이는 양상을 설명했다. 이 설명만 보면 '달라, 다오'를 보충형으로 본 듯도 느껴진다. 그러나 '달다' 항에서 명령형이 '다오, 달라'라는 활용정보를 제시하고 참고상자에서 '달다'를 "일반적인 어미와 두루 결합하지 못

셋째, 본동사의 뜻풀이 "말하는 이가 듣는 이에게 어떤 것을 주도록 요구하다."가 정확한가? 이 뜻풀이를 예문 "옷을 다오."에 대입하면 엉뚱하게도 "말하는 이가 듣는 이에게 옷을 주도록 요구해라."가 될 것이다. 정확한 뜻풀이가 아니라는 뜻이다. "(듣는 이가 말하는 이를 위하여) 주다."라고 표현하는 것이 더 정확할 것이다. 보조동사의 뜻풀이도 "(듣는 이가 말하는 이를 위하여) 어떤 행동을 해 주다." 정도가 더 낫겠다. 〈연세〉의 뜻풀이 "(자기에게 무엇을) 주기를 청하다."(본동사), "(상대방이 자기를 위하여 어떤 일을) 해 주기를 청하다."(보조동사), 〈학습〉의 뜻풀이 "(자기에게 무엇을) 주기를 상대방에게 부탁하다."(본동사), "(상대방이 자기를 위하여 어떤 일을) 해 주기를 부탁하다."(보조동사)도 똑같은 문제를 안고 있다.

넷째, 用例가 다양한가? 보조동사의 예문 넷 중 '달라고'가 쓰인 예문이 셋이고 '다오'가 쓰인 예문이 하나이다. '달라는, 달란, 달랄, 달라며, 달라지, 달래, 달래요, 달랍시다' 등 '달라'는 아주 다양한 형태로 나타날 수 있는데 이에 대한 배려가 부족하다. 본동사의 예문 셋은 '달라고, 다오, 달라는'이 하나씩 쓰여 있어서 그보다는 낫다. 〈연세〉는 본동사에 대해 '달라고' 셋, '달라' 하나를 제시하여 역시 다양성이 부족한데 보조동사에 대한 세 예문은 '달라는데, 달라고, 다오'가 하나씩 들어 있어 조금 낫다. 〈학습〉은 본동사와 보조동사 각각의 용례 셋이 '다오' 하나, '달라고' 둘이 쓰여 있다. 한국어 학습자용 사전이므로 중요도가 낮은 형태들을 다양하게 제시할 필요는 적다고 할 수 있다.

이 몇 가지 문제보다 더 根本的인 問題는 '달다'를 標題語로 설정하는 것이 옳은가 하는 것이다. 4장까지의 논의에 따르면 '달다'를 표제어로 설

하는 동사"인 "불완전 동사"로 처리함으로써 결국 〈표준〉, 〈연세〉, 〈학습〉과 같은 태도를 보이고 있다.

정하는 것은 어휘론의 관점에서 옳지 않다.[28] 사전의 표제어란 語彙素와
일치해야 한다고 보는 것이 어휘론의 관점이기 때문이다. '달라, 다오'는
어휘소 «주다»의 어형, 즉 활용형에 불과하므로 '주라, 주어라, 주었다,
주셨겠습니다' 등 «주다»의 수많은 어형들이 표제화되지 않듯이 '달라,
다오'도 표제화되어서는 곤란하다. 그런데 〈표준〉, 〈연세〉, 〈학습〉 등 대
부분의 사전이 '달다'를 표제어로 설정해 온 것은 4장까지의 결론을 따르
지 않는다는 뜻이다.[29] 최현배(1937), 남기심(1986)과 같이 '달다'를 불완전
계열을 가진 동사로 보겠다는 뜻이다. 그렇게 되면 '달다'는 '주다'와 구별
되는 당당한 어휘소가 되며 사전에 표제어로 오를 자격이 생긴다. '달다'
를 어휘소로 인정하는 견해를 따른다면 〈표준〉, 〈연세〉, 〈학습〉 등에서
'달다'를 표제어로 올린 데에 아무 문제가 없다고 할 수 있다.

'달다'를 어휘소로 인정하고 불완전계열을 가진 동사로 보면 어휘소 «주
다»도 불완전계열을 가진 동사가 된다는 점을 놓쳐서는 안 된다. «주다»
의 활용계열에서 '달라, 다오'가 채우던 자리가 빈칸이 될 수밖에 없기 때
문이다. 그런데 어떤 사전도 «주다»의 활용계열에 빈칸이 있다는 점을 기
술하지 않고 있다. 이것은 일관성을 잃은 처리이다.

«주다»의 풀이에서 '달다'를 관련지은 것은 〈표준〉에서 참고어휘로 '달
다'를 제시한 것, 〈연세〉에서 관련어로 '달다'를 제시한 것, 〈학습〉에서

---

28 고영근(1973/1989:284)에서 사전에서 '달다'를 기본형으로 삼는 것이 온당해 보인다고
언급하고 고영근(1987)에서 '달라, 다오'를 '달다'로 통일하여 표기하면서 논의를 편 것은
이러한 관점에서 옳지 않다. 남기심·고영근(1985)에서는 '달다'로 표기하지 않고 '달-/다-'
또는 '다-/달-'로 표기하고 있는데 이러한 점을 의식한 것인지 알 수 없다.

29 『코스모스조화사전』(1988/1991)은 '달다'를 표제화하는 대신 '달라 / 다오'와 같은 특
이한 형식으로 표제어를 제시했다. 여기에 '타동사'라는 품사 표시를 한 것으로 보아 '달다'
를 하나의 어휘소로 처리한 점은 다른 사전들과 같다. 『우리말 큰사전』(1992)과 『조선말대
사전』(1992) 역시 '달다'를 표제화하는 대신 '달라'와 '다오'를 표제어로 싣고 둘 다 어휘소로
서의 풀이를 보였다.

각 意味素에 대해 관련어로 '달다'를 제시한 것이 전부이다.[30] 〈표준〉과 〈연세〉는 《주다》 전체의 참고어휘 또는 관련어로 '달다'를 표시했는데 〈학습〉은 의미소마다 '달다'가 관련어가 되는지 안 되는지를 표시했다는 점에서 진일보했다. 〈학습〉에서 본동사 '주다'의 의미소를 16개 제시하고 있는데 그중 '달다'를 관련어로 제시한 것은 다음 여섯 개다(사전에서 의미소 앞에 붙인 번호를 그대로 가져온다).

1 (남에게 어떤 것을) 가지게 하다.
4 (남에게 먹을 것을) 공급하다.
12 (남에게) 소식이나 인사를 보내다.
13 (남에게) 상이나 벌을 받게 하다.
14 (남에게) 행동할 수 있는 조건을 마련하다.
15 (눈길 등을) 일정한 방향으로 돌리다.

그런데 나머지 의미소 10개 모두에 대해 '달다'가 관련어가 될 수 없는 것은 아니라고 생각된다. 몇 가지만 살펴보면 다음과 같다. '주다'의 예문은 〈학습〉에서 가져온 것이고 '달다'의 예문은 이 자리에서 만든 것이다.

3 (남에게 돈을) 지불하다.
　주다: "그 회사 월급 많이 주니?"
　달다: "월급을 많이 달라고 요구했다."
5 (식물에 영양을) 공급하다.

---

30 사전의 풀이에서 한 표제어의 여러 개별 의미를 意味素라 부르기로 한다. 어휘론적으로 표현하면 한 어휘소에 속하는 서로 다른 의미가 의미소이다. 單義語는 의미소가 하나인 어휘소, 多義語는 의미소가 둘 이상인 어휘소이다.

주다: "화분에 물을 너무 많이 주었더니 잎이 썩었습니다."

달다: "내 화분에도 물 좀 많이 다오."³¹

6 (권리나 지위를) 가지게 하다.

주다: "저에게 이야기를 할 기회를 주십시오."

달다: "나에게도 이야기를 할 기회를 다오."

이들 의미소에 대해서도 관련어 '달다'가 제시되어야 옳다.³²

그런데 그보다 더 근본적인 문제는 '달다'가 관련어로 제시된 의미소들이 '주다'에서는 分割되었는데 '달다'에서는 왜 분할되지 않았는지 알 수 없다는 것이다. 예를 들어 '주다'의 경우 "(남에게 어떤 것을) 가지게 하다."(의미소 1)가 "(남에게 먹을 것을) 공급하다."(의미소 4)와 의미가 달라 분할했다면 '달다'의 경우에도 이들이 의미가 다른 것으로 보고 의미소를 분할하지 않으면 안 된다. 이 점은 〈학습〉만의 문제가 아니라 〈표준〉, 〈연세〉 등 다른 사전들도 똑같이 안고 있는 문제이다.³³ '달다'를 표제어로 올리기는 했지만 '주다'와 대등한 독립된 어휘소로 보기 어려움을 편찬자들이 느끼고 있었기 때문에 이와 같이 일관성 없는 기술에 이른 것으로 추측된다.

《봐주다》 같은 合成動詞들도 '봐달라, 봐다오' 등의 어형을 가짐을 4장에서 지적했다. 사전에서 '달다'를 불완전계열을 가진 어휘소로 보고 표

---

31 화자가 자기 화분을 들고 청자에게 다가가 하는 말이다. 화분이 화자로부터 멀리 떨어져 있을 때는 "내 화분에도 물 좀 많이 줘라."가 자연스럽다.

32 흥미로운 것은 〈학습〉의 초고인 한국어세계화재단(2002)의 '주다'의 의미소 16개 중 "(권리나 지위를) 가지게 하다."와 "(남에게) 어떠한 말 등을 하다"를 뺀 14개에 대해 관련어로 '달다'가 제시되어 있었다는 점이다. 편찬 과정에서 해당 의미소에 대해 '달라, 다오'를 쓴 문장이 가능한지 불가능한지에 대해 혼란이 있었던 것으로 보인다.

33 '주다'의 의미소를 어떻게 그리고 몇 개로 분할해야 하는지는 여기서 더 따지지 않는다.

제화했다면 '봐달다'도 어휘소로 보고 표제화해야 옳다. 그러나 어떤 사전도 '봐달다' 같은 표제어를 설정하지 않고 있다.

이상을 보면 사전에서 '달다'를 표제화한 태도가 불완전계열과 보충법에 대해 형태론적으로나 어휘론적으로 투철한 인식을 한 결과가 아님을 알 수 있다. '달라, 다오'의 형태가 '주다'와 너무나 다르므로 사용자의 檢索의 便宜를 위해 '달다'라는 假想의 基本形을 만들어 표제화한 데 불과한 것이 아닌가 한다.[34]

요컨대 어휘소가 아니라 어형에 불과한 '달다'는 사전의 표제어가 될 수 없다. 마찬가지로 '달다'는 單語目錄의 구성단위도 될 수 없다. 그런데도 국립국어연구원 편(2002ㄴ)과 국립국어연구원 편(2003)의 목록에 '달다'

---

34 『큰사전』(1947~1957), 『韓美大辭典』(1968), 『朝鮮語辞典』(1993) 등은 '달라고 하다'를 뜻하는 '달라다'를 표제어로 싣고 풀이했다. 이것은 『한불ㅈ뎐』(1880)이 '달나ㅎ다'와 '달나다'를 표제어로 실은 전통을 이어받은 것이 틀림없다. '달라다'가 표제어가 된다면 '주라고 하다'를 뜻하는 '주라다' 역시 표제어로 실어야 할 것이며 구조가 같은 '하라다, 가라다, 먹으라다, 생각하라다, 기다리라다, 붙잡으라다' 등 수많은 유사 형태들이 표제어가 되겠다고 아우성을 칠 것이다. 다만 『韓美大辭典』은 표제어를 "달라 -다 talla 'ta'로 표기하여('달' 위에 장음을 표시하는 가로줄이 그어져 있다) 두 단어 구성에서 온 말임을 표시하고자 했으나 품사를 타동사와 보조동사로 표시함으로써 결국은 한 단어로 인정한 것과 마찬가지가 되었다. 〈학습〉은 '달라다'를 표제어로 싣지 않으면서도 부록의 〈용언의 활용표〉에는 '달라다'를 실어 놓았다. 이 '달라다'가 어떤 용언인지를 알고 싶어도 이 사전에서 더 이상의 정보를 얻을 길이 없다. '달라다'는 실제로 '달라는, 달라니까, 달란, 달랄, 달랍니다, 달래도, 달랬겠지만' 등으로 쓰이므로 '-으라는, -으라니까' 등 하라체 명령형어미 '-으라'에 '하다'의 활용형이 만나 형성된 준말어미가 {주-}에 연결되어 나타나는 형태로서 기술되어야 한다. 외국인을 위한 문법형태사전인 국립국어원 편(2005)는 그러한 준말어미로 '-으라거나, -으라거든, -으라고, -으라기에, -으라는, -으라는구나, -으라는데, -으라니, -으라니까, -으라더군, -으라더니, -으라더라, -으라던, -으라던가, -으라던데, -으라데, -으라든가, -으라든지, -으라며, -으라면, -으라면서, -으라지, -으란다, -으랍니까, -으랍니다, -으래, -으래도, -으래서, -으래서야, -으래야' 등을 싣고 풀이했는데 그 예문들에서 '달라거든, 달라고, 달라기에, 달라는구나, 달라는데' 등 많은 '달라~' 형태들을 볼 수 있다. 사전에서 해야 할 작업은 이러한 불규칙한 형태들을 쉽게 검색하고 {주-}와의 관련성을 잘 알 수 있도록 내용을 구성하는 일이다.

가 들어 있는 것은 이들이 〈표준〉의 표제어 목록을 거의 그대로 따른 결과이다. 국립국어연구원 편(2002ㄴ)의 빈도순위로 본동사 '달다'는 3980위, 보조동사 '달다'는 861위이며, 국립국어연구원 편(2003)에서는 본동사 '달다'를 B등급, 보조동사 '달다'를 C등급에 속하는 것으로 판정하고 있다. 본동사 '주다'는 101위, 보조동사 '주다'는 23위이고 둘 다 A등급으로 판정했다. 또 국어교육용 단어목록인 김광해 편(2003)에도 1등급 1845단어에 '달다'가 포함되어 있다. 한편 기초어휘 5535개를 수록한 노마 편(1998)에는 '달다'가 들어 있지 않다. '달라, 다오'가 어휘소 '주다'의 어형에 불과하다고 인식한 결과인지는 알 수 없다. 그리고 15000여 단어를 수록한 신현숙 외 편(2000)에 '주다'는 있으나 '달다'는 없다. 역시 의도적으로 '달다'를 제외한 것인지는 알 수 없다.

特殊辭典 가운데 주요 동사의 문형과 예문을 상세히 보인 홍재성 외 편(1997)은 770여 개의 동사 표제어를 실었는데 '주다'와 '드리다'는 싣고 '달다'는 싣지 않았다. 일반동사, 숙어동사, 기능동사, 보조동사로서의 '주다'에 대해 3쪽 분량으로 풀이하면서 많은 예문을 들었으나 '달라, 다오'가 들어 있는 예문이 전혀 없는 것으로 보아 이들이 《주다》의 어형이기 때문에 '달다'를 표제화할 수 없다고 생각한 것은 아닌 듯하다. 그리고 국립국어원 편(2005)에 보조동사 '주다'와 보조동사 '드리다'는 실려 있는데 보조동사 '달다'는 없다. 국립국어연구원 편(2002ㄴ)의 빈도순위 10287위인 보조동사 '치우다'가 실려 있는 것을 보면 어떤 이유에선가 '달다'를 일부러 싣지 않은 듯하다. 그렇지만 보조동사 '주다'의 예문에 '달라, 다오'가 쓰인 것이 없으므로 이들을 '주다'의 어형으로 보아 '달다'를 싣지 않은 것이라고 좋게 봐 주기는 힘들다. 이상에서 보듯이 각종 단어목록이나 특수사전에서도 '달다'에 대한 올바른 어휘론적 인식은 없었다고 하겠다.

이제 辭典에서의 바람직한 처리를 제시하면 다음과 같다.

(51) '달다'를 標題語로 설정하지 않는다. 그렇더라도 '달라, 다오'는 기본 형 '주다'를 연상할 수 없을 만큼 어형이 특이하므로 표제어로 싣는 것이 좋다.[35] 표제어 '달라'와 '다오'는 어휘소가 아니고 ≪주다≫의 어 형이므로 이들은 假標題語가 되며 ≪주다≫ 항을 찾아가기 위한 里 程標 역할만 한다.[36]

(52) ≪주다≫의 活用情報로 '달라, 다오'에 관한 내용을 포함한다. '주고, 주면, 주니, 줄, 줍니다, 주어서/줘서' 등 규칙적인 활용형들에 대 한 정보 외에 (46)과 같은 내용을 포함한다.

(53) ≪주다≫의 여러 意味素에 대해 '달라, 다오'가 들어 있는 用例도 적 절한 비율로 포함한다.

(54) ≪봐주다≫와 같이 '~달라, ~다오'가 존재하는 '~주다' 合成動詞에 대해서는 (51)~(53)과 평행하게 처리한다. 예를 들어 '봐달다'는 표제화하지 않으나 '봐달라, 봐다오'는 가표제어로 설정할 수 있다.

---

35 외국인을 위한 한국어사전인 『朝鮮語辭典』과 〈학습〉이 '달라, 다오'를 假標題語로 실은 것은 이 점에서 좋은 태도이다. 그런데 〈학습〉이 가표제어를 '달라' 대신 '달라-'로 표기한 것은 문제가 있다. 가표제어 '달라-' 바로 뒤에 이것이 '달라고, 달랬다' 등으로 쓰인 다고 표시했는데 이 두 형태를 지나치게 의식한 것이 아닌가 한다. 인용조사 '고', 인용동사 '했다' 앞의 '달라'는 용언어간과 같은 의존형태가 아니라 자립형태이므로 붙임표가 없어야 한다.

36 표제어 설정에서 본동사 '주다'와 보조동사 '주다'를 분할하느냐 통합하느냐 하는 문 제가 있다. 〈표준〉은 통합했고 〈학습〉은 분할했다. 어느쪽이 옳은지(또는 나은지)는 여기 서 더 논하지 않는다. 다만 '달라, 다오'가 본동사 '주다'의 어형이기도 하고 보조동사 '주다' 의 어형이기도 한 점을 염두에 두어야 할 것이다.

6. 맺는말

'달라, 다오'는 본동사 및 보조동사 '주다'의 활용형이다. 이제까지 형태
상의 이질성 때문인지 이들을 '주다'와 다른 단어(어휘소)인 것으로 오해하
고 '달다'라는 가상의 기본형을 설정하여, 불구동사 또는 불완전동사, 즉
활용계열이 완전히 갖추어져 있지 않은 동사로 처리하는 일이 많았다. 그
러나 形態論的으로는 형태소 {주-}의 이형태로 /주/ 외에 /달-/과 /다-/가
존재하며(보충법), 語彙論的으로는 어휘소 《주》의 어형으로 /달-/과 /다-/
가 존재한다고 기술해야 한다.

　形態素 {주-}의 이형태 교체에는 형태론적 조건과 의미론적 조건이 함
께 작용한다((15), (40) 참조). 이것을 (40)=(55)로 정리할 수 있다.

(55) 형태소 {주-}의 이형태 교체

교체의 조건 이형태	형태론적 조건	의미론적 조건
/다-/	해라체 명령형어미 {-어라} 앞	어떤 행위의 결과로 사물을 소유하거나 혜택을 받게 되는 주체가 {주-}를 서술어로 한 절의 화자 또는 화자를 포함한 집단일 때
/달-/	선어말어미 {-으시-}가 끼지 않은 하라체 명령형어미 {-으라} 앞	
/주-/	그밖의 경우	그밖의 경우

　語彙素 《주》의 어형 교체는 (40)=(55)를 조금 수정한 (46)으로 표현할
수 있다. 한편 形態素 {주-}가 들어 있는 合成動詞 어휘소 《봐주》의 어형
교체는 (47)=(56)과 같다.

(56) 어휘소 «봐주-»의 어형 교체

교체의 조건 어형	형태론적 조건	의미론적 조건
/봐다-/	해라체 명령형어미 {-어라} 앞	봐주는 행위의 결과로 혜택을 받게 되는 주체가 화자 또는 화자를 포함한 집단일 때
/봐달-/	선어말어미 {-으시-}가 끼지 않은 하라체 명령형어미 {-으라} 앞	
/봐주-/	그밖의 경우	그밖의 경우

　그러나 속어인 합성동사 «끝내주다»와 «죽여주다»는 '끝내달라, 끝내다오'나 '죽여달라, 죽여다오'가 쓰이지 않으므로 위와 같은 어형 교체가 존재하지 않는다.

　辭典에서는 일반적으로 '달다'를 표제화한 상태에서 '달라, 다오'의 형태로만 쓰이는(즉 불완전계열을 가지는) 동사로 풀이하고 '주다'와 관련어 관계에 있음을 표시했다. 그러나 의미소 분할에서는 '달다'를 '주다'처럼 대접하지 않았다. 또 '주다'의 활용계열에서 '달라, 다오'가 있을 만한 자리가 빈칸이므로 '주다' 역시 불완전계열을 가진다고 풀이하지도 않았다. 따라서 사전에서 '달다'를 어휘소로 인정하여 표제화한 것은 不完全系列과 補充法에 대한 철저한 인식에 근거한 결과가 아니다.

　사전에서 '달다'를 표제화해서는 안 된다(마찬가지로 單語目錄을 작성할 때도 '주다' 외에 '달다'를 따로 올려서는 안 된다). '달라, 다오'는 «주다»의 활용정보에서 제시해야 하며, «주다»의 용례를 보일 때도 '달라, 다오'가 들어 있는 용례를 적절한 비율로 포함해야 한다. '달라, 다오'가 표제어 «주다»의 활용형임을 잘 모르는 사용자를 위해 실용적인 관점에서 이들을 가표제어로 설정하는 것은 문제가 없다. 그리고 合成動詞 가운데 «봐주다»처럼 활용형 '~달라, ~다오'를 보충형으로 가지는 것들에 대해서도 이들 형태를 활용정보에 포함해야 한다. 합성동사 《끝내주다》, 《죽여주다》에 대해서는 그러한 보충형을 가지지 않고 규칙적으로 활용함을 특별히 표시할 필요가 있을 것이다.

참고문헌

1. 논저

고영근(1973) 「현대국어의 종결어미에 대한 구조적 연구」, 『어학연구』 10:1. [고영근(1989)에 재수록]

_____(1976) 「현대국어의 문체법에 대한 연구」, 『어학연구』 12:1. [고영근(1989)에 재수록]

_____(1987) 「보충법과 불완전계열의 문제」, 『어학연구』 23:3. [고영근(1989)에 재수록]

_____(1989) 『국어형태론연구』, 서울대출판부.

_____(2005) 「형태소의 교체와 형태론의 범위: 형태음운론적 교체를 중심으로」, 『국어학』 46.

_____ · 구본관(2008) 『우리말 문법론』, 집문당.

김영욱(1994) 「불완전계열에 대한 형태론적 연구」, 『국어학』 24.

김진해(2002) 「"한국어 연어의 개념과 그 통사 · 의미적 성격"에 대한 토론」, 『국어학』 39.

남경완 · 이동혁(2004) 「틀의미론으로 분석한 '사다'와 '팔다'의 의미 분절 양상」, 『언어』 29.

남기심(1986) 「'이형태'의 상보적 분포와 통사적 구성」, 『한글』 193.

_____ · 고영근(1985) 『표준 국어문법론』, 탑출판사. [개정판, 1993]

류시종(1995) 「한국어 '-어 주다' 구문에 대한 연구」, 『언어학』 17.

목정수(2008) 「보조동사 '-(어)주다'의 통사적 특성과 기능: 여격 표지로서의 분석 가능성」, 『어문연구』 36:4.

이기동(1979) 「"주다"의 문법」, 『한글』 166.

이병근(1981) 「유음 탈락의 음운론과 형태론」, 『한글』 173·174.

이선웅(1995) 「현대국어의 보조용언 연구」, 『국어연구』 133, 서울대 국어연구회.

이정순(1986) 「日本語「やる・くれる・もらう」と韓國語「주다・받다」の比較研究」, 『언어과학연구』 4, 언어과학회.

이현희(2009) 「보조용언의 범주 분화와 접미사로의 이동」, 『국어학』 54.

임지룡(1990) 「의미의 성분분석에 대한 종합적 검토」, 『국어교육연구』 22, 국어교육학회.

정경재(2008) 「불완전계열의 변화 방향 고찰」, 『형태론』 10:1.

정주리(2006) 「'-주다' 형식의 구문과 의미」, 『한국어 의미학』 19.

최현배(1937) 『우리말본』, 정음사. [개정판, 1971]

한국어세계화재단(2002) 『"외국인을 위한 『한국어 학습 사전』" 개발 최종 보고서』, 문화관광부.

홍윤표(1977) 「불구동사에 대하여」, 『이숭녕선생고희기념 국어국문학논총』, 탑출판사.

2. 사전 및 자료

간노 히로오미(菅野裕臣) 외 편(1988) 『코스모스조화사전(コスモス朝和辭典)』, 白水社. [제2판, 1991]

국립국어연구원 편(1999) 『표준국어대사전』, 두산동아. [웹사전, 2008]

_____(2002ㄱ) 『주요 어휘 용례집: 동사 편(상) ㄱ~ㅂ』, 국립국어연구원.

_____(2002ㄴ) 『현대 국어 사용 빈도 조사: 한국어 학습용 어휘 선정을 위한 기초 조사』, 국립국어연구원.

_____(2003) 『한국어 학습용 어휘 선정 결과 보고서』, 국립국어연구원.

국립국어원 편(2005) 『외국인을 위한 한국어 문법 2: 용법 편』, 커뮤니케이션북스.

김광해 편(2003) 『등급별 국어교육용 어휘』, 박이정.

노마 히데키(野間秀樹) 편(1998) 『朝鮮語 分類基礎語彙集』, 東京外大 語学教育研究協議会.

마틴(Samuel E. Martin) 외 편(1968) 『韓美大辭典 (*New Korean-English Dictionary*)』, 민중서관.

사회과학원 언어학연구소 편(1992) 『조선말대사전』, 사회과학출판사.

서상규 외 편(2006) 『외국인을 위한 한국어 학습 사전』, 신원프라임.

신현숙 외 편(2000) 『(의미로 분류한) 현대 한국어 학습 사전』, 한국문화사.

연세대학교 언어정보개발연구원 편(1998) 『연세 한국어 사전』, 두산동아.

유타니 유키토시(油谷幸利) 외 편(1993) 『朝鮮語辞典』, 小学館.

임홍빈 편(1993) 『뉘앙스 풀이를 겸한 우리말 사전』, 아카데미하우스.

한글학회 편(1947~1957) 『큰사전』, 을유문화사.

_____(1992) 『우리말 큰사전』, 어문각.

홍재성 외 편(1997) 『현대 한국어 동사 구문 사전』, 두산동아.

Les Missionnaires de Corée de la Société des Missions Etrangères de Paris(파리 외방전교회) (1880) *Dictionnaire coréen-français* (한불ㅈ뎐), Yokohama.

이 글을 다시 읽으며

이 논문을 쓰게 된 것도 기초어휘 선정 작업과 관계가 있다. 흔히 '달라, 다오'의 기본형으로 설정하는 '달다'를 기초어휘에 들어갈 후보로 삼을 것인가가 선결해야 할 문제이기 때문이다. '달라, 다오'가 '주다'의 특별한 활용형에 불과하다면 '달다'는 어휘소가 아니므로 기초어휘든 고급어휘든 어떤 단어목록에 들어갈 자격이 없다. 반대로 '달다'가 '주다'와는 독립적인 어휘소라면 단어목록에 들어갈 자격이 있다. '달다'의 지위를 어떻게 설정하느냐에 따라 한국어 단어의 수가 늘었다 줄었다 하는 것이다.

'달다'를 만약 독립된 어휘소로 본다면 그 활용형이 둘밖에 안 되므로 이른바 불구동사가 된다. 그런데 그렇게 하면 '주다'도 불구동사가 된다. '주다'의 활용계열에서 '달라, 다오'가 차지하는 자리가 비기 때문이다. 나아가 '주다'가 참여한 합성어 '봐주다'도 '봐달라, 봐다오'가 차지하는 자리가 비어 있는 불구동사가 된다. '주다'나

'봐주다'를 불구동사로 처리한 사례는 전혀 찾을 수 없다. 그런데도 '달다'를 독립된 어휘소로 생각하는 이가 많은 것은 이해할 수 없는 일이다. 언어를 기술할 때 경계해야 할 일은 앞뒤가 안 맞는 기술이다.

현실어에서 '다오'의 쓰임을 점점 보기 어려워지고 있다. '다오' 대신 '주라'가 흔히 쓰인다. 규칙적인 활용형 '주어라/줘라'가 아닌 '주라'가 우세하게 쓰이는 것도 흥미로운 현상이다. 한편 '달라'는 현실어에서도 규칙적인 활용형 '주라'로 바뀌어 쓰이지 않는다. '주라'를 쓰면 방언으로 인식된다. 여러 방언에서의 '달라, 다오'와 그 유사 형태들, 그리고 고어형들에 대해서는 이상신(2010) 「'달라'와 '다오'의 방언형과 그 분포」(『최명옥 선생 정년 퇴임 기념 국어학논총』, 태학사)에서 다루고 있다.

5장

'있다'와 '계시다'의 품사에 대한 사전 기술

1. 머리말

용언 '있다'는 사용빈도가 아주 높은 단어이다. 기초단어 중의 기초단어라 할 '있다'의 품사에 대해 국어사전들은 조금씩 다른 말을 하고 있다. 국어사전들이 다르게 기술하는 사항에 대해서는 최근에 언어규범의 확립을 지향하고 간행된 『표준국어대사전』을 참조하는 것이 가장 안전하다고 할 수 있다. 그런데 이 사전의 기술 또한 문제가 없지 않다.

'있다'의 품사를 따질 때는 '있다'의 높임말인 '계시다'와 반대말인 '없다'의 품사도 고려해야 한다. 평어와 경어의 관계에 있거나 반대말 관계에 있는 두 단어는 품사가 같아야 할 것이기 때문이다. 그래서인지 '계시다'의 품사에 대해서도 국어사전들은 입을 맞추지 않고 있다.

국어문법론에서는 최현배(1937/1971:185-7)에 따라 '있다'를 일단 형용사로 보는 경향이 있다. 남기심·고영근(1985:127-8/1993:131-3)은 '있다'를 형용사로 인정해 놓고 동사에 가깝다고 판단하는 양면적인 태도를 보이고 있다. '있다, 없다, 계시다'를 묶어 존재사라는 독립된 품사를 설정해야 한다는 주장이 여러 차례 제기되었는데 최근의 주장은 서정수(1994)에서

볼 수 있다.[1]

이 글에서는 '없다'의 품사를 형용사로 보는 데는 별 문제가 없다고 보고 '있다'와 '계시다'의 품사를 사전에서 어떻게 처리해야 하는지 논의하고자 한다.

2. 기존의 사전 기술

2.1. '있다'의 경우

1990년대에 나온 다음 여섯 사전을 대상으로 '있다'의 품사에 대한 기술을 검토해 보기로 한다.

〈금〉 김민수·고영근·임홍빈·이승재 편(1991) 『국어대사전』, 금성출판사.
〈한〉 한글학회 편(1992) 『우리말 큰사전』, 어문각.
〈임〉 임홍빈 편(1993) 『뉘앙스 풀이를 겸한 우리말 사전』, 아카데미하우스.
〈동〉 동아출판사 편집국 편(1994) 『동아 새국어사전』, 동아출판사.
〈연〉 연세대학교 언어정보개발연구원 편(1998) 『연세 한국어 사전』, 두산동아.
〈표〉 국립국어연구원 편(1999) 『표준국어대사전』, 두산동아.

---

1 15세기에 '잇-'은 동사처럼 활용하고 '없-, 겨시-'는 형용사처럼 활용했지만 의미상으로는 셋 모두 동사적인 성격이 있었다고 한다(이현희 1992/1994:142). '없-'이 동사에만 붙는 연결어미 '-고져, -오려'와 연결될 수 있었고 '겨시-'가 명령형 '겨쇼셔'로 쓰일 수 있었다는 것이다.

〈금〉은 '있다'의 표제어를 하나만 설정하고 품사를 동사와 형용사로 크게 나누고 동사는 다시 자동사와 보조동사로 나누었다. 보조동사는 '-고 있다'의 '있다'에 대한 것이다. 형용사는 보조형용사로 표시하고 '-아 있다'의 '있다'에 대해 풀이하고 있다. 나머지 용법의 '있다'는 모두 자동사로 처리했다.

〈한〉도 '있다'의 표제어를 하나만 설정했는데 품사는 자동사와 보조동사로 나누어 기술했다. 보조동사는 뜻풀이와 용례를 통해서 '-고 있다'와 '-아 있다'의 '있다'를 가리키는 것임을 알 수 있다. 그 밖의 '있다'는 모두 자동사로 처리했다.

〈임〉역시 표제어를 하나만 설정했는데 품사는 형용사와 보조용언 두 가지로 기술했다. 보조용언은 뜻풀이에서 '-고 있다'와 '-아 있다'의 '있다'를 가리키는 것임을 명시하고 있다.[2] 나머지 용법의 '있다'는 모두 형용사로 처리했다.

〈동〉은 품사에 따라 표제어를 셋으로 나누었다. '있다¹'은 자동사로 처리했는데, 용법 [13](존재하거나 소유한 상태(상황)임을 나타냄)은 [형용사적 용법]이라 표시했다. '있다²'는 '-고 있다'의 경우로서 보조동사로 처리했고, '있다³'은 '-아 있다'의 경우로서 보조형용사로 처리했다.

〈연〉도 품사에 따라 표제어를 셋으로 나누었다. '있다¹'은 형용사로 처리했는데, 용법 Ⅴ(어떤 장소에 머무르다, 지내다)와 Ⅵ(시간이 경과하다, 지나가다)에 대해서는 [동사적으로 쓰이어]라고 표시했다. '있다'가 동사

---

2 '-고 있다'와 '-아 있다'의 '있다'가 보조동사인지 보조형용사인지 모호하게 표시되어 있다. 〈임〉은 보조동사와 보조형용사를 나타내는 약호를 따로 사용하지 않고 함께 [보]라고 표시하고 있다. [보]는 보조용언을 가리키는 약호이다. 그러나 다른 보조용언들의 품사 표시 방식을 참고하면 전체 품사를 [형]으로 표시한 것이 [보]에도 걸리는 것으로 이해된다. 따라서 〈임〉은 '있다'를 보조형용사로 본 것이라 하겠다.

인데 형용사적 용법이 있다고 한 〈동〉과 반대로 처리한 점이 특이하다. '있다²'(-고 있다)를 보조동사로, '있다³'(-아 있다)을 보조형용사로 처리한 것은 〈동〉과 같다.

〈표〉는 표제어를 하나만 설정했다. 품사는 동사, 형용사, 보조동사의 셋으로 기술했다. 보조동사는 '-고 있다'와 '-아 있다'의 경우이다. 나머지 용법 중 일부는 동사로, 일부는 형용사로 처리했다.

이 여섯 사전은 '있다'에 대해 저마다 다르게 품사를 기술하고 있다. 이들이 품사에 대해 만장일치를 보이는 곳은 본용언과 보조용언의 구별이다. '-고 있다'와 '-아 있다'의 '있다'는 보조용언이고 나머지 경우의 '있다'는 본용언이라는 기술은 한결같다. 본용언 '있다'가 동사냐 형용사냐, 보조용언 '있다'가 보조동사냐 보조형용사냐 하는 데 대해 사전마다 다른 주장을 하고 있다. '있다'의 품사에 대한 논란의 요점은 바로 이것이다.

2.2. '계시다'의 경우

〈금〉은 '계시다'의 표제어 역시 '있다'처럼 하나만 설정하고 있는데 '있다'와 '계시다'의 품사 기술이 조금 다르다. '계시다'는 형용사와 보조동사로 크게 나누고 형용사는 일반형용사와 보조형용사로 다시 나누었다. '-아 계시다'의 '계시다'를 보조형용사로 처리했다. 보조동사에는 '-고 계시다'의 '계시다'가 풀이되어 있다.

〈한〉은 '있다'와 '계시다'의 품사 기술을 똑같이 했다. '있다'와 마찬가지로 '계시다'도 표제어를 하나만 설정하고 품사를 자동사와 보조동사 두 가지로 기술했다. 보조동사는 뜻풀이와 용례를 통해서 '-고 계시다'와 '-아 계시다'의 '계시다'를 가리키는 것임을 알 수 있다. 나머지 용법의 '계시다'는 모두 자동사로 처리했다.

〈임〉은 '있다'와 '계시다'의 품사 기술이 조금 다르다. '계시다'의 표제어는 하나만 설정했다. 용법 [1]은 본용언인데 '계시다'가 동사와 형용사 두 가지 성격을 다 가진다고 한 것이 특징적이다. 품사 표시도 [형][동]으로 되어 있다. 용법 [3]은 보조용언으로 표시하고 '-고 계시다'의 '계시다'를 가리키는 것임을 명시하고 있다.[3] 용법 [2]는 '-아 계시다'의 '계시다'인데 [보]라는 표시가 없어 본용언으로 이해할 수밖에 없게 되어 있다. '있다'의 처리에 비추어보면 [2]에 [보]라는 표시가 교정상의 실수로 빠진 것이라고 생각된다.

〈임〉에서 주목할 만한 것은 "'계시다'의 품사"라는 제목으로 참고란을 두어 '계시다'가 왜 동사와 형용사의 두 가지 성격을 가진다고 해야 하는지 설명을 하고 있는 점이다. 원문은 다음과 같다.

> '계시다'는 형용사적인 성격도 가지고, 동사적인 성격도 가지기 때문에 이를 '있다, 없다'와 함께 '존재사'로 설정했던 문법가(이희승)도 있다. '계신다'와 같은 현재형을 가지는 일, 앞에 부정 부사 '못'이 쓰일 수 있는 점 등은 동사적인 성격의 일면이라 할 수 있고, 현재형으로 기본형 '계시다'가 그대로 쓰일 수 있는 점, 현재 관형사형이 '계신'이 되고 과거 관형사형이 '계시던'이 되는 점 등은 형용사적인 성격의 일면이다.

그리고 예문에서도 '계시다'에 대해 '계신다'를, '계시느냐'에 대해 '계시냐'를 병기함으로써 동사적 활용형과 형용사적 활용형이 모두 쓰일 수 있음을 보이고 있다.

---

3 '있다'의 경우와 마찬가지로 '계시다'에 대해서도 [보]라고만 표시하고 있어 '계시다'를 보조동사로 본 것인지 보조형용사로 본 것인지 알 수 없다.

〈동〉역시 '있다'와 '계시다'의 품사 기술이 조금 다르다. '있다'와 마찬가지로 '계시다'의 표제어도 셋으로 나누었는데 본용언인 '계시다'의 품사는 형용사로 보았다. 다만 용법 [2]는 [동사적 용법]이라 표시하고 "[연결어미 '-(으)러'·'-(으)려' 등과 어울려] 목적 또는 의도하는 뜻을 나타냄"이라고 뜻풀이했다. 본용언 '있다'를 자동사로 보고 일부 용법이 형용사적이라고 표시한 것과 반대로 처리한 것이다. '계시다²'(-고 계시다)는 보조동사로, '계시다³'(-아 계시다)은 보조형용사로 처리했다.

본용언 '있다'의 품사 기술에서 〈연〉은 〈동〉과 반대의 입장을 취했음을 앞에서 보았는데 본용언 '계시다'의 품사 기술에서도 〈연〉의 입장은 〈동〉과 반대이다. '계시다'의 표제어 셋 중 본용언 '계시다¹'을 동사로 보고 용법 [3](높은 분이나 어른이 있다)에 [형용사적으로 쓰이어]라고 표시한 것이다. '계시다²'(-고 계시다)를 보조동사로, '계시다³'(-아 계시다)을 보조형용사로 처리한 것은 〈동〉과 같다.

〈표〉는 '있다'와 마찬가지로 '계시다'의 표제어를 하나만 설정했다. 품사는 동사와 보조동사 둘로 기술했다. '-고 계시다'와 '-아 계시다'의 경우는 보조동사로, 나머지는 동사로 처리했다. 이것은 〈한〉의 기술과 같다.

'계시다'에 대해서도 이 여섯 사전의 기술은 다양하다. 다만 〈한〉과 〈표〉의 품사 처리는 같다. 모든 사전이 똑같이 처리하고 있는 것은 '있다'의 경우와 마찬가지로 본용언과 보조용언의 구별이다. '-고 계시다'와 '-아 계시다'의 '계시다'는 보조용언이고 나머지는 본용언이라는 것이다. 역시 논란의 요점은 '계시다'가 (보조)동사냐 (보조)형용사냐에 있는 것이다.

2.3. 요약

이상으로 2장에서 검토한 여섯 사전의 품사 처리를 일목요연하게 도표로 보인다.

사전 \ 표제어	있다		계시다	
	본용언	보조용언 (-고, -아)	본용언	보조용언 (-고, -아)
〈금〉	자동사	보조동사(-고) 보조형용사(-아)	형용사	보조동사(-고) 보조형용사(-아)
〈한〉	자동사	보조동사	자동사	보조동사
〈임〉	형용사	보조형용사	동사이면서 형용사	보조동사이면서 보조형용사
〈동〉	자동사 (일부는 형용사적)	보조동사(-고) 보조형용사(-아)	형용사 (일부는 동사적)	보조동사(-고) 보조형용사(-아)
〈연〉	형용사 (일부는 동사적)	보조동사(-고) 보조형용사(-아)	동사 (일부는 형용사적)	보조동사(-고) 보조형용사(-아)
〈표〉	동사/형용사	보조동사	동사	보조동사

3. 동사냐 형용사냐

동사와 형용사의 구별은 어렵지 않다. 용언의 대부분은 동사나 형용사 한쪽으로만 쓰이고, 동사의 활용양상과 형용사의 활용양상은 여러 면에서 차이가 난다. 동사와 형용사로 다 쓰일 수 있는 용언이 소수이지만 존재한다. '굳다, 늦다, 크다, 밝다, 흐리다, 맞다, 틀리다, 하다, 않다, 못하다' 등이 그 예이다.[4] 이들은 동사로서의 활용과 형용사로서의 활용을 따로 가진다. 동사로 활용할 때는 동작성을 가지고 형용사로 활용할 때는 상태성을 가져서 의미에서도 차이가 나타난다.

'있다'와 '계시다'의 품사 처리 방안은 세 가지가 가능하다. 첫째, 동사나 형용사 둘 중 하나로 처리하는 방안, 둘째, 동사로서의 용법과 형용사로서의 용법을 모두 인정하는 방안, 셋째, 앞의 두 방안이 마땅치 않을 때 동사의 성격과 형용사의 성격을 동시에 가진 것으로 처리하는 방안. 이 가운데 셋째 방안은 되도록 피하는 것이 좋을 것이다. 용언 중에서 동사와 형용사로 판가름내지 못한 유일한 예외가 되기 때문이다.

3.1. 본용언 '있다'의 품사

본용언 '있다'의 품사 처리는 〈표〉의 것이 옳다고 생각된다. 곧 동사로 쓰이는 경우도 있고 형용사로 쓰이는 경우도 있다고 보는 것이다. 〈표〉의 예문을 가져와 보기로 하자. 다음은 동사 '있다'의 예문을 전부 보인 것이다.

> 내가 갈 테니 너는 학교에 있어라.
> 그는 내일 집에 있는다고 했다.
> 딴 데 한눈팔지 말고 그 직장에 그냥 있어라.
> 떠들지 말고 얌전하게 있어라.
> 가만히 있어라.

---

4 이들을 기술하는 방식은 품사의 전성, 품사의 통용, 영파생 등이 있다. 남기심·고영근(1985/1993:9장), 송철의(1988, 1990/1992:7장) 참조.

우리 모두 함께 있자.

모두 손을 든 상태로 있어라.

배가 아팠는데 조금 있으니 곧 괜찮아지더라.

앞으로 사흘만 있으면 추석이다.

활용형이 다섯 가지만(있어라, 있는다고, 있자, 있으니, 있으면) 나와 있
는데 물론 다른 활용형도 가능하다.

여기 있으려면 있게.

여기 더 있어 보았자 별 수 없겠다.

여기 있을래, 같이 갈래?

여기 그냥 있을게.

나도 그냥 여기 있을까?

너는 왜 가만히 있니, 다 일어서는데.

왜 일어서지 않고 가만히 있는지 모르겠다.

비가 와도 자리에 그냥 있는 사람은 나밖에 없었다.

철수 만나려고 12시까지 있었는데 철수는 결국 안 왔어.

여기 쓰인 '있으려면, 있게, 있어, 있을래, 있을게, 있을까, 있니, 있는지,
있는, 있었는데' 등에서 보듯이 동사에 붙을 수 있는 어미는 모두 동사
'있-'에도 붙을 수 있다. 평서형이 '있다'가 아닌 '있는다'이고, 명령형(있어
라, 있게), 청유형(있자), 의지를 나타내는 활용형(있으려면, 있을래, 있을게,
있을까) 등이 가능한 것을 보면 '있다'가 동사로 쓰인 것이 분명하다.[5]

---

5 이런 맥락에서, '있다'를 형용사로 본 〈연〉의 용법 [IV]에 제시된 예문 "평생 독신자로

〈표〉에서 동사 '있다'의 뜻풀이로 제시한 것은 다음 네 가지이다.

(1) 있다¹Ⅰ[1]① : [···에] 사람이나 동물이 어느 곳에서 떠나거나 벗어나
    지 아니하고 머물다.
(2) 있다¹Ⅰ[1]② : [···에] 사람이 어떤 직장에 계속 다니다.
(3) 있다¹Ⅰ[2] : [게] (('-게' 대신에 '-이/히' 부사 따위나 다른 부사어가 쓰이
    기도 한다)) 사람이나 동물이 어떤 상태를 계속 유지하다.
(4) 있다¹Ⅰ[3] : 얼마의 시간이 경과하다.

이들이 모두 동작성의 의미를 가지고 있는지 살펴볼 필요가 있다.

우선 뜻풀이 (4)에서는 주어가 '시간'이라는 무정물이다. 그런데 이 용
법의 '있다'에 대한 주어는 '시간'이 아닌 것으로 보인다. 〈표〉의 예문을
보자.

(5) 배가 아팠는데 조금 있으니 곧 괜찮아지더라.
(6) 앞으로 사흘만 있으면 추석이다.

여기서 '조금'과 '사흘만'은 주어가 아니라 시간부사어로 처리해야 한
다. (5)의 '조금'은 명사와 부사가 다 가능한데 여기서는 부사로 쓰였다.
'조금'이 명사로서 주어라면 "조금이 있으니"가 자연스러워야 하는데 그렇
지 않다. (6)은 (7)보다는 (8)이나 (9)에 가깝다.

(7) *앞으로 사흘이 있으면 추석이다.

있겠다던 그가 청첩장을 보내왔다."의 '있겠다던'은 의미상 동사로 보아야 한다.

(8) 앞으로 사흘을 있으면 추석이다.

(9) 앞으로 사흘 있으면 추석이다.

(8)처럼 시간부사어에 조사 '-을'을 붙이는 현상은 "한 시간을 기다렸다.", "며칠을 걸었다." 등에서 쉽게 확인할 수 있다. '시간'이 '있다'의 주어로 자연스럽게 쓰이는 것은 "시간이 있으면 좀 들러."와 같이 '시간이 있다'라는 관용구에서이다.

(5)에서 '있다'의 주어는 배가 아픈 인물이고 (6)에서는 막연한 우리들이다. 배가 아픈 인물이 조금 버티고 있으니까 괜찮아진 것이고 우리가 사흘을 보내고 나면 추석이 되는 것이다. 따라서 뜻풀이 (4)는 마땅히 '사람이 얼마의 시간을 지내다'로 고쳐야 할 것이다.[6]

그렇게 하면 뜻풀이 (1)~(4)는 모두 유정물이 주어가 된다. 동사 '있다'는 주어가 유정물이어야 하는 것이다.[7] 요컨대 '있다'가 (1)~(4)의 의미로 쓰일 때는 활용양상에서나 의미상으로나 동사로 인정받기에 충분한 자격을 갖추고 있는 것이다.

이제 〈표〉에서 형용사 '있다'의 예문으로 제시한 것을 몇 개만 가져와 보면 다음과 같다.

---

6 "얼마 안 있어 그가 돌아왔다.", "얼마 안 있으면 추석이다."와 같은 문장에서의 '있다'도 같은 의미를 나타내는 것으로 보이는데 여기서는 '있다'에 대해 특정한 주어를 상정하기 어려운 듯하다. '있어, 있으면' 대신 '계셔, 계시면'을 써야 할 상황을 상상하기 어렵다는 점에서 특히 그렇다. 본문의 (5), (6)에서도 '있다'가 주어를 강하게 요구하지는 않는 것으로 느껴진다. 이것은 '있다'가 시간의 경과를 뜻하는 경우에 주어를 굳이 내세울 필요가 없어 무주어 구문으로 발달해 가고 있는 것이 아닌가 생각할 수 있다. 그 과정에서 '얼마 안 있어, 얼마 안 있으면'은 주어를 아주 잃어버린 채 관용표현으로 굳어지고 있는 것으로 보인다.

7 유현경(1996/1998:215-6)에서 주어가 유정물일 때 소재를 나타내는 '있다'가 동사성을 가진다고 한 것은 이것을 말하는 것이다.

날지 못하는 새도 있다.

그는 아무것도 없으면서 있는 체한다.

네게도 그런 일이 일어날 수 있으니 조심해라.

그는 한동안 이 집에 있었다.

합격자 명단에는 내 이름도 있었다.

만일 너에게 무슨 일이 있게 되면 바로 연락해라.

인간에게 있어서 가장 중요한 것은 사랑이다.

여기서 첫 문장의 '있다'가 형용사 '있다'의 활용형임은 분명하다. 또 '있다' 이외의 활용형 '있는, 있으니, 있었다, 있게, 있어서'를 군이 종결형으로 바꾸어 볼 때 '있다'로 바꿀 수 있다. 따라서 '있다'가 완전한 형용사임을 의심할 여지는 없다.

요컨대 '있다'는 〈표〉에서 기술한 바와 같이 동사 '있다'와 형용사 '있다' 두 가지로 존재한다. 이른바 품사 통용의 예로 추가할 수 있다.[8]

여기서 기존 사전의 활용정보가 불충분함을 지적할 필요가 있겠다. '있다'의 활용정보를 제시하고 있는 〈연〉과 〈표〉는 관형사형으로 '있는'만 보이고 있다. 그동안 '있다'의 활용상의 특징을 언급할 때 '있은'이 쓰이지 못하고 항상 '있는'만 쓰인다고 해 왔다. 그러나 '있은'도 존재한다.

그 일이 있은 지 얼마 후에 그가 마을을 떠났다.

그 일이 있은 후에 오래지 않아 그가 마을을 떠났다.

---

8 송철의(1995:856)도 '있다'의 활용양상을 검토하여 '맞다, 틀리다'와 함께 '있다'에 대해서도 동사와 형용사의 두 품사를 인정해야 한다고 했다.

여기서 '있은'은 '있는'이나 '있던, 있었던' 등으로 대체할 수 없다. '있은'만이 적격하다. 따라서 '있다'의 관형사형으로 '있은'도 가능함을 사전에서 언급해야 한다.

3.2. 보조용언 '있다'의 품사

여섯 사전이 모두 '-고 있다'와 '-아 있다'의 '있다'를 보조용언으로 처리했는데 보조용언 중 보조동사인지 보조형용사인지에 대해서는 의견이 갈린다. 〈한〉과 〈표〉는 똑같이 보조동사로 보았다. 〈금〉, 〈동〉, 〈연〉은 '-고 있다'의 경우를 보조동사로, '-아 있다'의 경우를 보조형용사로 구별하였다. 〈임〉은 보조형용사로 보았다.

그런데 신기하게도 어느 사전의 용례에도 '있다'가 보조동사라고 할 수 있는 동사적 활용형, 이를테면 '있는다, 있어라, 있자, 있으려고, 있을래' 등이 나타나지 않는다. 보조동사를 주장하는 사전들의 용례 중 예구가 아닌 예문만 모아 보면 다음과 같다.

〈한〉의 경우
손님은 까만 옷을 입고 있었다.
옆방에서 옷을 갈아 입고 있어요.
꽃이 피어 있다.
배가 떠 있다.

〈표〉의 경우
차를 기다리고 있는 중이다.
꽃이 피어 있다.

⟨동⟩의 '-고 있다'의 경우

아기가 놀고 있다.

새가 울고 있다.

⟨연⟩의 '-고 있다'의 경우

아이들은 서울에서 학교에 다니고 있습니다.

정부의 증시 부양책 발표에도 불구하고 연일 주가가 폭락하고 있었다.

아이를 안고 있으니 가슴이 뭉클해졌다.

집은 큰길 가에 자리잡고 있어야 값이 제대로 나간다.

사고로 버스에 타고 있던 사람들이 부상을 입었다.

이 예문들에 쓰인 종결형 '있다'는 형용사임이 분명하다. 그 밖의 활용형들도 종결형 '있다'로 바꾸어 볼 수 있다. 따라서 '-고 있다'와 '-아 있다'의 '있다'는 보조형용사로 처리해야 한다.

⟨금⟩, ⟨동⟩, ⟨연⟩이 '-고 있다'의 경우만 보조동사로 본 것은 학교문법을 따른 결과로 생각된다. 남기심·고영근(1985:118, 121/ 1993:123, 126)은 '-고 있다, -고 계시다'의 '있다, 계시다'를 보조동사로, '-아 있다, -아 계시다'의 '있다, 계시다'를 보조형용사로 분류했다.[9] 이러한 태도는 '-고 있다'가 일반적으로 [진행]의 의미를 나타낸 데 이끌린 것이다. [진행]의 의미는 상태성보다는 동작성에 가깝기 때문에 '-고 있다'의 '있다'도 동작성을 가진 동사라고 본 것이리라. 그렇지만 종결형이 '-고 있는다'가 아닌 이상

---

9 남기심·고영근(1985:122/1993:127)은 이것이 임시적인 처리임을 암시하고 있다.

'있다'가 '-고'와 어울려 진행을 의미하면 보조동사로 보고 '-어'와 어울려 상태 내지 완료를 의미하면 보조형용사로 보았으나 구별기준을 세우기가 쉽지 않다. 두 '있다'를 합쳐서 보조용언이라고 하는 것도 한 가지 해결방법이 될 수 있다.

'있다'를 동사로 볼 수는 없다. 이런 의미에서 '있다'를 보조형용사로 본 〈임〉만 옳게 기술한 것이라 할 수 있다.

'-고 있다'와 '-아 있다'의 '있다'를 기본적으로 보조형용사로 보아야 함은 명백하다. 그런데 이 '있다'가 보조동사로서의 용법도 어느 정도 가지고 있는 것으로 보아야 할 예문들이 존재한다.

'-고 있다'의 경우

나 먼저 먹고 있는다. ('먹고 있을게'의 의미)

나 먼저 먹고 있을게.

내가 계속 지켜보고 있는다고 있었는데 깜박 졸았던 모양이다.

이것 좀 붙잡고 있어라.

우리 먼저 먹고 있자.

내가 붙잡고 있을 테니 뚜껑을 열어 봐.

'-아 있다'의 경우

나 먼저 가 있는다. ('가 있을게'의 의미)

나 먼저 가 있을게.

그는 일요일에 늘 누워만 있는다.

일어나지 말고 그냥 앉아 있어라.

우리 여기 숨어 있자.

계속 서 있겠다면 그냥 두세요.

먼저 가 있으려면 빨리 떠나야지.

여기서 '있는다, 있을게, 있는다고, 있어라, 있자, 있을 테니, 있겠다면, 있으려면' 등은 '있다'를 동사로 보지 않으면 설명할 수 없다. 여기서의

'있다'는 주어가 의지를 가지고 움직임을 함의하고 있다. 의미상으로도 동사라 할 수 있는 것이다. 현재는 보조동사라 할 '있다'가 쓰인 예문보다는 보조형용사 '있다'가 쓰인 예문이 더 널리 쓰이는 듯하다. '있다'의 보조동사로서의 용법은 아마도 본동사 '있다'에 유추되어 생겨나서 발달하고 있는 것이 아닌가 추측된다.[10]

요컨대 '-고 있다'와 '-아 있다'의 '있다'는 보조형용사와 보조동사의 두 가지 품사로 쓰인다. 기존 사전의 예문들은 보조형용사 '있다'가 쓰인 예문만 보여주고 있다.

3.3. 본용언 '계시다'의 품사

'계시다'의 품사를 따지기 전에 우선 '있다'와 '계시다'를 사전에서 관련 짓는 방식에 대해 살펴보자. '계시다'는 '있다'의 높임말로 처리된다. 어떤 사전은 이것을 참고사항으로 제시하고 어떤 사전은 아예 뜻풀이 대신 제시한다. 〈금〉, 〈한〉, 〈동〉, 〈표〉는 뜻풀이를 "'있다'의 높임말" 형식으로 대신하고 있다.[11] 〈임〉과 〈연〉은 독자적인 뜻풀이를 보이고 관련어로 '있다'를 제시했다. 〈임〉은 '계시다'의 평어가 '있다'라고 표시했고 〈연〉은 '계시다'가 '있다'의 높임말이라고 표시했다.

그런데 '먹다/잡수시다', '자다/주무시다', '묻다/여쭈다', '밥/진지'와 같이 평어와 경어의 관계에 있는 두 단어는 품사가 같아야 한다. 이것은 동

---

10 '-고 있다'와 '-아 있다'의 '있다'가 보조형용사가 아닌 보조동사로 쓰일 수 있음은 국어문법론에서도 지적된 바 없는 것으로 보인다.

11 〈금〉은 일반형용사 '계시다'를 "'있다²'의 높임말."이라고 풀이했다. 그러나 〈금〉에는 '있다²'가 표제어로 존재하지 않는다. '있다'는 표제어가 하나이다. 교정상의 실수로 보인다. 보조형용사와 보조동사에 대해서는 독자적인 뜻풀이를 제시하고 있으므로 일반형용사 '계시다'를 자동사 '있다'의 높임말로 풀이하려 했을 것으로 추측된다.

사 '늙다'를 형용사 '젊다'의 반의어라 할 수 없고 형용사(의 부사형) '늦게'를 부사 '일찍'이나 '빨리'의 반의어라 할 수 없는 것과 같은 이치이다. 따라서 '계시다'를 '있다'의 높임말 또는 경어라고 하거나 '있다'를 '계시다'의 평어라고 하려면 그 둘이 같이 동사이거나 형용사이어야 한다. '있다'를 형용사로 보고 '계시다'를 동사로 본 상태에서 그 두 단어를 평어와 경어의 관계로 기술하는 것은 옳지 않다.

〈한〉은 '있다'와 '계시다'를 모두 자동사로 보았으므로 '계시다'에 대해 "'있다'③④'의 높임말"이라고 기술한 것은 문제가 없다. 용례에도 동사의 활용형이라 할 '계시는'이 나와 있다.

〈표〉도 '계시다'를 동사로 처리하고 "'있다'[Ⅰ]①'의 높임말"이라고 하여 동사 '있다'와만 관련짓고 있으므로 문제가 없다. 용례에도 동사의 활용형인 '계시는, 계십시오'가 나와 있다. 그런데 여기서 "'있다'[Ⅰ]①'의 높임말"이라는 뜻풀이는 정확하지 않다.[12] '계시다'는 '있다'[Ⅰ][1]①'뿐만 아니라 '있다'[Ⅰ][1]②'와 '있다'[Ⅰ][2]', '있다'[Ⅰ][3]'에 대해서도 높임말이 된다. 이들의 뜻풀이는 §3.1에서도 보인 바 있으나 다시 여기에 보인다.

(1) 있다'[Ⅰ][1]① : […에] 사람이나 동물이 어느 곳에서 떠나거나 벗어나지 아니하고 머물다.
(2) 있다'[Ⅰ][1]② : […에] 사람이 어떤 직장에 계속 다니다.
(3) 있다'[Ⅰ][2] : [-게] (('-게' 대신에 '-이/히' 부사 따위나 다른 부사어가 쓰이기도 한다)) 사람이나 동물이 어떤 상태를 계속 유지하다.
(4) 있다'[Ⅰ][3] : 얼마의 시간이 경과하다.

---

12 '있다'[Ⅰ]①'은 '있다'[Ⅰ][1]①'의 잘못으로 보인다.

〈표〉에서 '계시다'의 예문으로 제시한 것 중 "안녕히 계십시오."는 (3)의 '있다'와 어울리는 예가 분명하다. (2)와 (4)의 '있다'에 대해서도 높임말 '계시다'는 가능하다.

그 직장에 그냥 계십시오.
조금만 더 계시면 통증이 사라질 겁니다.

따라서 '계시다'는 〈표〉의 본동사 '있다'의 모든 용법에 대해서 높임말이 된다.

〈금〉은 형용사 '계시다'를 자동사 '있다'의 높임말로 풀이하려 한 점에서 문제가 있다.

〈임〉과 〈연〉은 '계시다'가 '있다'의 어느 용법의 높임말인지 명시하지 않고 있다. 사전 이용자가 '계시다'와 '있다'의 각 용법의 뜻풀이를 비교해 보아야 하므로 좋지 않은 처리이다. 〈임〉은 '있다'를 형용사로, '계시다'를 동사와 형용사의 성격을 모두 가진 것으로 보았는데 형용사의 높임말이 동사도 될 수 있다는 식의 기술은 문제가 있다.

〈연〉의 '있다'와 '계시다'의 뜻풀이를 대조해 보면 평어와 경어의 관계는 다음 세 용법에 대해 성립한다.

(5) 있다¹ 휑 Ⅴ [동사적으로 쓰이어] (어떤 장소에) 머무르다. 지내다.
계시다¹ 동 Ⅱ (높은 분이나 어른이 어느 장소에) 머무르다.
(6) 있다¹ 휑 Ⅳ 어떤 직위나 자격, 신분의 상태로 존재하다.
계시다¹ 동 Ⅲ (높은 분이나 어른이 어떤 직위나 자격으로) 있다.
(7) 있다¹ 휑 Ⅱ① 존재하다.
계시다¹ 동 Ⅲ [형용사적으로 쓰이어] (높은 분이나 어른이) 있다.

'계시다'의 각 용법에 대한 뜻풀이에서 이 대응을 명시했어야 좋았을 것이다. 여기서 (5)와 (7)에서 [동사적으로 쓰이어], [형용사적으로 쓰이어]라는 표현을 중시한다면 (5)는 동사 '있다'와 동사 '계시다'의 대응, (7)은 형용사 '있다'와 형용사 '계시다'의 대응으로 인정해 줄 수 있다. 그러나 (6)은 형용사 '있다'와 동사 '계시다'의 대응이므로 평어와 경어의 대응을 인정할 수 없게 된다. 둘의 품사를 일치시켜야 할 것이다.[13]

그러면 과연 '계시다'를 동사로 보아야 하는가 형용사로 보아야 하는가? 그 판단이 쉽지 않음은 §2.2에서 인용한 바와 같이 〈임〉의 참고란의 서술에 반영되어 있다. 이러한 고민은 이미 최현배(1937/1971)에 나타나 있다. 최현배(1937/1971:185-7)은 '있다, 없다, 계시다'의 품사를 존재사로 독립시키지 않고 형용사로 보는 이유를 설명하고 있는데 '계시다'에 대해서는 방언차이를 언급하고 있다. ㄱ 지방(서울 근방)에서는 "어른이 방에 계시다"(평서형), "어른이 계신 방"(관형사형)과 같이 말하고 ㄴ 지방에서는 "어른이 방에 계신다", "어른이 계시는 방"과 같이 말한다고 했다. 그리고 두 지방에서 모두 "여기 좀 계시오"(명령형), "여기 좀 계십세다"(청유형)를 쓴다고 했다. 그리고 나서 ㄱ 지방을 기준으로 '계시다'를 형용사로 본다고 했다. 지금 서울을 비롯한 수도권의 젊은 층에서는 평서형으로 '계신다'를 선호하는 것 같다. 관형사형에서는 '계시는'보다 '계신' 쪽이 조금 우세하지 않나 생각된다. 이를 통해 보면 '계시다'는 원래 형용사였다가 동사 쪽으로 점차 옮아가고 있다고 할 수 있을 것이다. 〈표〉에서 동사 용법만 인정한 것은 이런 언어변화를 완성된 것으로 인정해 규범적 통일

---

13 〈연〉은 '계시다'를 동사로 처리하고서도 용법 Ⅲ에 대한 다음 예문에서 '계시다는'이라는 형용사적 활용형을 보이고 있다.

나는 그 당시의 담임 선생이던 김 선생님이 서울 어느 초등 학교의 교사로 계시다는 것을 알게 되었다.

을 꾀한 것이 아닌가 한다.

'계시다'가 명령형, 청유형 등으로 쓰일 수 있음을 생각하면 동사 용법을 인정하지 않을 수 없다. 다만 형용사 용법도 더불어 인정하느냐 하는 것이 문제인 것 같다. '계시다'의 품사는 '계신다/계시다', '계시는/계신'에서 어느쪽 활용형을 자료로 삼느냐에 따라 판단이 달라지게 되므로 자료의 문제를 먼저 해결해야 할 것이다. 어느 경우든지 동사 '계시다'는 동사 '있다'의 높임말, 형용사 '계시다'는 형용사 '있다'의 높임말이라는 대응관계를 지켜야 할 것이다.[14]

3.4. 보조용언 '계시다'의 품사

〈한〉과 〈표〉는 보조용언 '있다'와 '계시다'를 모두 보조동사로 보았으므로 대응관계에는 문제가 없다. 〈한〉에서는 '계시다'의 예문에 '계신다'라는 활용형을 보이고 있다(아버지께서는 손님과 이야기하고 계신다). 〈표〉에서는 '계시다'의 용례로 예구만 제시하고 예문을 제시하지 않아 동사적 활용형을 확인할 수 없다.

앞절에서 언급한 바와 같이 〈임〉은 '있다'를 보조형용사로 보았는데 '계시다'에 대해 동사와 형용사의 성격을 모두 가졌다고 했으므로 보조형용사의 높임말이 보조동사도 될 수 있다는 식으로 기술하고 있는 셈이다. 〈임〉이 든 예문은 다음과 같다.

---

14 실제 언어생활에서는 형용사 '있다'와 동사 '계시다'가 평어와 경어의 관계를 형성하는 것처럼 보이는 면이 있다. "여기 친구가 있다."에 대해 "여기 선생님이 ( )."의 괄호 안에 들어갈 서술어는 많은 사람들이 '계신다'라고 생각한다. 어휘론적으로는 형용사 '있다'의 경어가 형용사 '계시다'이지만 다른 관점에서는 형용사 '있다'의 경어가 동사 '계시다'일 가능성도 있다.

(1) 아저씨께서는 아랫목에 누워 계시다/계신다.

(2) 아버님께서는 지금 편지를 쓰고 계시다/계신다.

(3) 그분은 지금 왕성하게 문단 활동을 하고 계시다.

(1), (2)는 보조용언 '계시다'의 양면적인 성격을 활용형 '계시다/계신다'를 통해 보여주고 있다. (3)에서 '계신다'를 보이지 않은 특별한 이유가 있는지는 알 수 없다.

⟨금⟩, ⟨동⟩, ⟨연⟩은 '-고 있다'의 '있다'와 '-고 계시다'의 '계시다'를 보조동사로 보았고 '-아 있다'의 '있다'와 '-아 계시다'의 '계시다'를 보조형용사로 보았다. 대응관계에는 문제가 없다. 세 사전의 예문에서 품사를 암시하는 활용형이 쓰인 것을 가져와 보면 다음과 같다.

(4) 어머니께서 편지를 쓰고 계시다. ⟨금⟩

(5) 책을 읽고 계시다. ⟨동⟩

(6) 어머니가 평상에 앉아 계시다. ⟨동⟩

(7) 자리에 누워 계시다. ⟨동⟩

(8) 할머니는 할아버지의 얘기를 하고 계시는 게 분명했다. ⟨연⟩

(4)의 '계시다'는 형용사적 활용형이므로 보조동사라는 품사 기술과 어긋난다. ⟨동⟩은 어떤 용례가 예구인지 예문인지 구별해 주지 않고 있어서 (5)~(7)을 예문으로 단정할 수는 없지만 만약 예문으로 이해한다면 (5)~(7)의 '계시다'는 형용사적 활용형이 된다. 표제어에 대한 품사표시가 용례에서 드러나는 품사와 어긋나게 되는 것이다. (8)의 '계시는'은 동사적 활용형이 분명하므로 그 둘이 일치하는 경우이다.

전체적으로 보아서 기존 사전들은 보조용언 '있다'와 보조용언 '계시다'

의 품사상의 대응관계를 잘 지키고 있으나 '계시다'가 보조동사인지 보조형용사인지를 용례를 통해 보여줄 정도로 친절하지는 않다.

보조용언 '계시다'의 품사 문제는 본용언 '계시다'의 품사 문제와 같다. 앞절에서 본용언 '계시다'에 대해 논의한 바와 같이 보조용언 '계시다'의 품사도 방언차이나 통시적 변화와 관련되어 있다. '누워 계십시오, 알고 계십시오' 등의 명령형이 자연스럽게 쓰이는 것을 보면 보조동사의 자격은 벌써 얻은 것으로 보인다. 다만 보조형용사로서의 용법을 아직도 가지고 있다고 볼 것인가가 문제이다. 따라서 보조용언 '계시다'의 품사를 결정하기 위해서는 어떤 자료를 기준으로 삼을 것인가를 먼저 결정해야 한다.

4. 마무리

본용언 '있다'는 동사로도 쓰이고 형용사로도 쓰인다. 보조용언 '있다'도 동사와 형용사로 모두 쓰인다. '있다'의 미시구조를 품사와 간단한 예문을 한둘씩 포함시켜서 대강을 보이면 다음과 같다.

> 있다 Ⅰ통 ¶그는 집에 있는다고 했다./가만히 있어라.
> 　　Ⅱ형 ¶지갑에 돈이 조금 있다.
> 　　Ⅲ통보 ① ¶이것 좀 붙잡고 있어라./나 먼저 먹고 있는다.
> 　　　　　② ¶우리 여기 숨어 있자./나 먼저 가 있으마.
> 　　Ⅳ형보 ① ¶아기가 놀고 있다.
> 　　　　　② ¶꽃이 피어 있다.

'계시다'는 본용언이든 보조용언이든 형용사에서 동사로 변화하는 과정에 있는 것으로 보이는데 젊은 층의 말을 기준으로 동사로 보고 미시구조의 대강을 보이면 다음과 같다.

계시다 ⅠⅢ '있다Ⅰ'의 높임말. ¶아버지는 집에 안 계신다.
　　　　ⅢⅢ보 ① '있다Ⅲ①'의 높임말. ¶이것 좀 붙잡고 계시겠어요?
　　　　② '있다Ⅲ②'의 높임말. ¶여기 숨어 계십시오.

　전체적으로 '있다'와 '계시다'의 품사처리가 가장 잘 되어 있는 것은 〈표〉이다. 특히 본용언 '있다'와 '계시다'의 품사처리는 잘 되어 있다. 그러나 〈표〉는 다음 몇 가지 사항을 손질해야 한다. 첫째, '있다'의 품사로 보조형용사를 인정해야 한다. 둘째, 보조동사 '있다'의 용례로 동사다운 '있다'가 쓰인 예를 제시해야 한다. 셋째, 보조동사 '계시다'의 용례로 동사다운 '계시다'가 쓰인 예를 제시해야 한다. 넷째, '있다'의 관형사형 '있는' 외에 '있은'도 쓰일 수 있음을 활용정보로 제시해야 한다. 다섯째, 본동사 '계시다'를 본동사 '있다'의 모든 용법에 대한 높임말로 풀이해야 한다. 그 밖에, 본동사 '있다'의 용법 ⅠЗⅠ은 뜻풀이 '얼마의 시간이 경과하다'를 '사람이 얼마의 시간을 지내다'로 고쳐야 하며, §3.1의 처음에 보인 바와 같이 본동사 '있다'의 예문에 나타난 활용형이 '있어라'에 편중되지 않도록 여러 활용형들을 다양하게 보여주어야 할 것이다.

참고문헌

1. 논저

남기심·고영근(1985) 『표준 국어문법론』, 탑출판사. [개정판, 1993]

서정수(1994) 『국어 문법』, 뿌리깊은나무.

송철의(1988) 「국어의 영변화파생에 대하여」, 『제31회 전국 국어국문학연구 발표대회초』, 국어국문학회.

_____(1990) 『국어의 파생어형성 연구』, 서울대 박사학위논문. [태학사, 1992]

_____(1995) 「'-었'과 형태론」, 『국어사와 차자표기』, 태학사.

유현경(1996) 『국어 형용사 연구』, 연세대 박사학위논문. [한국문화사, 1998]

이현희(1992) 『중세국어 구문연구』, 서울대 박사학위논문. [신구문화사, 1994]

최현배(1937) 『우리말본』, 연희전문출판부. [수정 5판, 정음문화사, 1971]

2. 사전

국립국어연구원 편(1999) 『표준국어대사전』, 두산동아.

김민수·고영근·임홍빈·이승재 편(1991) 『국어대사전』, 금성출판사.

동아출판사 편집국 편(1994) 『동아 새국어사전』, 동아출판사.

연세대학교 언어정보개발연구원 편(1998) 『연세 한국어 사전』, 두산동아.

임홍빈 편(1993) 『뉘앙스 풀이를 겸한 우리말 사전』, 아카데미하우스.

한글학회 편(1992) 『우리말 큰사전』, 어문각.

이 글을 다시 읽으며

1999년부터 2000년까지 문화관광부의 지원을 받아 '외국인 학습자를 위한 초급 한국어 사전 개발' 사업을 수행했다. 실사 925개, 허사 75개, 총 1000개의 기초 수준의 표제어를 선정하고 각 표제어에 대해 기초 수준의 정보를 제시하는 단일어 학습사전 편찬 사업이었다. 애초에는 완성된 보고서를 제출하고 나서 실제 종이사전으로 출판하는 것도 고려했었다. 그러나 사업의 수행 과정에서 한국어세계화재단의 한 사업으로 『외국인을 위한 한국어 학습 사전』의 편찬이 시작되었음을 알게 되어 보고서의 출판은 시도하지 않게 되었다. 2006년에 출판된 『외국인을 위한 한국어 학습 사전』은 기대했던 대로 저자의 노력을 훨씬 뛰어넘는 성과를 보여 주었다.

표제어 1000개를 선정하는 과정에서 더 본격적인 기초어휘 선정 작업의 필요성을 절감하게 되었으며, 각 표제어를 풀이하는 과정에서 기초단어들을 정밀하게 관찰하는 기회를 얻게 되었다. 기초단어들에 대한 관찰에서 실마리를 얻어 쓰게 된 첫 논문이 바로 '있다'와 '계시다'의 품사에 관한 이 논문이다. 이어서 발표한 지정사 '이다'의 활용형에 대한 논문 두 편 「국어사전에서의 지정사의 활용정보」(2000), 「지정사 활용의 형태음운론」(2001)과 '물론'의 품사와 구문에 대한 논문(이 책의 바로 뒤 논문)도 같은 맥락에서 이루어진 연구의 결과이다.

본용언 '있다'의 품사가 동사일 때도 있고 형용사일 때도 있음은 이제 잘 알려져 있다. 그러나 보조용언 '있다', 즉 '-고 있다'와 '-어 있다'의 '있다'의 품사 인식은 아직 구태를 벗지 못하고 있다. 이 논문의 §3.2에서 정리한 바와 같이 보조용언 '있다'를 <한>, <표>는 보조동사로, <임>은 보조형용사로, <금>, <동>, <연>은 '-고 있다'의 경우를 보조동사로, '-어 있다'의 경우를 보조형용사로 보았었다. 이 논문의 발표 이후에 나온 『외국인을 위한 한국어 학습 사전』(2006)은 <금> 계열이고 『고려대 한국어대사전』(2009)은 <한> 계열이다. 문법서인 『우리말 문법론』(2008)은 보조용언 '있다'의 품사에 관한 한 이 논문에서 검토한 『표준 국어문법론』(1985)과 똑같이 <금> 계열이다. 보조용언 '있다'가 보조동사로 쓰일 수도 있고 보조형용사로 쓰일 수도 있음을 인식하는 일이 그토록 힘든 것인지 알 수가 없다.

이 논문의 발표 이후에도 '있다'와 '계시다'의 품사에 대한 국어학적 연구는 계속 이루어지고 있다. 김선영(2014) 「'계시다'의 양용 용법에 대한 연구: '있다'와 관련하여」(『어학연구』 50:1)에서 최근의 연구들을 참고할 수 있다.

6장

'물론'의 품사와 구문

1. 머리말

'물론(勿論)'은 사용빈도가 무척 높은 단어이다. 국어의 기초어휘에 포함되어야 할 중요한 단어이다. 한국어 학습용 어휘를 선정하기 위한 통계 조사인 조남호(2002)에 따르면 부사 '물론'은 빈도 순위가 213위이고 명사 '물론'은 1435위이다. 부사와 명사를 구별하지 않고 합쳐서 셈한다면 '물론'은 181위가 된다. 어느쪽으로 계산하든 이 조사에 따르면 '물론'은 국어에서 200번째 정도로 많이 쓰는 단어인 셈이다.[1] 그런데 국어학 논저에서 '물론'에 대해 논의한 예를 찾기는 쉽지 않다.

이제까지 나온 '물론'에 대한 기술은 국어사전들의 것이 가장 자세하다. 최근에 나온 국어사전의 기술 한 가지를 보면 다음과 같다.[2]

---

1 이 조사를 바탕으로 작성한 「한국어 학습용 어휘 목록」(총 5965개)에서(조남호 2003) 부사 '물론'은 A등급 어휘 982개에 포함되었고 명사 '물론'은 B등급 어휘 2111개에 포함되었다. 한편 간노 외(1988/1991)은 중요어 845단어에 '물론'을 포함시켰고, 노마(1998)은 국어의 기초어휘 중 최중요어 791단어에 '물론'을 포함시킨 바 있다.

2 '물론'의 부표제어 '물론하다'의 기술이 뒤에 달려 있는데 이는 생략한다.

『**표준국어대사전**』(1999) 2309면

물론¹(勿論) Ⅰ몡 (('…은 물론이다' 구성으로 쓰여)) 말할 것도 없음. =무
  론Ⅰ. ¶상용이는 물론이고, 갑례도 영철이도 절로 걸음이 빨라졌
  다.≪하근찬, 야호≫/아사달을 위하는 것은 물론이지만 자기를 위
  해서도 이 아슬아슬한 고비에 아사달이 덜컥 병이 나면 그야말로
  큰일이다.≪현진건, 무영탑≫

  Ⅱ뮘 말할 것도 없이. =무론Ⅱ. ¶물론 월급은 현금으로 지급될
  것이다./박 의사는 재산과 명성을 물론 원했었다.≪박경리, 토지≫

이 기술이 제시한 주요 정보를 정리하면 다음과 같다.

  의미: 말할 것도 없음을 뜻한다.
  품사: 명사와 부사로 쓰일 수 있다.
  구문: 명사일 때는 '+은 물론이다' 구성으로 쓰인다.
  관련어휘: 동의어는 '무론(無論/毋論)'이다.

  다른 사전이 보여 주는 기술도 이 정도의 수준에서 크게 벗어나지 않는
다. '물론'에 대한 기술이 비교적 간단한 것은 '물론'이 중요도가 높긴 하지
만 뜻이 다양하거나 용법이 복잡한 단어는 아니기 때문일 것이다. 그러나
현재의 여러 사전에 나오는 풀이는 '물론'에 대해 국어 화자가 알고 있는
중요한 사실의 일부일 뿐이다. 이 글에서는 '물론'에 대해 국어학에서 밝혀
야 할 가장 기본적인 문제인 품사와 구문의 문제를 다루고자 한다.

2. 품사

2.1. 기존 사전의 처리

서론에서 소개한 조남호(2002)에서 '물론'의 품사를 부사와 명사 두 가지로 전제한 것은 『표준국어대사전』의 품사 처리를 따른 것이라 할 수 있다. 그런데 국어문법 연구에서는 부사를 논하는 자리에서만 '물론'을 거론해 왔다. 명사 '물론'은 다루지 않았다. 그것은 의존명사를 제외한 자립명사의 경우 문법적 연구 자체가 그리 활발하지 않았고, 또 자립명사를 연구하는 마당에서도 '물론'이 전형적인 명사로 얼른 인식되지 않아서였던 것으로 보인다.

부사의 연구에서 '물론'을 언급한 예도 사실 많지 않다. '물론'의 특성을 고찰한 연구는 찾을 수 없다. 그나마 부사를 분류하면서 부사의 한 종류로 '물론'을 예로 든 문법서가 몇 있을 뿐이다. 이필수(1922:71)는 "動作及性質副詞"의 한 종류로 "應諾의義를示할時"에 쓰는 부사의 예로 '물론'을 들었다.[3] 최현배(1937/1971:600)은 부사의 한 종류로 "말재 어찌씨(話式副詞)"를 설정하고 그중 "단정을 소용하는 어찌씨" 가운데 "세게 하는 것(强調的, 力說的副詞)"으로 '과연, 과시, 딴은, 진실로, 실로, 마땅히, 모름지기, 물론, 무론, 의례히, 의례로, 확실히, 정말, 참말, 응당, 정'을 들었다. 그 밖에 이상춘(1946:94-5)이 정도부사로, 조선어문연구회(1949)가 양태의 부사로, 과학원 언어문학연구소 언어학연구실(1960)이 양태의 부사 중 확신성을 나타내는 것으로,[4] 고창식 외(1965:96)가 한정적 부사 중의 진술부사

---

3 이필수(1923:81)에서는 動作及性質副詞를 성질부사로 바꾸어 표현했다.
4 조선어문연구회(1949)와 과학원 언어문학연구소 언어학연구실(1960)은 임홍빈(1997:231)에서 재인용.

로, 남기심·고영근(1985:172-3)가 문장부사 중의 양태부사 가운데 단정을 나타내는 것으로, 이주행(1992:144-6)가 서법부사 중 당연성을 나타내는 것으로, 서정수(1994:694)가 양태부사 중 당연성을 나타내는 것으로 '물론'을 들었다.[5]

한편 이은경(2000:23-4)은 연결어미가 붙은 절의 특성을 검토하기 위해 '물론'의 수식 대상이 문장 전체인가 동사구인가 동사인가를 논의했다. "물론 철수는 아침을 먹는다." "철수는 물론 아침을 먹는다." "?철수는 아침을 물론 먹는다."의 세 예문을 통해 '물론'이 문장 전체를 수식하는 문장부사라고 했다.

이와 같이 국어문법 연구자들은 '물론'의 품사가 부사라는 데는 동의해 왔다. 그런데 '물론'의 품사가 명사이기도 한 것인지에 대해서는 아무 말이 없었다. '물론'의 품사가 명사일 수 있음은 여러 사전의 풀이에서만 볼 수 있다.

한편 사전들은 한결같이 '무론(無論/毋論)'을 '물론'의 동의어로 처리하고 있다. 이제 사전들에서 '물론'과 '무론'의 품사를 어떻게 표시해 왔는지 정리해 보기로 한다.[6]

사전	물론		무론	
	명사	부사	명사	부사
① 조선총독부(1920) 『조선어사전』	○	○	○	○
② 문세영(1938) 『조선어사전』	○	○	○	○
③ 이윤재(1947) 『표준 조선말 사전』	○	○	○	○

---

5 부사의 유형분류와 통사적, 의미적 특성을 비교적 자세히 논의한 손남익(1995)가 '물론'을 빠뜨린 것은 '물론'에 대한 국어학자들의 쌀쌀한 태도를 단적으로 보여 준다.

6 이희승(1982) 2판, 이희승(1994) 3판도 이희승(1961) 1판과 품사처리가 똑같다. '×'는 '무론'이 표제어로 실려 있지 않음을 나타낸다. ⑤, ⑬, ⑲는 표제어 수의 제한(⑤는 41,927단어, ⑬은 약 18,000단어, ⑲는 50,000단어) 때문에 '무론'이 빠진 것으로 보인다.

④ 한글학회(1949) 『큰사전』 제2권	○	○	○	
⑤ 과학원(1956) 『조선어 소사전』		○		×
⑥ 국어국문학회(1958) 『국어 새 사전』	○	○	○	
⑦ 신기철·신용철(1958) 『표준국어사전』	○		○	
⑧ 과학원(1960) 『조선말사전』		○		○
⑨ 이희승(1961) 『국어대사전』	○	○	○	
⑩ S. E. Martin 외(1968) 『한미대사전』	○	○	○	
⑪ 신기철·신용철(1975) 『새 우리말 큰사전』	○	○		○
⑫ 오사카외국어대(1986) 『조선어대사전』	○	○	○	
⑬ 간노 외(1988) 『코스모스조화사전』		○		×
⑭ 금성출판사(1991) 『국어대사전』	○	○	○	○
⑮ 한글학회(1992) 『우리말 큰사전』		○		○
⑯ 사회과학원(1992) 『조선말대사전』		○	○	
⑰ 유타니 외(1993) 『조선어사전』		○		○
⑱ 동아출판사(1994) 『동아 새국어사전』	○		○	
⑲ 연세대(1998) 『연세 한국어 사전』	○	○		×
⑳ 국립국어연구원(1999) 『표준국어대사전』	○	○	○	○

'물론'의 품사 처리는 다음과 같이 종합할 수 있다.

    (1) 명사와 부사를 모두 인정한 사전: ①, ②, ③, ④, ⑥, ⑨, ⑩, ⑪, ⑫,
        ⑭, ⑲, ⑳

    (2) 부사만 인정한 사전: ⑤, ⑧, ⑬, ⑮, ⑯, ⑰

    (3) 명사만 인정한 사전: ⑦, ⑱

이상에서 보듯이 사전에서 '물론'의 품사를 명사와 부사 두 가지로 인정하는 것이 주류이고 부사라고만 하거나 명사라고만 하는 것은 비주류이다. 부사만 인정한 사전이 주로 북한(⑤, ⑧, ⑯)과 일본(⑬, ⑰)에서 낸 것이고 남한에서 낸 사전으로는 ⑮가 유일한 점이 흥미롭다. 그런데 ⑰

은 부사만 인정하고서 용례 뒤에 명사적으로도 쓰일 수 있다는 참고정보를 주었고 ⑱은 반대로 명사만 인정하고서 부사적으로 쓰이는 경우를 두 번째 용법으로 처리한 점에서 이 둘은 비주류 중에서도 비주류라고 할 수 있다.[7]

'무론'의 품사를 '물론'과 일치시켰는지 그러지 않았는지를 보면 다음과 같다.

    (4) '무론'과 '물론'의 품사를 똑같이 표시한 사전: ①, ②, ③, ⑦, ⑧, ⑭, ⑮, ⑰, ⑱, ⑳

    (5) '무론'과 '물론'의 품사를 달리 표시한 사전: ④, ⑥, ⑨, ⑩, ⑪, ⑫, ⑯

(5)의 사전들이 '무론'을 '물론'과 동의어로 처리해 놓고서도 품사를 달리 표시한 것은 잘못이다. 만약 '물론'과 '무론'의 쓰임이 달라 품사를 달리 설정할 가능성이 있다면 동의어 표시를 수정해야 할 것이다.[8]

2.2. 분포

'물론'이 부사로 쓰이는 일이 있는 것은 분명한데 명사로 인정할 수도 있는지가 문제의 핵심이라고 할 수 있다. 전형적인 명사가 놓이는 위치는 격조사 앞이라고 할 수 있다. 그런데 '물론'은 격조사와 결합할 수 없다.

---

[7] 일본어의 'もちろん(勿論)'의 품사에 대해서도 이견이 있다. 『大辭典』(1936)은 부사로 표시했고 『日本国語大辞典』(1976)은 명사로 표시하고서 대체로 부사적으로 사용된다고 덧붙였다.

[8] 물론 현재의 상식과는 달리 동의어라도 품사가 다를 수 있다는 관점을 취한다면 이러한 품사 표시가 잘못이라고 할 수는 없다.

물론+*이/*을/*에/*으로/*과/*의⁹

'물론'이 격조사와 결합할 수 없다는 것은 '물론'이 전형적인 명사가 아니라는 뜻이다. 그러나 명사 중에는 격조사와 결합하지 못하거나 한정된 격조사와만 결합하는 것도 있다. 고영근(1987), 김영욱(1994)에서 논의한 바와 같이 불완전계열을 형성하는 명사들은 한정된 격조사와만 결합한다('불굴의'의 '불굴' 등). 또 송기중(1992), 김영욱(1994), 이선웅(2000), 김선효(2002), 노명희(2003) 등에서 논의한 관형명사는 어떤 격조사와도 결합하지 않고 후행명사를 수식하는 기능만 가진다('유관 단체, 유관 부서'의 '유관' 등). '불굴, 유관' 등이 명사일 수 있듯이 '물론'도 격조사와 결합하지 못하면서 명사일 가능성이 있다. 이제 '물론'이 놓이는 위치를 검토하면서 '물론'이 명사일 수 있는지 살펴보기로 하자.

2.2.1. 단독으로 어절을 형성한 경우

(6) 물론 철수는 아침을 먹는다.

(7) 철수는 물론 아침을 먹는다.

(8) 철수는 아침을 물론 먹는다.

(9) 철수가 약속 장소에 나타나지 않은 것은 물론 전화도 받지 않았다.

(10) 어제 모임에 갔었니? ― 물론.

(6)~(8)은 이은경(2000:23-4)에서 전제한 바와 같이 '물론'이 부사로 쓰인 예이다.¹⁰ (9), (10)의 '물론'은 이 예문들만 가지고는 품사가 명사인지

---

9 '물론+*이'의 '이'는 주격조사뿐만 아니라 보격조사도 결합할 수 없음을 나타낸다. '물론이 되다'나 '물론이 아니다'와 같은 표현이 부적격한 것이다.

부사인지를 판단하기 어렵다. (9)의 '물론'이 놓인 위치는 명사나 부사가 나타나는 전형적인 위치가 아니며 (10)의 '물론'은 명사와 부사가 모두 잘 나타나는 위치이기 때문이다. 이 두 예문의 '물론'은 '물론이고, 물론이지' 등에서 '이다'의 활용형이 생략된 형태로 해석된다(§3.2.5 참조). 그러므로 (9), (10)의 '물론'의 품사는 다음 절에서 볼 '물론이다'에서의 '물론'의 품사와 같다.

2.2.2 '이다'의 앞에 결합한 경우

(10) 철수가 약속 장소에 나타나지 않은 것은 물론이다.

(11) 철수가 약속 장소에 나타나지 않은 것은 물론이고 전화도 받지 않았다.

(12) 어제 모임에 갔었니? — 물론이야.

몇 국어사전들에서 '물론'을 명사로 인정한 근거는 순전히 '물론'이 '이다'와 결합한 '물론이다, 물론이고, 물론이야'와 같은 예의 존재 때문이었다. 『국어대사전』(금성출판사, 1991)에서 명사와 부사의 용례를 따로 제시할 때 '물론이다'가 들어 있는 예문 둘은 명사 쪽에, '물론'이 단독으로 쓰인 예문 둘은 부사 쪽에 넣은 것이 그러한 견해를 보여 준다. 또 『연세한국어 사전』(1998)에서 명사일 때 '이다'와 함께 쓰인다는 참고정보를 제시한 것은 그러한 견해를 명시적으로 드러낸 것이다.

그러나 '이다'와 결합할 수 있는 말이 모두 명사인 것은 아니다.[11]

---

10 이은경(2000:23)은 (8)에 '?'를 붙여 부자연스러운 문장으로 판단했다.

11 한 심사위원은 (14), (15), (16ㄱ)의 '이다' 앞 성분을 대개 "명사상당어구"로 보고 있으므로 '이다'가 체언 이외의 품사에 결합할 수 있다는 근거로 적절치 않은 예라고 지적했다. 그러나 '종로에서, 그 일이 있고 나서, 영희와 함께' 등을 명사상당어구라는 이름으로

(13) 체언

ㄱ. 이것은 책이다. (자립명사)

ㄴ. 이것은 내가 주운 것이다. (의존명사)

ㄷ. 나는 사실을 말했을 따름이다. (의존명사)

ㄹ. 쉬는 날은 늦잠을 자기 마련이다. (의존명사)

ㅁ. 열에서 셋을 빼면 일곱이다. (수사)

ㅂ. 이번에도 일등은 나다. (대명사)

(14) 체언+조사

ㄱ. 철수를 만난 것은 종로에서였다. (명사+조사)

ㄴ. 철수가 말을 놓은 것은 그때부터이다. (명사+조사)

(15) 용언의 활용형

ㄱ. 철수가 말을 놓은 것은 그 일이 있고 나서이다. (용언의 활용형)

ㄴ. 문제는 누가 가느냐이다. (용언의 활용형)

(16) 부사

ㄱ. 철수를 만난 것은 영희와 함께였다. (부사)

ㄴ. 가을이 언제 오나 했더니 벌써다. (부사)

이상의 예들을 놓고 보면 '이다'와 결합할 수 있는 점만을 근거로 '물론'을 명사로 볼 수 없음은 분명하다. (13ㄷ), (13ㄹ)의 '따름, 마련'은 '이다'와만 결합하지만 그 앞에 놓이는 '-을' 관형사형과 '-기' 명사형의 수식을 받으

부른다고 해서 '종로에서, 나서, 함께'의 품사를 명사로 처리할 수는 없음은 분명하고, 명사 아닌 단어에 '이다'가 붙은 예임도 명백하다. 또 그는 이어서 A: "벌써 왔어?" B: "벌써라니, 벌써가 아니야. 진작 도착했어야지."와 같은 예문에서 B의 '벌써'는 부사가 아니라고 했다. 필자가 보기에 "벌써가 아니야."의 '벌써'는 따옴표가 붙어야 할 인용 표현이므로 '벌써'의 품사는 여전히 부사이다.

므로 의존명사로 인정된다. '물론'은 관형어의 수식을 전혀 받지 못한다.

> (17) 두통이 가신 것은 물론이다.
>
> (18) *두통이 가신 것은 많은/큰/크나큰/대단한/적은/작은/조그만 물론
> 이다.

따라서 부사 '물론'이 '이다'와 결합해 '물론이다'로 나타난 것이라고 해석하는 것이 순리이다. 이것은 다른 몇몇 부사들이 '이다'와 자연스럽게 결합하는 현상과 다를 바가 없다.[12] 단독으로 어절을 형성하기도 하고 '이다'와 결합하기도 하는 부사의 예를 '이다'와의 결합형이 쓰인 예문과 함께 제시해 보면 다음과 같다.

> 아직: 가을이 벌써 갔나 했더니 아직이다.
> 벌써: 가을이 언제 오나 했더니 벌써다.
> 오래: 널 기다린 지 오래다.[13]
> 금방: 1년은 정말 금방이다.
> 금세: 1년이 지나가는 것은 금세다.
> 계속: 다음주부터는 시험이 계속이다.
> 먼저: 외국에 나간 것은 내가 먼저다.[14]

12『조선말사전』(1960)이 '물론'의 품사를 부사로만 표시하고 '물론이다'가 들어 있는 예문 "그야 물론이지!"를 제시한 것은 올바른 처리였다.『조선말대사전』(1992)에서 '물론이다'가 들어 있는 예문을 제시하지 않은 것은 퇴보이다.

13 형용사 '오래다'가 쓰인 예문도 가능하나 여기서는 '오래이다'의 의미를 가진 '오래다'가 쓰인 예문을 문제삼고 있다.

14 이병근(1986)은 "내가 먼저이고 네가 나중이다."와 같은 예문을 들고 부사 '먼저'가 명사로도 쓰인다고 했으나 우리는 '먼저이고'의 '먼저'도 부사라고 해석한다.

바로: 모퉁이만 돌면 바로다.

제법: 이제 걷는 게 제법이다.

고작: 동전 몇 개 쥐여주는 게 고작이다.[15]

따로: 이번 수학여행 때 1·2학년은 같이 가고 3학년만 따로다.

거저: 커피값 오백 원은 거저다.

그만: 커피맛이 그만이다.

별로: 커피맛이 별로다.[16]

제발: 비야, 빨리 그쳐라. 제발이다.

또: 오늘 종로에서 대규모 시위가 있대. — 또야?

꼭: 내일은 잊지 말고 가져와야 돼. 꼭이야.

딱: 모임 장소는 여기가 딱이다.[17]

캡: 모임 장소는 여기가 캡이다.

짱: 모임 장소는 여기가 짱이다.

왕: 모임 장소는 여기가 왕이다.[18]

---

15 정희정(2000:165-7)은 '제법이다, 고작이다'의 '제법, 고작'을 부사로 보지 않고 이들을 통째로 형용사로 보았다. 한 심사위원 역시 이와 비슷하게 '제법이다, 왕이다, 짱이다, 죽음이다('굉장하다'의 의미), 대박이다('굉장하다'의 의미), …할 예정이다, …할 계획이다'의 '이다'가 형용사화 접미사의 기능을 한다고 지적했다. 일리 있는 견해이다. 그러나 우리는 '이다'의 품사나 'X+이다' 전체의 품사를 문제삼고 있는 것이 아니라 '이다' 앞의 'X'의 품사를 문제삼고 있다.

16 부정극어 '별로'를 '이다'와 결합시켜 별로 좋지 않다는 뜻을 표현한 예인데 이 표현은 주로 젊은 세대에서 쓰인다.

17 '딱이다'는 최근에 유행하기 시작한 표현이다. "오늘은 호박 넣고 부침개 부쳐 먹으면 딱인 그런 날이군요."와 같은 예문도 자연스레 쓰인다.

18 '캡, 짱, 왕'은 젊은이들이 10여 년 전부터 쓰기 시작한 속어로서 '아주, 굉장히' 정도의 의미를 가진 부사이다. 단독으로 부사어로 먼저 쓰이고 '이다'가 붙은 형태는 나중에 쓰이기 시작했다.

요컨대 '물론'은 단독으로 쓰일 때는 물론이고 '이다'와 결합해 쓰일 때에도 부사라고 판단된다. 기존의 몇몇 사전에서 '물론'에 '이다'가 붙을 수 있음을 근거로 명사로서의 용법을 인정한 것은 섣부른 판단이었다.[19]

'물론(勿論)'의 글자 그대로의 의미는 '논하지 말라'는 것이다. 한문에서의 동사적 표현, 그것도 명령표현이 국어에서 부사로 쓰이게 된 과정을 역사적으로 살펴볼 필요가 있다. 한문에서 '놀라지 말라'는 뜻의 명령표현인데 국어에서 부사로 쓰이는 '물경(勿驚)'과 한문에서 '생각할 수조차 없다'는 뜻의 진술표현이었을 텐데 국어에서 역시 부사로 쓰이는 '무려(無慮)'도 '물론'과 운명이 같다고 할 수 있다. 한문표현의 국어화 과정이 차용에 대한 통시적 연구의 차원에서 다루어져야 할 것이다.[20]

3. 구문

국어학 논저에서 '물론'의 구문을 검토한 예는 찾을 수 없다. 여러 사전에서 제시한 구문정보밖에는 참고할 것이 없다. 『조선말사전』(1960)은 '물론'의 용례를 처음 제시한 사전이다. "여러 분도 물론 잘 아시겠지만 …"과 같은 문장과 질문에 대한 대답으로 제시한 "그야 물론이지!"가 그것이다.[21] 그러나 용례만으로는 구문에 대한 올바른 정보를 얻기 어렵다.

---

19 『동아 새국어사전』(1994)에서 품사를 명사로 표시하고 "물론 가고말고."의 '물론'이 부사적 용법으로 쓰인 것이라고 표현한 것은 '이다' 앞의 요소가 명사일 것이라는 관념에 지나치게 집착한 결과였던 셈이다.

20 『角川 大字源』(1992)에 따르면 일본어 'もちろん(勿論)'의 의미와 용법은 한문에서 차용된 것이 아니고 일본 고유의 것이라 한다. 그렇다면 국어의 '물론'이 한문이 아닌 일본어에서 차용되었을 가능성이 있다.

21 한편 『국어대사전』(금성출판사, 1991)은 명사와 부사 각각에 대해 뜻풀이와 용례를 제시한 첫 사전이다.

『코스모스조화사전』(1988)은 '물론'의 구문정보를 제시한 첫 사전이다. '-는/-은 물론'과 '-ㅁ은 물론'이라는 두 구문을 제시하고 각각에 대해 일본어 대역과 예문 하나씩(및 예문의 대역)을 제시했다(일본어 대역 생략).

> ▸ -는/-은 ~ 일본말은 물론 중국말도 잘 해요.
> ▸ Ⅱ-ㅁ은 ~ ((書)) 우리는 계획을 세움은 물론 계획의 실'시에도 참가할 '작정이다.

『조선말대사전』(1992)는 위의 첫 번째 구문정보를 "(≪은(는) 물론≫ 형으로 쓰이여)"와 같은 형태로 제시했다. 『표준국어대사전』(1999)는 명사에 대해 "(('…은 물론이다' 구성으로 쓰여))"라고 표시하여 '이다'가 붙은 형태를 기준으로 구문정보를 제시했다. 『코스모스조화사전』과 『조선말대사전』은 '+은 물론이다'가 가능함을 말해 주지 않는 반면 『표준국어대사전』은 '+은 물론'이 가능함을 말해 주지 않는다. 또 『조선말대사전』과 『표준국어대사전』의 구문정보로는 조사 '은' 앞에 명사절이 올 수 있는지, 있다면 모든 명사절이 올 수 있는지 알 수 없다. 이와 같이 국어사전이 제공하고 있는 '물론'의 구문정보는 불완전하다.

'물론'이 쓰인 구문은 다음과 같이 분류된다. 다음 표에서 'NP'는 체언이나 '관형어+체언'과 같이 변형문법에서 명사구로 부르는 것들을 나타낸다. 'S'는 문장이나 절을 나타낸다. B형, C형, D형에서의 'S'는 명사절과 '관형사절+것'을 가리킨다. '관형사절+것'을 'S'로 표시하는 것은 정확한 것은 아니나 '물론'의 구문과 관련해서는 명사절과 '관형사절+것'이 아주 유사하기 때문에 그렇게 하는 것이다.[22]

---

22 두 구성이 일반적으로 유사한 점이 많음은 명사화와 관계화 및 보문화에 대한 변형

유형 (약호)			예
문장부사 구문 (A형)	'물론+S' 구문 (A형)		물론 철수는 일본어를 모른다.
주어+ 서술어 구문	'주어+물론 이다' 구문 (B형)	'NP+조사+물론이다' 구문 (B1형)	철수는 영어를 모른다. 일본어 는 물론이다.
		'S+조사+물론이다' 구문 (B2형)	철수가 일본어를 모름은 물론 이다.
	'주어+물론 이고' 구문 (C형)	'NP+조사+물론이고' 구문 (C1형)	철수가 일본어는 물론이고 영 어도 모른다.
		'S+조사+물론이고' 구문 (C2형)	철수가 일본어를 모름은 물론 이고 영어도 모른다.
	'주어+물론' 구문 (D형)	'NP+조사+물론' 구문 (D1형)	철수가 일본어는 물론 영어도 모른다.
		'S+조사+물론' 구문 (D2형)	철수가 일본어를 모름은 물론 영어도 모른다.
단독 구문 (E형)	'물론이다' 단독 구문 (E1형)		너 일본어 모르니? — 물론이지.
	'물론' 단독 구문 (E2형)		너 일본어 모르니? — 물론.

3.1. 문장부사 구문(A형)

이 구문은 완전한 문장 S에 문장부사 '물론'을 집어넣어 만든 구문이다. '물론'이 삽입되는 위치는 이은경(2000:23-4)에서 논의한 바와 같이 문두, 동사구 앞, 동사 앞이 모두 가능하다.[23]

문법적 연구들에서 인정되어 왔다.

23 여기서 '동사구, 동사'의 '동사'는 동사와 형용사를 모두 가리킨다.

(19) ㄱ. 물론 철수는 아침을 먹는다. (문두)

　　ㄴ. 철수는 물론 아침을 먹는다. (동사구 앞)

　　ㄷ. 철수는 아침을 물론 먹는다. (동사 앞)

'물론'이 항상 용언 바로 앞에 놓일 수 있는 것은 아니다. (20)에서 보듯이 부사와 용언 사이에는 '물론'이 쓰이지 못한다.

(20) ㄱ. *철수는 아침을 안/못/잘 물론 먹는다.

　　ㄴ. *이 사과가 더 물론 크다.

　　ㄷ. *비행기는 높이 물론 난다.

　　ㄹ. *돈이 턱도 없이 물론 모자란다.

　　ㅁ. *여러분은 그걸 전혀 물론 모르겠지요.

이 구문은 평서문일 때 가장 자연스럽게 성립한다. 선어말어미 '-겠-'이 들어간 감탄문도 쓰일 수 있다(예문 (21)). 의문문은 일반적으로 쓰이지 못하는데(예문 (22)) 화자의 추측을 표시하면서 청자에게 명제의 진리치를 확인하는 '-겠지, -겠네'는 가능하다(예문 (23), (24)). 명령문과 청유문에 쓰이면 자연스럽지 않다(예문 (25), (26)).

(21) 너도 물론 울었겠구나.

(22) *물론 편지가 도착했니?

(23) 물론 편지가 도착했겠지?

(24) 먹을 물도 물론 다 떨어졌겠네?

(25) ^{??}물론 10시까지 기다려라.

(26) ^{??}물론 10시까지만 기다리자.

3.2. 주어+서술어 구문(B형, C형, D형)

주어+서술어 구문(B형, C형, D형)은 조사(구체적으로 보조사 '은, 이야, 도)가 붙은 명사구나 절이 주어로, '물론이다, 물론이고, 물론'이 서술어로 쓰인 구문이다.

주어+서술어 구문: NP/S+조사+물론이다/물론이고/물론

3.2.1. NP와 S의 성격

NP는 명사 또는 관형어의 수식을 받는 명사이다. S는 명사절과 '관형사절+것'이다. S의 종류별로 B2형 예문을 들면 다음과 같다(S를 가지는 C2형, D2형의 예문들도 성립 가능성이 같으므로 예시하지 않는다).

(27) '-음' 명사절

ㄱ. 아이들이 만화를 좋아함은 물론이다.

ㄴ. 정전으로 많은 사람이 불편을 겪었음은 물론이다.

ㄷ. 아직도 피부가 고움은 물론이다.

(28) '-는' 관형사절+것

아이들이 만화를 좋아하는 것은 물론이다.

(29) '-은' 관형사절+것

ㄱ. 정전으로 많은 사람이 불편을 겪은 것은 물론이다.

ㄴ. 아직도 피부가 고운 것은 물론이다.

(30) '-었던' 관형사절+것

ㄱ. 정전으로 많은 사람이 불편을 겪었던 것은 물론이다.

ㄴ. 한창 때 피부가 고왔던 것은 물론이다.

(31) '-을' 관형사절+것

　　장마가 계속되면 농산물 가격이 오를 것은 물론이다.

(32) '-기' 명사절

　　ㄱ. *조카가 만화나 게임을 좋아하기는 물론이다.

　　ㄴ. *전기가 끊겨 많은 사람이 불편을 겪었기는 물론이다.

　　ㄷ. *아직도 피부가 곱기는 물론이다.

　　ㄹ. *한창 때 피부가 고왔기는 물론이다.

(33) '-던' 관형사절+것

　　ㄱ. *전기가 끊겨 많은 사람이 불편을 겪던 것은 물론이다.

　　ㄴ. *한창 때 피부가 곱던 것은 물론이다.

　같은 명사절이라도 S 자리에 '-음' 명사절만 쓰일 수 있고 '-기' 명사절이 쓰일 수 없는 것은 '-음' 명사절과 '-기' 명사절이 서술어의 종류에 따라 어느 정도 선택제약을 가지는 일(이익섭·임홍빈 1983, 우형식 1987, 서정수 1994)과 관련되어 있다. 우형식(1987)은 '-기' 명사절 대신 '-음' 명사절이 주어로 쓰이는 서술어로 '사실이다, 불만이다, 잘못이다, 유감이다'를 들었는데 여기에 '물론이다'도 추가할 수 있다. 다만 주어에 주격조사 '이'가 쓰이지 않고 보조사 '은'이 쓰이는 점이 '물론이다'만의 특수성이다. 또 같은 '관형사절+것' 중에서도 '-던' 관형사절이 참여한 구성이 S 자리에 쓰이지 못함은 '-던'의 상적인 속성과 '물론이다'의 의미가 어울리지 못하기 때문인 것으로 보인다. 특히 '-었던' 관형사절과 '-던' 관형사절 사이에는 상적인 속성의 미묘한 차이가 있는 듯하다.

　'-음' 명사절에서는 (27ㄴ)에서와 같이 '-음' 앞에 선어말어미 '-었-'만 끼어들 수 있다. 우형식(1987)도 '-음' 명사절이 주어로 쓰이는 구문에서 '-음'

앞에 선어말어미 '-었-'만 쓰이고 '-겠-, -더-'는 쓰일 수 없다고 한 바 있다.

3.2.2 조사의 성격

조사 자리에는 보조사 '은, 이야, 도'만 쓰인다. B형 예문을 들면 다음과 같다.

(34) NP+은/이야/도+물론이다 (B1형)

　　철수는 일본어를 잘한다. 영어는/영어야/영어도 물론이다.

(35) S+은/이야/도+물론이다 (B2형)

　　아이들이 만화를 좋아하는 것은/것이야/것도 물론이다.

'NP+이야+물론이다' 구문의 가장 일반적인 용례는 "그야 물론이지(요).", "그거야 물론이지(요).", "나야 물론이지.", "저야 물론이지요." 등이다. '물론이다'의 여러 형태 중 '물론이지, 물론이지요'가 가장 자연스럽게 쓰인다. 보조사 '이야'의 강조적 의미가 '-지'의 양태적 의미(그 명제가 참임을 화자가 알고 있음)와 잘 어울리기 때문이다.

'NP+도+물론이다' 구문이 실제로는 많이 쓰이지만 'NP+은+물론이다' 구문의 비정상적인 변형으로 보인다. (34)의 "영어도 물론이다."는 "영어는 물론이다."와 "영어도 잘한다."의 '도'가 혼성을 일으킨 것이 아닌가 한다. C형도 B형과 문장의 성립 가능성이 같은데 D형은 조금 다르다.

(36) NP+은/이야/도+물론 (D1형)

　　물은/*물이야/*물도 물론 음식도 먹어서는 안 된다.

(37) S+은/이야/도+물론 (D2형)

당국의 철저한 단속이 뒤따라야 할 것은/*것이야/*것도 물론 시민
들도 더 많은 관심을 가져야 할 것이다.

D형에서는 조사 '은'만 쓰이고 '이야, 도'가 쓰이지 못하는 것이다. 그
이유는 알 수 없다.

3.2.3. 부사어의 개입 가능성

(38), (39)와 같은 일반적인 '이다' 구문뿐만 아니라 (40), (41)과 같은
'부사+이다' 구문에서도 주어와 'X+이다' 사이에 부사어가 올 수 있다. 그
런데 (42)에서 보듯이 '물론'의 주어+서술어 구문에서는 어떤 요소도 끼어
들 수 없다(B형, C형, D형이 모두 그렇다). 이 점은 '고작이다' 구문과 같다
(예문 (43)).

    (38) 철수는 <u>엄청나게</u> 바보다.
    (39) 나도 <u>철수만큼</u> 바보다.
    (40) 철수는 공 다루는 솜씨가 <u>이제</u> 제법이다.
    (41) 커피값 오백 원은 <u>누가 봐도</u> 거저다.
    (42) *철수가 공을 잘 다루는 것은 <u>이제</u> 물론이다.
    (43) *동전 몇 개 쥐여주는 게 <u>정말</u> 고작이다.

3.2.4. '이다'의 활용형

B형, C형에서 '물론이다, 물론이고'의 '이다, 이고'가 어떤 활용형으로
쓰일 수 있는지 살펴보기로 한다. 우선 '이다'의 종결형을 살펴본다. 이들
은 모두 B형에 쓰인다.

(44) 종결형(평서형, 감탄형)

전기가 끊겨 많은 사람이 불편을 겪은 것은 물론이다/물론입니다/
물론이야/물론이지(요)/물론이에요/물론이오/물론이네(평서)/물론이
었다/물론이리라/물론이겠군(요)/물론이겠지(요)/물론이고말고(요)/
*물론이더라/*물론이잖아/*물론이구나/?물론이겠구나/*물론이네(감탄)/
*물론이어라(감탄).

(45) 종결형(의문형)

전기가 끊겨 많은 사람이 불편을 겪었음은 물론이겠지(요)/물론이
겠네(요)/*물론이니/*물론이었니/*물론이겠니/*물론이디/*물론입니
까/*물론이야/*물론일까?

평서형, 감탄형, 의문형 중 일부 선어말어미와 종결어미가 결합한 형태
는 쓰이지 않는다. 선어말어미 '-었-'은 자유롭게 쓰이지만 '-겠-'은 제한적
으로 쓰이고 '-더-, -잖'은 쓰이지 않는다. 추측, 회상, 확인과 같은 양태적
의미가 '물론이다'에 덧칠되는 데 제약이 있는 것이다. '-구나, -네, -어라'
로 표시되는 감탄의 의미도 '물론이다'와 어울리지 못한다. 다만 '물론이
겠구나'는 '-겠-'의 의미 때문인지 어느 정도 가능해 보인다.

의문형은 일반적으로 쓰이지 못하는데 화자의 추측을 표시하면서 청자
에게 명제의 진실성을 확인하는 '물론이겠지(요), 물론이겠네(요)'는 가능
하다. 명령형과 청유형은 쓰이지 않는다. '이다'가 형용사이기 때문이다.

'이다'의 명사형과 관형사형도 잘 쓰이지는 않지만 모두 부적격한 것은
아니다.

(46) ㄱ. 문자가 문명 발달의 요인임은 물론일 것이다.

　　　ㄴ. 문자가 문명 발달의 요인임은 물론임.

ㄷ. 문자가 문명 발달의 요인임은 물론이기 때문에 문자의 발생 과정을 밝힐 필요가 있다.

이들도 일단 B형으로 분류해 둔다.

'이다'가 '이고'로 나타나는 C형에서 '물론이고' 대신 '물론이며, 물론이거니와, 물론이려니와'도 쓰일 수 있다.[24] 이들 중 '물론이고'의 사용빈도가 월등히 높으므로 그것을 대표로 삼아 C형을 설정한 것이다. 다른 연결형 중 '물론이지만'만 쓰이고 '*물론이어서/*물론인데/*물론이니까/*물론이면/*물론이어야/*물론이더라도/*물론이도록/*물론이게' 등은 모두 부적격하다. 그러나 다음과 같은 예문들에서의 '물론이지만'은 '물론이고'만큼 자연스럽지는 않다고 생각된다.

(47) 한방 삼계탕은 맛은 물론이지만 영양가도 뛰어나다.
(48) 아사달을 위하는 것은 물론이지만 자기를 위해서도 이 아슬아슬한 고비에 아사달이 덜컥 병이 나면 그야말로 큰일이다. ≪현진건, 무영탑≫

3.2.5. '이…'의 생략

D형의 '물론'을 우리는 '물론이고, 물론이며, 물론이거니와, 물론이려니와' 등에서 '이다'의 활용형인 '이고, 이며, 이거니와, 이려니와' 등이 생략된 것으로 해석한다. 그렇게 생각할 수 있는 근거는 첫째, '이고, 이며'의 생략이 다른 곳에서도 자연스러운 현상이라는 점이다. "서울은 30도(이고

---

24 고어투 문장에서 '물론이고'의 고형인 '물론이요'를 쓰기도 한다.

이때에 혁명당 본부에는 자금이 극도로 궁핍하여서 사업의 진전이 되지 않는 것은 물론이요, 현상 유지도 할 수 없는 형편이었다. ≪한용운, 흑풍≫

/이며), 부산은 32도이다."와 같은 문장에서 '이고, 이며'의 생략 현상을 볼 수 있다.[25] 둘째, '이고, 이며'의 생략과 비슷한 현상으로 '하고, 하여' 등이 생략되는 현상을 들 수 있다. 용언 '하다'가 어휘적 의미를 가지지 못할 때 이런 생략이 가능하다. 이것을 김창섭(2002)는 "부사절에서의 '하…' 생략"이라고 부른다.

(49) 영희는 코는 오똑(하고), 마음씨는 푸근(하다). (김창섭 1994/1996:191)

(50) 철수는 열심히 공부{하여/∅}, 제때에 대학에 입학하였다. (김창섭 1997)

(51) 금방 비가 올 듯(이←하이), 하늘이 어두워졌다. (김창섭 2002)

(52) 걷거나 달리거나 (하여도), 다 괜찮다. (김창섭 2002)

'물론이다'에서의 '이다'도 변변한 어휘적 의미를 가지지 않으므로 '하…' 생략과 '이…' 생략은 크게 보면 같은 현상이라고 할 수 있다. 이와 같은 근거에서 D형은 C형에서 '이…' 생략이 일어나 형성된 것으로 해석한다. 다만 '이…' 생략은 주어 NP, S에 붙는 조사가 '은'일 때만 일어나고 '이야, 도'일 때는 일어나지 않는다는 제약이 있다(§3.2.2 참조).[26]

3.2.6. NP/S의 동격성분과 보조사 '도'

C1형, D1형에서 NP는 '물론(이고)'의 뒷부분인 주절에 동격의 NP를 가

---

25 김창섭(1994/1996:192), 이홍식(1996/2000:243-4, 273)에서 '이고, 이다'의 생략 현상을 언급한 바 있다.

26 '+을 물론하고'에서는 '하고'가 생략될 수 없다. 김창섭(2002)의 설명방식에 따르면 '물론'은 행위명사이므로 '하고'가 생략될 수 있어야 하는데 그렇지 않은 점에서 예외이다. '물론하다'가 불구동사로서 '+을 물론하고'의 구성으로만 쓰이고 이 구성이 완전히 굳어진 데 이유가 있는 듯하다.

진다.

(53) 책은 물론(이고) 문구류도 판다.

(54) 단체 간부는 물론 회원들의 성명, 본적, 직업, 신분, 가정 사항, 성격까지 세밀하게 파악해 놓았다. ≪안수길, 북간도≫

(55) 그는 관옥의 출생은 물론이고 그녀의 학력과 아름다움에까지 질투를 느꼈다. ≪홍성원, 육이오≫

(53)에서 '책'은 주절에 '문구류'라는 동격의 NP를 가지고 있다. '책'은 통사적으로 '물론(이고)'의 주어이지만 의미상으로는 주절의 '문구류'와 함께 그 서술어 '판다'의 목적어로 해석된다. (54)의 '단체 간부'는 동격 NP인 '회원들'처럼 관형어로 의미해석되며 (55)의 '관옥의 출생'은 동격 NP인 '그녀의 학력과 아름다움'처럼 부사어로 의미해석된다.

이 두 구문은 주절에 들어 있는 동격의 NP 바로 앞에 놓여야 한다. (56ㄱ)만 자연스럽게 성립한다.

(56) ㄱ. 이 서점은 오늘부터 5일 동안 [책은 물론이고] 문구류도 30% 싸게 판다.

ㄴ. *[책은 물론이고] 이 서점은 오늘부터 5일 동안 문구류도 30% 싸게 판다.

ㄷ. ??이 서점은 [책은 물론이고] 오늘부터 5일 동안 문구류도 30% 싸게 판다.

ㄹ. ??이 서점은 오늘부터 [책은 물론이고] 5일 동안 문구류도 30% 싸게 판다.

ㅁ. *이 서점은 오늘부터 5일 동안 문구류도 [책은 물론이고] 30%

싸게 판다.

ㅂ. *이 서점은 오늘부터 5일 동안 문구류도 30% 싸게 [책은 물론
이고] 판다.

C2형, D2형에서는 '물론(이고)'의 뒷부분인 주절이 S의 동격성분이 된
다. (57)에서 "모래도 곱다"가 "물이 깨끗함"과 동격이다. 이 구문이 "모래
도 곱다"의 바로 앞에 놓이는 것은 당연하다.

(57) 물이 깨끗함은 물론(이고) 모래도 곱다.

C형, D형의 NP, S와 주절의 동격성분은 동일성을 가지므로 주절에 보
조사 '도'가 나타난다.

(58) ㄱ. 밥은 물론(이고) 물도 못 먹었다.

ㄴ. 밥은 물론(이고) 물까지/조차/마저/까지도/조차도/마저도 못
먹었다.

ㄷ. 밥은 물론(이고) 물 또한 못 먹었다.

ㄹ. ^{??}밥은 물론(이고) 물을 못 먹었다.

ㅁ. 밥은 물론(이고) 물 한 방울 목구멍으로 넘긴 것이 없다.

ㅂ. 뗏배는 물론(이고) 주낙배 한 척 변통하기가 어려웠다.

(59) ㄱ. 밥을 못 먹은 것은 물론(이고) 물도 못 먹었다.

ㄴ. ^{??}밥을 못 먹은 것은 물론(이고) 물을 못 먹었다.

ㄷ. 밥을 못 먹은 것은 물론(이고) 물 한 방울 목구멍으로 넘긴 것
이 없다.

ㄹ. 요리사로서의 명성을 얻는 것은 물론(이고) 정통 프랑스요리를

통해 프랑스와 유럽의 문화를 체험하는 좋은 기회가 될 것이다.

보조사 '도' 대신 그와 의미가 유사한 '까지, 조차, 마저' 등을 쓸 수도 있다(예문 (58ㄴ)). 또 이러한 보조사를 쓰지 않고 (58ㄷ)처럼 '또한'을 쓰거나 (58ㅁ, ㅂ), (59ㄷ)처럼 부정적 의미를 가진 문장에서는 극단적인 경우(물 한 방울, 주낙배 한 척)를 제시하는 것으로 대신하는 일도 있다. '물론(이고)' 바로 뒤에 '심지어(는)'를 써서 의미를 강조하기도 한다. (58ㄹ), (59ㄴ)에서 보듯이 이런 장치가 없는 주절은 짧을수록 어색해진다. 그러나 (59ㄹ)에서 보듯이 주절이 충분히 길면 이런 장치가 없는 문장도 자연스러워진다.

3.2.7. 분열문

B2형 중 '관형사절+것+은+물론이다'는 분열문과 구조가 같다. '물론 +S'(A형) 구문에 대한 분열문으로 해석할 수 있다.

(60) ㄱ. 물론 조카가 만화나 게임을 좋아한다. (원래의 문장. A형)

ㄴ. 조카가 만화나 게임을 좋아하는 것은 물론이다. (분열문. B2형)

3.2.8. B1형의 의미적 불완전성

B1형은 선행 문장이 없으면 성립하기 어렵다. 의미적으로 선행 문장의 내용을 보충하는 기능을 가지므로 담화에 단독으로 나타나기 어렵다. 예를 들어 (61)의 "영어는 물론이다."만 가지고는 의미가 완결되지 않는다. 선행 문장과 관련지었을 때 '철수는 영어도 잘한다'는 완결된 의미를 가지게 된다.

(61) 철수는 일본어를 잘한다. 영어는 물론이다.

3.3. 단독 구문(E형)

3.3.1. '물론이다' 단독 구문(E1형)

(62) 철수도 같이 가니? — 물론이지.

(63) 원래 여름에는 이렇게 비가 많이 오나요? — 물론입니다.

(64) 전 요즘 무척이나 행복하답니다. 네, 물론이고말고요.

'물론이다'의 '이다'는 종결형으로만 쓰인다. 종결형 중에서도 평서형으로만 쓰인다. 질문에 대한 대답(예문 (62), (63))이나 자신의 진술에 대한 강조(예문 (64))가 목적이기 때문이다.

물론이다/물론입니다/물론이야/물론이지(요)/물론이에요/물론이고말고(요)/물론이오/물론이네/물론이고말고(요)/*물론이겠군(요)/*물론이겠지(요)/*물론이었다/*물론이리라/*물론이더라/*물론이잖아

평서형 중 선어말어미 '-었-, -겠-, -더-, -잖'이 결합한 형태는 쓰이지 않는다. 과거의 의미나 추측, 회상, 확인과 같은 양태적 의미가 '물론이다'에 덧칠되지 못하는 것이다.

E1형은 B1형처럼 선행 문장에 의미론적으로 의존한다. 의미상으로는 선행 문장의 의미를 되받는 '그것은, 그야와 같은 요소가 '물론이다' 앞에 잠복해 있으며 '그것, 그와 같은 대용어는 선행 문장에 대한 의존성을 명시적으로 드러낸다. 그러므로 (62)~(64)는 B1형에서 다음과 같은 방식으

로 형성된 것이라 할 수 있다.

    (65) 철수도 같이 가니? — 그건 물론이지. (B1형)
        → 철수도 같이 가니? — 물론이지. (E1형)

3.3.2. '물론' 단독 구문(E2형)

    (66) 철수도 같이 가니? — 물론.
    (67) 원래 여름에는 이렇게 비가 많이 오나요? — 물론.

    C형에서 '이…'가 생략될 수 있듯이 E1형에서 '이…'가 생략되어 E2형
이 만들어진 것으로 볼 가능성이 있다. E1형은 B1형에서 형성된 것으로
보았으므로 (66), (67)에서 "물론."은 결국 다음과 같은 방식으로 형성된
것으로 보게 된다.

    (68) 철수도 같이 가니? — 그건 물론이지. (B1형)
        → 철수도 같이 가니? — 물론이지. (E1형)
        → 철수도 같이 가니? — 물론. (E2형)

    그런데 '이…'의 생략이 B1형 "그건 물론이지."에서 바로 일어난다면
"*그건 물론."과 같은 비문이 도출되므로 이때는 일어나지 않도록 제약
을 두어야 한다. C형에서 일어나는 '이…'의 생략은 그러한 제약이 필요
없다. 그래서 B1형→E1형→E2형의 과정을 위해서 '이…'의 생략에 두 가
지 종류가 있다고 해야 한다.
    이보다는 E2형이 '물론+S'(A형) 구문의 '물론'에서 온 것으로 보는 것이

부담이 적다. 부사가 들어 있는 문장에서 부사만 남고 나머지 부분이 모두 생략되는 현상은 흔히 일어나는 것이기 때문에 E2형인 "물론."도 그렇게 형성된 것으로 보는 것이다.[27]

(69) 방송국에는 언제 가기로 했니? — 내일 가기로 했어. (→내일.)

(70) 기분 상했니? — 전혀 안 상했어. (→전혀.)

(71) 돈은 많이 벌었겠네? — 별로 많이 못 벌었어. (→별로.)

(72) 국 더 줄까? — 그만 줘. (→그만.)

(73) 철수도 같이 가니? — 물론 철수도 같이 가. (→물론.)

4. 결론

'물론(勿論)'은 기초어휘에 속하는 중요 단어이지만 그 품사와 구문을 자세히 논의한 적이 없다. 사전에서는 명사와 부사를 겸하는 것으로 보는 쪽이 우세하고 부사로만 표시하거나 명사로만 표시하기도 했다. 부사의 분류를 다룬 문법서에 '물론'이 간혹 등장하는데 '물론'의 품사가 명사이기도 한 것인지는 밝히지 않았다. 사전에서 명사로 본 것은 순전히 '이다'가 결합할 수 있다는 데 근거한 것인데 그것은 잘못이다. 부사 '물론'이 '이다'와 결합한 것일 뿐이다. '물론'의 품사는 부사이다.

'물론'이 구성하는 구문이 단순하지 않은데 이 역시 사전에서 단편적인 구문정보를 제시한 것 말고는 논의한 바가 없다. '물론'의 구문은 크게 세

---

27 (69)~(73)에서 '내일, 전혀, 별로, 그만'에는 보조사 '요'를 붙여 해요체를 쓸 수 있는 반면 '물론'에 보조사 '요'를 붙인 '물론요'는 조금 어색하다. A형→E2형으로 설명하는 것이 최선인지 더 살펴볼 필요가 있다.

유형으로 나뉜다. 완전한 문장에 문장부사 '물론'이 삽입된 구문(문장부사 구문, A형), 보조사를 붙인 주어 뒤에 '물론이다, 물론이고, 물론' 등을 서술어로 사용한 구문(주어+서술어 구문), '물론' 또는 '물론이다'만 가지고 문장을 완성한 구문(단독 구문, E형)이 그것이다. 두 번째와 세 번째는 다시 하위유형으로 나뉜다.

주어+서술어 구문은 'NP/S+조사+물론이다' 구문(B형), 'NP/S+조사+물론이고' 구문(C형), 'NP/S+조사+물론' 구문(D형)으로 나뉜다. 여기서 S는 '-음' 명사절이거나 '-은' 관형사절, '-는' 관형사절, '-을' 관형사절, '-었던' 관형사절에 의존명사 '것'을 연결한 구성이다. '-던' 관형사절에 '것'을 연결한 구성과 '-기' 명사절은 S가 될 수 없다. 조사로는 보조사 '은, 이야, 도'가 쓰이는데 '은'이 가장 많이 쓰인다. D형에서는 보조사 '은'만 쓰인다. B형, C형, D형을 막론하고 '물론' 앞에 어떤 부사어도 끼어들지 못한다. B형의 '물론이다'에서 '이다'의 활용형 중 평서문이 가장 자연스럽게 쓰인다. D형은 C형의 '물론이고'에서 '이다'의 활용형 '이고, 이며, 이거니와, 이려니와' 등이 생략된 구성으로 해석된다. C형과 D형의 NP와 S는 '물론(이고)'의 뒷부분인 주절에 동격성분을 가진다. 또 주절에 보조사 '도'가 나타난다. B형은 A형의 분열문으로 해석할 수 있다. B1형은 의미상 불완전하며 선행 문장에 기대어 의미해석이 이루어진다.

단독 구문은 '물론이다' 단독 구문과 '물론' 단독 구문으로 나뉜다. 전자는 B1형에서 온 것으로 해석되며, 후자는 B1형으로부터 전자를 거쳐 나온 것으로 볼 수도 있으나 A형에서 온 것으로 보는 것이 나은 듯하다.

이 글은 '물론'의 국어학적 연구의 첫 단계인 품사와 구문의 문제만 다루었다. '물론'의 구문별 쓰임을 '물론'의 의미와 관련지어 설명하는 일, 그리고 '물론' 구문의 의미구조를 분석하여 담화에서 '물론'이 발휘하는 기능을 밝히는 일은 앞으로의 과제이다. 또 '물론'이라는 한자어의 생성

과 변천, 동의어 '무론(毋論/無論)'과의 관계, 일본어 'もちろん(勿論), むろん(無論)'과의 관계 등도 탐구할 가치가 있다.

참고문헌

1. 논저

고영근(1987) 「보충법과 불완전계열의 문제」, 『어학연구』 23:3. [고영근(1989) 『국어형태론연구』(서울대출판부)에 재수록]

고창식·이명권·이병호(1965) 『학교문법 해설서』, 보문사. [김민수·하동호·고영근 편(1977~1985) 『역대한국문법대계』(탑출판사)에 재수록]

과학원 언어문학연구소 언어학연구실(1960) 『조선어 문법 1: 어음론·형태론』, 평양: 과학원 출판사.

김선효(2002) 『현대 국어의 관형어 연구』, 박사학위논문(서울대).

김영욱(1994) 「불완전계열에 대한 형태론적 연구」, 『국어학』 24, 국어학회.

김창섭(1994/1996) 『국어의 단어형성과 단어구조』, 박사학위논문(서울대). [『국어의 단어형성과 단어구조 연구』, 태학사, 1996]

_____(1997) 「'하다' 동사 형성의 몇 문제」, 『관악어문연구』 22, 서울대 국문과.

_____(2001) 「'X하다'와 'X를 하다'의 관계에 대하여」, 『어학연구』 37:1, 서울대 어학연구소.

_____(2002) 「경동사 '하다'의 두 가지 보어」, 『관악어문연구』 27, 서울대 국문과.

남기심·고영근(1985) 『표준 국어문법론』, 탑출판사.

노명희(2003) 「어근류 한자어의 문법적 특성」, 『어문연구』 31:2, 한국어문교육연구회.

서정수(1994) 『국어문법』, 뿌리깊은나무. [한양대출판원, 1996]

손남익(1995) 『국어 부사 연구』, 박이정.

송기중(1992) 「현대국어 한자어의 구조」, 『한국어문』 1, 한국정신문화연구원.

우형식(1987) 「'-(으)ㅁ, -기'의 분포와 의미기능」, 『말』 12, 연세대 한국어학당.

이병근(1986) 「국어사전과 파생어」, 『어학연구』 23:1, 서울대 어학연구소. [이병근(2000) 『한국어 사전의 역사와 방향』(태학사)에 재수록]

이상춘(1946) 『국어 문법』, 조선국어학회 출판국. [김민수·하동호·고영근 편(1977~1985) 『역대한국문법대계』(탑출판사) 1 14에 재수록]

이선웅(2000) 「국어의 한자어 '관형명사'에 대하여」, 『한국문화』 26, 서울대 한국문화연구소.

이은경(2000) 『국어의 연결 어미 연구』, 태학사.

이익섭·임홍빈(1983) 『국어문법론』, 학연사.

이주행(1992) 『현대국어문법론』, 대한교과서주식회사.

이필수(1922) 『선문통해』, 한성도서(주). [김민수·하동호·고영근 편(1977~1985) 『역대한국문법대계』(탑출판사) 1 34에 재수록]

_____(1923) 『정음문전』, 조선정음부활회. [김민수·하동호·고영근 편(1977~1985) 『역대한국문법대계』(탑출판사) 1 34에 재수록]

이홍식(1996/2000) 『국어 문장의 주성분 연구』, 박사학위논문(서울대). [월인, 2000]

임홍빈(1997) 『북한의 문법론 연구』, 한국문화사.

정희정(2000) 『한국어 명사 연구』, 한국문화사.

조선어문연구회(1949) 『조선어문법』, 평양: 문화출판사.

최현배(1937/1971) 『우리말본』, 정음사. [수정 5판, 1971]

2. 국어사전(연대순)

朝鮮總督府(1920) 『朝鮮語辭典』.

문세영(1938) 『조선어사전』, 박문서관.

이윤재(1947) 『표준 조선말 사전』, 아문각.

한글학회(1947~1957) 『큰사전』, 을유문화사. [제2권, 1949]

과학원 조선어 및 조선 문학 연구소(1956) 『조선어 소사전』, 東京: 학우서방.

국어국문학회(1958) 『국어 새 사전』, 동아출판사.

신기철·신용철(1958) 『표준국어사전』, 을유문화사.

과학원 언어 문학 연구소 사전 연구실(1960) 『조선말사전』, 평양: 과학원 출판사.

이희승(1961) 『국어대사전』, 민중서관. [2판, 민중서림, 1982; 3판, 민중서림, 1994]

Martin, S. E., Yang Ha Lee, Sung-Un Chang (1968) *New Korean-English Dictionary* (『韓美大辭典』), Minjungseogwan.

신기철·신용철(1975) 『새 우리말 큰사전』, 삼성출판사.

오사카외국어대[大坂外国語大学 朝鮮語研究室](1986) 『朝鮮語大辞典』, 東京: 角川書店.

간노[菅野裕臣] 외(1988) 『コスモス朝和辞典』, 東京: 白水社. [제2판, 1991]

금성출판사(1991) 『국어대사전』.

한글학회(1992) 『우리말 큰사전』, 어문각.

사회과학원 언어학연구소(1992) 『조선말대사전』, 평양: 사회과학출판사.

유타니[油谷幸利] 외(1993) 『朝鮮語辞典』, 東京: 小学館.

동아출판사(1994) 『동아 새국어사전』.

연세대학교 언어정보개발연구원(1998) 『연세 한국어 사전』, 두산동아.

국립국어연구원(1999) 『표준국어대사전』, 두산동아.

3. 일본어사전

尾崎雄二郎 외(1992) 『角川 大字源』, 東京: 角川書店.

日本大辞典刊行会(1976) 『日本国語大辞典』, 東京: 小学館.

下中邦彦(1936) 『大辭典』, 東京: 平凡社. [復刻板, 1974]

4. 기타

조남호(2002) 『현대 국어 사용 빈도 조사: 한국어 학습용 어휘 선정을 위한 기초 조사』, 국립국어연구원.

_____(2003) 『한국어 학습용 어휘 선정 결과 보고서』, 국립국어연구원.

노마[野間秀樹](1998) 『朝鮮語 分類基礎語彙集』, 東京外国語大学 語学教育研究協議会.

이 글을 다시 읽으며

이 논문은 '물론'이 '물론이다'와 같은 형태로 쓰일 수 있음에 근거하여 대부분의 사전에서 명사로 처리한 데 대해 이의를 제기한 것이다. '이다'가 붙을 수 있는 단어는 명사라는 선입관, 나아가 조사가 붙을 수 있는 단어는 명사라는 선입관은 한국어 문법에 대한 얕은 인식에서 비롯한다.

이 논문이 나온 후에 개정된 『표준국어대사전』(2008)의 '물론'의 풀이는 이 논문의 1장(머리말)에서 인용한 초판(1999)과 똑같다. 다만 동의어를 표시하는 약호 '='가 '≒'로 바뀌어 있는 점만 다르다. 『고려대 한국어대사전』(2009)의 품사 처리도 『표준국어대사전』(2008)과 같다. 두 사전 모두 '물론'의 품사로 부사 외에 명사를 여전히 인정하고 있는 것이다.

한편 『외국인을 위한 한국어 학습 사전』(2006)은 부사 '물론' 외에 형용사 '물론이다'를 표제어로 실은 점에서 매우 특이하다. '그만이다, 마련이다'도 형용사 표제어로 실었다. '물론, 그만, 마련'에 지정사 '이다'가 붙은 형태를 통째로 어휘소로 본 것이다. 이러한 처리가 한국어 학습자들에게 더 유익할 수는 있다. 그러나 이들과 유사한 구성인 '걱정이다, 고작이다, 별로다, 제법이다' 등은 형용사로 처리하는 대신 '걱정이다, 고작이다, 제법이다'를 '걱정, 고작, 제법'의 연어로 제시하고 '별로다'에 대한 기술은 없어서 일관성 있는 처리가 아니라고 할 수 있다. 또 '물론이다'의 문형을 '①이 물론이다'와 같이 제시한 점도 문제가 있다. '물론이다'의 예문으로 제시한 "그가 돈을 다 지불한 것은 물론이다."에서 보듯이 '물론이다'의 주어에는 항상 주격조사 '이'가 아닌 보조사 '은'이 붙기 때문이다.

7장

'잘생기다'류의 품사

1. 머리말

국어의 품사분류에서 동사와 형용사의 구분은 매우 기본적인 것이다. 그리고 대부분의 용언은 동사인지 형용사인지가 아주 분명하다. 그러나 일부 용언은 그 판단이 애매한 것으로 논의되어 왔다.

송철의(1990:216-218/1992:284-286)는 동사로 보이는 '늙다, 기울다, 설다, 굽다, 못생기다, 못되다, 낡다, 헐다'가 형용사처럼 기능하기는 하지만 활용양상이 일반적인 형용사와는 다름, 즉 '-다, -구나, -은데'와 같은 어미가 결합할 때 '-었-'이 반드시 개재해야 한다는 특이성이 있음을 지적했다. 그리고 이러한 특이성이 "동사가 형용사적으로 기능하기 위한 하나의 방편이 아닌가" 추측하는 데서 그치고 이들의 품사 문제를 더 따지지 않았다.

임홍빈(1993)은 북한사전의 품사처리를 논하는 자리에서 (1)과 같은 근거에서 '늙다, 못나다, 못되다, 못살다, 못생기다'를 동사로 판정했다.

(1) 가. "참 늙다."라는 문장이 성립하지 않는다.

나. "참 늙었다."라는 문장이 현재의 상태를 나타낸다.

다. "그 사람이 어제는 늙었다."라는 문장은 이상하다.

라. '늙는다'가 성립한다.

마. '늙은'은 현재의 상태를 나타낸다.

임홍빈(1993)에서 명확하게 표현하지는 않았지만 위의 용언들과 함께 여러 사전의 품사처리 실태를 검토한 '낡다, 비다, 잘나다' 등의 품사도 사전들의 표시와는 달리 동사로 보아야 함을 강하게 암시했다. 이어서 임홍빈(2001)에서는 '낡다'에 대해 (2)와 같은 예를 들어 형용사가 아닌 동사임을 주장했다. 그리고 '비다'와 '못생기다'도 현재의 상태를 나타내기 위해 '비었다, 못생겼다'라고 해야 하므로 절대 형용사가 아니라고 주장했다.

(2) 가. *이 건물이 상당히 낡다.

　　　나. 기둥이 낡는 중이다/낡고 있다.

한편 송철의(1995)는 송철의(1990/1992)의 문제 제기를 이어받아 여러 사전에서 형용사로 처리한 '굽다, 기울다'를 그 활용양상이 '늙다, 닮다'와 같음을 근거로 동사로 판단했다.[1] 여기에 더하여 (3)에 나타난 부사의 수식관계도 근거로 들었다. 부사 '빨리'의 수식을 받는 용언은 형용사가 아니라 동사라는 뜻일 것이다.

(3) 가. 일을 많이 한 사람은 허리가 빨리 굽는다.

　　　나. 기둥이 바람 때문에 더 빨리 기우는구나.

---

1 '굽다, 기울다'에 대해서는 김창섭(1985:각주 5/2008)에서 "허리가 *굽다/굽었다.", "기둥이 *기울다/기울었다/기울어졌다."의 예문을 바탕으로 형용사가 아니라고 언급한 바 있다.

임홍빈(1993, 2001)에서 논의한 '늙다, 낡다, 비다'와 송철의(1995)에서 논의한 '굽다, 기울다'가 동사임은 이론의 여지가 없다. 그런데 임홍빈 (1993)은 '못나다, 못되다, 못생기다, 잘나다'를 동사로 판단한 반면, 송철 의(1995)는 '못나다, 못되다, 못생기다, 잘나다, 잘생기다'를 '잘생겼다'류 로 부르고 형용사로 판단했다. 또 송철의(1995)는 임홍빈(1993)에서 동사 로만 판단한 '굽다, 기울다, 늙다, 닮다', 그리고 '낡다, 생기다, 헐다'를 '늙 었다'류로 부르고, 국어사전에서 이들 표제어에 대해 동사로서의 풀이 외 에 형용사로서의 풀이도 제시해야 한다고 주장했다. 그리고 '잘생겼다'류 와 '늙었다'류의 활용에 나타나는 '-었-'은 과거시제를 나타내는 것이 아니 라 어간을 상태화하는 기능을 가지고 있다고 보았다.

송창선(2001)은 '못나다' 등을 형용사로 본 송철의(1995)를 비판하고 이 들을 동사로 보았다. 그 비판의 첫 번째 근거는 임홍빈(1993)이 이미 제시 한 (1나)와 같으며, 두 번째 근거는 '못나다' 등을 형용사로 보면 이와 활 용양상이나 의미가 동일한 '(예쁘게) 생기다,[2] (얼) 빠지다, (정신) 나가다, 돌다(狂)' 등도 형용사로 보아야 하는 문제가 생긴다는 것이었다. 그리고 '-었-'의 한 기능을 "과거"로, 다른 한 기능을 "현재의 상태"로 보고 '못났다' 등에서의 '-었-'이 후자의 기능을 가진 것이라고 주장했다.

이영경(2007)은 송창선(2001)에 동조하면서 송철의(1995)의 주장에 대 해 '못나다' 등이 형용사라면 거기에 다시 어간을 상태화하는 '-었-'을 붙 일 필요가 없다고 비판하고 이들을 동사로 보아야 한다고 했다.

한편 고영근·구본관(2008:98-99)은 (4)의 '생기다'가 형용사로 기능한다 고 기술했다.

---

2 '못생기다, 잘생기다'는 분명히 이 '생기다'(각주 27에서 제시하는 '(사탕처럼) 생기다'에 해당) 앞에 부사 '못, 잘'을 쓴 구성이 단어화한 것이다. 김선영(2013)은 '못생기다, 잘생기다' 의 특별한 성질을 이 '생기다'로부터 말미암은 것으로 보았다.

(4) 가. 철수는 참 잘 생겼다. / *철수는 이미 잘 생겼다.

나. 참 잘 생긴 철수 / *이미 잘 생긴 철수

여기서의 구 '잘 생기다'는 다른 연구들처럼 한 단어 '잘생기다'로 보는 것이 합리적이다.[3] 그렇다면 고영근·구본관(2008)은 '잘생기다'의 품사를 형용사로 본 셈이다.

반면에 김선영(2011:3)은 '못나다, 못생기다, 잘생기다'에 '-었-'이 결합한 형태가 현재의 상태만을 나타내는 것은 "우리나라는 삼면이 바다로 둘러싸였다."의 '둘러싸였다'와 마찬가지로 '-었-'이 "정태상"으로 기능하는 것으로 볼 수 있다고 하고 이 용언들을 동사로 보았다.

기왕의 연구에서 품사 판단이 동사와 형용사로 뚜렷이 갈리는 '못나다, 못되다, 못생기다, 잘나다, 잘생기다' 부류에 '안되다'도 넣을 수 있다. "그 사람 참 안됐다.", "얼굴이 참 안됐다." 등에서의 '안되다'는 과거형이 현재의 상태를 나타내는 점이 '못나다' 등과 같기 때문이다.[4] 이들이 품사의 면에서 똑같은 특성을 가지고 있다고 보고 이들을 묶어 '잘생기다'류라고 부르기로 한다.

---

3 한글학회(1992) 『우리말 큰사전』과 사회과학원 언어학연구소(1992) 『조선말대사전』이 '못생기다'는 표제어로 싣고 '잘생기다'는 싣지 않은 것을 송철의(1995)에서 일관성 없는 태도라고 비판한 바 있는데 고영근·구본관(2008:98-99)이 '잘 생기다'를 새삼 구로 기술한 것은 무슨 연유인지 알 수 없다. 고영근·구본관(2008:339)에서 부정(否定)에 대해 기술하면서 '못생기다, 못살다, 못하다, 안되다' 등이 합성어로서 사전에 표제어로 오르기도 한다고 서술함으로써 위 두 사전의 일관성 없는 태도를 그대로 따르고 있다.

4 '농사가 안되다, 공부가 안되다' 등에서의 '안되다'는 현재형 '안된다'가 현재의 동작을 나타내는 일반적인 동사이며 1990년대 이후의 여러 사전에서도 동사로 표시하고 있으므로 '잘생기다'류에 들지 않는다. 따라서 『표준국어대사전』에서 동사로 표시한 '안되다¹'은 제외하고 형용사로 표시한 '안되다²'를 '잘생기다'류에 포함한다.

(5) '잘생기다'류: 못나다, 못되다, 못생기다, 안되다, 잘나다, 잘생기다

임홍빈(1993)이 제시한 (1)만으로도 '잘생기다'류를 동사로 판단하는 것
은 문제가 없어 보인다. 여기에 더하여 여러 후속 연구들이 임홍빈(1993)
의 동사설을 지지해 왔는데도 송철의(1995)의 영향인지 국어문법론 분야
의 인기 있는 개론서인 고영근·구본관(2008)과 내로라하는 최신 국어사
전들 대부분이 형용사설을 따르고 있다(국어사전들의 품사 처리는 2장에서
상술한다). 이에 동사설을 뒷받침하는 논의가 미진한 것으로 판단하고,
더 정밀한 고찰을 통해 '잘생기다'류의 품사가 동사임을 재확인하고 이들
이 형용사로 오해받게 된 곡절을 살피는 것이 이 논문의 목적이다.

2. 사전에서의 기술

'잘생기다'류의 품사를 판정하기 위해 우선 국어사전에서 이들을 어떻
게 기술하고 있는지 검토한다. 임홍빈(1993, 2001), 송철의(1995)에서 기존
의 여러 사전의 품사 표시를 비판적으로 정리한 바 있으므로 이들이 검토
하지 않은 사전들과 함께 비교적 최근에 나온 몇 사전들을 살펴보기로
한다. 각 사전의 약호를 〈 〉로 표시한다.

〈문〉 문세영(1938) 『朝鮮語辭典』, 박문서관.
〈큰〉 한글학회(1947~1957) 『큰사전』, 을유문화사.
〈미〉 S. E. Martin, Lee Yang Ha, Chang Sung Un(1968) 『韓美大辭典
    (New Korean-English Dictionary)』, 민중서관.
〈금〉 김상형(1991) 『금성판 국어대사전』, 금성출판사.

〈우〉 한글학회(1992) 『우리말 큰사전』, 어문각.

〈조〉 사회과학원 언어학연구소(1992) 『조선말대사전』, 평양: 사회과학
출판사. [증보판, 2007]

〈유〉 유타니 유키토시[油谷幸利] 외(1993) 『朝鮮語辞典』, 東京: 小学館.

〈동〉 동아출판사 편집국(1994) 『동아 새국어사전』(개정판), 동아출판사.

〈연〉 연세대학교 언어정보개발연구원(1998) 『연세 한국어 사전』, 두산
동아.

〈표〉 국립국어연구원(1999) 『표준국어대사전』, 두산동아. [개정판, 2008,
웹사전]

〈학〉 서상규 외(2006) 『외국인을 위한 한국어 학습 사전』, 신원프라임.

〈고〉 고려대 민족문화연구원(2009) 『고려대 한국어대사전』, 고려대 민
족문화연구원.

〈기〉 국립국어원(2012) 『한국어기초사전』, 웹사전(http://krdic.korean.go.kr/).

2.1. 품사정보

아래 표에서 '형'은 형용사, 'V'는 동사를, 그리고 음영은 표제어로 실려
있지 않음을 나타낸다.

[표 1] '잘생기다'류에 대한 사전의 품사표시

사전(출판연도)	못나다	못되다	못생기다	안되다	잘나다	잘생기다[5]
<문>(1938)	형	V	V		V	V
<큰>(1947~57)	형	V	V		형	
<미>(1968)	V	형	V		V	
<금>(1991)	형	형	형	형	형	형

<우>(1992)	형	형	형	형	형	
<조>(1992)[6]	형	형	형	(형)[7]	형	
<유>(1993)	형	형	형	형	형	V
<동>(1994)	형	형	형	형	형	형
<연>(1998)	형	형	형	형	형	형
<표>(1999)[8]	형	형	형	형	형	형
<학>(2006)		V	V	형	V	V
<고>(2009)	형	형	형	형	형	형
<가>(2013)	형	형	형	형	형	형

전체적으로 보면 '잘생기다'류의 품사 처리는 동사 우세였다가 형용사 우세로 바뀌고 종국에는 형용사 일변도가 되었다. 〈문〉, 〈큰〉, 〈미〉, 〈유〉에서 여섯 단어 중 일부를 동사로 처리한 것은 '잘생기다'류의 품사에 대한 진지한 탐구의 결과라기보다 '나다, 되다, 생기다'가 동사인 데 이끌린 성급한 판단이거나 의도치 않은 실수인 것으로 보인다. 이 점에서 〈금〉, 〈동〉, 〈연〉, 〈표〉, 〈고〉, 〈기〉는 '잘생기다'류를 모두 형용사로 표시하여 일관성의 면에서는 더 나은 처리를 했다고 할 수 있다. 특히 〈연〉, 〈표〉, 〈고〉, 〈기〉의 품사표시는 송철의(1995)의 논의를 받아들인

---

5 언더우드(H. G. Underwood)가 편찬한 『한영즈뎐』(1890)에 '못나다, 못싱기다, 못되다, 잘나다'가 표제어로 실려 있지만 '잘싱기다'는 실려 있지 않다. 〈큰〉, 〈미〉, 〈우〉, 〈조〉에 '잘생기다'가 실리지 않은 것이 이와 관련이 있지 않나 한다. 고영근·구본관(2008:98-99)이 '잘 생기다'를 구로 본 것도 여러 사전의 이와 같은 기이한 관례의 답습일 것이다.

6 『조선말대사전』(증보판)(2007)의 처리도 초판과 같다.

7 『조선말대사전』은 '안되다'의 품사를 동사로 표시하고 '잘생기다'류에 해당하는 항목 II 앞에 "(형용사로 쓰이여)"라고 표시했다. '형용사적'으로 쓰인다고 한 것도 아니고 '형용사'로 쓰인다고 했으므로 이것은 '안되다 II'가 동사이면서 동시에 형용사라는 모순되는 기술이다. 일단 '안되다 II'를 동사보다 형용사에 가까운 것으로 처리한 것으로 간주한다.

8 『표준국어대사전』(개정판)(2008)의 처리도 초판과 같다.

결과일 수 있다.

최근의 사전 가운데 〈학〉은 유일하게 '잘생기다'류의 품사를 동사로 표시했다.[9] 〈학〉이 그 편찬의 디딤돌로 삼은 〈연〉, 〈표〉와 품사를 달리 처리한 것은 매우 이례적인 일이다. 이것은 임홍빈(2004:139)가 〈학〉(시험제작본, 2004)에 '못되다, 못생기다, 낡다, 잘나다'가 형용사로 되어 있으나 동사로 바꾸어야 한다고 지적한 것을 그대로 수용한 것이 틀림없다. 임홍빈(2004:139)가 거론하지 않은 '안되다'에는 수정의 손길이 미치지 않아 2004년판 그대로 형용사로 표시되어 있다. 결국 〈학〉의 돌출 행동을 제외하면 사전에서 '잘생기다'류를 형용사로 처리하는 것은 〈금〉과 〈연〉 이후 확고히 자리를 잡았다고 할 수 있다.[10]

2.2. 뜻풀이

표제어의 품사가 형용사이면 뜻풀이 문장의 서술어도 형용사여야 한다. 이와 같이 국어사전에서 뜻풀이 문장의 문법적 형식을 가다듬기 시작한

---

9 '못나다'는 표제어로 실려 있지 않은데 〈학〉이 기초어휘 8000여 단어만 수록하면서 '못나다'는 그 범위에 들지 않은 것으로 판단한 결과일 것이다.
10 한편 임홍빈(1993, 2001), 송철의(1995)의 논의를 통해 동사임이 분명해진 '낡다, 늙다, 비다'와 '굽다, 기울다, 헐다'도 아직 사전에서 품사표시가 완전히 통일되지는 않고 있다. 최근의 〈표〉, 〈학〉, 〈고〉만 보면 다음과 같다.
[표 2] '낡다' 등에 대한 사전의 품사표시

사전	낡다	늙다	비다	굽다	기울다	헐다
〈표〉	형	V	V	형 / V	V	V
〈학〉	형	V	V	V	V	
〈고〉	형	V	V	형 / V	V	V

우리는 임홍빈(1993, 2001)의 태도와 같이 '낡다, 굽다'를 포함한 이들 모두를 동사로만 판단한다. 3장에서 '늙다'의 품사를 동사로 보아야 함을 논의하는 것이 이들에도 똑같이 적용되기 때문이다.

것은 1990년대이다. 그래서 〈금〉, 〈연〉, 〈표〉, 〈학〉, 〈고〉만을 대상으로 하여 이들이 제시한 뜻풀이 문장의 서술어가 표제어와 품사의 일치를 보이는지 검토하기로 한다. 뜻풀이의 의미적 정확성 등의 문제는 논외로 한다.

(1) 잘생기다

〈금〉이 '잘생기다'의 뜻풀이로 제시한 "생긴 모양이 훌륭하여 보기에 좋다."는 형용사문이므로 형용사 표제어 '잘생기다'의 뜻풀이로서 타당하다. 〈연〉, 〈표〉, 〈고〉의 뜻풀이 문장 역시 형용사 '예쁘다, 훌륭하다, 좋다'로 끝나 있으므로 타당하다. 〈연〉이 뜻풀이로서 추가로 제시한 '잘나다'도 이 사전에 형용사로 표시되어 있으므로 문제가 없다.

그런데 〈학〉은 '잘생기다'를 동사로 표시하고 "생김새가 예쁘다. 잘나다."와 같이 풀이했다. 표제어 '잘나다'도 동사로 표시했으므로 "잘나다."라는 풀이는 괜찮다고 할 수 있지만 "생김새가 예쁘다."로 풀이한 것은 동사를 형용사로 풀이한 잘못을 범한 것이다. §2.1에서 언급한 바와 같이 임홍빈(2004)의 지적에 따라 품사 표시를 바꾸면서 뜻풀이는 그대로 두었기 때문에 표제어의 품사와 뜻풀이 문장의 문법적 형식이 어긋나는 문제를 일으키고 말았다고 할 수 있다.

(2) 잘나다

〈금〉이 '잘나다'의 뜻풀이로 제시한 "똑똑하고 뛰어나다."는 형용사문이므로 형용사 표제어의 뜻풀이로서 타당하다. 〈연〉, 〈표〉, 〈고〉의 뜻풀이 문장 역시 형용사 '똑똑하다, 뛰어나다, 좋다, 예쁘다, 변변치 못하다, 대수롭지 아니하다, 보잘것없다, 대수롭지 않다'를 서술어로 하고 있으므로 타당하다. 다만 〈연〉의 "[Ⅰ]②(모습이) 잘 생기다."는 이 점에서 문제가 있다. 띄어 쓴 '잘 생기다'의 '생기다'는 동사라서 표제어와 품사가 다른 것이다.

이것을 〈학〉이 "②(얼굴 모습이) 잘 생기다."로 답습하고 있다.[11] 그렇지만 〈학〉은 '잘나다'의 품사를 동사로 표시했으므로 〈연〉과 달리 문제가 없다.[12] 반면에 〈학〉은 '잘나다'를 동사로 표시하고 "①(사람됨이) 똑똑하고 뛰어나다."와 같이 형용사문으로 풀이한 문제점을 안게 된다.

(3) 못생기다

〈금〉, 〈연〉, 〈고〉는 '못생기다'의 뜻풀이를 '잘나지 못하다'로 끝나는 형용사문으로, 〈표〉는 "생김새가 보통보다 못하다."로 제시했으므로 모두 형용사 표제어의 뜻풀이로서 타당하다. 한편 〈학〉은 "생긴 것이 남보다 좋지 못하다."로 풀이하여 여기서도 동사 표제어를 형용사문으로 풀이하는 잘못을 범했다.

(4) 못나다

〈연〉, 〈표〉, 〈고〉의 '못나다'의 뜻풀이 역시 '똑똑하지 못하다, 잘나거나 예쁘지 못하다, 좋지 못하다, 잘나거나 예쁘지 않다, 모자라거나 어리석다, 부족하다, 예쁘지 않거나 잘생기지 못하다'와 같이 형용사 서술어로 끝나 있어서 문제가 없다. 그런데 〈금〉의 뜻풀이 "생김새·성품·지능 따위가 남보다 많이 떨어지다."는 동사문이라서 품사의 불일치를 보인다. 〈학〉에는 '못나다'가 실려 있지 않다.

---

11 〈학〉의 "②(얼굴 모습이) 잘 생기다."에서 공교롭게도 '잘' 뒤에 행이 바뀌어 있기 때문에 '잘'과 '생기다' 사이를 띄었는지 붙였는지 알 수 없다. 그런데 〈학〉(시험 제작본, 2004)에 '잘'과 '생기다'가 띄어 써져 있으므로 〈학〉의 최종본에서도 '잘'과 '생기다'를 띄어 쓴 것으로 판단한다.

12 그렇더라도 '얼굴 모습이 잘 생기다'라는 표현이 동사 '생기다'와 관련하여 명확한 의미를 가진 자연스러운 표현이 아니라는 점은 여전히 문제로 남는다. 뜻풀이의 의미적 정확성은 여기서 논의하지 않는다.

(5) 못되다

〈금〉, 〈연〉, 〈표〉, 〈고〉에서 '못되다'의 뜻풀이에 사용한 '악하거나 고약하다, 나쁘다, 좋지 않거나 고약하다, 상태에 있다, 좋지 않고 고약하다' 등은 형용사 서술어로 끝났으므로 문제가 없다. 그렇지만 〈연〉의 "②잘되지 못하다. 성공하지 못하다. 부실하다."와 〈고〉의 "②(일이)제대로 되지 못하다."는 형용사 '부실하다'만 빼고는 동사문으로 되어 있어서 문제가 된다. 반면에 〈학〉은 '못되다'를 동사로 표시했기 때문에 "①(성질이나 하는 짓이) 도덕적으로 나쁘다."와 "②성공하지 못하다. 부실하다."에서 '성공하지 못하다'만 문법적으로 옳은 풀이이다.

(6) 안되다

〈금〉, 〈연〉, 〈표〉, 〈고〉에서 '안되다'의 뜻풀이에 사용한 '언짢다, 섭섭하거나 가엾거나 애석하다, 섭섭하거나 불쌍하거나 애석하다, 해쓱하다, 느낌이 있다'는 모두 형용사 서술어로 끝나 있으므로 문제가 없다. 다만 〈표〉의 두 번째 항목의 뜻풀이 "근심이나 병 따위로 얼굴이 많이 상하다."는 동사 '상하다'를 서술어로 사용했으므로 형용사 표제어와 어울리지 않는다.

〈학〉은 〈표〉를 따라 동사 '안되다¹'과 형용사 '안되다²'로 표제어를 분할했다. '안되다¹'은 일반적인 동사, '안되다²'는 '잘생기다'류에 속한다. 그런데 〈학〉은 〈표〉의 표제어 분할 방식을 조금 바꾸었다. 〈표〉의 '안되다²'의 두 번째 항목("근심이나 병 따위로 얼굴이 많이 상하다.")을 〈학〉은 '안되다¹'의 첫 번째 항목("(근심, 병 때문에 얼굴이) 많이 상하다.")으로 옮겨 버린 것이다. 이 항목은 의미로 보나 활용양상으로 보나 '잘생기다'류에 속하며 〈표〉의 '안되다²'의 첫 번째 항목("섭섭하거나 가엾어 마음이 언짢다.")과 헤어져서는 안 된다. 〈학〉의 무모한 처리는 아마도 '상하다'라는 동사 서술어에 집착한 결과인 듯하다. 동사문으로 뜻풀이했으니 동사인 '안되다'에 들어가야 하는 항목인 것으로 오해한 것이 틀림없다. 그리하여 결국 이 항목이 '안되다'에 붙은 활용에 관한 참고정보("주로 '안된, 안되었다 (안됐다)'로 쓴다.")로부터도 떠나게 된 것은 또 다른 불행이다.

(7) 요약

'잘생기다'류 모두를 형용사로 표시한 〈금〉, 〈연〉, 〈표〉, 〈고〉와 '안되다'를 형용사로 표시한 〈학〉은 그 뜻풀이를 대체로 형용사문으로 제시하고 있어서 큰 문제가 없으나 일부 뜻풀이를 동사문으로 제시한 문제점을 발견할 수 있다. 〈학〉은 '안되다' 이외의 '잘생기다'류의 뜻풀이를 기존 사전처럼 주로 형용사문으로 제시하면서 품사 표시를 동사로 하여 오히려 표제어의 품사와 뜻풀이 문장의 문법적 형식이 가장 많이 어긋나는 결과를 낳고 말았다. 이와 같이 여러 사전이 '잘생기다'류의 뜻풀이를 부분적으로 동사문으로 제시한 것은 '잘생기다'류의 뒤쪽 성분 '나다, 되다, 생기다'가 동사인 데에 영향을 받은 것일 수도 있고 '잘생기다'류 자체의 품사가 동사이기 때문에 생긴 현상일 수도 있다.

2.3. 활용정보

임홍빈(1993, 2001), 송철의(1995)에서 논의한 바와 같이 '잘생기다'류는 활용형을 다 갖추지 못하고 있다. 사전에 이런 점이 잘 반영되어 있는지 검토하기로 한다. 모든 용언 표제어에 대해 활용정보를 일관성 있게 제공하기 시작한 〈연〉, 그리고 그 이후의 〈표〉, 〈학〉, 〈고〉만 검토한다.
'잘생기다'류 가운데 '잘나다'의 활용정보를 모아 보면 (6)과 같다.

(6) '잘나다'의 활용정보

　　〈연〉: 잘난, 잘나, 잘납니다

　　〈표〉: 잘나, 잘나니

　　〈학〉: 잘난, 잘나

　　〈고〉: 잘나, 잘나니

　이 가운데 '잘납니다'와 '잘나니'는 실재하지 않는 형태이다. 마찬가지로 '못납니다, 못됩니다, 못생깁니다, 안됩니다, 잘생깁니다', '못나니, 못되니, 못생기니, 안되니, 잘생기니' 역시 실재하지 않는다. 이들은 마땅히 '못났습니다', '못났으니' 등 '-었' 결합형으로 바꿔 제시해야 한다. 이들 사전은 '잘생기다'류의 활용계열이 완전하지 않음을 고려하지 않고 활용계열이 완전한 일반적인 용언들의 활용정보 제시의 틀에 맞추어 기계적으로 활용형을 제시하는 잘못을 저지르고 있다.

　그런데 〈연〉과 〈학〉은 참고정보로 활용상의 특징을 언급한 점에서 주목할 만하다. 〈연〉은 '잘나다'에 대해 "⚘서술형은 주로 '잘났다'의 꼴로 쓰임.", '잘생기다'에 대해 "⚘서술형은 주로 '잘생겼다'의 꼴로 쓰임."이라는 참고정보를 주었다. 이를 긍정적으로 평가하는 관점에서는 '잘나다, 잘생기다'의 종결형이 과거형으로만 쓰인다는 점을 잘 보이고 있다고 할 수 있다. 부정적으로 평가하는 관점에서는 "'잘났다'의 꼴"이라는 것이 '잘났습니다, 잘났습니까, 잘났어, 잘났지, 잘났네, 잘났느냐, 잘났구나' 등 가능한 다양한 활용형을 다 포함하지 못하고 있으므로 불충분한 정보라고 할 수 있다.

　〈연〉은 또 '안되다'와 '잘나다'의 항목 Ⅲ에 대해 (7), (8)과 같이 뜻풀이했다.

(7) 〈연〉의 '안되다'의 뜻풀이

　　Ⅰ [주로 '안된, 안되었다(안됐다)'의 꼴로 쓰이어] 섭섭하거나 가엾
　　　　거나 애석하다.

　　Ⅱ 섭섭하거나 불쌍하거나 애석하다.

(8) 〈연〉의 '잘나다'의 항목 Ⅲ의 뜻풀이

　　① ['잘난'의 꼴로 쓰이어] 비꼬거나 비웃는 뜻을 가지고 보잘것없고
　　　　대수롭지 않음의 뜻을 나타냄.

　　② [주로 '잘났다, 잘났어, 잘났군'의 꼴로 쓰이어] 못마땅한 마음을
　　　　반어적으로 표현할 때 쓰임. '잘난 척하지만 대수롭지 않다'의 뜻.

　뜻풀이 앞에 제시한 활용상의 특징 기술에서도 "'안되었다(안됐다)'의
꼴", "'잘났다, 잘났어, 잘났군'의 꼴"이라는 것이 '안됐습니다, 안됐어요,
안됐군, 잘났습디다, 잘났네요, 잘났구나' 등 다양한 활용형을 포함하지
못하고 있음을 볼 수 있다. 또 '안되다'의 항목 Ⅰ에 제시한 활용상의 특
징은 항목 Ⅱ에도 똑같이 적용되는 것인데 빠져 있다.

　〈연〉의 또 다른 문제는 '안되다, 잘나다, 잘생기다'에 제시한 활용상의
특징을 '잘생기다'류 전체에 일관성 있게 표시하지 않은 점이다. 즉 '못나
다, 못되다, 못생기다'에 대해서는 그러한 정보를 전혀 제시하지 않고 있
는 것이다.

　〈학〉이 '잘생기다'류 모두에 대해 활용상의 특징을 참고정보로 제시한
것은 이러한 〈연〉의 한계를 넘어선 것이다.

(9) 〈학〉의 '잘생기다'류의 풀이

못되다 ①(성질이나 하는 짓이) 도덕적으로 나쁘다. …… 참주로 '못됐다,
　　못된'으로 쓴다. …… ②성공하지 못하다. 부실하다.

못생기다 …… ㉠주로 '못생겼다, 못생긴'으로 쓴다.

안되다² 섭섭하거나 가엾어서 마음이 좋지 않다. …… ㉠주로 '안된, 안되었다(안됐다)'로 쓴다.

잘나다 ①(사람됨이) 똑똑하고 뛰어나다. …… ㉠주로 '잘난, 잘났다'로 쓴다. ②(얼굴 모습이) 잘 생기다. …… ③'똑똑하고 뛰어난 척하지만 대수롭지 않다'의 뜻을 나타낸다. …… ㉠주로 '잘났다, 잘났어, 잘났군'으로 쓴다. 비꼬거나 비웃는 뜻을 표현할 때 쓴다.

잘생기다 …… ㉠주로 '잘생긴, 잘생겼다'로 쓴다.

그런데 〈학〉이 각 표제어의 [발음하기] 난에서 '못생기어, 못생겨, 안되어, 안돼, 잘생기어, 잘생겨' 같은 활용형과 그 발음을 제시한 것을 사전이용자가 어떻게 받아들일지 궁금하다. 이러한 '-어' 활용형은 거의 쓰이지 않는 것처럼 기술해 놓고 굳이 그 발음을 제시하는 것은 사전이용자의 혼란을 일으킬 수 있기 때문이다. 또 '안되다'의 [발음하기] 난에 제시한 '안됩니다'라는 활용형과 그 발음도 같은 문제를 안고 있다.[13]

또 '잘나다'의 "②(얼굴 모습이) 잘 생기다."에 대해서는 활용형의 제약을 언급하지 않았으나 이는 사실과 다르다. ①과 똑같은 참고정보를 주어야 할 것이다. 그리고 [발음하기] 난에서 '잘난, 잘나'의 발음을 제시했는데 오히려 '잘난, 잘났다'의 발음을 제시했어야 한다.

'못되다'의 경우에는 ①에만 활용형의 제약을 참고정보로 제시하고 "② 성공하지 못하다. 부실하다."에 대해서는 제시하지 않았다. 이는 오류가

---

13 물론 '못생겨, 잘생겨, 안돼' 등 '-어' 활용형이 전혀 안 쓰이는 활용형은 아니다. 〈학〉이 기초 수준의 한국어사전이므로 주로 쓰이는 활용형이 '못생겼다, 못생긴'이라는 참고정보를 특별히 제시했다면 발음정보도 그러한 활용형에 국한해 제시하는 것이 바람직할 것이라는 뜻이다.

아닌 것으로 보인다. 각 사전의 '못되다②'의 뜻풀이와 예문을 보면 (10)
과 같다.

    (10) '못되다②'의 뜻풀이와 예문
    〈연〉 ②잘 되지 못하다. 성공하지 못하다. 부실하다. ¶과수원의 과일이
        잘되고 못되고는 가꾸는 사람의 솜씨에 있다.
    〈표〉 ②일이 뜻대로 되지 않은 상태에 있다. ¶그 일이 못된 게 남의 탓
        이겠어.
    〈학〉 ②성공하지 못하다. 부실하다. ¶자식이 잘되고 못되고는 부모의
        가정 교육에 달려 있다.
    〈고〉 ②(일이)제대로 되지 못하다. ¶농사가 못되어 걱정이다. / 이번 행
        사가 잘되고 못되고는 너한테 달려 있다.

    〈연〉, 〈학〉, 〈고〉의 예문 중의 표현 "잘되고 못되고는"에 드러난 '못되
다②'의 반의어는 '잘되다'이다. '잘되다'는 〈금〉, 〈연〉, 〈표〉, 〈학〉, 〈고〉
의 기술처럼 동사로서 활용형이 특별히 제약되는 단어가 아니다. 그러므
로 '못되다②'도 활용계열을 제대로 갖춘 일반적인 동사일 가능성이 크다.

    (11) 가. 농사가 잘되는 해도 있고 못되는 해도 있다.
        나. 자식이 못된다고 해서 원망할 부모는 없다.

    (11)에서의 '못되는, 못된다고'는 '잘생기다'류라면 취할 수 없는 활용형
이다. '못되다②'가 '잘생기다'류에 속한다면 '못된, 못됐다고'와 같은 활용
형으로 쓰여야 한다.[14] 또 〈고〉의 예문 "농사가 못되어 걱정이다."의 '못
되어'도 일반적인 동사의 활용형으로 파악하는 데에 별 문제가 없다. 그

러므로 '못되다②'는 〈연〉, 〈표〉, 〈고〉처럼 형용사로 처리할 것이 아니라 동사로 처리해야 한다. 결국 '못되다②'는 '잘생기다'류에 포함되지 않는다. '못되다'가 의미에 따라 일반적인 동사와 '잘생기다'류로 나누어져야 한다는 것은 각주 4에서 언급한 '안되다'의 경우와 같다.

요컨대 〈표〉, 〈고〉는 '잘생기다'류의 활용형의 제약에 전혀 관심이 없는 것이 문제이고, 〈연〉과 〈학〉은 '잘생기다'류의 활용형의 제약을 기술하려고 시도하고 있지만 일관성이 있거나 완전한 모습이 아니라는 데 문제가 있다.

3. 활용양상

1장과 2장에서 본 바와 같이 임홍빈(1993, 2001), 송철의(1995)와 〈연〉, 〈학〉은 '잘생기다'류가 제한된 활용형으로만 쓰임을 밝혔다. 이제 '잘생기다'류의 활용양상을 전체적으로 살펴 어떤 활용형이 가능하고 불가능한지를 정리하기로 한다. 의미가 단순하고 분명한 '잘생기다'를 대표로 삼고 그 활용양상을 동사 '놀다, 늙다', 형용사 '낮다'와 비교하여 정리하면 [표 3]과 같다. 활용형은 현재를 나타내는 형태에 국한한다. 예를 들어 관형 기능을 가진 '-은'은 '놀다'의 어간과 결합한 '논(놀-은)'이 가능하지만 현

---

14 이영경(2007)은 다음 문장들이 문법적이라고 판단했다.

ㄱ. 인물이 잘생기는 것도 못생기는 것도 다 자기 복에 달렸다.
ㄴ. 부모가 못생겨도 자식은 잘생기는 수가 있다.

그러나 우리는 ㄱ의 '잘생기는, 못생기는'보다 '잘생긴, 못생긴'이, ㄴ의 '잘생기는'보다 '잘생길' 또는 '잘생겼을'이 훨씬 더 문법적이라고 판단한다.

재를 나타내는 형태가 아니므로 제외한다. 'ｘ'는 해당 어미와 결합한 활용형이 불가능함을 표시한다. 음영 부분은 '잘생기다'와 활용형이 같음을 표시한다.[15]

[표 3] '잘생기다'와 다른 용언들의 활용양상의 비교

기능	어미	동 (재미있게) 놀다	동 (몸이) 늙다	? (얼굴이) 잘생기다	형 (산이) 낮다
종결	-는다/ㄴ다	-는다/ㄴ다	-는다/ㄴ다	ｘ	ｘ
	-다	ｘ	-었-다	-었-다[16]	-다
관형	-는	-는	-는	ｘ	ｘ
	-은	ｘ	-은	-은	-은
이유	-으니	-으니	-으니 -었-으니	-었-으니	-으니
논쟁	-으니	-으니	-으니 -었-느니	-었-느니	-으니
원인	-어서	-어서	-어서	-어서	-어서
조건	(저렇게) -어서-야	-어서-야	-어서-야	-어서-야	-어서-야
조건	-어야 (하다)	-어야	-어야 -었-어야	-어야 -었-어야	-어야
연결	-어 (봤자)	-어	-어	-어	-어
연결	-어 (봤으면)	-어	-어	-어	-어
양보	(아무리) -어도	-어도	-어도 -었-어도	-어도 -었-어도	-어도

---

15 장형부정문을 형성하는 어미 '-지'와 명사형분리구문(배주채 1997)을 형성하는 어미 '-기'가 연결된 활용형은 쉽게 예측할 수 있으므로 표에 보이지 않는다. 예를 들어 '늙는다'가 가능하면 '늙지 않는다, 늙기는 한다'가 가능하고 '늙었다'가 가능하면 '늙지는 않았다, 늙기는 했다'가 가능하며, '잘생겼다'가 가능하면 '잘생기지 않았다, 잘생기기는 했다'가 가능하다. '늙다, 잘생기다'가 불가능하면 '늙지 않다, 잘생기지 않다, 늙기는 하다, 잘생기기는 하다'도 불가능하며 '잘생긴다'가 불가능하면 '잘생기지 않는다, 잘생기기는 한다'도 불가능하다.

가정	(만약) -으면	-으면	-으면 / -었-으면	-었-으면	-으면
가정	-으면 (다이다)[17]	-으면	-으면 / -었-으면	-으면 / -었-으면	-으면
명사화	-기 (마련이다)	-기	-기 / -었-기	-었-기	-기
명사화	-기-도 (쉽지 않다)	-기-도	-기-도	-기-도	-기-도
관형	-을 (따름이다)	-을	-을 / -었-을	-었-을	-을
조건	-었던들	-었던들	-었던들	-었던들	-었던들
종결	-다 (뿐이다)[18]	-다	-다 / -었-다	-었-다	-다
감탄	-다니	-다니 / ×	-다니 / -었-다니	-다니 / -었-다니	-다니 / ×

우선 여기서 '늙다'의 품사를 재론할 필요가 있다. 임홍빈(1993, 2001)은 '늙다'를 동사로만 판정한 반면, 송철의(1995)는 동사와 형용사를 모두 인정했기 때문이다.

송철의(1995)에서 현재의 상태를 표현하는 '늙었다, 늙은'의 '늙다'를 형용사로 본 근거는 첫째, 이들이 현재의 상태를 나타낸다는 점, 둘째, 형용사를 수식하는 부사 '참'의 수식을 받을 수 있다는 점이다. 그리고 송철의 (1995:335)는 '늙었다'의 '-었-'을 "어간의 의미를 상태화시키는 기능"을 가

---

16 종결어미 '-다'가 붙을 때 '-었-'을 취한 '잘생겼다'로 쓰인다는 것은 다른 종결어미들이 붙을 때도 '-었-'을 취한 활용형으로 쓰임을 뜻한다(잘생기-었-습니다, 잘생기-었-더라, 잘생기-었-느니라, 잘생기-었-고말고, 잘생기-었-구나, 잘생기-었-네, 잘생기-었-니(의문), 잘생기-었-습니까, 잘생기-었-을까, 잘생기-었-어, 잘생기-었-지, …).
17 "재미있게 놀면 단가?", "얼굴만 잘생기면 다냐?", "얼굴만 잘생겼으면 다다." 등과 같은 문장에 쓰인 어미 '-으면'이다.
18 "재미있게 놀다 뿐인가?", "얼굴만 잘생겼다 뿐인가?" 등과 같은 수사의문문에 쓰인 어미 '-다'이다.

진 요소로 보았다.

그런데 무엇보다도 여기에는 논리적 결함이 있다. 이영경(2007)이 비판한 바와 같이 '-었-'이 어간 '늙-'의 의미를 상태화시킨다면 '-었-'이 붙기 전의 '늙-'은 상태의 의미를 안 가지고 있다고 해야 한다. '-었-'이 상태화시키기 전의 '늙-'은 동작의 의미를 가지고 있다고 할 수밖에 없으므로 결국 '늙다'를 동사로 볼 수밖에 없다. 또 부사 '참'의 수식을 받는 것은 어간 '늙-'이 아닌 '늙었-'이다. 그러므로 '참'의 수식을 받는 '늙었-'이 형용사적 의미를 가지고 있다고 할 수는 있지만 '늙-'을 형용사로 볼 수는 없는 것이다.

이와 통하는 얘기지만 '늙다'가 만약 형용사라면 현재형 '늙다'가 불가능한 종결형이 되는 것을 설명할 수 없다(임홍빈 1993, 송창선 2001, 이영경 2007). 설령 '늙다'가 일종의 불구용언이라서 활용계열에서 현재형 '늙다'가 있을 자리가 비어 있는 것이라고 설명한다면 과거형 '늙었다'는 또 왜 과거의 상태를 표현하지 않고 '늙다'의 빈칸이 표현할 의미(현재의 상태)를 나타내는 것인지 알 수 없게 된다.

'늙다'를 형용사로도 인정할 때 생기는 또 다른 문제는 '늙다'류라고 할 수 있는 용언이 송철의(1995)가 암시한 바와 같이 극소수에 그치는 것이 아니라 꽤 많다는 점이다. '늙다'처럼 상태의 변화를 가져오는 동작을 나타내는 용언, 즉 동작이 일어나기 전과 동작이 일어난 후의 상태가 다름을 표현하는 용언은 대개 '늙다'와 동일한 양상을 보인다. '(돈이) 남다, (문을) 닫다, (문이) 닫히다, (엄마를) 닮다, (눈을) 뜨다, (물이) 묻다, (옷을) 입다, (사람이) 죽다' 등 품사가 형용사일 가능성을 따지는 일이 없는 많은 동사들이 '-었-, -은'을 취해 현재의 상태를 나타낼 수 있는 것이다.[19] 예를

---

19 송창선(2001)은 '늙다, 닮다, 익다, 입다, 고장나다, 젖다, 마르다, 남다, 일어나다, 일어서다, 앉다, 죽다, 살다, 뜨다, 걸리다, 돌아나다' 등에 '-었-'이 결합한 예들이 현재의 상태를 나타냄을 강조하고 이를 근거로 '-었-'의 둘째 의미가 "현재의 상태"라고 주장했다.

들어 "어제 문을 닫은 가게", "나는 벌써 5분 전에 눈을 떴다."의 '닫은, 떴다'는 과거의 동작을 나타내는 것으로 해석되지만 "지금은 문을 닫은 가게", "아까는 눈을 감고 있더니 지금은 떴다."의 '닫은, 떴다'는 현재의 상태를 나타내는 것으로 해석된다. 그동안 동사로만 판정해 온 이러한 많은 단어들을 새삼 형용사로도 인정하자고 들면 동사와 형용사의 구분 작업을 바닥부터 다시 시작해야 할 것이다. 그러므로 '늙다'를 동사로만 인정하고 '늙었다, 늙은' 등의 과거형이 현재의 상태를 나타내는 문제는 다른 동사들의 경우와 함께 따로 해결하는 것이 타당할 것이다. 이러한 해결은 4장에서 모색하기로 한다.[20]

[표 3]에서 '잘생기다'의 활용양상은 동사와도 형용사와도 완전히 일치하지 않는다. 그렇다면 '잘생기다'를 동사도 아니고 형용사도 아닌 제3의 품사로 판정할 것인가? 만약 그렇게 한다면 '늙다'는 제4의 품사로 판정해야 할 것이고 제5, 제6의 품사를 인정해야 하는 용언도 나타날 수 있다. 따라서 '늙다'를 동사로 판정한 것처럼 '잘생기다'도 동사나 형용사 한쪽으로 판정하고 예외적인 활용양상을 잘 설명할 수 있는 길을 찾는 것이 옳을 것이다.

동사와 형용사를 가르는 가장 확실한 기준은 종결어미의 형태 '-는다/ㄴ다'와 '-다'(또는 '-는구나'와 '-구나') 중 어느 쪽을 취하느냐이다. 그런데 이 기준을 적용하면 '잘생기다'의 품사를 판정할 수 없다. '잘생기다'는 동사와 어울리는 '-는다/ㄴ다'도 형용사와 어울리는 '-다'도 배척하고 선어말어미 '-었-'을 취한 뒤에 '-다'를 취함으로써 현재의 상태를 나타내는 엉뚱

문숙영(2005:109)는 '늙었다' 같은 동사가 '입었다, 묻었다, 섰다, 앉았다, 말랐다' 등으로 폭넓게 발견되므로 '늙다'를 형용사로 인정할 수 없다고 언급했다.

20 '늙다'를 〈표〉, 〈학〉, 〈고〉 등 최근의 사전은 동사로만 표시하고 있다. 그런데 〈표〉의 용례 9개, 〈고〉의 용례 18개에 전형적인 동사 활용형 '늙는다, 늙는' 등이 전혀 포함되어 있지 않은 것은 기이한 일이다. 〈학〉의 예문 둘 중 하나인 "이 세상에 늙지 않는 사람은 없다."는 전형적인 동사 표현인 '늙지 않는'을 잘 보여 주고 있는데 말이다.

함을 보이기 때문이다.

[표 3]에서 '잘생기다'의 활용양상을 '늙다'와 비교하면 '잘생기다'의 특이한 활용형은 모두 '늙다'와만 일치함을 볼 수 있다. (12)의 '-다, -으니, -느니, -어야' 등의 어미들이 결합할 때 동사 '놀다'와 형용사 '낮다'는 '-었-'이 없는 반면 '늙다'와 '잘생기다'가 똑같이 '-었-'을 가지는 특이성을 보이고 있는 것이다.

(12) '늙다'와 '잘생기다'만 '-었-'을 가지는 경우

-었-다: 참 늙었다. / 참 잘생겼다.

-었-으니: 저렇게 늙었으니 힘이 없지. / 저렇게 잘생겼으니 인기가 많지.

-었-느니: 늙었느니 안 늙었느니 말이 많다. / 잘생겼느니 못생겼느니 말이 많다.

-었-어야: 경로석에 앉으려면 나만큼은 늙었어야 한다. / 가수로 인기를 끌려면 얼굴도 잘생겼어야 한다.

-었-어도: 아무리 늙었어도 턱걸이 한 개는 할 수 있다. / 아무리 잘생겼어도 화내면 미워 보인다.

-었-으면: 만약 그 사람이 늙었으면 어떡하지? / 만약 그 사람이 잘생겼으면 어떡하지?

-었-으면: 늙었으면 단가? / 잘생겼으면 단가?

-었-기: 퇴직자 부모라면 늙었기 마련이다. / 주인공이라면 잘생겼기 마련이다.

-었-을: 마음은 청춘인데 몸이 좀 늙었을 따름이다. / 얼굴만 좀 잘생겼을 따름이다.

-었-다: 몸만 늙었다 뿐인가? 마음도 늙었지. / 얼굴만 잘생겼다 뿐인가? 성격도 좋지.

-었-다니: 내가 이 정도로 늙었다니. / 내가 이 정도로 잘생겼다니.

이 예문들은 '늙다'와 '잘생기다'가 특이한 활용양상을 공유함을 보여 준다. '늙다'를 동사로 본다면 '잘생기다'도 동사로 보아야 하는 것이다. '-었-'이 붙은 (12)의 형태들이 과거의 동작을 나타내지 않고 현재의 상태를 나타내는 것은 '-었-'의 특별한 기능에 말미암은 것이 틀림없다. 이 '-었-'의 기능을 상태화 또는 정태화라 할 수 있을지는 몰라도 이 때문에 '늙다, 잘생기다'의 품사가 동사에서 형용사로 바뀐다고 할 수는 없다. 오히려 '늙다, 잘생기다'가 동작을 나타내는 동사이기 때문에 상태화 또는 정태화가 가해질 수 있다고 해석해야 한다.

'늙다'의 활용형 중 일부가 '-었-'이 있는 형태와 없는 형태를 모두 가지는 데 대해서는 더 설명이 필요하다.

[표 4] 같은 어미 앞의 '늙-Ø-'와 '늙-었-'

어미	늙-Ø-	늙-었-
-으니(이유)	몸이 늙으니 마음도 늙는 것 같다.	저렇게 늙었으니 힘이 없지.
-으니(논쟁)	소식을 하면 천천히 늙으니 빨리 늙으니 말이 많다.	늙었으니 안 늙었으니 말이 많다.
(만약) -으면	만약 빨리 늙으면 어떡하지?	만약 그 사람이 늙었으면 어떡하지?
-기 (마련이다)	고생을 하면 빨리 늙기 마련이다.	퇴직자 부모라면 늙었기 마련이다.
-을 (따름이다)	일을 많이 하면 빨리 늙을 따름이다.	마음은 청춘인데 몸이 좀 늙었을 따름이다.
-다 (뿐이다)	일을 많이 하면 늙다 뿐인가? 사고도 잦지.	몸만 늙었다 뿐인가? 마음도 늙었지.

같은 어미가 붙은 활용형이라도 '늙-Ø-' 쪽은 동작을 나타내는 데 반해 '늙-었-' 쪽은 상태를 나타낸다. 즉 이들 어미가 붙을 때 '-었-'이 없으면 동

사 '늙다'가 가진 동작의 의미가 그대로 표현되고 '-었-'이 붙으면 동사 '늙다'가 원래 가지고 있지 않던 상태의 의미가 표현된다. 달리 말해서 '늙-∅-' 쪽은 종결형 '늙는다'와 한 계열을 이루고 '늙-었-' 쪽은 종결형 '늙었다'와 한 계열을 이룬다. '늙다'가 표현하는 의미에 따라 '놀다'처럼 활용하기도 하고 '잘생기다'처럼 활용하기도 하는 것이다. '늙다'류의 이러한 양면성이 '잘생기다'류와의 본질적인 차이이다.

'늙다'와 '잘생기다'에 '-어야 (하다), (아무리) -어도, -으면 (다이다)'이 붙은 활용형도 '-었-'을 가진 것과 가지지 않은 것이 모두 가능한 데 대해서도 설명이 필요하다.

[표 5] 같은 어미 앞의 '늙-∅-, 잘생기-∅-'와 '늙-었-, 잘생기-었-'

어미	늙-∅-, 잘생기-∅-	늙-었-, 잘생기-었-
-어야 (하다)	경로석에 앉으려면 나만큼은 늙어야 한다. 가수로 인기를 끌려면 얼굴도 잘생겨야 한다.	경로석에 앉으려면 나만큼은 늙었어야 한다. 가수로 인기를 끌려면 얼굴도 잘생겼어야 한다.
(아무리) -어도	한국 사람은 아무리 늙어도 <아리랑>을 부를 수 있다. 아무리 잘생겨도 연기를 잘 못하면 소용없다.	한국 사람은 아무리 늙었어도 <아리랑>을 부를 수 있다. 아무리 잘생겼어도 연기를 잘 못하면 소용없다.
-으면 (다이다)	늙으면 단가? 잘생기면 단가?	늙었으면 단가? 잘생겼으면 단가?

이 경우에는 '늙-었-, 잘생기-었-' 쪽이 정상적인 형태인 것으로 보인다. 같은 '-어도, -으면'이 조금 다른 구성에 쓰인 (13)에서 동작이 아닌 상태를 나타내려 할 때 '늙어도, 잘생겨도, 늙으면, 잘생기면'은 어색하거나 부적격하고 '-었-'을 넣은 형태가 자연스럽기 때문이다.

(13) 가. 몸은 [?]늙어도/늙었어도 마음은 안 늙었다.

나. 눈은 [?]잘생겨도/잘생겼어도 귀는 못생겼다.

다. 만약 그 사람이 *늙으면/늙었으면 어떡하지?

라. 만약 그 사람이 *잘생기면/잘생겼으면 어떡하지?

[표 5]의 문장들에서 '-었-'이 빠진 '늙어도, 잘생겨도'와 '늙으면, 잘생기면'은 마치 '늙다, 잘생기다'가 형용사인 것처럼 사용한 예이다. 애초에는 이러한 용법이 비정상적인 것이었겠지만 어떤 이유에서인지 수용성이 높아진 것이 아닌가 한다. '-어야' 활용형도 비슷한 처지일 듯하다.

요컨대 '잘생기다'류는 활용양상을 통해서 볼 때 '늙다'류와 마찬가지로 형용사가 아닌 동사로 판정할 수 있다.[21] 이상에서 논의한 결과를 [표 6]으로 정리할 수 있다. 용언은 일단 활용양상을 바탕으로 네 유형으로 나눌 수 있다.[22] 어미는 네 유형의 같고 다른 점을 보여 주는 대표적인 것만 표에 보인다.

[표 6] '늙다'류와 '잘생기다'류의 활용양상의 특이성

기능	어미	동			형
		'놀다'류	'늙다'류	'잘생기다'류	'낮다'류
종결	-는다/ㄴ다	-는다/ㄴ다	-는다/ㄴ다	×	×
	-다	×	었-다	-었-다	-다
관형	-는	-는	-는	×	×
	-은	×	-은	-은	-은

---

21 '잘생기다'가 가진 특별한 활용양상이 '잘생기다'류 용언들에 공통된다는 점은 따로 논의하지 않는다.

22 그렇다고 모든 용언이 이 네 유형에 남김없이 들어갈 것이라고 생각하지는 않는다. 다른 유형이 더 있을 수 있다. '늙다'류와 '잘생기다'류의 활용양상의 특이성을 보여 주기 위해 필요한 최소한의 유형이 이 넷이다.

이유	-으니	-으니	-으니 -었-으니	-었-으니	-으니
원인	-어서	-어서	-어서	-어서	-어서

그리고 활용양상에 의한 동사와 형용사의 판정 기준을 (14)와 같이 정리하기로 한다.

(14) 어떤 용언이 동사인지 형용사인지를 판정하는 기준

　　가. 종결어미 '-는다/ㄴ다'가 붙어 현재를 나타내면 동사이다.

　　나. 종결어미 '-다'가 붙어 현재를 나타내면 형용사이다.

　　다. 선어말어미 '-었-'이 붙어 현재를 나타내면 동사이다.

　　라. 관형사형어미 '-는'이 붙어 현재를 나타내면 동사이다.

이 네 가지 기준 중 하나만 만족해도 판정은 끝난다.[23] '놀다'류는 (가), (라)에 따라, '늙다'류는 (가), (다), (라)에 따라, '잘생기다'류는 (다)에 따라 동사로 판정된다. '낮다'류는 (나)에 따라 형용사로 판정된다.[24]

4. 상적 특성

'늙었다, 늙은', '잘생겼다, 잘생긴' 등 동사의 과거형이 현재의 상태를

---

23 물론 여기서 제시한 어미들이 붙지 못하는 '데리다' 같은 불구용언의 경우에는 다른 기준을 가지고 판단해야 한다. 예를 들어 '데리다'는 목적어를 요구하므로 동사로 판정된다.

24 이 명제들의 역이 반드시 참인 것은 아니라는 점을 유의할 필요가 있다. 예를 들어 (14가)의 역이 참이라고 전제하고, '잘생기다'가 동사라면 '잘생긴다'가 현재를 나타내야 하는데 그렇지 않으므로 '잘생기다'는 동사가 아니라고 결론지으면 잘못이다.

나타내게 되는 것은 상의 작용으로 설명할 수 있다. 상적 의미를 두드러지게 나타낸다고 알려져 있는 '-었-, -어 있-, -고 있-'이 [표 3]과 [표 6]에서 구분한 '놀다'류, '늙다'류, '잘생기다'류, '낮다'류와 결합하는 양상을 정리하면 [표 7]과 같다.[25] [표 7]에서 분류의 대상을 용언으로 하지 않고 용언구절로 한 것은 같은 용언이라도 어떤 단어들과 함께 어떤 구절을 형성하느냐에 따라 그 상적 특성이 달라지기 때문이다.[26] '잘생기다'류는 구절에 따라 상적 특성이 달라지지 않으므로 용언 자체를 대상으로 한다.

[표 7] 용언구절과 시상 표현의 결합양상

시상 표현과 기능 용언구절	-었-		-어 있-	-고 있-	
	과거시제	완료상	결과상	결과상	진행상
재미있게 놀다	○	×	×	×	○
옷을 입다	○	○	×	○	○
자리에 앉다	○	○	○	×	○
잘생기다	×	○	×	×	×
산이 낮다	○	×	×	×	×

(15) 용언구절의 다섯 부류

'재미있게 놀다'류: 고생하다, 고개를 끄덕이다, 학교에 다니다, 바람이 불다, 친구와 어울리다, 선물을 주다, 풍선이 터지다

'옷을 입다'류: 눈을 감다, 눈을 뜨다, 가방을 들다, 문을 닫다, 문

---

25 '늙다'류는 '옷을 입다'류와 '자리에 앉다'류로 세분한다. 이 둘은 결과상의 표현에 차이가 있다. 이 밖에도 상적 특성에 따라 세분이 필요할 수 있으나 여기서는 우선 '늙다'류와 '잘생기다'류의 형용사적 행태를 설명하기 위해 이 정도로만 분류해 둔다.
26 이것은 Verkyul(1972), Smith(1991), 우창현(1997), 이호승(1997) 등의 상 논의에서 동사가 아닌 동사구를 단위로 해야 한다고 본 것(고영근 2004:113-114에서 재인용)을 참고한 것이다.

을 열다, 길을 막다, 발을 밟다, 옷을 벗다, 옷을 입다, 차를 타다

'자리에 앉다'류: 허리가 굽다, 기둥이 기울다, 돈이 남다, 늙다, 문이 닫히다, 문이 열리다, 닮다, 남에게 뒤떨어지다, 고향을 떠나다, 물이 묻다, 벽에 붙다, 자리에 앉다, 사람이 죽다

'잘생기다'류: 못나다, 못되다, 못생기다, 안되다, 잘나다, 잘생기다[27]

'산이 낮다'류: 모든 형용사[28]

우선 '-었-'이 과거시제를 나타낸다고 보는 일반적인 견해를 받아들인다. '잘생기다'에 '-었-'이 결합한 '잘생겼다'만 과거의 사건을 나타내지 못하고 나머지 네 부류는 모두 과거의 사건을 나타낼 수 있는 것으로 해석된다.

그런데 '-었-'이 결합한 형태가 완료상을 표시할 수 있는 '늙다'류('옷을 입다'류, '자리에 앉다'류)와 '잘생기다'류의 경우에는 '-었-'이 과거시제를 표시하는지 완료상을 표시하는지 구별하기가 쉽지 않다.[29] 그러나 과거시제

---

27 '잘생기다'류에 속하는 단어로 이 여섯 외에도 〈표〉에서 동사로 표시한 '돼먹다, 되바라지다, (사탕처럼) 생기다, 쌔다, 틀려먹다, (-기는) 틀리다, 해묵다', 형용사로 표시한 '막돼먹다, 막되다, 세련되다, 케케묵다', 보조형용사로 표시한 '(-어) 빠지다, (-게) 생기다, (-고) 자빠지다, (-어) 터지다', 그리고 표제어로 실려 있지 않은 '못돼먹다'를 추가할 수 있다. 〈고〉는 이들 중 '되바라지다, 못돼먹다, (-기는) 틀리다'를 형용사, '(사탕처럼) 생기다, (-게) 생기다, 쌔다'를 동사, '(-고) 자빠지다'를 보조동사로 표시했고 나머지의 품사표시는 〈표〉와 같다. 그러나 우리는 이들을 모두 동사로 본다. '(-고) 자빠지다'에 대해서는 이선웅(1995:103)에서 '자빠졌다, 자빠져 있다'의 형식으로만 쓰이며 "완료 후 지속상"(우리의 완료상에 해당하는 듯)을 표시한다고 언급한 바 있다.
28 이영경(2007)은 '깊다, 어둡다, 붉다, 높다, 가깝다, 멀다' 등의 일부 형용사에 '-어 있-'이 결합할 수도 있고 '-었-'이 결합해 현재의 상태를 나타낼 수도 있다고 했다. 그렇다면 형용사도 시상의 관점에서 하위분류가 필요할 수도 있을 것이다.
29 '늙다'류에 '-었-'이 붙은 형태가 과거의 의미를 표시하지 못한다는 주장(한동완 1991/1996:44)도 있지만 과거의 의미와 완료의 의미를 모두 가질 수 있는 것이 사실이다(문숙영 2005:206).

와 완료상의 의미가 다름을 [표 8]의 예문들에서 분명히 알 수 있다. '-었'
이 과거시제를 표시할 때는 '입었다, 앉았다, 늙었다'가 과거에 일어난 동
작을 나타내는 반면 완료상을 표시할 때는 현재의 상태를 나타내는 차이
가 있다. 한편 '잘생겼다'는 과거에 일어난 동작을 나타내지 못하고 현재
의 상태만 나타낼 수 있어 완료상만 표시하는 것으로 해석된다.[30]

[표 8] 과거시제와 완료상

구분	과거시제	완료상
'옷을 입다'류	어제는 옷을 1분 만에 입었다.	아까는 한복을 입었더니 지금은 양복을 입었다.
'자리에 앉다'류	어제는 계속 서 있다가 10시 정각에 자리에 앉았다. 그는 최근 1년 동안 많이 늙었다.	영수가 아까는 서 있다가 지금은 자리에 앉았다. 작년까지만 해도 팔팔하던 그가 지금은 늙었다.
'잘생기다'류	*그는 최근 1년 동안 많이 잘생겼다.	어렸을 때는 보통이었는데 지금은 잘생겼다.

한편 '-었-'이 표시하는 완료상의 의미는 '-어 있-'이 표시하는 결과상의
의미와 흡사하다.[31] 둘 다 현재의 상태를 나타내는 점에서는 같다. 그러

---

30 송철의(1995:335)는 '늙었다, 기울었다'가 '늙어 있다, 기울어 있다'와 의미가 거의 같
지만 '틀렸다, 쌨다'는 '틀려 있다, 쌔 있다'와 의미가 다르므로 여기에 붙은 '-었-'이 완료상
을 표시한다고 보기는 어렵다고 했다. 그러나 '잘생기다'류에 속하는 '(-기는) 틀리다, 쌔다'
의 경우 '틀려 있다, 쌔 있다'가 '틀렸다, 쌨다'와 의미가 다른 것이 아니라 '잘생겨 있다'가
불가능한 것처럼 불가능한 형태라는 것이 우리의 판단이다. 한편 문숙영(2005:109-111)는
'늙다'류에 붙은 '-었-'과 '잘생기다'류에 붙은 '-었-'의 기능이 다른 것으로 보았다. 즉 전자는
과거시제를, 후자는 완결상을 표시한다고 보았다. 우리는 [표 8]의 '완료상' 열의 예문들에
서 '옷을 입었다, 자리에 앉았다, 늙었다, 잘생겼다' 등이 똑같이 완료상을 표시하는 것으로
해석한다.
31 '자리에 앉아 있다, 옷을 입고 있다'의 '-어 있-'과 '-고 있-'이 나타내는 문법범주를

나 둘의 상적 의미가 똑같은 것은 아니다.

[표 9] 결과상

구분	결과상
'옷을 입다'류	아까는 한복을 입고 있더니 지금은 양복을 입고 있다.
'자리에 앉다'류	영수가 아까는 서 있다가 지금은 앉아 있다. 작년까지만 해도 팔팔하던 그가 지금은 늙어 있다.
'잘생기다'류	*어렸을 때는 보통이었는데 지금은 잘생겨 있다.

완료상은 기본적으로 과거에 일어난 동작이 끝났음을 명시하고 그로부터 현재의 상태를 암시한다. '늙다'류처럼 상태의 변화를 가져오는 동작을 뜻하는 용언구절이 완료상이라는 너울을 걸치면 그 변화의 결과가 현재의 상태와 동일함이 부각된다. 그래서 완료상을 표시하는 '입었다, 앉았다, 늙었다'는 동작의 끝남보다는 현재의 상태를 주로 나타내는 것처럼 느껴지게 된다.

반면에 결과상은 기본적으로 과거에 일어난 동작의 결과가 현재까지 변하지 않고 유지되고 있음을 명시한다. (16)에서 보듯이 완료상은 변화의 결과가 지속됨을 안중에 두지 않는 반면 결과상은 그 지속성을 강조하는 점에 차이가 있다.[32]

결과상이라고 보는 것은 박진호(2011)과 같다.

32 이선웅(2012:402)는 '-었-'으로 표시되는 완료상과 '-어 있-'으로 표시되는 결과상이 다름을 '한 시간째, 한 시간 동안'과 같은 부사구와의 호응 여부를 통해 밝혔다. 그런데 이선웅(2012)라면 비문으로 판단할 "영수가 한 시간째 앉았다.", "영수가 한 시간 동안 앉았다."의 '앉았다'가 과거시제를 표시할 때는 正文임을 주의할 필요가 있다. 과거시제 '앉았다'가 쓰인 이들 문장은 앉는 동작이 한 시간째 이루어지거나 한 시간 동안 이루어진 상황을 표현한다. (16)의 非文은 '입었다, 앉았다'가 완료상을 표시할 때이다.

(16) 완료상과 결과상의 차이

완료상: *영수가 한 시간째 한복을 입었다.

*영수가 한 시간째 자리에 앉았다.

결과상: 영수가 한 시간째 한복을 입고 있다.

영수가 한 시간째 자리에 앉아 있다.

이제 완료상과 결과상의 관점에서 '잘생기다'류의 특징이 드러난다. '잘생기다'류는 완료상을 통해 현재의 상태를 표현할 수 있을 뿐 결과상을 통해 과거에 일어난 변화가 현재까지 지속됨을 표현하지는 못한다. '한복을 입다'나 '자리에 앉다'는 입은 상태와 입지 않은 상태, 그리고 앉은 상태와 앉지 않은 상태가 쉽게 뒤바뀔 수 있어서 그 지속 여부를 표현해야 할 필요성이 크다. '늙다'도 늙은 상태와 늙지 않은 상태가 시간의 흐름에 따라 달라지기 쉽고 그것이 사람들의 관심사이기도 하기 때문에 그 지속 여부를 표현해야 할 필요성이 역시 크다. 그러나 '잘생기다'는 잘생긴 상태와 잘생기지 못한 상태가 쉽게 뒤바뀌기 어렵고 사람들이 그 지속 여부에 신경을 쓰기보다 한 순간의 잘생겼음과 잘생기지 못했음에 관심을 둔다. 그래서 '잘생겨 있다'와 같은 결과상 표현의 필요성이 적다.

'늙다'류와 달리 '잘생기다'류에 과거시제 어미 '-었-'이 붙을 수 없는 이유도 사람들이 표현욕구를 채우기 위해 '잘생기다'의 동작성을 이용해야 할 필연성이 적은 데서 찾을 수 있다. 현재형 '잘생긴다'와 과거형 '잘생겼다'가 표시할 만한 동작성이란 것은 잘생기지 못한 상태에서 잘생긴 상태로 변화하는 과정인데 이러한 과정은 쉬 눈에 띄지 않을 뿐 아니라 그 변화를 의도적으로 일으키기도 어렵다. 사람들이 잘 인식하지 못하는 현상에 대해 표현의 필요성을 느끼지 못하므로 동작을 나타내는 '잘생긴다, 잘생겼다' 같은 형태가 발달하지 못한 것이다.

요컨대 '잘생기다'류는 현재의 상태를 암시하는 완료상 어미 '-었-'에 의지해 형용사적인 의미를 표시한다. 이제 '옷을 입다'류, '자리에 앉다'류, '잘생기다'류의 시상의 차이를 정리하면 다음과 같다.

[표 10] 시상의 차이

구분	-는다/ㄴ다	-었-	-어 있-	-고 있-
'옷을 입다'류	현재시제	과거시제/완료상	×	결과상 진행상
'자리에 앉다'류	현재시제	과거시제/완료상	결과상	진행상
'잘생기다'류	×	완료상	×	×

그렇다면 '잘생기다'류로써 과거의 상태를 나타내는 방법은 무엇인가? 현재의 상태를 나타내는 '잘생기-었-'에 '-었-'을 하나 더 붙이면 과거의 상태를 나타낼 수 있다. 즉 '잘생겼었다'가 과거의 상태를 나타낸다. '예쁘다'와 '잘생기다'를 대비하면 다음과 같다.[33]

[표 11] '예쁘다'와 '잘생기다'의 현재와 과거의 표현

의미 단어	현재의 상태	과거의 상태
예쁘다	그녀는 지금 예쁘다.	그녀는 10년 전에 예뻤다.
잘생기다	그는 지금 잘생겼다.	*그는 10년 전에 잘생겼다. 그는 10년 전에 잘생겼었다.

지금까지는 종결형을 중심으로 논의했다. 시상 표현이 쓰인 관형사형의 양상도 종결형의 경우와 같다. 다만 '늙다'류에서는 관형사형어미 '-은'

---

33 '예뻤었다'처럼 일반적인 형용사에는 '-었었-'이 붙을 수 있는데 이에 대응할 '잘생겼었었다'는 부적격한 형태로 보인다. 이에 대한 논의는 보류한다.

이 과거시제와 완료상을 모두 표시하지만 '잘생기다'류에서는 '-은'이 완료상을, '-었던'이 과거시제를 표시한다. '잘생기다'류가 관형사형어미 '-던'을 취하지 못하는 점은 '예쁘다' 같은 일반적인 형용사가 '-던'과 '-었던'을 모두 취할 수 있는 점과 다르다(예쁘던, 예뻤던).

[표 12] 관형사형의 과거시제

구분	과거시제
'옷을 입다'류	어제 옷을 1분 만에 입은 사람
'자리에 앉다'류	계속 서 있다가 10시 정각에 자리에 앉은 사람 최근 1년 동안 많이 늙은 사람
'잘생기다'류	10년 전에는 잘생겼던 사람

[표 13] 관형사형의 완료상

구분	완료상
'옷을 입다'류	지금 양복을 입은 사람
'자리에 앉다'류	아까는 서 있었는데 지금은 앉은 사람 작년까지만 해도 팔팔했는데 지금은 늙은 사람
'잘생기다'류	어렸을 때는 보통이었는데 지금은 잘생긴 사람

[표 14] 관형사형의 결과상

구분	결과상
'옷을 입다'류	지금 양복을 입고 있는 사람 한 시간째 양복을 입고 있는 사람
'자리에 앉다'류	아까는 서 있었는데 지금은 앉아 있는 사람 작년까지만 해도 팔팔했는데 지금은 늙어 있는 사람 한 시간째 앉아 있는 사람
'잘생기다'류	*어렸을 때는 보통이었는데 지금은 잘생겨 있는 사람

5. 마무리

'잘생기다'류는 다음과 같은 동사들을 말한다.

> (17) '잘생기다'류 동사
>
> 본동사: 돼먹다, 되바라지다, 막돼먹다, 막되다, 못나다, 못돼먹다,
> 못되다, 못생기다, (사탕처럼) 생기다, 세련되다, 째다, 안
> 되다, 잘나다, 잘생기다, 케케묵다, 틀려먹다, (-기는) 틀리
> 다, 해묵다
>
> 보조동사: (-어) 빠지다, (-게) 생기다, (-고) 자빠지다, (-어) 터지다

국어사전에서 이들을 대개 형용사로 표시하고 있지만 동사로 보아야
한다. 그리고 사전에서 이들의 뜻풀이 문장을 동사문으로 작성해야 한다.

'잘생기다'류의 활용상의 특징은 기존 연구에서 언급한 것이 있고 일부
사전에서 기술하고 있기도 하나 불완전하다. '잘생기다'류의 활용양상은
기존의 연구나 사전들이 예상했던 것보다 더 복잡하다. 사전에서는 [표
3]에 보인 것과 같은 내용을 활용정보로 제시해야 한다. 그러나 가능한
활용형과 불가능한 활용형을 보여 주는 것만으로는 여전히 불완전한 기
술이다. [표 8], [표 11], [표 12], [표 13] 등에 보인 것처럼 가능한 활용형들
이 지닌 시상 의미를 함께 제시하지 않으면 안 된다.

'잘생기다'류의 특이한 활용양상은 전형적인 동사나 형용사에서는 볼
수 없는 것이지만 '늙다'류에서는 볼 수 있다. '늙다'류란 '(옷을) 입다'류와
'(자리에) 앉다'류를 통칭한 것이다. '늙다'류는 상태의 변화를 일으키는 동
작을 뜻하는 동사들이다. '늙다'류의 품사가 동사인 것은 확실한데 일부
어미와의 결합에서는 '잘생기다'류처럼 특이한 활용양상을 보인다. 그러

므로 사전은 '잘생기다'류뿐만 아니라 '늙다'류의 특별한 활용정보도 제시해야 한다. '잘생기다'류와 '늙다'류의 활용정보를 사전이 효과적으로 제시하는 방법에 대해서는 더 연구가 필요할 것이다.

'늙다'류와 '잘생기다'류의 특이성은 과거형, 즉 '-었' 활용형과 '-은' 활용형으로 현재의 상태를 표시한다는 점이다. 이것은 과거형이 과거시제뿐 아니라 완료상도 표시할 수 있는 데서 생기는 현상이다. 완료상은 동작이 완료되었음을 명시하는 동시에 현재의 상태를 암시한다. '늙다'류와 '잘생기다'류의 과거형이 완료상을 표시하면 이들은 형용사적인 의미를 띠게 된다. 그래서 이들 중 일부를 형용사로 오해하는 일이 있어 왔다.

'늙다'류는 동작을 표시하는 전형적인 동사의 쓰임도 가지고 있고 완료상에 기댄 형용사적 쓰임도 가지고 있지만 '잘생기다'류는 오로지 완료상에 기댄 형용사적 쓰임만 가지고 있다. 또 '늙다'류는 '-어 있-'이나 '-고 있-'이 표시하는 결과상과 '-고 있-'이 표시하는 진행상의 혜택도 누리지만 '잘생기다'류는 그러지 못한다. 의미론적으로 '늙다'류는 동작이라는 동사의 원형적 의미와 함께 완료상과 결과상을 통해 상태라는 형용사의 원형적 의미도 표현하는 이중적 기능을 가진다. 반면에 '잘생기다'류는 동작은 나타내지 못하고 상태만을 나타내므로 의미론적으로는 형용사에 가깝다. 한마디로 '잘생기다'류는 동사의 몸으로 형용사의 삶을 살고 있는 것이다.

'늙다'류와 '잘생기다'류가 의미론적으로 형용사처럼 행동하기는 하지만 활용양상을 통해서 파악한 문법범주는 어디까지나 동사이다. 문법범주인 품사와 의미범주인 의미를 구별하면 [표 6]의 네 용언부류에 대해 다음과 같은 도식화가 가능할 것이다.

[표 15] 품사와 의미로 구분한 용언의 네 부류

용언의 부류 품사와 의미	'놀다'류	'늙다'류	'잘생기다'류	'낮다'류
품사	동	동	동	형
의미	동작	동작 상태	상태	상태

참고문헌

고영근(2004) 『한국어의 시제 서법 동작상』, 태학사.

_____·구본관(2008) 『우리말 문법론』, 집문당.

김선영(2011) 『형용사·동사 양용 용언에 대한 연구』, 서울대 박사학위논문.

_____(2013) 「'잘생기다'류 용언에서의 '-었-'의 문법적 지위와 기능」, 『어문연구』 159, 한국어문교육연구회.

김창섭(1985) 「시각형용사의 어휘론」, 『관악어문연구』 10, 서울대 국어국문학과. [김창섭(2008) 『한국어 형태론 연구』(태학사)에 재수록]

문숙영(2005) 『한국어 시제 범주 연구』, 서울대 박사학위논문.

박진호(2011) 「시제, 상, 양태」, 『국어학』 60, 국어학회.

배주채(1997) 「고흥방언의 장형부정문」, 『애산학보』 20, 애산학회. [이병근·곽충구 편(1998) 『방언』(태학사)에 재수록]

송창선(2001) 「'-었-'에 남아있는 '-어 있-'의 특성」, 『어문학』 73, 한국어문학회.

송철의(1990) 『국어의 파생어형성 연구』, 서울대 박사학위논문. [송철의(1992) 『국어의 파생어형성 연구』(태학사)로 출판]

_____(1995) 「'었'과 형태론」, 『국어사와 차자표기』, 태학사. [송철의(2008) 『한국어 형태음운론적 연구』(태학사)에 재수록]

우창현(1997) 『제주방언의 상 연구』, 서강대 박사학위논문.

이선웅(1995) 「현대국어의 보조용언 연구」, 『국어연구』 133, 서울대 국어연구회.

_____(2012) 『한국어 문법론의 개념어 연구』, 월인.

이영경(2007) 「'깊다'류 용언의 동사적 성격과 '-었-'」, 『형태론』 9:2, 박이정.

이호승(1997) 「현대국어의 상황유형 연구」, 『국어연구』 149, 서울대 국어연구회.

임홍빈(1993) 「북한 사전의 뜻풀이」, 『새국어생활』 3:4, 국립국어연구원. [임홍
　　　　빈(1998) 『국어 문법의 심층 3』(태학사)에 재수록]

_____(2001) 「국어 품사 분류의 몇 가지 문제에 대하여」, 『국어 연구의 이론과
　　　　실제』, 태학사. [임홍빈(2005) 『우리말에 대한 성찰 1』(태학사)에 재수록]

_____(2004) 「『외국인을 위한 한국어 학습 사전』 교열 작업에 대한 전문가 자
　　　　문 회의 내용」, 『"외국인을 위한「한국어 학습 사전"』 보완·개편 사업
　　　　결과 보고서』, 한국어세계화재단.

한동완(1991) 『국어의 시제 연구』, 서강대 박사학위논문. [한동완(1996) 『국어의
　　　　시제 연구』(태학사)로 출판]

Smith, C. (1991) *The parameter of aspect*, Boston: Kluwer.

Verkyul, H. J. (1972) *On the compositional nature of aspect*, Dordrecht:
　　　　Reidel.

이 글을 다시 읽으며

　기초단어들의 품사 문제를 계속 파고든 또 하나의 결과물이 이 논문이다. 이 논문을 다른 학술지에 투고하고 심사결과를 기다리던 중 김선영(2013)을 접하고 적잖이 놀랐다. 두 사람이 거의 같은 주제로 거의 같은 때 논문을 작성하게 된 우연이 놀라웠던 것이다. 심사결과 이 논문을 그 학술지에 바로 게재할 수 없게 되어 여유를 가지고 더 다듬게 되었다. 주제가 비슷한 김선영(2013)은 예상과 달리 이 논문의 수정에 별다른 영향을 주지 않았다.

　새로 투고한 학술지의 심사위원 중 한 분은 기존 사전에서의 처리를 너무 장황하게 논의하고 있는 점을 개선해야 한다고 지적했다. 그렇지만 저자의 어휘연구가 기존 사전의 철저한 검토에 바탕을 두어 온 것은 전적으로 옳은 태도라고 생각한다. 사전은 논문보다 학술적 가치가 떨어지므로 어휘연구에서 중시하지 않아도 좋다고

생각하는 것은 오산이다. 사전도 일종의 어휘론적 연구성과이다. 아니, 어휘론적 연구성과를 집대성한 것이 사전이다. 저자의 어휘연구가 사전학 연구와 같이 가는 것은 그러한 생각에 말미암은 것이다. 이론국어학과 실용국어학의 틈을 메우는 것이 현재 국어학이 안고 있는 큰 숙제이다.

　이 책의 원고를 출판사에 넘기고 나서 김선영(2014. 4.)「상태 동사와 '잘생기다'류」(『진단학보』 120, 진단학회)를 받아보게 되었다. 저자의 논문을 참조하지 못하고 작성한 이 논문은 '잘생기다'류 용언이 동사 중에서도 "상태 동사"라는 부류에 속함을 주장하고 있어서 저자의 주장과 유사하다고 할 수 있으나 세부적으로 어떻게 같고 다른지를 쉽게 파악할 수 있을 만큼 논지 전개가 명료하지는 않다.

제2부 사 전

8장

외국인을 위한 한국어사전의 방향

1. 머리말

국제적 교류가 확대되고 국제사회에서 한국이 차지하는 비중이 커지게 되면서 외국인들이 한국어에 대해 전보다 더 많은 관심을 가지게 되었다. 많은 나라에 한국어 교육과정이 설치되고 확대되고 있으며 한국에 와서 한국어를 배우는 외국인도 늘어나고 있다. 한국어의 국제적인 普及에 더 많은 관심과 투자가 필요한 시점이다.

그런데 한국어를 가르치는 사람이나 배우는 사람이나 한국어 학습에 도움을 주는 좋은 참고서가 부족하다는 말을 자주 한다. 특히 외국인이 참고할 만한 韓國語辭典이 없어서 불편이 크다고 한다. 지금 나와 있는 국어사전들을 외국인이 이용하려면 상당한 수준의 한국어 실력이 필요하다. 한국어 실력을 초급, 중급, 고급으로 크게 나누어 보았을 때 고급에 도달한 외국인이라야 기존의 국어사전을 제대로 이용할 수 있을 것이다. 그 수준에 이르지 못한 많은 초급, 중급의 외국인들은 語彙力을 늘리는 데 큰 곤란을 겪을 수밖에 없다. 어떤 언어든지 그 언어를 외국어로서 배우는 사람의 수는 초급이 가장 많고 중급, 고급으로 올라갈수록 수가 적어지므로 한국어를 배우는 대부분의 외국인 학습자는 기존의 국어사전에 접근할 수 없는 셈이다. 사전을 통해 어휘력을 가장 열심히 증진해야 할 사람들이 사전을 이용할 수 없는 상황에 있다는 것은 불행한 일이다.[1]

외국인을 위한 한국어사전도 기본적으로 국어 단어를 풀이한 사전이므로 기존의 國語辭典과 내용이 같거나 비슷해야 할 것이다.[2] 그렇다면 국어사전을 조금만 수정하면 한국어사전을 만들 수 있는 것으로 생각할 수도 있다. 그러나 이것은 국어사전들이 우리의 언어현실을 짜임새 있게 잘 반영하고 있을 때 가능한 일이다. 우리의 국어사전들이 사전다운 모습을 조금씩 갖추어 나가기 시작한 것은 최근의 일이다.[3] 외국의 좋은 사전들에 견줄 만한 국어사전이 나오려면 앞으로도 꽤 시간이 걸릴 것으로 보인다. 따라서 기존 국어사전의 내용을 보완하는 작업을 먼저 하고 나서 그것을 바탕으로 외국인 학습자가 이용할 수 있도록 가공하여 한국어사전을 편찬해야 한다. 이 글에서는 이러한 상황에서 어떤 方向으로 한국어사전을 편찬해야 할지 논의하고자 한다.

---

1 국내에서 외국인을 위한 한국어사전이 나온 것은 다음 두 가지뿐이다.

  Jones, B.J. & Gene S. Rhie eds., *Standard English-Korean Korean-English Dictionary*, 한림출판사, 1993.
  이상억 편, *Basic Korean Dictionary*, 한림출판사, 1995.

이들은 소사전인데 기존의 국어사전을 번역하다시피 해서 만든 것들이라서 본문이 영어로 적혀 있다는 점 외에는 외국인을 위한 배려가 전혀 보이지 않는다. 외국인을 위한 한국어사전이라고 내세울 만한 것이 못 된다.

일본, 중국, 러시아, 미국 등에서 그쪽 학자들이 자국인을 위한 한국어사전을 만든 것들이 몇 가지 있다. 외국인 학습자가 이용하기에 우리 국어사전들보다 나은 점들이 더러 있으나 이상적인 모습을 갖추고 있지는 않다.

2 외국인을 위한 한국어사전을 '한국어사전'이라고 부르고 한국인을 위한 기존의 국어사전을 '국어사전'이라고 불러 구별하기로 한다.

3 1998년 10월에 나온 『연세 한국어 사전』(연세대 언어정보개발연구원 편, 두산동아 발행)과 1999년 10월에 나온 『표준국어대사전』(국립국어연구원 편, 두산동아 발행)이 그 예이다.

2. 사전의 유형

2.1. 외형

지금까지 우리가 이용해 온 사전은 거의 모두 종이사전이다. 요즘에는 컴퓨터 기술의 발달로 電子辭典이 등장하고 있다. 『옥스퍼드 영어사전』 개정판은 1989년에 20권짜리 종이사전으로 먼저 나오고 1992년에 시디롬 2장짜리 전자사전으로 다시 나왔다. 국내에서도 탁상판 중사전들이 간단한 전자사전의 형태로 보급되어 있다. 백과사전들은 종이사전과 시디롬이 함께 시판되고 있다. 국립국어연구원에서 펴낸 『표준국어대사전』도 전자사전 제작이 추진되고 있다고 하며, 연세대에서 『연세 한국어 사전』보다 큰 규모로 편찬하고 있는 사전도 전자사전 제작이 예정되어 있는 것으로 알려져 있다. 사전의 편집과 인쇄의 도구로 컴퓨터가 보편화되어 있는 지금은 모든 종이사전이 전자사전으로 쉽게 가공될 수 있을 것으로 보인다.

한국어사전도 종이사전뿐만 아니라 전자사전의 형태로 보급할 필요성이 점점 커질 것이다. 한국어사전뿐만 아니라 한국어 학습을 위한 교재나 참고서들이 전자매체로 제작되어야 할 것이다. 그렇게 되면 한국어 교사의 도움이 없이 혼자서도 컴퓨터 앞에 앉아서 한국어를 배울 수 있게 될 것이다. 궁극적으로는 교재와 문법서와 사전 등 한국어를 배우는 데 필요한 여러 가지 자료들이 統合된 한국어 학습 프로그램이 개발되어야 할 것이다.

그런데 지금 당장 필요한 한국어사전의 편찬을 그러한 큰 작업의 수행과 병행하여 진행하는 것은 좋지 않은 것 같다. 그러한 작업이 마무리되려면 꽤 오랜 시간이 필요하다. 10년, 20년이 걸릴 수도 있다. 또 당분간은 종이사전으로 된 한국어사전의 필요성이 전자사전으로 된 한국어사전의 필요성보다 클 것이다. 그러므로 한국어사전에 대한 현재의 需要에 응하기 위해서는 종이사전으로 된 한국어사전을 먼저 편찬하는 것이 좋을 것이다.

2.2. 규모

한 언어의 모든 단어를 수록한 현대의 大辭典들은 표제어 수가 수십만에 이른다. 국어사전 중 가장 규모가 큰 『표준국어대사전』은 약 50만 개의 표제어를 수록하고 있다고 한다. 그런데 각종 어휘조사 결과를 통해서 보면 일상생활에서 실제로 사용되는 단어의 수는 5~6만 개 정도이다(김광해 1993:344). 실제로 사용되는 단어를 중심으로 대사전보다 규모가 작게 만든 실용적인 사전이 中辭典이나 小辭典이다. 표제어 수가 어느 정도면 중사전이고 어느 정도면 소사전인지 분명한 기준을 말하기는 어렵다. 대개 1,0000단어 정도를 그 경계로 생각하는 게 좋지 않을까 한다.

한국어사전을 처음부터 대사전의 규모로 편찬하는 것은 어려운 일이다. 처음에는 小辭典을 편찬하는 것이 좋다. 거기에는 몇 가지 이유가 있다. 첫째, 한국어사전을 하루빨리 공급하려면 편찬 期間이 짧아야 하고 그러려면 소사전을 우선 편찬해야 한다. 둘째, 기존에 한국어사전이 나와 있지 않으므로 한국어사전의 이상적인 체재와 내용이 어떠해야 하는지 단정하기 어렵다. 처음 편찬하는 한국어사전은 試驗的인 편찬이 될 수밖에 없다. 우선 소사전을 편찬해 보급하고 그것의 문제점을 개선하여 중사전을 편찬하는 것이 순서이다. 셋째, 서론에서도 지적했듯이 한국어 학습자는 초급이 대부분이고 중급과 고급으로 올라갈수록 적어진다. 많은 이에게 필요한 한국어사전은 初級 水準의 소사전이라고 할 수 있다. 결국 소사전을 먼저 편찬하고 중사전을 나중에 편찬하는 것이 좋다는 것이다.

그렇다면 중사전을 편찬한 다음에는 대사전을 반드시 편찬해야 하는 가? 대사전 규모의 한국어사전은 필요없을 가능성이 높다. 아니, 필요없다기보다 그 임무를 대사전 규모의 국어사전이 충분히 해낼 가능성이 높다. 대사전 규모의 한국어사전을 이용할 만한 외국인이라면 그는 한국어 실력이 고급에 도달한 사람일 것이고 기존의 국어대사전들을 이용하는 데 별 문제가 없을 것이다. 문제가 생기더라도 그것을 대사전 규모의 한국어사전을 편찬하면서까지 해결할 일은 아닐 것이다. 그러므로 대사전 규모의 한국어사전을 편찬해야 할지는 앞으로 더 논의해야 할 문제이다.

소사전을 먼저 편찬한다고 했을 때 표제어 數는 어느 정도가 좋을까? 그것은 직접 편찬에 참가하는 사람들이 판단해야 할 문제이다. 그렇지만 최소 1000단어에서 최대 1,0000단어까지의 범위에서 결정하는 것이 좋을 것으로 본다. 국내 대학에 설치된 한국어 교육기관들 가운데 하나인 서울대 어학연구소에서는 한 학기를 10주, 주당 20시간으로 하여 1년에 네 학기를 운영하고 있다. 그리고 초급부터 고급까지 여섯 급으로 나누어 한 학기를 마치면 한 급씩 올라가게 되어 있다. 다른 교육기관들에서도 대개 비슷하다. 여섯 급 중 1급 교재에 나오는 단어 수가 500개 정도 된다. 고려대 민족문화연구소의 1급 교재에는 약 600단어가 나오며, 연세대 한국어학당의 1급 교재에는 약 750단어가 나온다. 그러므로 1000개 정도는 2급을 마칠 때까지는 다 배울 만한 단어 數밖에 안 된다. 1000단어가 실린 소사전은 길어야 한국어를 배우는 첫 6개월쯤밖에는 이용 가치가 없다. 그래서 표제어 수가 적어도 그보다는 많아야 한다는 것이다.

국내의 한국어 교육기관에서 1급에서 6급까지 집중적으로 한국어를 배우는 기간은 1년 6개월 내지 2년 정도가 될 것이다. 그 기간 중에 교재를 통해 배우는 단어와 한국에서 생활하면서 따로 배우는 단어를 합치면 최대 1,0000단어 정도가 되지 않을까 생각된다. 실제로 1,0000단어만 알고 있으면 한국인과 아무 불편없이 대화를 할 수 있다. 그래서 소사전을 가장 큰 규모로 만든다면 1,0000단어 정도를 수록하는 게 좋지 않은가 한다. 실제로 표제어를 3000개로 할 것인지 6000개로 할 것인지 하는 것은 한국어 교재에 실린 단어의 수를 고려하고 한국인이 일상생활에서 쓰는 어휘를 조사하고 분석하는 등 필요한 작업들을 거쳐 결정해야 할 것이다.

이제까지 사전의 규모를 표제어의 수만 가지고 이야기했다. 그러나 사전의 규모와 직접 관련되는 또 한 가지 요소가 있다. 소사전에 실리는 표제어 수가 적은 것은 일상생활에서 많이 쓰는 중요한 단어들, 곧 基礎語彙만 수록하기 때문이다. 그런데 多義語의 경우 일상생활에서 많이 쓰는 중요한 의미는 여러 의미 중 극히 일부에 불과하다. 예를 들어 '받다'라는 동사는 서울대, 연세대, 고려대 세 대학의 한국어 1급 교재에 모두 나오는 단어이다. '받다'를 기초어휘에 넣는 것은 '받다'의 뜻 중 일부(예를 들어 '전화를 받다, 편지를 받다' 등에서의 의미)가 일상생활에서 많이 쓰이기 때문이지, '받다'의 모든 뜻(예를 들어 '바람을 받다, 아이를 받다, 술을 받다, 색깔이 받다, 사진이 받다, 화장이 받다' 등을 포함한 모든 뜻)이 다 일상생활에서 많이 쓰이기 때문인 것은 아니다. 그러므로 소사전에 기초어휘를 실어서 풀이할 때 다의어의 경우 여러 의미 가운데 '기초의미'를 골라내는 작업이 필요하다. 소사전은 바로 基礎語彙만 수록하고 또 기초어휘에 대해 基礎意味만 풀이한 사전이라고 규정할 수 있을 것이다.

3. 사용언어

언어에 대한 논의가 다시 그 언어로 이루어질 수 있다는 언어의 메타언어적 기능을 생각해 보면 모든 사전은 대상언어와 메타언어로 구성되어 있다고 할 수 있다. 영한사전의 대상언어는 영어이고 메타언어는 한국어이다. 마찬가지로 한국어사전의 대상언어가 한국어임은 당연하다. 그런데 한국어사전의 메타언어는 어떤 언어가 되어야 할까? 그것은 마땅히 한국어사전 이용자의 언어여야 할 것이다. 그렇지만 이용자에 따라 메타언어를 달리하려면 한국어사전이 메타언어의 가짓수만큼 만들어져야 한다. 궁극적으로는 그래야 할지 모르지만 처음 만드는 한국어사전의 메타언어는 英語나 日本語가 되어야 할 것이다. 영어는 많은 나라 사람들이 이해하는 국제어이기 때문에 한국어사전의 메타언어로 삼기에 유리하고, 일본어는 한국어를 배우는 외국인 중에 일본인이 가장 많기 때문에 유리하다.

한국어사전의 메타언어의 후보에는 한국어도 포함된다. 우리가 영어를 배울 때 어느 정도 수준에 이르면 영영사전을 이용하는 것이 영어학습에 도움이 됨을 알고 있다. 영영사전을 이용하면 영어를 접하는 기회가 늘어나게 되고 영어 단어의 뜻을 영어로 이해함으로써 영어식 사고에 익숙해질 수 있는 이점이 있다. 그런 이점은 한국어를 한국어로 풀이한 韓韓辭典을 외국인 학습자가 이용할 때도 나타날 것이다. 처음에 만드는 한국어사전을 한한사전으로 만드는 것은 곤란하겠지만 중급이나 고급의 한국어 학습자를 대상으로 한 한국어사전은 한국어를 메타언어로 사용한 한한사전의 형태로 편찬해 볼 만하다.

너무나 당연한 이야기지만 한국어사전에서 대상언어인 한국어는 한글로 적혀야 한다. 영한사전이나 영영사전, 한영사전 등에서 영어가 알파벳으로 적히는 것과 같은 이치이다. 한국어를 로마자로 옮겨 적거나 메타언어로 쓰인 언어의 문자로 옮겨 적는 것은 바람직하지 않다. 아직 한글을 익히지 못한 초급 이용자에게는 한국어를 로마자 등으로 옮겨 놓은 것이 편리하게 생각될 수도 있다. 그러나 그러한 편리는 처음에 잠깐밖에는 누릴 수 없다. 그리고 한글 없이 한국어를 배우면 구어만 배우고 문어는 배울 수 없게 되므로 반쪽 한국어밖에는 할 줄 모르게 될 것이다. 그런 학습자는 한국인의 0.1%도 안 되는 文盲의 대열 속에 낄 수밖에 없을 것이다. 그리고 로마자 등 다른 문자에 의지한 발음으로 한국어를 하게 될 것이므로 그들이 쓰는 한국어 구어도 불완전한 구어가 될 수밖에 없다. 더구나 한글은 배우기 쉬운 글자로 이름이 나 있는데 누가 그 조금의 수고를 덜려고 口語만 서투르게 쓰는 한국어 사용자가 되려고 하겠는가?

국내에 한국어사전의 대상언어인 한국어를 로마자로 표기한 예가 있다. 앞에서 언급한 *Standard English-Korean Korean-English Dictionary* (B.J. Jones & Gene S. Rhie eds., 1993)와 *Basic Korean Dictionary* (이상억 편, 1995)가 그것이다. 이런 사전을 결코 한국어를 제대로 배우려는 외국인에게 권할 수 없을 것이다. 한국을 잠깐 여행하는 외국인이 한국어회화를 위해 임시방편으로 사용하는 사전이 될 수 있을지는 모른다. 그런 외국인에게는 차라리 유용한 한국어 문장을 수백 개 또는 수천 개만 담은 여행용 한국어회화 책자가 훨씬 큰 도움을 줄 것이다.

4. 규범과 현실

한국어사전은 規範的(prescriptive)이기보다 記述的(descriptive)이어야 한다. 기존의 국어사전들은 規範辭典을 지향하고 있다. 어문규범에 맞는 단어만 표제어로 수록하고 그것들에 대해 어문규범에 맞는 내용만 제시하고 있다. 최근에는 간혹 어문규범에 어긋나는 단어나 표기나 발음을 제시하여 교정하는 경우가 있다.

(1) 『동아 새국어사전』

　×뻰찌 …… 펜치.

　뽐-내다 …… ×뽑내다.

(2) 『연세 한국어 사전』

　갯수[명] '개수"의 잘못.

　사인[명] …… [참]흔히 [싸인]으로 발음됨.

　알콜[명] '알코올'의 잘못.

　오랫만[오랜만][명] '오랜만'의 잘못.

　짜르다[동] '자르다'의 잘못.

(3) 『표준국어대사전』

　나뭇-군[명] '나무꾼'의 잘못.

　도나쓰[명] '도넛'의 잘못.

　짜장-면[명] '자장면'의 잘못.

　풍지-박산[명] '풍비박산'의 잘못.

　이러한 예들은 대부분 틀린 말을 다른 옳은 말로 고쳐 써야 한다는 정보를 제공하고 있다. 그런데 한국어를 배우는 외국인이 한국인으로부터 듣는 말이 모두 규범에 맞는 것은 아니다. 한국인이 일상적으로 쓰는 말 중에는 규범에 어긋난 말도 많다. 외국인은 그런 말도 알아들어야 한다. 그런 의미에서 한국어사전은 어문규범뿐만 아니라 言語現實도 잘 반영하고 있어야 한다. 규범에 어긋나지만 실제로 많이 쓰이는 말에 대해서도 정보를 제공해야 한다는 것이다. 한국어사전이 記述的이어야 한다는 것은 이것을 의미한다.

　위에서 인용한 예들처럼 최근의 국어사전들을 통해서도 현실언어에 대한 정보를 어느 정도 접할 수 있다. 사전 이용자가 '짜장면'이 '자장면'

의 잘못이라고 풀이되어 있는 것을 보고서 '짜장면'이라는 형태도 실제로 쓰이기 때문에 그런 풀이가 실려 있는 것으로 推論할 수 있을 것이다. 그렇지만 이런 풀이를 보는 사전 이용자는 '자장면'이라는 형태와 '짜장면'이라는 형태가 각각 얼마만큼 많이 쓰이는지 알 수는 없다. 또 이런 풀이는 한국인이 '짜장면'이라고 말하는 것을 사전 이용자가 이해하는 데는 도움이 되지만 한국인에 가까운 자연스러운 한국어를 驅使하는 데는 도움을 주지 못한다. 사전 이용자 자신이 말을 할 때는 사전에 옳은 말로 표시되어 있는 '자장면'이라는 형태를 쓸 가능성이 높기 때문이다.

더구나 기존 국어사전들이 제공하는 현실언어에 대한 정보의 양은 貧弱하다. 기존 국어사전들에 나와 있지 않은 現實言語의 예를 몇 가지 보이면 다음과 같다.

> 무릎이 [무르비], 바깥을 [바까츨], 여덟에 [여더레]
>
> 태릉 [태능], 선릉 [선능]
>
> 가스 [까쓰], 키스 [키쓰], 백업 [빼겁], km [키로미터], mm [미리미터]
>
> 머리말 [머림말], 인사말 [인삼말], 반대말 [반댐말]
>
> 감사합니다 [감사암니다], 결혼 [겨론]
>
> 신문 [심문], 준비 [줌비], 돋보기 [돕뽀기], 밥그릇 [박끄른], 반갑다 [방
> 갑따]
>
> 도꾜, 빠리, 높히다, 둘러쌓이다, (열이) 받히다, 꺼림찍하다
>
> 가라, 와라, 같애, -대니까, -을래야[4]

---

4 '-을래야'에 대해서 『표준국어대사전』은 '-으려야'의 평북방언형이라고 풀이하고 있다. 지금 서울말에서 '-으려야'는 거의 쓰이지 않고 그 대신 '-을래야'와 '-으려야'가 많이 쓰이는 사실은 반영되어 있지 않다.

문제는 규범과 다른 현실언어를 반영할 때 얼마만큼 많이 쓰이는 것을 한국어사전에 넣을 것인가 하는 것이다. 이것은 쉽게 해결할 수 있는 문제가 아니다. 예를 들어 A라는 비표준어를 한국인의 30%가 쓴다면 사전에서 설명할 필요가 있는가 없는가? 한국인의 40% 이상이 쓰면 사전에서 설명하는 것으로 정했다고 하자. 같은 사람이라도 친구와 이야기할 때는 A라는 비표준어를 쓰고 회사에서 일을 할 때는 B라는 표준어를 쓸 수 있다. 개인의 발화상황에 따라 사용률이 달라지는 것은 어떻게 반영할 것인가? 이처럼 사전에서 설명할 현실언어의 범위를 객관적으로 규정하기 위해서는 현실언어에 대한 통계조사와 분석이 광범위하게 이루어져야 한다. 이런 작업이 한국어사전 편찬에 도움을 줄 만한 성과를 내려면 10년이 걸릴지 20년이 걸릴지 알 수 없다.

소사전 규모의 한국어사전을 하루빨리 만든다면 사전에 반영할 현실언어는 편찬에 참여하는 사람들이 직관에 따라 선정하거나 간단한 표본조사에 근거하여 선정하는 수밖에 없는 듯하다. 다만 기존 사전들이 제시하고 있는 것보다는 훨씬 더 많은 정보를 제공해야 할 것이다.

5. 거시구조

사전은 二元的인 텍스트이다. 모든 표제어에 대한 세부적인 설명은 각각 하나의 텍스트를 이루고 있다. 이 작은 텍스트들을 일정한 순서로 배열해서 사전 전체가 하나의 큰 텍스트가 된다. 큰 텍스트의 구조를 거시구조라 하고 작은 텍스트의 구조를 미시구조라 한다. 전자사전의 거시구조와 미시구조는 종이사전의 것과 다를 수 있다. 표제어 검색과 관련사항 검색을 종이사전의 경우 사람이 책장을 넘겨 가며 하지만 전자사전에서는 한두 가지 명령으로 컴퓨터가 대신해 주기 때문에 전자사전의 체재(거시구조와 미시구조)는 종이사전의 것과 달라지게 된다. 여기서는 종이사전 형태의 한국어사전의 거시구조와 미시구조에 대해 논의한다.

사전의 거시구조는 설명이 달린 표제어들의 일정한 배열로 이루어진다. 거시구조를 짤 때 결정해야 할 주요 사항으로 다음과 같은 것들이 있다.

(1) 표제어의 통합과 분할은 어떤 기준에 따라 할 것인가?
(2) 표제어의 배열은 어떤 순서에 따를 것인가?
(3) 표제어에 중요도 표시를 할 것인가?

다음 각 節에서 이들을 한 가지씩 논의하기로 한다.

5.1. 표제어의 통합과 분할의 기준

표제어의 통합과 분할은 同音語와 多義語의 구분 문제와 직결된다. 본동사 '보다'(눈으로 보다)와 보조동사 '보다'(먹어 보다)가 동음어라면 서로 다른 단어가 되므로 각각 표제어가 되지만 다의어라면 한 단어가 되므로 둘을 합쳐 한 표제어로 처리하게 된다. 이와 같은 표제어의 분할과 통합이 일관성 있는 기준에 따라 이루어지지 않으면 사전 이용자가 원하는 단어를 찾을 때 불편을 느끼게 된다.

기존의 국어사전들은 대체로 이 두 '보다'를 분할해서 배열하고 있다.[5] 명사, 동사 등의 상위품사나 본동사, 보조동사 등의 하위품사가 다르면 문법적 역할이 다르므로 서로 다른 단어로 보는 것이 文法的으로는 옳은

---

5 『표준국어대사전』은 품사가 달라도 표제어를 통합하는 방식을 취하고 있다.

처리라 할 수 있을지 모른다. 그러나 사전 이용자의 편에서 보면 본동사 '보다'와 보조동사 '보다'를 같은 표제어로 통합하는 것이 유리하다. 사전을 이용하는 일반인들은 두 '보다'를 '배(인체)'와 '배(과일)'의 짝과 같이 語源的으로 분명히 구별되는 동음어로 보기보다는 한 단어가 두 가지 하위품사로 쓰이는 것으로 생각하기 쉬울 것이기 때문이다. (일반인들은 '보다'가 두 가지 하위품사로 쓰이는 것조차 잘 느끼지 못하고 있을 가능성이 크다.) 따라서 본용언과 보조용언의 구별과 같은 하위품사의 차이는 무시하고 표제어를 統合하는 것이 좋다.

하위품사의 차이뿐만 아니라 명사, 동사, 부사 등의 상위품사의 차이도 무시하고 표제어를 統合하는 것이 좋다. 다음 예들은 같은 단어가 두 가지 품사로 쓰이는 예들이다.

크다(동사/형용사), 지금(명사/부사), 문화적(명사/관형사)

아니(부사/감탄사), 보다(부사/조사), 대로(의존명사/조사)

『연세 한국어 사전』은 이들 모두를 분할했고, 『표준국어대사전』은 '크다, 지금, 문화적'을 통합하고 '아니, 보다, 대로'를 분할했다. 한국어사전에서는 '크다, 지금, 문화적'뿐만 아니라 '아니, 보다, 대로'도 각각을 한 표제어로 통합해 배열하는 것이 좋다.

5.2. 표제어의 배열 방식

(3)과 관련하여 표제어 배열을 가나다순으로 하는 데는 별 문제가 없다. 문제가 되는 것은 主標題語(상위표제어)와 副標題語(하위표제어)를 구분할 것인가이다. 예를 들어 '가져가다, 가져오다'를 '가지다'의 부표제어

로 삼고 '더하다'를 '더'의 부표제어로 삼는 방식을 따르면 표제어 배열구조는 다음과 같이 二重的인 구조가 된다.

가족	더
가지다	더하다
가져가다	더듬다
가져오다	더럽다
가짜	

이렇게 하면 부표제어를 설정하지 않고 배열할 때와 순서가 달라지게 된다. 부표제어를 설정하는 방식은 造語論的으로 관련이 깊은 단어들을 한 군데 모아서 제시한다는 장점이 있다.[6]

그러나 한국어사전에서는 부표제어를 설정하지 않고 모든 표제어를 일렬로 배열하는 것이 좋은 것 같다. 위의 예와 같이 배열했을 때는 '가져가다, 가져오다'를 찾으려면 그것이 '가지다'로부터 만들어진 단어라는 것을 미리 알고 있어야 하고 '가지다'를 찾은 다음 그 부표제어들 중에서 '가져가다, 가져오다'를 다시 찾아보아야 한다. 이것은 한국어를 배우는 과정에 있는 학습자에게는 不便한 방식이다. 한국어 학습자에게는 가나다 순으로 배열된 표제어를 檢索하는 것도 쉽지 않을 것이다. 한국인들도 '고, 과, 괘, 괴, 교' 등의 배열순서를 정확히 알고 사전을 찾는 사람은 의외로 적다. 따라서 찾을 단어의 조어론적 구조를 분석하여 검색하는 부담

---

6 기존 국어사전들은 대부분 부표제어를 설정하지 않고 있다. 『표준국어대사전』은 접미사 '-거리다, -대다, -되다, -이/히, -이다, -적, -하다'가 붙은 파생어를 부표제어로 설정하여 배열하고 있다. 위의 예에서 '가져가다, 가져오다'는 부표제어로 설정하지 않고 '더하다'는 부표제어로 설정한 것이다.

을 외국인에게 지우는 것은 좋지 않은 것으로 보인다.

5.3. 표제어의 중요도 표시

한국어사전의 거시구조와 관련된 문제로 각 표제어의 重要度를 표시하는 문제를 거론할 수 있다. 기존의 국어사전들은 중요도 표시를 전혀 하지 않고 있다. 정규사전이 아닌, 최근에 나온 다음 몇 가지 특수사전이 중요도 표시를 하고 있다.

  (가) 『동아 프라임 한영사전』, 동아출판사, 1996.
  (나) 『표준 한국어 발음사전』, 지구문화사, 1998.
  (다) 『민중 초등학교 으뜸 국어사전』, 민중서림, 1998.

중요도 표시가 가장 자세한 (가)는 8000단어 정도에 대해 사용빈도가 가장 높은 단어는 '†'표를 붙이고 그 다음은 '‡'표를, 그 다음은 '*'표를 붙여 구별해 놓았다. 그런데 이 사전을 몇 장만 넘겨보아도 이 빈도 표시가 그다지 믿을 만한 것이 아님을 알 수 있다. 예를 들어 '아깝다'는 아무 표시가 없어 8000단어에 들지 못하는데 그보다 자주 쓰이는 것 같지 않은 '기껍다'는 '†'표가 붙어 있다. 또 국어 단어로 받아들이기조차 힘든 '나이트(knight)'는 '†'표가 붙어 있는 반면 아주 자주 쓰이는 '나가다'는 '*'표가 붙어 있어 겨우 8000단어 안에 드는 것으로 되어 있다.

(나)는 가장 중요한 단어에 별표 두 개를, 그 다음 중요한 단어에 별표 하나를 붙이고 있다. 표본추출을 통해 표제어 수를 계산해 보면 별표 두 개짜리는 총 270개 정도이고 별표 하나짜리는 총 5000개 정도이다. ㄱ부의 첫 50쪽에 나오는 별표 두 개짜리 표제어는 다음의 17개이다.

가(가장자리), 가다, 가르다, 가슴, 가을, 감다, 갖, 같다, 개(동물), 건너다, 걷다(세금을), 걷다(길을), 걸다, 검다, 겨울, 겨레, 곁

이 중에서 '갖'과 같은 단어는 한국인에게도 아주 낯선 단어이다. 1,000단어 안에도 들기 어려운 듯하다. 이런 단어가 가장 중요한 270여 단어 안에 든다고는 상상할 수 없는데 이 단어에 별표가 둘이나 붙은 것은 오자가 아닌가 한다. '겨레'는 1000단어 안에도 넣기 어려운 단어이다. 그 밖에도 '가, 가르다, 걷다(세금을), 곁' 등은 별표 하나가 붙은 '가깝다, 가르치다, 가방, 가운데, 가지다, 감사하다, 값, 같이, 개(단위명사), 거기, 것' 등보다 오히려 중요도가 떨어지는 단어로 보인다.

(다) 역시 가장 중요한 단어와 그 다음 중요한 단어를 활자 크기와 색깔로 구별하고 있는데 ㄱ부 앞쪽을 넘겨 보면 '가물, 가시'와 같은 것들이 가장 중요한 단어로 표시되어 있다. 역시 진지하게 받아들일 자료가 되지 못한다.

믿을 만한 중요도 표시는 오히려 쇼가쿠칸[小学館]의 『朝鮮語辭典』에서 볼 수 있다. 이 사전은 약 2000쪽에 약 11만 단어를 싣고 있는 중사전이다. 가장 중요한 단어 약 1650개는 표제어를 큰 글자로 표시했고 그 다음 중요한 단어 약 4400개는 표제어 앞에 별표를 붙였다. 1650개에 속하는 단어 중 '가'로 시작하는 단어는 다음과 같다.

가(조사), 가게, 가까이, 가깝다, 가꾸다, 가끔, 가난, 가늘다, 가능하다, 가다, 가득, 가령, 가로, 가루, 가르다, 가르치다, 가리키다, 가만히, 가방, 가볍다, 가스, 가슴, 가운데, 가위, 가을, 가장, 가정, 가져가다, 가져오다, 가족, 가지(나뭇가지), 가지(종류), 가지다, 가치(價値)

이들은 각종 어휘조사에서도 국어의 기초어휘로 인정되는 것들이다. 이 사전의 중요도 표시는 꽤 믿을 만하다.

2000~3000단어 규모의 소사전을 만든다면 전체 표제어가 기초어휘라고 할 수 있으므로 중요도 표시를 할 필요가 없을 수도 있다. 그러나 5000단어나 1,0000단어 정도의 규모라면 중요도 표시를 하지 않고서는 좋은 사전이라고 할 수 없을 것이다. 중요도 표시는 마땅히 한국어교육을 위한 기초어휘 목록을 선정하는 작업을 먼저 거치고 나서 해야 할 것이다. 그렇지 않으면 위에 든 몇몇 우리나라 사전들처럼 주먹구구식이 될 수밖에 없다.[7]

6. 미시구조

국어사전의 미시구조는 보통 표제어, 원어, 발음, 품사, 활용정보, 뜻풀이, 용례, 관련어휘 등의 배열로 이루어진다. 이들의 순서에는 별 문제가 없다. 이들 중 몇 가지의 내용에 대해 살펴보기로 한다.

6.1. 발음

국어사전에서 발음은 표제어와 일부 활용형에 대해 표시하고 있다. 『표준국어대사전』에서는 표기와 발음이 일치하는 경우와 連音만 일어나

---

7 필자는 기초어휘의 수를 잠정적으로 다음과 같이 생각하고 있다.

1급: 1000개   2급: 2000개   3급: 3000개   4급: 4000개
1급부터 4급까지의 합: 1,0000개

는 경우에는 발음을 표시하지 않는다. 예를 들어 '덜컹거리다'는 글자 그대로 발음되므로 발음표시가 없고 '맞이하다'는 연음만 일어나 [마지하다]가 되므로 역시 발음표시가 없다. 그런데 초급 학습자에게는 '맞이하다'를 연음해서 발음하는 것이 어려울 수 있다. '낮일[난닐]'과 같이 'ㅈ' 받침과 '이'가 이어질 때 [지]로 소리나지 않는 경우가 있는데 외국인으로서는 두 경우를 구별해서 발음하는 것이 어려울 것이다. 어떤 發音規則을 알고 있어야 올바로 발음할 수 있게 하는 것은 초급 학습자에게 부담을 주는 것이다. 글자 그대로 발음되지 않는 모든 경우에 발음을 표시하는 것이 좋을 것이다.

표준발음에서는 장모음과 단모음을 구별하도록 되어 있다. 기존 국어사전들도 長短音을 철저히 구별하고 있다. 그렇지만 이제 장단음 구별을 제대로 하는 사람들은 노년층에 한정되고 장년층 이하에서는 제대로 구별하지 못한다. 각급 학교의 국어 교사들도 장단음 구별을 하지 못하면서 교과서에 따라 학생들에게는 장단음을 구별하도록 가르치고 있다. 한국어 교사들 중에도 장단음 구별을 할 수 있는 사람은 극소수에 불과하다. 이런 상황에서는 외국인에게 한국어의 장단음을 제대로 가르치려야 가르칠 수도 없고 어렵사리 가르쳐 봤자 쓸모도 없다. 따라서 한국어사전에서 발음을 표시할 때 장단음을 구별할 필요는 없다.

발음을 표시할 때 어떤 문자로 표시할 것인가 하는 문제가 있다. 국제음성기호(IPA)를 이용하면 아주 정밀한 발음표시가 가능하다. 이것은 일본의 白水社에서 펴낸 『코스모스朝和辭典』(1988)이 시도하고 있는 방식이다.

한국[hanguᵏ], ～이[hangugi], ～만[hanguŋman]
읽다[iᵏʔta], 읽어[ilgɔ], 읽는[iŋnɯn], 읽고[ilʔko]

간노(1992)에서 외국인을 위한 사전에서는 음소표기보다 음성표기가 좋다고 하고 이 사전의 예를 들고 있다. 이와 같이 국제음성기호로 음성표기를 제시하는 데는 두 가지 문제가 있다. 우선 한국인뿐만 아니라 외국인도 국제음성기호에 익숙하지 않다. 영어권 국민들조차도 국제음성기호는 낯설어한다. 사실 한국어의 발음을 적는 데 한글만큼 적절한 것이 없다. 한국어 단어의 발음은 한글로 표기하는 것이 최선이다. 둘째, 국제음성기호로 발음표시를 하면 자연히 음소표기가 아닌 음성표기를 하게 된다. 똑같은 음소 'ㄱ'을 '가'에서와 같이 무성음일 때는 [k]로 적고 '아가'에서와 같이 유성음일 때는 [g]로 적게 된다. 이것은 한국인에 가까운 발음을 유도하기 위한 배려라고 할 수 있다. 그런데 'ㄱ'이 그 위치에 따라 무성음으로 발음되고 유성음으로 발음되고 하는 현상은 사전에서 각 단어에 대한 발음을 알려줄 때 제시할 정보가 아니라고 생각된다. 이것은 'ㄱ, ㄴ' 등의 한글 자모와 '가, 눈, 밝' 등의 음절 단위 글자들을 익히는 과정에서 배워야 할 사항이다. 'ㄱ'이라는 글자를 배울 때 그 글자가 들어 있는 음절 단위 글자들의 발음을 동시에 배우지 않으면 안 된다. 그때 '가 [ka]'의 발음은 어떻게 하고 '아가[aga]'의 발음은 어떻게 하는가 하는 등의 발음학습을 하는 게 좋을 것이다. 그렇게 하면 'ㄱ'이 들어 있는 단어를 익힐 때 매번 각각의 'ㄱ'의 발음을 어떻게 해야 하는지를 따로 배울 필요가 없다. 따라서 국어사전에서 흔히 하듯이 '한국이'의 발음은 [한구기]로, '한국만'의 발음은 [한궁만]으로 적으면 충분하다.[8]

---

8 여기에 더하여 '한국이, 한국만'의 현실발음 [항구기], [항궁만]도 제시하는 것이 좋다.

6.2. 뜻풀이

국어사전의 뜻풀이는 표제어와 동일한 의미를 나타내는 句의 형식을 취한다. 예를 들어 '고개'는 "산이나 언덕을 넘어 다니도록 길이 나 있는 비탈진 곳."(『표준국어대사전』)으로 풀이된다. 대상언어와 메타언어가 같은 언어인 單一語辭典(예를 들어 국어사전)에서는 뜻풀이의 형식이 이와 같은 '定義 방식'이 될 수밖에 없다.[9] 그러나 대상언어와 메타언어가 다른 언어인 二重語辭典(예를 들어 영한사전)에서는 '對譯 방식'이 가능하다. 대역 방식은 대상언어의 표제어와 뜻이 같은 단어를 메타언어에서 찾아 제시하는 방식이다. 영어판 한국어사전에서 표제어 '고개'에 대해 대역어 'a pass'를 제시하는 것이 그 예이다. 두말할 필요도 없이 외국어 사용자에게는 대역 방식이 훨씬 유리하다. 한국어로 된 뜻풀이 구를 해석하면서 한국어 공부에 도움을 얻으려는 고급 학습자를 위해서가 아니라면 한국어사전에서의 뜻풀이는 대역 방식으로 해야 한다.

---

9 여기서 '정의 방식'이라고 이름붙인 것은 이병근(1992/2000)의 논리적 · 분석적 정의에 해당하는 것이다. 이병근(1992/2000:381)은 그 형식을 다음과 같이 제시하였다.

하위어 = 의미 자질 + 상위어
(올림말)   (뜻 풀 이)

본문의 예를 이 형식에 맞추어 보이면 다음과 같다.

하위어 =   의미 자질   + 상위어
(고개) (산이나 언덕을 넘어 다니도록 길이 나 있는 비탈진)   (곳)

6.3. 용례

한국어사전의 미시구조에서 가장 중요한 부분은 용례이다.[10] 표제어의 쓰임을 용례를 통해 보여주지 않으면 학습자가 아무리 정확히 뜻을 이해한 단어라도 실제 문장 속에 집어넣어 사용할 때 잘못을 저지를 수 있다. 용례를 제시할 때는 다음 조건들을 지켜야 한다.

  (1) 사용자의 수준에 맞는 난이도를 갖춘 예를 제시해야 한다.
  (2) 표제어가 쓰일 수 있는 전형적인 예를 풍부하게 제시해야 한다.
  (3) 뜻풀이를 통해 의미만 이해한 상태에서는 잘못 쓰기 쉬운 구나 문장에 대한 언급이 있어야 한다.
  (4) 각 예문에 대해 구어체와 문어체를 구별해 주어야 한다.
  (5) 경우에 따라 대화 예문을 활용해야 한다.

  (1)은 사전의 사용자가 이해할 수 있고 활용할 수 있는 용례를 제시해야 한다는 뜻이다. 초급 학습자를 위한 사전에 고급 수준의 어려운 단어가 들어 있는 긴 문장을 예문으로 제시하는 것은 좋지 않을 것이다. 이 조건을 충족시키기 위해서는 水準別 단어목록과 문장목록 등을 먼저 결정해 놓고 그에 맞추어 용례들을 다듬어야 한다.
  (2)야말로 용례의 중요성이 잘 드러나는 부분이다. 표제어를 실제로 어떻게 사용하는지를 이용자들은 용례를 통해서 배우게 되기 때문이다. '가방'의 용례로 『표준국어대사전』은 다음 넷을 들고 있다.

---

10 용례는 그 형식에 따라 예구와 예문으로 나누어진다. 예를 들어 '돈을 벌다'는 예구이고 "돈을 많이 벌려면 많이 써야 한다."는 예문이다.

서류 **가방**/여행 **가방**/**가방**을 들다/**가방**을 메다

'가방'이란 말은 물론 다른 문맥에서도 얼마든지 쓰일 수 있다. 그 가운데서 위의 예들과 같은 형태로 많이 쓰이는 것이 사실이다. 한국인들은 이 밖의 다양한 쓰임을 잘 알고 있다. 그러나 외국인은 다르다. 그러므로 그런 다양한 쓰임을 되도록 많이 가르쳐 주어야 한다. '가방'이 쓰이는 전형적인 예들을 句와 文章의 형태로 제시해 보면 다음과 같다.

> 구: **가방** 한 개/**가방** 손잡이/**가방** 끈/검은색 **가방**/빈 **가방**/**가방**이 가볍다/**가방**이 무겁다/**가방**이 비다/**가방**을 열다/**가방**을 들다/**가방**을 메다/**가방**에 책을 넣다/**가방**에서 책을 꺼내다
>
> 문장: 그건 제 **가방**입니다./**가방**을 잃어버렸습니다./버스에 **가방**을 두고 내렸어요./**가방** 들어 드릴까요?—아니요, 별로 무겁지 않아요./그 **가방**에 든 게 뭡니까?/그 **가방**에 뭐가 들었습니까?/**가방**에 책하고 지갑이 들어 있습니다./나는 큰 **가방** 한 개와 작은 **가방** 두 개를 가지고 여행을 떠났다.

이와 같이 한국어사전의 용례는 기존의 국어사전들보다 풍부해야 한다. (3)과 관련된 정보를 사전에서 제공하는 일은 드물다. 사전은 맞게 쓰인 예만 제시하고 잘못 쓰인 예는 제시하지 않기 때문에 있을 법한 誤用을 막는 데는 취약하다. 예를 들어 인사말에 쓰이는 '안녕히'와 '잘'에 대해 『연세 한국어 사전』은 다음과 같이 풀이하고 있다.

> **안녕히**(安寧-)閉 [안부를 전하거나 물을 때에 쓰이어] 아무 탈 없이 편안하게. ¶**안녕히** 계십시오./아버님, 그럼 **안녕히** 주무십시오./**안녕히**

가십시오./여기저기서 **안녕히** 다녀오시라고 허리 굽혀 인사하는
사람들이 많았다. 참주로 '가다·계시다·다녀오다·주무시다'와
어울려 쓰임

잘甼…⑪[주로 인사말에 쓰이어] 아무 탈없이 무사히. 건강하게. ¶덕택
에 **잘** 지냅니다./그럼, **잘** 가거라. ⑫…

우선 이 사전의 설명은 일관성에 문제가 있다. '안녕히'와 '잘'은 주로
안부 인사를 포함한 인사말에 쓰인다는 점이 같고 그 의미도 차이가 없
다. 그렇다면 두 단어의 뜻풀이는 같아야 하는데 다르게 되어 있다.

'안녕히'와 '잘'은 의미상의 차이는 없지만 그 쓰임에는 무시할 수 없는
차이가 있다.

안녕히 가세요./*안녕히 가.

안녕히 계세요./*안녕히 있어.

안녕히 다녀오세요./*안녕히 다녀와.

안녕히 주무세요./*안녕히 자.

*안녕히 지내셨어요?/*안녕히 지냈어?/*안녕히 지내고 있어요.

잘 가세요./잘 가.

*잘 계세요./잘 있어.

잘 다녀오세요./잘 다녀와.

*잘 주무세요./잘 자.

잘 지내셨어요?/잘 지냈어?/잘 지내고 있어요.

우선 '안녕히'는 반말체와 같이 청자를 높이지 않는 말에는 쓰이지 못
한다. 반면에 '잘'은 서술어가 '계시다, 주무시다'일 때 청자를 높이는 말

에는 잘 쓰이지 못한다. 또 서술어가 '지내다'일 때 '안녕히'는 어색하지만 '잘'은 잘 쓰인다. 이것은 '안녕히'와 '잘'의 意味의 차이라기보다는 用法의 차이이다. '안녕히'와 '잘'의 용례를 제시할 때 이런 점을 지적해 주어야 한다.

기존의 국어사전들의 예문은 대부분 文語體이다. 초급의 한국어사전은 문어체 예문보다는 口語體 예문을 주로 싣는 게 좋다. 초급 학습자는 대개 회화 위주로 한국어를 배우기 때문이다. 초급에 한정되지 않은 일반 한국어사전이라도 구어체 예문을 기존의 국어사전들보다는 많이 제시해야 할 것이다. 이때 (4)의 조건을 고려해야 한다. 자연스러운 구어체 문장은 문어체 문장과는 상당히 다를 수 있다. 문어체에서 잘 쓰지 않는 조사 '한테, 하고, 이랑' 등을 잘 쓴다든지, '-대요'(←다고 해요)와 같은 준말을 잘 쓴다든지, 문장성분을 생략하거나 도치하는 일이 많다든지 하는 여러 가지 면에서 문어체 문장과 차이가 있다. 제시된 예문이 문어체인지 구어체인지를 표시해 주어야 학습자가 자연스러운 문어체 문장과 구어체 문장을 구사할 수 있게 될 것이다.[11]

(5)에서 언급한 對話 例文 역시 기존의 국어사전에는 잘 나타나지 않는다. 그런데 표제어에 따라서는 대화 예문을 통해서 그 용법이 제대로 설명될 수 있는 경우가 있다.

거기: 고개를 넘어가니까 아파트가 많던데요. — 제가 **거기** 살아요.
그래: 다나카씨는 스미스씨 친구죠? — 네, **그래**요.
그래도: 저는 컴퓨터를 잘 못 쳐요. — **그래도** 저보다는 잘 치잖아요.

---

11 앞에서 언급한 『코스모스朝和辭典』은 '무엇, 무엇을, 무엇이' 등이 문어체이고 '뭐, 뭘, 뭘로' 등이 구어체라는 등의 표시를 어느 정도 하고 있다.

그러다: 비가 많이 올까요? — **그럴** 수도 있어요./어제 미라씨랑 술 마
    셨죠? — 누가 **그래요?** — 미라씨가 **그러던데요.**

네: 이제 비 안 오니? — **네,** 안 와요.

분: 모두 몇 **분**이십니까? — 다섯 명인데요.

성: 민수씨는 **성**이 뭐예요? — 장씨예요.

'거기, 그래, 그래도, 그러다'와 같은 指示語들은 상대방이 이미 한 말
중의 어떤 것을 가리킬 때가 있다. 그런 쓰임을 보여주기 위해서는 대화
예문이 반드시 필요하다. 또 국어의 '네'는 영어의 no에 대응할 때가 있음
을 보여주기 위해서도 대화 예문을 이용해야 한다. '분'은 사람을 높여서
세는 단위이고 '명'은 높이지 않고 세는 단위이다. 서로 높이는 관계에서
상대 쪽에 대해서는 '분'을 쓰고 자기 쪽에 대해서는 '명'을 쓰는 것이 자
연스러움을 대화 예문을 통해 잘 보여줄 수 있다. 또 대화 예문은 '성'이
뭔지 물을 때 '장'이라고만 답하지 않고 '장씨'라고 답하는 것이 자연스러
움을 보여줄 수 있다. 이런 사실들은 대화 예문을 활용함으로써 적절한
용법을 이해시킬 수 있다.

 그 밖의 일반 표제어들에 대해서도 대화 예문은 자연스러운 對話의 양
상을 보여줌으로써 사전 이용자의 회화능력 향상에 도움을 줄 수 있다.

글쎄: 이 옷 얼마에 샀는지 아세요? — **글쎄요.** 한 2만 원?

나: (대문 밖에 누가 왔을 때)누구세요? — **나다.** 아빠다.

나가다: 철수야, 어서 나와라! — 예, 곧 **나가요!**

다: **다** 왔어요? — 아직 덜 왔어요. 조금 더 가야 돼요.

팔다: 담배는 어디서 사요? — 슈퍼에서 **팔아요.**

사전 이용자는 이와 같이 일상적으로 흔히 나타날 수 있는 대화의 예들을 접하면서 익히고자 하는 단어가 구어다운 표현 속에서 살아 움직이는 모습을 생생하게 경험함으로써 학습효과를 높일 수 있을 것이다.

6.4. 관련어휘

관련어휘는 기존 국어사전들이 제시하고 있는 비슷한말, 반대말 등을 말한다. 관련어휘를 제시하는 이유는 관련어휘를 통해 표제어를 더 잘 이해할 수 있게 되고 표제어에 대한 지식을 바탕으로 관련어휘까지 익힐 수 있는 利點이 있기 때문이다. 이런 관점에서 비슷한말(유의어 또는 동의어)과 반대말(반의어)이 관련어휘의 전체가 될 수는 없다고 할 수 있다. 예를 들어 '눈'(인체 기관)이란 단어를 익힐 때 그것의 비슷한말이나 반대말보다는 '코, 입, 귀, 얼굴, 안경'과 같이 의미상으로 '눈'과 밀접한 관계를 맺고 있는 단어들을 함께 익히는 것이 효과적이다. 이런 단어들을 參考語라고 부르기로 한다. 또 '눈물, 눈썹, 눈알, 눈동자, 눈빛, 눈웃음, 눈병, 맨눈, 짝눈'과 같이 '눈'과 다른 말이 결합해 이루어진 複合語들도 함께 익히는 것이 효과적이다. 기존 국어사전들은 비슷한말과 반대말은 열심히 제시하고 있으나 참고어와 복합어에 대한 정보는 빈약하다.

또 기존 국어사전들은 비슷한말을 제시할 때 아무 설명 없이 단어만 제시하고 마는데 그렇게 하면 비슷한말들 사이의 미세한 差異를 알기 어렵다. 비슷한말들 사이의 차이야말로 외국인에게는 익히기 어려운 부분이다. 『표준국어대사전』은 '영'(0)과 '공'(0)을 동의어라고 하여 '영'에서만 뜻풀이를 제시하고 '공'에서는 "=영."과 같이 표시하고 있다. '공'(0)에 대해서는 아무런 용례도 제시하지 않고 있다. 이것을 보면 모든 경우에 '영'과 '공'을 바꿔쓸 수 있다는 뜻이 된다. 그러나 두 단어의 용법이 완전히 같다고 할 수는 없다.

점수를 말할 때: 영점/*공점

숫자를 읽을 때: 영점 일(0.1)/*공점 일

전화번호를 읽을 때: 공삼이에 삼사공에 삼이공일(032-340-3201) /?영삼
이에 삼사영에 삼이영일

'영'과 '공'의 뜻은 같다고 할 수 있으나 쓰임은 다른 것이다. 이런 점을
외국인들은 궁금해 한다. 한국어사전은 마땅히 이런 정보를 많이 제시해
야 한다.

이 면에서 『뉘앙스 풀이를 겸한 우리말 사전』(임홍빈 편, 아카데미하우
스, 1993)과 앞에서 언급한 바 있는 『朝鮮語辭典』이 주목된다. 앞책은 기
초어휘 약 700쌍의 의미 및 용법의 차이를 정밀하게 분석하고 있다.[12] 뒤
책은 일본인의 입장에서 구별해야 할 비슷한말들을 대조표로써 설명하고
있다.[13] 한국어사전에서 제시하는 모든 비슷한말 쌍에 대해 이와 같은 의

---

12 예를 들어 '견디다'와 '참다'의 같고 다른 점을 다음과 같이 분석했다.

(가) **견디다** - 사람의 경우, 물리적인 시련이나 고통 또는 억압에 대하여 그것에 지지
않는 것을 뜻한다. 신체적인 고통을 참는 것도 이에 포함되나, 자신의 생리적이거
나 심리적인 어떤 상태를 참는 것은 이에 속하지 않는다. 그 과정이 일정한 시간
동안 지속되어야 한다.

(나) **참다** - 물리적이거나 생리적이거나 심리적인 자극에 대하여 그 반응을 밖으로 드
러내지 않는 것을 뜻한다. 자신의 심리 상태를 밖으로 표현하지 않는 것도 이에
속한다. 시간적인 지속을 필요로 하지 않는다.
    (1) 보통 사람은 참기 / 견디기 / 어려운 고통 [더위·추위·수모·모욕·굴욕].
    (2) 딸아이가 웃음을 참는다 / *견딘다.
    (3) 동생이 영화관에 가고 싶은 것을 참는다 / *견딘다.

13 한 예로 일본어의 '쓰쿠'(付く)에 대응하는 한국어 '붙다'와 '묻다'를 구별하고 있다.
고체에 대해서는 '붙다'를 쓰고 액체나 가루에 대해서는 '묻다'를 쓴다고 표시하고, 그 예문

미 및 용법의 차이가 설명되어야 할 것이다.

관련어휘로 제시하는 言語單位는 사전의 표제어로 실릴 수 있는 언어
요소, 즉 형태소(조사, 어미, 접미사, 어근)나 단어이다. 그래서 기존의 국
어사전에서는 '가져가다'의 비슷한말로 '가지고 가다'라는 句를 제시하지
않는다. '가져가다'와 '가지고 가다'가 비슷한 뜻을 가진 표현이라는 것을
한국인들은 잘 알지만 국어사전은 어디에서도 그런 정보를 제시하지 않
는다. 또 '-어도 되다'(허락)의 반대 표현이 '-으면 안 되다'(금지) 또는 '-어
서는 안 되다'(금지)라는 것을 한국사람은 잘 안다. 또 '-고 싶다'의 반대
표현이 '-기 싫다'라는 것도 한국사람은 잘 안다. 그러나 이러한 句와 句
의 관련성을 기존 국어사전들은 알려주지 않는다. 해당 언어단위가 형태
소나 단어인가 아니면 句인가를 따지지 말고 그 관련성을 표시해 주어야
할 것이다. 그렇다면 관련어휘라는 이름보다 '관련표현'이라는 이름이 옳
을 것이다.

또 단어가 아닌 語形(word-form)도 기존 국어사전에서 관련어휘로 제
시되지 않는다. 한국사람은 '일찍'의 반대말이 당연히 '늦게'라고 생각하
지만 '늦게'는 형용사 '늦다'의 한 활용형이므로 하나의 단어로 인정되지
않고 표제어로 실리지도 못한다. 따라서 반대말로 제시될 수 없다. 이런
형식에 얽매이지 말고 '일찍'의 반대 표현으로 '늦다'의 활용형인 '늦게'를
쓸 수 있다는 정보를 제시하는 것이 바람직하다. 그래야 "오늘 일찍 일어
났어요?"라는 질문에 대해 "아니요, 늦게 일어났어요."라는 대답을 할 수
있게 될 것이다.

으로 "머리에 뭐가 붙어 있다."와 "얼굴에 먹물이 묻어 있다."를 들고 있다.

7. 마무리

넓은 의미의 국어학 분야에서 辭典學(더 크게는 語彙論)과 韓國語敎育學은 본격적으로 시작된 지 얼마 되지 않았다. 그러므로 두 하위분야의 공동작업을 통해 편찬해야 할 韓國語辭典이 아직 나오지 못하고 있는 것은 이해할 만한 일이다. 그러나 한국어사전의 편찬보다 쉽게 이루어질 수 있고 한국어사전 편찬의 기초작업이라고 할 수 있는 水準別 語彙目錄 작성 작업 같은 것조차도 아직 이루어져 있지 않은 것은 안타까운 일이다. 그동안 국어어휘론과 한국어교육학이 서로 쳐다만 보고 있었던 건 아닌가 하는 생각이 든다.

수준별 어휘목록이 없는 데서 생기는 문제를 다음의 事例에서 볼 수 있다. 한국교육과정평가원의 주관으로 매년 실시되고 있는 한국어능력시험이 올해로 4회째를 맞았다. 그런데 시험 출제의 근거가 될 언어자료의 정리가 제대로 되어 있지 않은 상태이다. 그 언어자료들 가운데 가장 중요한 수준별 어휘목록도 결정되어 있지 않다. 예를 들어 4급 시험 문제라면 그 수준에 맞는 단어들로 설문, 보기, 지문 등을 구성해야 할 것이다. 또 어휘력을 평가하는 영역에서는 그 수준에 맞는 단어들을 묻는 문제가 출제되어야 한다. 그런데 어떤 단어가 그 수준에 맞는지 맞지 않는지를 출제자가 각 대학의 한국어교육기관에서 쓰고 있는 교재들을 참고하여 그때 그때 판단하고 있는 실정이다. 출제자에 따라 문제의 수준이 달라질 수 있는 것이다. 이런 상황에서 응시자들의 한국어능력을 국가가 공인하는 것은 문제가 있다. 수준별 어휘목록과 같은 언어자료의 정리 작업이 이루어지지 않고서는 한국어교육이 묵은때를 벗지 못할 것이다.

이제까지 우리에게 한 가지 국어사전만 있었던 것은 아니다. 여러 출판사와 기관에서 競爭的으로 국어사전을 만들어 온 전통에 辭典學的 연구 성과들이 더해져 최근의 좋은 국어사전들이 나올 수 있었다. 한국어사전도 한 가지가 나온다고 해서 다른 것이 필요 없다고 할 수는 없다. 앞으로 다양한 한국어사전들이 나와 서로 경쟁하고 보완하는 과정에서 좋은 한국어사전이 탄생할 수 있으리라고 생각된다. 그런 의미에서 한국어사전의 편찬을 정부에만 맡길 일은 아니라고 할 수 있다. 출판사, 대학, 연구소, 학회 등 민간단체, 아니면 뜻있는 개인이 나서는 것도 좋으리라고 본다. 앞으로 5년 안에 한국어사전이 한 가지라도 나오지 않으면 우리의 文化的 力量을 의심해 보아야 할 것이라고 생각한다.

참고문헌

논저
김광해(1993) 『국어 어휘론 개설』, 집문당.
이병근(1992) 「사전 정의의 유형과 원칙」, 『새국어생활』 2:1, 국립국어연구원. [이병근(2000)에 재수록]
_____(2000) 『한국어 사전의 역사와 방향』, 태학사.
간노 히로오미[菅野裕臣](1992) 「외국인 편찬 한국어 대역 사전의 현황과 문제점」, 『새국어생활』 2:4, 국립국어연구원.

사전
국립국어연구원 편(1999) 『표준국어대사전』, 두산동아.
동아출판사 편집국 편(1994) 『동아 새국어사전』, 동아출판사.
_____(1996) 『동아 프라임 한영사전』, 동아출판사.
민중서림 편집국 편(1998) 『민중 초등학교 으뜸 국어사전』, 민중서림.
연세대학교 언어정보개발연구원 편(1998) 『연세 한국어 사전』, 두산동아.
이상억 편(1995) *Basic Korean Dictionary*, 한림출판사.

이주행 외 편(1998) 『표준 한국어 발음사전』, 지구문화사.

임홍빈 편(1993) 『뉘앙스 풀이를 겸한 우리말 사전』, 아카데미하우스.

간노 히로오미[菅野裕臣] 외 편(1988) 『コスモス朝和辞典』, 東京: 白水社.

유타니 유키토시[油谷幸利] 외 편(1993) 『朝鮮語辞典』, 東京: 小学館.

Jones, B. J. & Gene S. Rhie eds. (1993) *Standard English-Korean Korean-English*
Dictionary, 한림출판사.

이 글을 다시 읽으며

  1999년부터 2000년까지 문화관광부의 지원을 받아 '외국인 학습자를 위한 초급 한국어 사전 개발' 사업을 마치고 나서 이론적 문제들을 종합적으로 논의한 것이 이 논문이다. 십수 년이 지난 지금은 한국어교육 분야나 사전 분야나 상황이 많이 바뀌었다. 한국어교육 시장이 훨씬 더 커졌고 한국어교육학의 학문적 성장도 많이 이루어졌으며, 컴퓨터 기술의 발달로 전자사전의 사용이 보편화되었다. 지금 보면 시의성이 다소 떨어지는 내용도 있으나 이 논문이 제시한 한국어사전의 나아갈 방향은 지금 시점에서도 기본적으로 옳다고 생각한다.

9장

외국인을 위한 한국어사전 개관

1. 목적

이 글의 목적은 외국인을 위한 한국어사전을 역사적인 관점에서 조망하고 현재의 모습을 개관하는 데 있다. 외국인을 위한 한국어사전의 역사는 길게 잡으면 900년이 넘지만 그 대부분은 공백기이며 한국인의 손으로 그러한 사전을 제대로 낸 것에 한정하면 3년이라는, 역사 아닌 현재만남는다.[1] 그렇지만 현재의 모습이 어떤 과거를 배경으로 형성된 것인지 살피지 않을 수 없다. 또 사전이라는 개념을 다소 폭넓게 적용하여 외국인을 위한 한국어사전이 가야 할 앞날을 내다보는 데도 다양한 가능성을 열어 둘 필요가 있다.

2. 용어

우선 논의의 편의를 위해 다음과 같이 용어를 정의한다.

---

1 외국인을 위한 한국어사전의 시초를 『계림유사』(1104)로 보면 그 역사가 900년이 넘고 『(외국인을 위한) 한국어 학습 사전』(2006)을 시작으로 보면 3년밖에 안 된다.

국어사전: 한국인을 위한, 한국어에 대한 사전

한국어사전: 외국인을 위한, 한국어에 대한 사전

국어 · 한국어사전: 국어사전과 한국어사전

'국어'와 '한국어'는 그 중심의미가 같은 단어이지만 '한국인을 위한'이나 '외국인을 위한'과 같은 수식어를 늘 붙여야 하는 번거로움을 피하기 위해 이 글에서 위와 같이 구별하여 쓰고자 한다. '국어교육'과 '한국어교육'을 각각 '한국인을 위한 한국어교육'과 '외국인을 위한 한국어교육'의 뜻으로 구별해 사용하고 있는 한국어교육계의 관례에 맞춘 것이다.

'한국인, 외국인'이란 표현은 사실 여기서 부정확한 면이 있다. 이들은 국적을 기준으로 사람을 규정한 용어인데 그 의도는 국적의 차이가 아니라 모어(native language)의 차이이기 때문이다. 한국이 더 이상 단일민족 국가가 아닌 지금의 상황에서 이들을 각각 '한국어 원어민'과 '한국어 비원어민'이라고 불러야 한국 국적을 가지고 있으면서도 언어 때문에 '외국인'으로 불리는 억울한 사연을 듣지 않게 될 것이다. 그렇지만 용어의 간결함을 위하여 위와 같이 규정해 둔다.

3. 국어 · 한국어사전 약사

한국어사전을 역사적으로 살펴려고 할 때 문제는 어느것이 한국어사전이고 어느것이 한국어사전이 아닌가 하는 것이다. 경우에 따라서는 한국인을 위한 외국어사전도 한국어사전의 역할을 할 수 있다. 그리고 한국어사전과 국어사전, 한국인을 위한 외국어사전이 과거로 올라갈수록 분화가 덜 된 모습을 보인다. 그래서 현재의 한국어사전의 형성에 역사적으로 영향을 끼쳤다고 할 수 있는 辭典과 語彙集을 두루 포함하여 그 주요 흐름을 도식화하면 [표 1]과 같다.[2]

[표 1] 『계림유사』에서 『한국어 학습 사전』까지의 국어·한국어사전의 흐름

| 시대 | 외국인 | 한국인 | | 성격 |
	다언어	다언어	단일어	
고려 ~ 조선 초기	1104 계림유사(중한)[3] 1400초 조선관역어(중한)			어휘 집 ↑
조선 후기		1690 역어유해(중한) 1700초 왜어유해(중일한) 1748 동문유해(중한만) 1768 몽어유해(중한몽) 1778 방언유석(중한만몽일)		
개화기 ~ 일제 강점기	1874 로한ᄌ뎐(러한) 1880 한불ᄌ뎐(한불) 1890 한영영한ᄌ뎐(한영/영한) 1891 나한사전(라한) 1897 한영자전(한영) 1901 법한자전(불한) 1907 일한이로하사전(일한) 1920 조선어사전(한일)	1895 국한회어(한중)	1910년대 말모이 1925 보통학교 조선어사전 1938 조선어사전(문세영)	

2 이 표의 작성에는 최현배(1961), 김민수(1980), 이병근(1986, 1992), 박형익(2003)을 참고했다. 각 사전의 자세한 서지사항은 이 논저들을 참고하기 바란다. 국어사전의 역사에 대해서는 홍종선(1996, 2008), 홍종선 외(2009:2장)도 참고가 된다.

			1947~1957 큰사전	
대한민국	1968 한미대사전(한영) 1986 조선어대사전(한일) 1988 코스모스조화사전(한일) 1993 조선어사전(한일)		1962 국어대사전(이희승) 1991 국어대사전(금성출판사) 1992 우리말 큰사전(한글학회) 1992 조선말대사전(북한) 1998 연세 한국어 사전 1999 표준국어대사전 2006 한국어 학습 사전	↓ 사전

최초의 한국어 어휘집인 『계림유사』와 『조선관역어』는 중국인이 중국인을 위해 만든 것이다. 한자 표제어에 대해 한자로 한국어를 音借表記했다. 조선 후기의 『역어유해』~『방언유석』은 類解類 譯學書라고 부르는데 외국어 통역을 위한 어휘학습이 목적이었다. 이상의 어휘집들은 모두 한자 또는 한자어(즉 중국어)를 표제어로 내세운 점에서 공통적이다.

개화기에 외국인들이 앞다투어 낸 『로한ᄌᆞ뎐』~『日韓いろは辭典』(일한이로하사전)은 선교나 무역이 목적이었는데 비로소 한국어를 표제어로 내세우기 시작했다. 일제강점기에 조선총독부에서 낸 『조선어사전』(1920)의 편찬에는 한국인 학자들도 참여했다. 이 무렵에 한국인들도 국어사전을 편찬하려고 노력하고 있었는데 그 결과가 『말모이』에서 『큰사전』에 이르는 몇 사전들이다. 『큰사전』으로 꽃을 처음 피운 확장형 국어사전은 『국어대사전(이희승 편)』, 『국어대사전(금성출판사)』, 『우리말 큰사전(한글학회 편)』, 『조선말대사전(북한)』을 거쳐 20세기의 마지막 해 한글날에

---

3 다언어사전의 언어 표시에서 '중'은 고전중국문어인 한문을 포함한다.

『표준국어대사전』이 나옴으로써 일단락되었다. 『연세 한국어 사전』은 전산화된 말뭉치를 기반으로 편찬한 최초의 국어사전이다.

대한민국 시기에 외국인이 편찬한 사전 중 『한미대사전』은 영어 화자를 위한 한국어사전이고 『조선어대사전(오사카외국어대 편)』, 『코스모스 조화사전(간노 외 편)』, 『조선어사전』(유타니 외 편)은 일본인을 위한 한국어사전인데 마지막 둘은 한국어 학습자를 위한 사전이다.

전체적으로 보면 어휘집의 형태에서 사전의 형태로 바뀌어 왔고 다언어사전에서 단일어사전으로, 외국인 편찬에서 한국인 편찬으로 중심이 이동해 왔다. 그러나 正規辭典으로서의 한국어사전은 외국인들이 오래전부터 편찬해 왔는데 한국인은 『(외국인을 위한) 한국어 학습 사전』을 만든 것이 처음이다. 한국인의 한국어사전 편찬은 이제 시작인 셈이다. 한국인이 편찬한 첫 국어사전 『말모이』로부터 100여 년이 지나서야 첫 한국어사전을 내놓은 것이다.[4]

4. 어휘집과 사전

어휘집과 사전은 다수의 단어를 실은 책이라는 점에서는 같지만 어떤 점에서는 본질적인 차이가 있는 것으로 생각하는 것이 일반적이다. 앞장에서 국어·한국어사전이 대체로 어휘집의 형태에서 사전의 형태로 바뀌어 왔다고 진술한 것도 그러한 상식을 바탕에 깔고 있다.

---

4 필자는 2001년 2월 20일에 발행된 배주채(2001)을 다음과 같이 끝맺은 바 있다. "앞으로 5년 안에 한국어사전이 한 가지라도 나오지 않으면 우리의 文化的 力量을 의심해 보아야 할 것이라고 생각한다." 『(외국인을 위한) 한국어 학습 사전』은 2006년 1월 10일에 최종본이 출판되었다. 다행히 만 5년이 차기 전에 기다리던 한국어사전이 나왔다.

어휘집이 단어의 목록에 그치고 다른 정보의 제시가 없다면 그것은 사전과 분명히 구별된다. 그렇지만 단어의 목록을 작성하되 각 단어의 뜻을 어떤 식으로든 표시해 제시하면 그때부터 사전과의 경계가 모호해지기 시작한다.

마음 몡 mind, spirit, heart, will

마음 몡 [마음] mind, [中]心, [日]心 ¶점원: 어느 구두가 더 마음에 드세요? — 안나: 저는 이 구두가 더 마음에 들어요. 팬마음에 들다/ 안 들다

위의 두 항목은 어휘집과 사전 가운데 어디에 더 어울리는가? 아무래도 전자는 어휘집, 후자는 사전에 가까운 느낌을 준다. 전자는 품사와 의미(對譯語)만 제시했을 따름인데 후자는 품사, 발음, 대역어, 예문, 관련표현까지 다양한 정보를 제시하고 있기 때문이다.[5] 전자와 후자는 다음 두 책에 실린 '마음' 항을 비슷한 형식으로 바꾸어 여기에 옮긴 것이다.[6]

Basic Korean Dictionary: Korean-English, English-Korean (외국인을 위한 기초 한국어 사전), Hollym, 1995, 이상억(Sang-Oak Lee), 436쪽.

2000 Essential Korean Words for Beginners, 다락원, 2008, Ahn Seol-hee, Min Jin-young, Kim Min-sung, 504쪽.

---

5 앞장에서 본 『계림유사』, 『조선관역어』, 각종 유해류 역학서들이 전자와 비슷하게 대역어 제시 위주로 되어 있으므로 대체로 어휘집으로 규정하고 있다.
6 전자는 원래 다음과 같이 실려 있던 것이다. '마음속으로'는 '마음속'이 '마음'과 다른 단어이므로 副標題語라 할 수 있어서 그 부분을 제외하고 인용했다.

maŭm 마음 n. mind; spirit; heart; will. maŭmsog-ŭro 마음속으로 inwardly; in one's heart.

전자는 제목에 사전이라는 이름을 달고 있고 자모순으로 표제어를 검색하는 정규사전의 형태를 띠고 있다. 후자는 제목(초보자를 위한 한국어 필수단어 2000)에서 드러나듯이 사전이 아닌 어휘집을 표방하고 있고 정규사전과 달리 표제어가 주제별로 배열되어 있어서 색인을 통해 표제어를 검색하게 되어 있다. 이 두 책을 놓고 보면 어휘집과 사전의 본질적인 차이가 무엇인지를 말하기 어렵다. 대체로 다음 사항들을 기준으로 놓고 덜 갖춘 쪽을 어휘집, 더 갖춘 쪽을 사전이라고 직관적으로 구별하고 있는 것이 아닌가 한다.

(1) 표제어 목록의 완결성(정해진 범위 안의 표제어를 빠짐없이 수록했는가)
(2) 표제어 및 언어정보 검색의 용이성
(3) 언어정보의 정확성, 다양성, 상세함

따라서 우리는 어휘집과 사전의 절대적인 구별보다는 상대적인 구별을 전제하고자 한다. 3장(국어·한국어사전 약사)에서처럼 6장(한국어사전 현황)에서도 어휘집과 사전을 포괄한 한국어사전을 논의대상으로 삼기로 한다. 특히 한국어사전의 경우 사용자의 처지를 생각하면 둘의 구별이 무의미할 수 있다는 점도 적극적으로 고려할 필요가 있다. 사용자는 단어에 대한 궁금증을 쉽고 정확하게 해결해 주는 책이면 그것이 어휘집이든 사전이든 상관하지 않을 것이기 때문이다.

5. 사전의 유형

사전의 유형은 김광해(1993:10장), 이희자(2003), 홍종선 외(2009:3장) 등 여러 논저에서 반복적으로 언급되어 왔다. 그러나 분류의 체계성이 부족하고 각 유형의 이름도 들쭉날쭉해서 대폭적인 손질이 필요한 형편이다. 이제 다음과 같은 체계적인 유형분류를 바탕으로 개별 한국어사전들의 성격을 더 잘 파악할 수 있게 될 것이다.[7]

[표 2] 사전의 유형

기준		유형	특징 및 예
형태	물리적 형태	종이사전	대부분의 전통적인 사전.
		전자사전	전자수첩, CD롬사전, 웹사전.
	정보 저장 위치	독립형(offline) 사전	종이사전, 전자수첩, CD롬사전.
		의존형(online) 사전	웹사전.
	정보의 표현 형태	글자사전	대부분의 전통적인 사전.
		그림사전	표제어의 의미를 그림으로 표현한 사전.
사용 목적	소통의 면	이해사전	듣기와 읽기를 도움.
		표현사전	말하기와 쓰기를 도움.
	인지의 면	학습사전	체계적인 언어학습에 사용함.
		참조사전	대부분의 전통적인 사전. 단편적인 문제를 해결함.
언어		단일어사전	표제어와 풀이가 같은 언어임. 국어사전, 영영사전.
		다언어사전	표제어와 풀이가 다른 언어임. 영한사전, 영영한사전.
정보의 범위	양적인 면	확장형 사전	최대한의 표제어를 수록하고 최대한 자세한 풀이를 제시함. 대사전.
		선별형 사전	중요도 등에 따라 표제어를 제한적으로 수록하고 풀이도 제한적으로 제시함. 중사전, 소사전.
	질적인 면	정규사전	모든 종류의 단어를 표제어로 수록하고 모든 종

---

7 언어사전(linguistic dictionary)과 사물사전(encyclopedic dictionary)을 먼저 구별한 것으로 전제하고 언어사전만을 대상으로 삼는다.

		류의 언어정보를 제시함.
	특수사전[8]	일부 종류의 단어만 표제어로 수록하거나 일부 종류의 언어정보만 제시함.
		발음사전, 맞춤법사전, 숙어사전, 속담사전.
정보의 근거	직관 기반 사전	언어자료에 기반하지 않거나 제한된 언어자료에 기반하여 표제어를 선정하고 풀이함.
	말뭉치 기반 사전	대표성을 지닌 충분한 양의 언어자료에 기반하여 표제어를 선정하고 풀이함.
정보의 규범성	규범사전	사용자가 따라야 할 규범으로서의 언어정보를 제시함.
	기술사전	화자들의 언어 사용 양상을 반영하는 언어정보를 제시함.
텍스트의 구조	자모순 사전	표제어를 자모순으로 배열함.
	의미분류 사전	표제어를 의미에 따라 분류하여 배열함. 속칭 분류사전.

多言語辭典은 뜻풀이를 대역어로써 제시하는 일이 보통이므로 대역사전이라고 할 수 있다. 다언어사전의 대종은 二言語辭典이다. 그런데 한국인을 위한 이언어사전과 외국인을 위한 이언어사전이 비슷한 모습을 보일 수 있다. 즉 한국어와 외국어의 대역사전인 韓外辭典(예를 들어 한영사전)은 한국인에게는 외국어 표현사전, 외국인에게는 한국어 이해사전으로 사용될 수 있으며, 外韓辭典(예를 들어 영한사전)은 한국인에게 외국어 이해사전, 외국인에게 한국어 표현사전으로 사용될 수 있는 것이다. 실제로 많은 한국인과 외국인이 그렇게 사용하고 있기도 하다.

그렇지만 한국인을 위한 한외사전과 외국인을 위한 한외사전에는 분명한 차이가 있다. 다음은 뒤에서 자세히 살펴볼, 일본인을 위한 한일사전인 『朝鮮語辭典』(1993)의 '머리' 항이다.

---

8 특수사전에 대해서는 최경봉(2008)에서 종합적으로 논의하였다.

머리¹ [mɔri モリ] [名] **頭**. 1 (人間や動物の)**頭**, 頭部. ¶〜에 모자를 쓴다.

......

5 上, 上部.

......

◆머리(가) 썩다 (頭が腐るの意で)頭が働かなくなる.

......

여기서 다음의 (1)〜(6)은 한국인을 위한 한일사전에서는 불필요하다.

(1) 표제어에 重要度 표시를 했다. '머리'를 큰 글자로 표시해 중요어 1650단어에 듦을 표시했다.

(2) 발음을 표시했다. 국제음성기호로 [mɔri], 가타카나로 [モリ]로 표시 했다.

(3) 중요한 의미는 그에 대한 대역어를 고딕체로 표시했다. 처음에 대 표적인 의미를 '頭'로 고딕체로 표시했고, 첫째 의미에서 '(人間や動物の)頭'의 '頭'를 고딕체로 표시한 반면 다섯째 의미에서 '上, 上部' 는 고딕체로 표시하지 않았다.

(4) 熟語의 뜻풀이에서 "(頭が腐るの意で)"(머리가 썩는다는 뜻에서)와 같이 숙어의 축자적 의미를 보여줌으로써 비유적 의미를 쉽게 이해할 수 있도록 했다.[9]

(5) 형태소분석이 어려운 표제어를 검색하기 쉽도록 假標題語를 설정했다.

(6) 뜻풀이나 예문의 대역에 사용된 단어나 문장의 難易度 조절이 문제 가 안 된다.

---

9 '관용구, 관용어, 숙어' 등의 용어를 '숙어'로 통일하기로 한다.

(5)는『朝鮮語辞典』의 한 특색이다. 이 사전의「일러두기」에서 '変化形 見出し語'(변화형 표제어)라는 제목으로 설명한 내용을 요약하면 다음과 같다.

1음절, 2음절 용언은 다음과 같이 가표제어를 설정했다.
① 1음절 용언의 어간 예 맞- <맞다.
② 어미 '-어'가 탈락하거나 축약된 활용형 예 가⁶ <가(다)+-아⁹.
③ ㄹ용언에서 ㄹ이 탈락한 어간 예 기-¹³ <기다, 길다.
④ 1음절 ㄹ용언의 관형사형 예 긴² <기(다)+-ㄴ³; 길(다)+-ㄴ³.
⑤ 모음 관련 불규칙용언의 '-어' 활용형 예 흘러 <흐르(다)+-아⁹.
⑥ 자음 관련 불규칙용언에서 어간에 어미의 모음이 붙은 형태 예 들어 <든(다)+-어⁹; 들(다)+-어⁹. 예 파라- <파랗(다)+-으-².
⑦ 1음절, 2음절 용언에서 同形異語가 있는 것. 예 가신⁴ <가(다)+-시-⁹ +-ㄴ³; 가시(다)+-ㄴ³; 갈(다)+-시-⁹+-ㄴ³.

여기서 예를 든 '맞-, 가⁶, 기-¹³, 긴², 흘러, 들어, 파라-, 가신⁴ 등은 한국 인을 위한 한일사전에서 표제화할 필요가 없을 것이나 외국인을 위한 한 일사전에서는 꼭 필요하다. 이들을 체계적으로 풍부하게 수록한 것이 이 사전의 큰 장점이다.[10]

---

10 이 같은 방식은 뒤에서 언급할『韓美大辭典(New Korean-English Dictionary)』(마틴 외 편)에서 처음 시도한 것이다. 간노(1992)에 따르면 북경대에서 편찬한『朝汉词典』(商务印书 馆, 1978)도 이러한 변화형을 가표제어로 실었다고 한다. 뒤에서 언급할『コスモス朝和辞典』 도 마찬가지다. 한국어사전의 가표제어에 대해서는 강현화(2003)에서도 논의하고 있다.

6. 한국어사전의 현황

해방 이후에 나온 주요 한국어사전의 현황을 다음 표로 정리할 수 있다. 각각의 자세한 서지사항은 따로 보인다.

[표 3] 주요 한국어사전의 현황

유형		국가	책명	연도	언어	쪽수	특기사항[11]
정규 사전		미국	韓美大辭典	1968	한영	1902	100,000단어.
		일본	コスモス朝和辭典	1988 1991	한일	1053	18,000단어. 중요어 845개 표시.
		일본	朝鮮語辭典	1993	한일	2065	120,000단어. 중요어 1650+4400개 표시.
		한국	한국어 학습 사전	2006	한한	869	8000단어. 중요어 2975개 표시.
특수사전	문법형태사전	미국	한국어문법총람 (제2부 문법사전)	1992	한영	618	역사적 설명 포함.
		한국	어미·조사사전	2001	한한	879	조사, 어미, 문법적 연어 2000개.
		한국	외국인을 위한 한국어문법 2	2005	한한	906	조사, 어미, 문법적 연어 900개.
	형태소사전	미국	Handbook of Korean Vocabulary	1996	한영	387	주표제어 형태소 1500개. 부표제어 단어 15,000개. 1부(한자형태소)+2부(고유형태소).
		중국	韩语词汇词根+分类记忆法	2009	한중	550	10,000단어. 1장(고유어어근), 2장(한자어근), 3장(분류어휘). 듣기CD 첨부.

용언활용사전	한국	한국어 동사 500활용사전	2008 2009	한영	508	동사 500개. 활용형 60가지. 듣기CD 첨부.
연어사전	한국	한국어 연어사전	2007	한한	1404 +321	표제어 1500단어, 연어 40,000개.
그림사전	한국	*Korean Picture Dictionary*	2006	한영 중일	223	2400단어+부록 1400단어. 한국어 색인(영중일 대역).
	중국	韩英汉 图解词典	2007	한영 중	390	12,000단어. 부록으로 한영중 각각 색인.
분류사전	일본	朝鮮語 分類基礎語彙集	1998	한일	184 +65 +72	5535단어. 중요어 791+1899+2845개 표시. 10품사>63대부류>200여 소부류. 부록으로 일본어, 한국어 색인.
	한국	현대 한국어 학습사전	2000	한한	926	15,000단어, 43부류.
	중국	实用 韩日英汉 分类词典	2005	한일 영한	341	10,000단어. 8품사>84대부류>일부 89소부류.
	한국	*2000 Essential Korean Words for Beginners*	2008	한영 중일	504	2000단어. 15대부류>64소부류, 부록 17부류. 듣기CD 첨부.

---

11 표제어 수 등이 사전에 나와 있지 않은 경우 필자가 추산하여 제시했다. 사전에 담긴 언어정보에 관한 통계는 사전 사용자에게 좋은 참고가 된다. 그러나 표제어 수가 몇 개인지 같은 가장 기본적인 통계도 대부분의 사전이 정확히 제시하지 않고 있다. 요즘 전산편집으로 내는 사전들조차 그런 정확한 통계 제시에 인색한 것은 아쉬운 일이다. 『표준국어대사전』은 다양한 통계적 사실들을 모아 보고서(이운영 2002)를 내 국어 어휘의 통계

『韓美大辭典(New Korean-English Dictionary)』, 민중서관, 1968, 새뮤얼 마틴 (Samuel E. Martin), 이양하(Lee Yang Ha), 장성언(Chang Sung Un), 1902쪽.

『ユスモス朝和辞典』, 일본: 白水社, 1988, 菅野裕信(간노 히로오미) 외, 1053쪽. [1991년 개정판]

『朝鮮語辞典』, 일본: 小学館, 1993, 小学館·金星出版社 공동편집, 油谷 幸利(유타니 유키토시) 외, 2065쪽.

『(외국인을 위한) 한국어 학습 사전』, 신원프라임, 2006, 서상규 외, 869쪽.

A Reference Grammar of Korean: a complete guide to the grammar and history of the Korean language (『韓國語文法總覽』), Part Two: Grammatical Lexicon, 일본: Charles E. Tuttle Company, 1992, Samuel E. Martin, 1032쪽.

『(한국어 학습용) 어미·조사 사전』, 한국문화사, 2001, 이희자·이종희, 879쪽.

『(한국어 학습 학습자용) 어미·조사 사전』, 한국문화사, 2006, 이희자· 이종희, 535쪽.

『(한국어 학습 초급용) 어미·조사 사전』, 한국문화사, 2008, 이희자·이 종희, 278쪽.

『외국인을 위한 한국어 문법 2: 용법 편』, 커뮤니케이션북스, 2005, 국 립국어원, 906쪽.

Handbook of Korean Vocabulary: a resource for word recognition and comprehension, 미국: University of Hawai'i Press, 1996, Miho Choo & William O'Grady, 387쪽. [2002, 한국문화사 영인 출판]

적 특징을 드러내는 데 기여했으나 그 내용이 사전에는 전혀 실려 있지 않아 일반 사전 사용자들이 손쉽게 접하기는 어렵다.

『韩语词汇词根+分类记忆法』, 중국: 中国宇航出版社, 2009, 黃任 외, 550쪽.

『한국어 동사 500 활용사전』, 소통, 2008, Bryan Park, 508쪽. [2009 개
정판 / 중국어판: 『韩国语基本动词500表解』, 世界图书出版公司北京
公司, 2009, 朴奎炳, 511쪽]

『한국어 형용사 500 활용사전』, 소통, 2008, Bryan Park, 501쪽. [2009
개정판]

『(한국어교육을 위한) 한국어 연어사전』, 커뮤니케이션북스, 2007, 김하
수 외, 본책 1404쪽+별책부록(한국어 연어목록) 321쪽.

Korean Picture Dictionary, 다락원, 2006, Kang Hyoun-hwa, 223쪽.

『韩英汉 图解词典』, 중국: 外语教学与研究出版社, 2007, 李晓明, 390쪽.

『朝鮮語 分類基礎語彙集』, 일본: 東京外国語大 語学教育研究協議会, 1998,
野間秀樹(노마 히데키), 184+65+72쪽.

『(의미로 분류한) 현대 한국어 학습 사전』, 한국문화사, 2000, 신현숙 외,
926쪽.

『(의미로 분류한) 한국어 영어 학습사전』, 한국문화사, 2000, 신현숙 외,
694쪽.

『(의미로 분류한) 한국어 중국어 학습사전』, 한국문화사, 2000, 신현숙
외, 686쪽.

『(의미로 분류한) 한국어 일본어 학습사전』, 한국문화사, 2001, 신현숙
외, 780쪽.

『实用 韩日英汉 分类词典』, 중국: 北京大学出版社, 2006, 林从纲, 341쪽.

2000 Essential Korean Words for Beginners, 다락원, 2008, Ahn
Seol-hee, Min Jin-young, Kim Min-sung, 504쪽.

6.1. 전체적인 경향과 『(외국인을 위한) 한국어 학습 사전』

전체적으로 보면 한국에서 발행된 한국어사전은 2000년 이후에 집중되어 있다. 특히 정규사전인 『(외국인을 위한) 한국어 학습 사전』은 최근에 발행되었다(2006년 1월 10일).[12] 이 정규사전 외에 다양한 특수사전들도 발행되고 있다. 일본에서는 1988년과 1993년에 각각 소사전과 중사전 형태의 일본인용 한국어사전을 냄으로써 일본인의 한국어학습에 큰 도움을 주고 있다. 이 둘은 5장에서 일부 보았고 7장에서도 보게 되듯이 여러 모로 학습자를 배려했다는 점에서 한국어사전의 본보기를 보여주었다고 할 수 있다.[13]

한국의 한국어사전 발행이 2000년 이후에 집중된 원인 또는 배경으로 다음 몇 가지 사실들이 작용한 것으로 정리할 수 있다.

(1) 한국어사전 수요의 면
   ① 1990년대 이후 한국어교육 시장의 확대 ⇐ 1980년대 이후 한국 사회의 민주화와 경제발전 및 국제화
(2) 한국어사전 공급의 면
   ① 1990년대 이후 한국어교육학의 발달
   ② 1980년대 이후 사전학의 발달
   ③ 1990년대 이후 전산화된 말뭉치에 기반한 전산국어학의 발달 ⇐ 1980년대 이후 컴퓨터기술의 발달

---

12 이하 〈학습〉으로 약칭한다.
13 『코스모스조화사전』, 『조선어사전』은 7장에서 자세히 살핀다. 이하 이들을 각각 〈조화〉, 〈조선〉으로 약칭한다. '조화'에서 '조'는 조선어, 즉 한국어를, '화'는 和語, 즉 일본어를 나타낸다. '코스모스(cosmos)'는 한국어를 하나의 우주에 비유한 표현이다.

사전학과 전산국어학의 발달로 전산화된 말뭉치에 기반한 국어사전이 등장하게 된 것은 국어·한국어사전의 역사에서 획기적인 일이다. 『연세 한국어 사전』(1998년 10월 9일 발행)과 『표준국어대사전』(1999년 10월 9일 발행)이 그것이다.[14] 실제 언어자료를 바탕으로 풀이가 이루어졌기 때문에 언어현실이 잘 반영되게 되었고 전산화된 자료와 전산편찬 방식으로 풀이의 체계성이 향상될 수 있었다. 덧붙여 전자는 중요어만을 대상으로 상세한 풀이를 제시한 점에서도, 후자는 어문규범의 철저한 반영으로 확장형 규범사전을 정립한 점에서도 의의가 크다.

이러한 사회적 여건 속에서 다음의 여러 사전이 〈학습〉에 크고 작은 영향을 미쳤다.

<학습>에 영향을 준 사전들

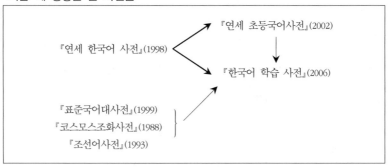

이 도식에서 보듯이 〈학습〉에 가장 큰 영향을 준 것은 『연세 한국어 사전』이다. 편찬의 주체가 연세대학교 언어정보개발연구원으로 같고(실제 참여자도 거의 같다),[15] 결과물의 내용도 두 사전이 가장 유사한 데서

---

14 이하 『연세 한국어 사전』과 『표준국어대사전』을 각각 〈연세〉, 〈표준〉으로 약칭한다.

15 〈학습〉은 편찬자를 8명의 연구자(서상규, 백봉자, 강현화, 김흥범, 남길임, 유현경, 정희정, 한송화)로 표시했는데 대부분이 언어정보개발연구원 소속이다.

그 점을 확인할 수 있다. 언어정보개발연구원은 2002년 1월에 『연세 초등국어사전』을 냈는데 〈연세〉를 바탕으로 초등학생의 요구에 맞는 사전을 만든 것이다.[16] 〈학습〉 역시 〈연세〉에 바탕을 두고 외국인 학습자의 요구에 맞게 만든 사전이라 할 수 있다. 〈초등〉과 〈학습〉이 중요한 단어에 대해 중요한 의미만을 대상으로 쉽게 풀이한 학습사전이라는 공통점이 있기 때문에 전자의 편찬 경험이 후자의 편찬에 상당한 도움을 주었을 것이다.[17] 그렇지만 전산화된 말뭉치를 바탕으로 편찬되었다는 점에서 〈연세〉와 동일한 장점을 지닌 〈표준〉이 확장형 규범사전으로 나왔기 때문에 이 역시 상당한 참고가 되었을 것이다. 그리고 일본에서 십수 년 전에 낸 일본인 학습자용 한국어사전인 『코스모스조화사전』, 『조선어사전』도 길잡이 역할을 했을 것이다.

6.2. 문법형태사전

『한국어문법총람』은 *A Reference Grammar of Korean* (한국어 참조문법)의 한국어 이름이다. 1960년대부터 원고 상태로 있다가 뒤늦게 보완하여 출판한 것이라 한다.[18] 제1부 「한국어의 구조」(Korean Structure)는 한국어의

---

16 이하 『연세 초등국어사전』을 〈초등〉으로 약칭한다.

17 두 사전의 내용을 살펴보면 그 유사성을 쉽게 확인할 수 있다. 예를 들어 뒤에서 볼 '머리'의 의미를 똑같이 다섯 가지로 나누어 풀이했다. 〈학습〉의 첫째 의미 "사람이나 동물의 목 위의 부분."이 〈초등〉에서 "동물의 목 위의 부분."으로 되어 있었던 점만 빼면 나머지 뜻풀이는 표현도 똑같다.

18 같은 편자가 주도적으로 편찬한 『韓美大辭典(New Korean-English Dictionary)』(1968)에 이미 같은 내용이 어느 정도 실려 있는 데서 그 사실을 확인할 수 있다. 표제어 '-기야'를 비교해 보면 이를 알 수 있다.

● 『한미대사전』 '-기야'

-기·야 -ki ya, nom.+pcle. only doing or being. ¶ 그 이·가 오기·야 오겠다 He

표기, 발음, 문법을 기술했고 제2부 「문법사전」(Grammatical Lexicon)은 조사, 어미, 보조용언, 의존명사, 문법적 연어 등 다양한 문법형태들을 사전식으로 풀이한 것이다. 텍스트에 한글 활자를 전혀 사용하지 않고 로마자표기로써 한국어를 전사하고 있어서 한국인이 이용하기에는 불편한 면이 있다.[19] 어쨌든 교착어인 한국어를 학습할 때 문법형태의 학습이 문법학습의 대부분임을 생각하면 이 「문법사전」은 의의가 크다고 할 수 있다. 그러나 풀이 내용이 학습자보다 전문가를 위한 것이라서 그 의의는 반감된다.[20]

이 「문법사전」의 문제점은 『(한국어 학습용) 어미·조사사전』과 『(외국인을 위한) 한국어문법 2: 용법 편』이 나옴으로써 해소되었다. 전자는 『(한국어 학습 학습자용) 어미·조사 사전』(2006)(표제어 약 900개), 『(한국어 학습 초급용) 어미·조사 사전』(2008)(표제어 약 300개), 『(한국어 학습 전문가용) 어미·조사 사전』(발행 예정)으로 분화했다. 후자는 『(외국인을 위한) 한국어문법 1: 체계 편』과 쌍둥이 책이다. 『한국어문법총람』처럼 제1부는 문법서, 제2부는 문법형태사전인 것이다. 두 문법형태사전은 편자가 다르지만 체제와 내용이 거의 비슷하다.[21]

---

is sure to come. ¶ 그 정도·로 글·을 쓰기·야 힘-든 일·이 아니다 It's not hard to write up to THOSE standards. SEE ALSO 하기·야. CF. -기·는.
- 『한국어문법총람』 제2부 '-ki ya'
-ki ya, summative + pcl. only doing/being; if it is nothing more (or) other than; of course doing/being, to be sure. ¶ Ku (sālam) cengto lo kul ul ssuki ya him tunq īl i ani 'ta It is not so hard to write up to HIS standards. Ku i ka oki ya okeyss.ci man un nemu nuc.ci anh.umyen cōh.keyss.ta Of course he'll get here, all right, but I hope he won't be too late. SEE haki ya. CF -ki nun.

19 그 로마자표기법도 마틴 교수가 고안한 예일표기법(Yale System)이라는 독특한 방식이어서 현행 로마자표기법과 상당히 달라 더욱 낯설다. 예일표기법에 대해서는 정희원 (1997) 참조.

20 예를 들어 각 문법형태의 역사적 쓰임을 옛 문헌에 쓰인 용례와 함께 길게 소개한 것을 들 수 있다.

21 문법형태사전으로 『외국어로서의 한국어 문법 사전』(백봉자 편, 연세대출판부, 1999)

6.3. 형태소사전

Handbook of Korean Vocabulary (한국어어휘총람)은 한자형태소와 고유형태소를 표제어로 삼고 그것들을 바탕으로 조어된 단어들을 모아서 보이고 영어 대역어를 제시한 책이다. 예를 들어 첫 표제어 '가(家)'에 "house; specialist"라는 대역어를 제시하고 그 부표제어로 '가정, 처갓집, 가출, 귀가, 가사, 가계부, 가구, 가족, 가문, 외갓집, 가장, 애처가, 공처가, 가축, 국가, 정치가, 법률가, 작가, 화가, 만화가, 전문가, 대식가, 애주가, 자가용'을 싣고 각각의 영어 대역어 및 한자표기를 밝혔다. 조어적 관련성이 있는 단어들, 이른바 單語族(word family)을 제시함으로써 한자어, 합성어, 파생어의 분석적 이해에 도움을 주는 방식이라고 할 수 있다. 책의 부제가 "a resource for word recognition and comprehension"(단어인식과 단어이해 자료집)으로 붙어 있어서 편자들이 이해사전을 지향했음을 알 수 있다.

『韩语词汇词根+分类记忆法』(한국어어휘 어근+분류 기억법)은 국립국어연구원의 "한국어 학습용 어휘" 약 6000개에 4000개를 더한 10,000단어에 대해 중국어로 풀이한 책이다. 1장 韩语词根(고유어어근)은 180여 개를 표제어로 삼고 그 형태소가 들어 있는 복합어를 실었다. 예를 들어 '국' 항에

도 있다. 2006년에 개정판이 나오고(하우출판사), 2008년에 중국어판이 나왔다(『白峰子韩国语语法词典』, 중국: 世界图书出版公司北京公司, 2008). 책의 후반부 '한국어 문법 형태' 편에서 문법형태 482개를 설명했다. 2001년에 나온 『(한국어 학습용) 어미·조사 사전』과 비교하면 문법형태사전을 표방한 첫 한국인 편찬서라는 데에 의의가 있을 뿐이다. 한편 중국에서 2009년 5월에 『韩国语 实用语法词典』(许东振·安国峰 편, 중국: 外语教学与研究出版社)이 나왔다. 631쪽 분량에 문법형태 910개가 실려 있다. 『(한국어 학습용) 어미·조사 사전』(2001)을 참고문헌으로 밝혀 놓았는데 실제로 체제나 내용이 이 책과 매우 유사하다. 중국인 학습자에게 유용한 참고서가 될 것이다.

는 '국물, 떡국, 해장국, 김칫국, 순대국'을 싣고 각각의 단어구조와 대역어를 수록했다. 대부분의 단어에는 예문도 보였다. 2장 汉字字根(한자어근)은 1000여 개의 한자형태소를 표제어로 삼고 그 한자를 포함한 한자어를 실었다. 3장 分类词(분류어휘)는 명사, 동사, 형용사, 부사를 150여 개의 의미부류로 나누어 실었다. 3장은 분류사전에 속하므로 형태소사전과 분류사전을 한 책에 묶은 셈이다. 1, 2, 3장의 거의 모든 단어에 대해 예문이나 예구와 그 중국어 번역이 달려 있다. 1, 2장 편찬의 기본정신은 위의 *Handbook of Korean Vocabulary*와 같으나 각 형태소 항에 실은 단어 대부분이 그 형태소로 시작하는 단어에 한정되어 있는 점이 약점이다. 예를 들어 '가(歌)' 항의 단어로 '가사(歌詞), 가수, 가요'만 실려 있는데 *Handbook of Korean Vocabulary*에는 '가요, 대중가요, 최신가요, 가곡, 유행가, 찬송가, 축가, 자장가, 가사, 애국가, 군가, 가수'가 실려 있다.

6.4. 용언활용사전

『한국어 동사 500활용사전』은 『한국어 형용사 500활용사전』과 자매이다. 이 두 책은 중요 동사와 형용사 각 500개를 선정하고 한 용언의 활용형 60여 가지를 일정한 양식의 한 페이지짜리 표에 나타냈다. 표제어의 대역어와 문법용어를 영어로 밝혔다. 영문법체계에 익숙한 영어 화자가 기본적인 활용형을 빨리 참조하는 데는 도움이 될 수 있겠지만 그 밖의 유용성은 찾기 어렵다. 이보다 훨씬 정밀하면서도 간결한 용언활용표는 〈조선〉의 부록에 실린 「용언활용표」(1986~1999쪽)이다. 역시 용언의 활용현상이 있는 일본어의 연구를 바탕으로 일본어보다 복잡한 한국어의 용언 활용을 67가지 유형으로 짜임새 있게 정리하여 제시했다. 아울러 사전에 실린 모든 용언 표제어에 활용유형이 표시되어 있다.[22]

6.5. 연어사전

『(한국어교육을 위한) 한국어 연어사전』은 연세대 언어정보개발연구원에서 낸 한국 최초의 연어사전이다.[23] 중요어 1500여 단어를 표제어로 삼고 표제어의 의미별 연어와 관련어를 다수 수록하고 관련 예문을 제시했다. 총 연어 수는 40,000개 정도로 추산된다. 별책부록은 본책에 수록한 모든 연어를 첫 단어의 가나다순으로 배열해 색인의 역할을 하도록 했다. 다른 국어·한국어사전이 충분히 제공하지 못하는 광범위한 연어정보를 참고할 수 있다는 점에서 학습자에게 매우 유용한 사전이다. 표제어에만 영어로 대역어가 달려 있어서 학습자 중 일부는 이용하기 어렵겠지만 한국어교사에게는 좋은 참고서가 될 것이다.

6.6. 그림사전

Korean Picture Dictionary (한국어 그림사전)는 13개의 대주제와 95개의 소주제로 나누어 그림(엷은 천연색 수채화)을 제시하고 한국어 단어를 영어, 중국어, 일본어 대역어와 함께 제시했다.[24] 해당 주제와 관련된 다른 단어들을 그림 없이 추가로 제시한 예도 많다. 한국생활에서 흔히 접할 수 있는 상황과 사물들이 다양하게 제시되어 있고 대역어가 달려 있어

---

22 따라서 사전 본문에서는 용언의 활용형을 직접 보여주지 않는다. 요즘 대부분의 국어·한국어사전은 사전 본문에서 각 용언 항에 직접 대표적인 활용형을 보여주는 방식을 따른다. 『한불ᄌ뎐』(1880)이 '-어' 활용형과 '으' 활용형을 하나씩 보임으로써 활용정보를 최초로 간단명료하게 보였던 데서 유래한 전통이다.

23 이하 〈연어〉라 약칭한다. 그 별책부록은 〈연어-별책〉이라 약칭한다.

24 이 책의 어디에도 이 책의 한국어 제목이 표시되어 있지 않다. 『한국어 그림사전』과 같은 한국어 이름을 붙여 언급하는 것이 편리하겠다.

초급 학습자들의 어휘학습에 큰 도움이 된다. 본문에서 그림과 함께 제시하지 못한 중요어 1400여 개를 부록에 싣고 역시 영어, 중국어, 일본어 대역어를 제시했다. 색인에서는 본문의 한국어 단어를 가나다순으로 하여 역시 3개어 대역어를 제시했다.

『韓英汉 图解词典』(한영중 그림사전)은 영국에서 나온 *Five Language Visual Dictionary* (5개어 그림사전)을 한국어판으로 고쳐 중국에서 펴낸 것이다.[25] 대주제 15개를 다수의 중주제로 나누고 필요에 따라 일부 중주제를 소주제로 나누어 1600여 개의 천연색 사진과 함께 한국어 단어와 그 영어, 중국어 대역어를 제시했다. 표지에 등재어가 6000여 개라고 표시되어 있으나 색인을 기준으로 하면 12,000여 개로 추산된다. 부록으로 한국어, 영어, 중국어 색인이 각각 달려 있다. 위의 『한국어 그림사전』과 비교하면 판형은 약 1/3이고 쪽수는 2배가 조금 못 되므로 전체적으로 분량이 조금 적다고 할 수 있는데 훨씬 많은 단어를 수록하고 있다. 글자와 사진이 작고 이들의 배치가 촘촘하다는 편집의 차이 때문이다. 글자와 사진이 작지만 양질의 종이에 정교한 사진이 선명하게 인쇄되어 있어 시각적으로 불편함이 없다. 판형이 작아 휴대가 간편한 이점도 있다. 그런데 한국어가 표제어로 먼저 놓이기는 하지만 영어를 기준으로 만든 그림사전이라는 특징이 곳곳에 나타난다. 예를 들면 그림에 나타나는 사람, 사물, 상황 등이 한국식이 아니고 영국식 또는 서양식이다. 또 빵, 케이크류는 자세하게 나와 있는데 떡은 전혀 나와 있지 않으며, 한국인에게는 낯선 '회향, 타임, 세이지, 타라곤, 마요라나, 바질, 오레가노, 시라, 로즈마

---

[25] *Five Language Visual Dictionary: English, French, German, Spanish and Italian*, London: Dorling Kindersley Publishers Ltd., 2003. 이 책을 바탕으로 한국에서 낸 『5개국어 비주얼 사전』(넥서스, 2004)은 영어, 프랑스어, 일본어, 중국어, 한국어를 제시하고 있는데 나중에 『5개국어 단어사전』으로 이름을 바꾸었다.

리' 등의 향초(허브)가 실려 있다. 한국어를 배우는 외국인보다 영어나 중국어를 배우는 한국인에게 더 쓸모 있을 듯하다.

6.7. 분류사전

『조선어 분류기초어휘집』은 기초어휘 5535단어를 품사와 의미부류에 따라 분류하고 원어, 발음, 일본어 대역어를 제시한 책이다. 5535단어를 중요도에 따라 가장 중요한 791개, 그 다음으로 중요한 1899개, 그 밖의 2845개로 나누고 각 표제어에 별표 개수로 표시했다. 품사를 '대명사, 명사, 동사, 형용사, 관형사, 지정사, 부사, 접속사, 간투사, 후치사'의 10개로 나누고 각 품사 안에서 의미부류를 크게 63가지, 작게 200여 가지로 나누어 각 표제어마다 표시했다. 부록으로 한국어 대역을 붙인 일본어 색인, 일본어 대역을 붙인 한국어 색인을 실었다. 기초어휘의 분류가 짜임새 있고 정보검색이 편리하게 구성되어 있어서 유용하다.

『(의미로 분류한) 현대 한국어 학습 사전』은 15,000여 단어를 43개의 의미부류로 나누어 싣고 원어, 품사, 뜻풀이를 보인 책이다. 이해를 돕기 위한 삽화나 도표가 간혹 붙어 있다. 외국어로 대역어를 붙인 『(의미로 분류한) 한국어 영어 학습사전』(2000), 『(의미로 분류한) 한국어 중국어 학습사전』(2000), 『(의미로 분류한) 한국어 일본어 학습사전』(2001)도 나왔다. 한 의미부류 안에 상당히 많은 단어(평균 15000÷43≒350)가 하위분류 없이 가나다순으로 배열되어 있고 풀이가 소략한 점이 불편을 줄 수 있으나 등재어 수가 많아 한국어학습에 필요한 단어는 거의 들어 있다는 장점이 있다.[26]

---

26 이 책의 색인과 〈학습〉의 ㄴ부 처음을 대조해 보니 〈학습〉의 표제어 '나누어지다, 나뉘다, 나다, 나름' 등이 이 책에 실려 있지 않았다. 이 책의 표제어가 명사에 다소 치중되어 있는 것이 아닌가 한다. 또 일반 의존명사 '나름, 대로, 때문, 뿐' 등도 실려 있지 않다.

『实用 韩日英汉 分类词典』(실용 한일영중 분류사전)은 10,000여 한국어 단어를 먼저 품사별로 나누고(명사, 대명사, 수사, 동사, 형용사, 부사, 조사, 감탄사)[27] 각 품사 안에서 의미에 따라 분류하여 나열하고 일본어, 영어, 중국어 대역어를 제시한 책이다. 명사 36부류, 대명사 2부류, 수사 5부류, 동사 17부류, 형용사 7부류, 부사 7부류, 조사 9부류, 감탄사 1부류로 나누고 그중 일부를 다시 소부류로 나누었다. 예를 들어 명사의 다섯째 부류 '食品'(식품)은 '料理, 副食品, 调料, 饮料'(요리, 부식, 조미료, 음료)로 세분했다. 최종 부류 안에서 단어를 나열하는 데는 일정한 순서가 없으나 관련 있는 단어들이 모여 있다. 조미료 부류에는 '조미료, 양념, 소금, 설탕, 각설탕=슈가, 소다, 전분, 녹말, 와사비=고추냉이, 팔각, 생강, 미원' 등의 순서로 나열되어 있다. '팔각'과 같이 한국인에게도 낯선 어려운 단어들이 간혹 섞여 있다. 색인이 없어 검색이 다소 불편하기는 하나 모든 품사의 단어들을 의미에 따라 분류하고 3개어 대역어를 간결하게 제시한 점에서 편리한 면이 있다.

4장에서 언급한 바 있는 *2000 Essential Korean Words for Beginners*는 처음부터 차근차근 공부해 나가기 좋게 만든 어휘학습서이다. 2000단어를 주제에 따라 15대부류와 64소부류로 나누어 수록했다. 부록에서 그림, 도표 등과 함께 17부류의 어휘를 더 제시했다. 본문의 각 표제어에 영어, 중국어, 일본어 대역어가 붙어 있어서 세 언어권 학습자가 모두 이용할 수 있는데 예문은 대역이 없어서 이용에 제약이 있을 수 있다. 의미와 용법이 단순하든 복잡하든 거의 일정한 분량의 풀이를 제시한 점에서 어휘집의 범주를 벗어나지 않는다.

또한 '사전(事典)'은 실려 있으나 '사전(辭典)'이 실려 있지 않음을 보면 표제어 선정이 치밀하지 않아 보인다.

27 9품사 중 관형사는 빠져 있는데 그 이유는 알 수 없다.

7. 주요 한국어사전의 특징

명사 '천장, 머리'와 동사 '당하다'를 대상으로 하여, 국어사전의 전형으로 〈표준〉을 참고하면서 한국어사전 중 정규사전인 〈조화〉, 〈조선〉, 〈학습〉과 특수사전인 〈연어〉의 특징을 비교·검토하기로 한다.

7.1. 천장

〈표준〉 '천장²'

천장² (天障) 圐[건] ① =보꾹¹. ¶ 그 많은 밀기울로는 죄다 누룩을 디뎌 **천장** 속에 감춰 두기도 했다.≪이문구, 장한몽≫/**천장에서** 쥐들이 달리는 소리가 요란하다.≪오정희, 미명≫ ② 반자의 겉면. ¶ **천장에** 매달린 전등을 켜다/그는 팔베개를 하고 누워 멍하니 **천장만** 쳐다보고 있었다.

천장을 모르다 [관용] 한계를 알 수 없다. ¶ 인플레가 천장을 모르고 뛰다.

〈조화〉 '천장'

천장 [ʧʰɔnʤaŋ チョンジャン] [名] 天井. 집이 낡아서 비가 오면 천장에서 비가 샙니다. 家が古びて雨が降ると天井から雨が漏ります.

〈조선〉 '천장¹'

***천장¹** [天障] [ʧʰɔnʤaŋ] [名] 1 =보꾹. 2 天井. [類]천정(天井). ¶~이 낮은 방 天井の低い部屋. 3 [經] (株式取引で)天井. ¶~ 시세 天井相場.

〈학습〉 '천장'

천장^{☆☆★}(天障) [천장 tsʰəndzaŋ] 몡 집 안에서 볼 때 위에 있는 면. ¶천
　　　장이 높다/천장에 화려한 전등이 달려 있습니다./우리 집은 천
　　　장이 낮아요. 참천정(×).

〈연어-별책〉 '천장' 관련 연어

천장에 걸리다¹

천장에서 새다¹

천장을 쳐다보다

천장이 높다, 돋다, 얕다

7.1.1. 등재 여부와 중요도

　학습자가 어떤 모르는 단어를 접하고 사전을 찾을 때 사전이 학습자에
게 가장 먼저 제공해야 할 정보로 그 단어의 중요도를 꼽을 수 있다. 〈표
준〉은 전통적인 다른 국어사전들과 마찬가지로 중요도 정보를 전혀 주지
않는다. 위의 정규사전 형태의 한국어사전들은 모두 표제어에 중요도를
표시하고 있어서 학습자의 효율적인 어휘학습에 큰 도움이 된다.

　〈조화〉는 표제어 '천장'을 큰 글자로 표시하지 않았으므로 중요어 845
단어에 들지 않는 것으로 본 것이다. 이 사전에 실려 있으므로 중요어
18,000단어에는 드는 것이라 할 수 있다. 〈조선〉 역시 큰 글자로 표시하
지 않았으므로 중요어 1650단어에 들지 않는 것으로 본 것이고 표제어
앞에 꽃표(*)를 위첨자로 달았으므로 중요어 6050단어(1650+4400)에는 드
는 것으로 본 셈이다.

　〈학습〉은 중요도 표시가 다소 복잡한데 '천장' 앞에 '☆☆★'(흰 별표 둘에

빨간 별표 하나)가 표시되어 있다. 일러두기에서 이 세 별표의 의미를 다음과 같이 설명하고 있다.

첫째 빨간 별표: 5개 어휘빈도목록의 공통 중요어에 듦.
둘째 빨간 별표: 26종 한국어교재의 공통 중요어에 듦.
셋째 빨간 별표: 12종의 기본어휘 목록과 7종의 사전 중요어 목록의 공통 중요어에 듦.

부록에서 중요 단어 목록 2975개를 제시하면서 국립국어연구원에서 2003년에 작성한 "한국어 학습용 어휘" A, B등급에 드는지를 추가로 표시했다. 이처럼 〈학습〉의 중요도 표시는 중요도 판단에 도움이 될 만한 여러 정보를 그대로 전달하는 데 그치기 때문에 이 사전만의 판단을 보여주지 않는다. 이러한 태도는 사전으로서의 권위를 해칠 뿐 아니라 사용자에게도 다소 혼란을 줄 수 있으므로 초급 학습자용 사전에서는 피해야 할 것으로 보인다. 어쨌든 '천장'이 빨간 별표가 둘 이상 붙을 만큼, 그리고 국립국어연구원의 기초어휘 A등급이나 B등급에 포함될 만큼 중요한 단어는 아니지만 중요어 2975단어에 드는 단어라는 정도의 정보를 제공한다고 하겠다.

〈연어〉의 본책에는 '천장'이 등재되어 있지 않다. 본책의 표제어 수는 약 1500단어로 추산된다. 미등재의 이유를 두 가지로 해석할 수 있다. 첫째, 중요어 1500단어에 들지 않아서, 둘째, 그 문제와 관계없이 연어적 중요성이 크지 않아서. 둘 중 어느 쪽이 진정한 이유인지는 알 수 없다. 그런데 별책에서 목록의 형식으로 제시한 연어 약 40,000개 가운데 '천장'이 포함된 연어 6개가 실려 있다. 이들은 모두 '천장+용언' 형태의 연어로서 각 용언 표제어 아래에 연어로 제시된 것들이다. 예를 들어 '천장이 높다'는 표제어 '높다'의 연어로 제시되어 있다.

이상의 여러 사전들은 '천장'의 중요도에 대해 대체로 비슷한 판단을 하고 있다고 할 수 있다. 〈조선〉의 1650단어, 〈연어〉의 1500단어에 들지 않았고 〈학습〉의 2975단어에 들어 있는 점을 중시한다면 중요도 1500~3000위의 범위에 드는 것으로 판단할 수 있다.

7.1.2 원어

〈조화〉는 모든 표제어에 대해 원어를 제시하지 않고 있다. 이것은 국어 사전의 전통에 비추어, 그리고 한국인의 사전 사용 목적을 고려할 때 특이한 방식이다. 그렇지만 한자어의 경우 뜻풀이를 일본어 대역어로 제시할 때 한자 표기가 드러나므로 경제적인 방식이라고 할 수 있는 면이 있다. 같은 한자 표기를 원어정보란과 뜻풀이란에서 중복하여 제시하지 않는다는 점에서 그렇다.[28] 그런데 '천장'의 예에서 보듯이 한국어와 일본어에서 서로 다른 한자어가 대응하는 경우에는 문제가 된다. 일본어 대역어 '天井'을 가지고 한국어 '천장'의 원어 '天障'을 제대로 보여주었다고 할 수 없기 때문이다. '감기'의 경우에도 대역어 '風邪'는 원어 '感氣'와 다르다. 또 '시집(媤집)' 같은 한국한자를 포함한 표제어의 경우 원어정보가 제시되지 않고 뜻풀이로 '嫁ぎ先'가[29] 제시되어 있으므로 이 단어의 원어정보는, 더 정확히 말해서 '시-' 부분의 원어정보는 전혀 제시되지 않고 있는 것이다.

외래어의 경우에도 대역어 제시로써 원어가 어느 정도 드러난다. '택시: タクシ—(←taxi)'와 같이 대부분의 외래어는 일본어에서도 어원이 같기 때문이다. 그러나 '프로(←programme)'는 '番組'라는 대역어가 제시되

---

28 그런데 원어정보란에 제시될 한자 표기가 뜻풀이란에 제시되는 한자 표기와 다른 경우가 있을 수는 있다. 한국은 正字를, 일본은 略字를 사용하기 때문이다.
29 'とつぎさき(totsugisaki)'로 읽는다.

므로 원어가 드러나지 않는다.[30]

그렇다면 경제성과 정확성을 다 얻기 위해 뜻풀이에 제시된 대역어가 원어와 다를 때에 한해 원어정보를 제시하는 방안이 있을 수 있다. 그런데 많은 경우에 원어정보를 생략한다면 학습자로서는 대역어가 한자로 표기되어 있는 것만 가지고는 그 표제어가 한자어인지 고유어인지 등 어종에 관한 정보와 원어정보를 추론하기 어려운 경우가 생길 수 있으므로 썩 좋은 방안은 못 된다.

〈조선〉, 〈학습〉, 〈연어〉는 전통적인 원어정보 제시 방법을 따르고 있으므로 별 문제가 없다.

7.1.3. 발음

〈조화〉는 가표제어 이외의 모든 표제어에 대해 국제음성기호와 가나로 발음을 제시하고 있다. 국제음성기호 발음표시에서는 '감각, 실험'을 [kaːmgaᵏ], [ʃirhɔm]으로 표기하는 등 변이음 차원의 정밀전사를 보여준다. 〈조선〉은 가표제어 이외의 모든 표제어에 대해 국제음성기호로 발음을 제시하고, 중요어 1650단어 및 일부 단어에 대해서는 국제음성기호와 가나로 발음을 제시했다. 국제음성기호 발음표시는 〈조화〉보다 더 정밀한 전사를 지향하고 있다. '감각'을 [kaːmgaᵏ]으로 전사한 것은 말할 것도 없고 '실험'을 [ʃirɦɔm]으로 표기하여 '실험'의 자연스러운 발음에서 나타나는 'ㅎ'의 유성음화(h→ɦ)까지도 반영하고 있다.

〈학습〉 역시 가표제어 이외의 모든 표제어에 한글과 국제음성기호로 발음을 표시했다. 이것은 국어사전의 전통과는 다른 방식으로서 학습자의

---

30 '番組'는 'ばんぐみ(ban'gumi)'로 읽는데 이것은 이른바 음독자 '番'과 훈독자 '組'의 결합이다. 어종의 관점에서는 한자형태소와 고유형태소가 결합한 混種語라고 할 수 있다.

편의를 적극적으로 고려한 결과이다. 그런데 '천장'처럼 표제어가 표기대로 발음되는 많은 경우에 [천정과 같은 발음표시는 잉여적이며 비경제적이라 할 수 있다. 또 국제음성기호로 표시된 발음이 그다지 정밀한 발음표시라고 할 수 없다는 데 문제가 있다. '감각, 실험'은 [kaːmgakˀ], [silhəm]으로 표시되어 있다. 이들은 한글로 표시된 발음 [감ː각], [실험]에다 변이음과 관련된 음운현상인 유성음화(k→g), 불파음화(k→kˀ), 설측음화(r→ɭ)만 반영하고 있다. 이 중 불파음화와 설측음화는 종성에 쓰인 폐쇄음 'ㄱ, ㄷ, ㅂ'과 유음 'ㄹ'이 규칙적으로 겪는 음운현상이다. 또 유성음화는 비어두의 초성에 쓰인 자음 'ㄱ, ㄷ, ㅂ, ㅈ'이 그 앞에 모음, 비음(ㄴ, ㅁ, ㅇ), 유음(ㄹ)이 있을 때 예외 없이 나타나는 음운현상이다. 이러한 매우 규칙적인 변이음규칙들은 사전의 다른 자리(예를 들어 일러두기나 부록), 또는 사전 밖의 다른 학습상황에서 익힐 수 있는 것으로 간주하고 각 표제어의 발음표시에서는 생략해도 좋을 것이다. 더구나 〈학습〉은 발음정보 제시를 위해 사전 지면을 이미 많이 소비하고 있다. 모든 표제어 바로 뒤에 발음정보를 한 번 제시하고 체언과 용언 표제어에 대해서는 '발음하기' 난에서 체언과 조사의 결합형, 용언의 활용형 몇 개씩에 대해 한글과 국제음성기호로 발음을 표시했다. 또 품사가 다르면 표제어를 분할하는 원칙 때문에 분할된 표제어마다 똑같은 발음표시가 중복되는 경우도 많다. 예를 들어 '있다'는 동사 '있다¹', 형용사 '있다²', 보조동사 '있다³', 보조형용사 '있다⁴' 네 가지로 분할해 등재하고 발음표시도 똑같은 내용, 즉 표제어 바로 다음에 [읻따 itˀˈt͈a]를, 의미별 풀이가 끝난 뒤의 '발음하기'에서 「있는[인는 innɯn], 있어 [이써 isˈə], 있습니다[읻씀니다 itˀsˈɯmnida]」를 중복하여 제시하고 있다.[31]

---

31 이 사전에 표제어 '있다'의 발음은 '있다¹, 있다², 있다³'에 [읻ː따 itˀˈt͈a]로 나와 있고 '있다⁴'에 [읻따 itˀˈt͈a]로 나와 있다. [읻ː때와 같이 장음부호를 넣은 발음표시는 잘못된 것이

국제음성기호로 발음을 표시하는 방식이 안고 있는 더 본질적인 문제는 다양한 언어권의 학습자들이 로마자에 바탕을 둔 국제음성기호에 대해 별 지식이 없다는 데 있다. 〈조화〉나 〈조선〉만큼의 정밀전사를 보여주지 않으면서 낯선 기호를 익히는 부담을 학습자들에게 지우는 것은 그다지 좋은 방안이 아닌 것으로 보인다.

7.1.4. 의미

〈표준〉은 '천장'의 개별 의미를 둘 제시하고 있다. 첫째 의미는 동의어를 이용한 참조형으로 풀이하고, 둘째 의미는 정의형으로 풀이했다.[32]

다. '있다⁴'에 제시한 발음으로 고쳐야 한다. 국제음성기호 발음표시는 모두 장음부호가 없이 맞게 되어 있다. 또 '발음하기' 난은 '있다²', 있다³, 있다⁴'에만 있고 '있다¹'에는 **빠져** 있다. 이 역시 잘못이다. 똑같은 정보를 표제어마다 반복해 싣다 보니 이 같은 자잘한 실수가 생긴 듯하다.

32 사전 뜻풀이의 유형을 다음과 같이 정의형, 참조형, 대역형, 문맥형, 메타언어형으로 나눌 수 있을 것이다.

(1) 정의형은 이른바 '種差+類槪念'과 같은 방식이다. 유개념은 표제어의 상위어가 되고 종차는 그 상위어에 함께 속하는 等位語, 즉 共下位語와 비교하여 표제어가 가지는 독자적인 특징(의미자질)이 된다. 예를 들어 '밥'의 뜻풀이 "쌀에 물을 넣고 끓여서 익힌 음식."(〈학습〉)은 '쌀에 물을 넣고 끓여서 익힌'이라는 종차와 '음식'이라는 유개념을 이용하여 풀이한 것이다.

(2) 참조형은 의미상 밀접히 관련된 다른 표제어에 대한 참조표시를 닮으로써 뜻풀이를 대신하는 방식이다. 예를 들어 '계란'을 "=달걀."(〈표준〉)과 같이 동의어를 이용해 풀이하는 것이 그 예이다.

(3) 대역형은 대역어를 제시하는 방식이다. 〈조화〉, 〈조선〉이 보여주는 방식이다.

(4) 문맥형은 표제어를 포함한 문장의 뜻을 이해하면 표제어의 뜻을 알 수 있게 한 방식이다. 『코빌드영어사전』이 채용한 방식이다. 예를 들어 표제어 'commercial'에 대해 "Something is **commercial** success, failure, etc, if it succeeds or fails to make money."(Hanks 1987)와 같이 풀이하는 것이다.

(5) 메타언어형은 문법형태소처럼 의미의 추상성이 강한 표제어에 대해 그 언어적 기능과 성격을 진술하는 방식이다. 예를 들어 보조사 '만'을 "다른 것과 비슷한 점이 없어서 혼자 한 부류가 됨을 나타내는 조사."와 같이 풀이하는 것이다.

첫째 의미의 동의어로 제시된 '보꾹'은 이 사전에 "지붕의 안쪽. 지붕 안쪽의 구조물을 가리키기도 하고 지붕 밑과 반자 사이의 빈 공간에서 바라본 반자를 가리키기도 한다."로 풀이되어 있고, 둘째 의미에 나타난 '반자'는 이 사전에 "지붕 밑이나 위층 바닥 밑을 편평하게 하여 치장한 각 방의 윗면."으로 풀이되어 있다. 이들을 참고하면 '천장'의 두 개별 의미에 대한 뜻풀이는 논리적으로 정확하고 경제적인 뜻풀이라고 할 수 있다. 그러나 '천장'을 이해하기 위해 그보다 어려운 단어인 '보꾹, 반자'를 사용자가 이미 알고 있어야 하는데 대부분의 한국인이 '보꾹, 반자'와 같은 전통적인 한옥의 구성요소를 나타내는 이름을 알지 못하므로 이 두 단어를 다시 찾아보고 나서야 '천장'의 두 개별 의미를 정확히 이해하게 될 것이다. '천장'처럼 한국인이 대단히 쉬운 단어라고 생각하는 단어에 대해서 말이다. 이것은 사전의 실용성의 면에서 문제가 된다.

〈조화〉는 〈표준〉의 둘째 의미만을 대역어로 제시하고 있다. 두 개별 의미 중 전자는 지붕이 경사 진 단독주택에 한해 적용될 수 있고 후자는 각종 건축물에 거의 모두 적용될 수 있으며, 사람들이 일반적으로 생각하는 뜻도 후자라는 점에서 〈조화〉의 처리는 옳다.

〈조선〉의 셋째 의미는 실제로 쓰이는 예를 찾기 어렵다. 〈표준〉에도 그 의미(주식거래에서의 꼭대기. 고점)는 나와 있지 않으며 용례인 '천장 시세' 역시 등재되어 있지 않다. 인터넷 포털사이트의 초기화면에서 '천장 시세'를 검색해 본 결과 극소수의 웹문서에 쓰인 예를 볼 수 있었는데 '천정시세'로 표기된 경우도 있고 증권 분야에서만 쓰인 것으로 보아서 일본어 '天井相場'의 번역차용을 통해 일부 사람들이 쓰는 말로 판단할 수 있다. 따라서 셋째 의미는 삭제하는 것이 좋겠다.

〈조선〉이 첫째 의미를 '보꾹'과 동의어라고만 표시한 것은 〈표준〉과 같은 문제가 있다고 할 수 있다. 〈표준〉과 달리 〈조선〉은 학습자용 한국어사전이므로 수정의 필요성이 더 크다. 그런데 이 참조형 뜻풀이는 굵은 글씨로 되어 있지 않으므로 중요한 뜻이 아니라고 표시한 셈이고, 둘째 의미 '천정'이 굵은 글씨로 되어 있으므로 학습자는 우선적으로 둘째 의미를 참고하게 되고 그것으로써 해결이 되지 않은 경우에 첫째 의미를 이해하려고 할 것이므로 사용자가 별 불편을 느끼지 않을 수도 있다. 표제어에 중요도를 표시한 데서 나아가 뜻풀이에서 중요한 개별 의미를 굵은 글씨로 표시한 점은 다른 한국어사전이 보여주지 않는 이 사전만의 장점이다. 숙어의 개별 의미에 대해서도 굵은 글씨를 사용한 예가 있다.

〈학습〉의 뜻풀이는 정확성의 면에 문제가 있을 수 있으나 쉽고 간단하게 표현되어 있어서 사용자의 편리성은 크다. 〈초등〉의 "집의 안에서 위쪽 면."이 더 간단한 뜻풀이인 것은 사실이나 '집의 안에서'라는 부사구가 '위쪽 면'이라는 명사구를 수식하는 듯한 구조를 문법적으로 어색하다고 판단하고 그대로 따르지 않은 듯하다.[33]

7.1.5. 용례

〈표준〉은 문학작품으로부터의 인용례와 작성례로써 전형적인 용례를 보여주고 있다. 〈조화〉는 예문 하나, 〈조선〉은 예구 하나, 〈학습〉은 예구 하나와 예문 둘을 제시했다. '천장'과 같은 구체명사로서 쓰임이 특별하지 않은 표제어에 대해서는 용례를 많이 제시할 필요가 없을 것이므로 세 한국어사전의 처리에는 큰 문제가 없으며 〈학습〉이 적절한 수의 용례를 제시했다고 할 수 있다.

---

[33] 북한의 국어사전 『조선말대사전』(1992)에서 '천정'을 "건축물의 내부공간의 웃쪽면." 이라고 뜻풀이하여 이해하기 쉬운 풀이를 지향한 바 있다. 〈연세〉가 이것을 참고했던 것인지 "건축물의 내부 공간의 위쪽 면."이라고 풀이했다.

한편 〈연어〉에는 '천장'이 아닌 다른 용언 표제어들 밑에 예구(연어) 6
개가 흩어져 실려 있다. 그런데 〈학습〉의 예문 "천장에 화려한 전등이 달
려 있습니다."에 나오는 연어 '천장에 달리다'가 제시되어 있지 않은데 '달
리다' 항의 예문 가운데 "천장에 달려 있는 커튼을 내렸다."가 있어서 예
문을 꼼꼼히 살펴야 '천장에 달리다'와 같은 연어의 존재를 추측할 수 있
을 것이다. 그런데 '붙다' 항의 연어로 비표준어 '천정'이 들어 있는 '천정
에 붙다'가 제시된 것은 단순한 오류인 듯 보인다.[34] '천장에 닿다(예를 들
어 "키가 천장에 닿을 정도로 크다.")'도 자주 쓰이는 연어인 듯하나 '닿다'가
未登載語여서 실리지 않은 점을 이해할 수 있다. '천장에 앉다(예를 들어
"파리가 천장에 앉아 있다.")'도 실을 만한 연어일 텐데 '앉다 2 [나는 것이
일정한 곳에 내리다]'의 연어로 '천장에 앉다'는 없다. 한편 '천장이 얕다'
는 있는데 그보다 더 자주 쓰이는 연어인, 그리고 더 표준적인 연어인 것
으로 보이는 '천장이 낮다'가 없는 점도 섭섭하다.

7.1.6. 참고정보

〈학습〉은 참고정보로 '천정'이 틀린 말이라고 표시하고 있다. 〈연세〉
와 〈초등〉에서도 참고정보로 제시했던 것이다. 가끔 '천정'이라는 비표준
어가 쓰이는 게 사실이므로 한국어 이해의 면에서 사용자에게 유익한 정
보이며, 일본인 사용자에게는 일본어 '天井'에 이끌려 비표준어 '천정'을
쓰는 일을 막아 줄 수 있어서 표현의 면에서도 유익한 정보라 할 수 있다.

---

34 별책의 목록에도 '천정에 붙다'가 위의 6개 연어들 근처에 실려 있으므로 교정과정에
서 오류를 쉽게 발견할 수 있었을 듯싶어 아쉽다.

7.2. 머리[35]

〈표준〉은 11가지의 의미와 풍부한 용례, 숙어와 속담을 다수 제시했다.

〈조화〉는 의미 두 가지(頭部, 머리털)를 제시했는데 첫째 의미에 대해 관련 수량표현을 ((한⌢개))와 같이 표시했다.[36] 다른 사전들에서 볼 수 없는 유익한 정보이다.[37] 첫째 의미에 대한 유일한 예문인 "이 아기는 머리가 크니까 꼭 머리가 좋은 아이가 될⌢'것이다."는 문화적으로 부적절하다.[38] 사용자가 한국인의 사고방식에 대해 오해할 가능성이 높다.

〈조선〉은 의미 세 가지(頭部, 머리털, 두뇌)를 제시했다. 숙어와 속담을 제시하고 나서 신체부위에 관한 대조표를 제시하여 '머리'의 다의양상, '머리카락'과의 차이를 보여준다.[39] '머리'의 뜻에 대해 가장 정밀한 정보를 가장 친절하게 제공한 사전이라 할 수 있다. 그런데 몇 가지 문제점도 눈

---

35 '머리'는 〈조화〉의 중요어 845단어, 〈조선〉의 중요어 1650단어에 들어 있다. 〈학습〉에서도 빨간 별표 셋으로 표시하고 부록에서 국립국어연구원의 학습용 어휘 A등급임을 표시하고 있다. 한국인의 직관으로도 중요도가 아주 높은 단어라고 할 수 있다. 그런데 *2000 Essential Korean Words for Beginners*에는 실려 있지 않다. 주제별 목록에도 들어 있지 않고 '눈, 코, 얼굴, 손, 팔, 다리' 등을 그림과 함께 제시한 부록의 "신체 부위 명칭"에서도 빠뜨렸다. 중대한 오류이다.

36 '⌢'는 북한의 표기법에서 붙여 쓴다는 표시이다.

37 '머리'를 '한 개, 두 개'와 같이 세는 것이 괴이하고 낯설게 느껴질 수도 있으나 "머리가 두 개 달린 거북이 발견."에서 보듯이 가능하다.

38 '될⌢'것이다'의 '것' 앞에 붙인 어깻점은 '것'의 초성을 경음화하여 발음한다는 표시이다. 지극한 배려이다.

39 이 대조표에는 한국어 '머리, 목, 팔, 손, 다리, 발과 그 일본어 對應語들이 나와 있는데 '머리' 부분만 보이면 아래와 같다.

[対照表] 身体部位　　　　　　　　　　　　　⇒몸[図]

髪	머리	머리카락 (1本1本)髪の毛,　머리는 髪の総称
頭		頭, 頭脳

에 띤다. 특별한 의미를 지니지 않은 '머리(를) 감다'도 숙어로 본 점, '머리를 깎다'를 둘째 의미(머리털)에 대한 예구로 제시해 놓고 '머리(를) 깎다'를 숙어로 또 제시하여 축자적 의미와 비유적 의미를 번호로 구별하여 표시한 점, '머리(를) 자르다'는 예구나 숙어로 제시하지 않은 점,[40] '머리(를) 흔들다'를 숙어로 제시하고 축자적 의미와 비유적 의미를 번호 구별 없이 나열한 점 등을 보면 連語와 熟語의 구별이 모호한 상태라 할 수 있다.

〈학습〉은 의미를 다섯 가지로 나누고 각각에 대해 연어를 다수 제시했다. 일부 연어에 대해서는 예문이나 문형정보를 제시하고 있다.[41] 연어, 용례, 문형에 관한 정보가 가장 자세하다. 다른 사전에 없는 다섯째 의미 (생각이나 기억)를 설정하고 그 연어로 '머리에 그리다, 머리에 남다, 머리에 들어오다, 머리에 떠오르다, 머리에 떠올리다'를 제시한 것은 정확한 처리이다.[42] 그렇지만 다음 몇 가지 개선할 점은 남아 있다. 첫째, 수량표현에 관한 정보가 없다. 바로 뒤에 실린 표제어 '머리카락' 항에는 "숨머리카락 한 (올·가닥)."이 나와 있음을 참고할 수 있다. 둘째, 연어 '머리를 젓다'의 예문으로 "자전거를 사 달라고 하자 아버지는 머리를 저으셨다./내 작품을 보고 선생님은 머리를 저으셨다."가 제시되어 있는데, 똑같은 형태 '머리를 저으셨다'가 들어 있는 예문만 두 개 제시한 것은 바람직하지 않다. 셋째, 연어 '머리를 매만지다'는 뜻풀이 없이 예문(할머니께서 머

---

40 한편 '자르다' 항의 예구로 '앞머리를 짧게 자르다'가 제시되어 있다.
41 〈연세〉, 〈학습〉은 용언의 문형정보를 '격틀'이라 부른다. 사전 풀이에서의 문형정보에 관해서는 유현경·남길임(2009:6장)를 참고할 수 있다.
42 '생각이나 기억'을 한 의미로 설정한 것은 〈연세〉와 〈초등〉을 따른 것이나 관련 연어를 모두 그 밑에 제시한 것은 〈연세〉에서 더 나아간 점이다. 〈표준〉은 개별 의미 설정 없이 숙어 '머리에 새겨 넣다, 머리에 그려 넣다, 머리에 맴돌다'에 대해 뜻풀이와 예문을 제시했을 뿐이고, 『조선말대사전』(1992) 역시 개별 의미 설정 없이 숙어로 '머리에 그려넣다(새겨넣다), 머리(속)에 그리다, 머리에 들어가다(오다), 머리(속)에 떠오르다'에 대해 뜻풀이와 예문을 제시했다.

리를 곱게 매만지시고 거실로 나오셨다.)과 함께 제시하고 말았는데 '매만
지다'는 미등재어여서 '머리를 매만지다'의 뜻을 사용자가 알 수 없다. 미
등재어 '매만지다'의 뜻을 등재어 '매¹(회초리)'과 '만지다'의 결합형으로 추
측하는 끈질긴 사용자는 뜻을 오해할 위험도 있다. 넷째, '머리가 떵하다,
머리를 굴리다' 등 여러 숙어에 포함된 '떵하다, 굴리다' 같은 단어들이 미
등재어이다. 그런데 이들은 숙어의 뜻풀이와 용례, 문형정보 등을 통해
미등재어의 뜻을 사용자가 추측할 수 있다면 어휘확장에 도움이 될 수도
있다는 점에서 단점이 아닌 장점으로 볼 여지가 있다.

〈연어〉는 의미별, 구조별로 연어를 풍부하게 제시하고 있다. 특히 다수
의 관련어를 제시하고 있어서 어휘확장에 도움을 줄 수 있다는 장점이
있다. 즉 첫째 의미 [동물의 목 위의 부분]에 대해서는 '㈅두부・두상 ㈜머
리끝・머리맡', 둘째 의미 [생각하거나 판단하는 등의 정신적 능력]에 대해
서는 '㈅두뇌 ㈎사고력・지력 ㈜머릿속', 셋째 의미 [머리털]에 대해서는
'㈅머리카락・머리털・모발 ㈜곱슬머리㈜단발머리㈜생머리'를 제시했다.
그런데 '일러두기'에서 "셀 수 있는 명사의 경우 '표제어+수+단위'의 형태
로 세는 방법을 보여 주었다."고 한 것과 달리 첫째 의미의 '머리'를 어떻게
세는지 표시하지 않았다.

7.3. 당하다⁴³

우선 〈표준〉의 풀이를 요약하면 다음과 같다.⁴⁴

---

43 '당하다'는 〈조화〉의 중요어 845단어, 〈조선〉의 중요어 1650단어에 들어 있다. 〈학
습〉은 표제어를 둘로 분할했는데 '당하다¹'은 빨간 별표 셋이 붙어 있고 '당하다²'는 별표가
없다. 국립국어연구원 학습용 어휘 A, B등급에 들어 있지 않다. 이를 종합하면 대체로
1000위 언저리에 놓일 수 있는 중요어라 할 수 있을 것이다. 그렇지만 *2000 Essential
Korean Words for Beginners*에는 실려 있지 않다.

〈표준〉 '당하다'

당하다¹ (當--) Ⅰ 동 ① 【…에/에게】 해를 입거나 놀림을 받다. 예사기
꾼에게 당하다 / 그의 거짓말에 당하다

② 【…에】 【…을】 어떤 때나 형편에 이르거나 처하다. 예시합 날
에 당하다 / 어려운 때를 당하다

③ 【…에/에게】 【…을】 맞서 이겨 내다. 예그에게 당하다 / 고집
을 당하다

④ 【…에게 …을】 어떤 사람에게 부당하거나 원하지 않는 일을
겪거나 입다. 예사람들에게 조롱을 당하다 / 불량배들에게 폭
행을 당하다

⑤ 【…을】① 좋지 않은 일 따위를 직접 겪거나 입다. 예사고를
당하다

② 일이나 책임 따위를 능히 해내거나 감당하다. 예부담을 당하다

⑥ 【…에】 다른 것에 해당하거나 맞먹다. 예3배에 당하다

Ⅱ 형 【…에/에게】 ((흔히 부정문이나 수사 의문문에 쓰여)) 사리에 마땅하
거나 가능하다. 예그들에게 당하다 / 눈물이 경사에 당하다

참-당하다²(當--).

〈표준〉에서 개별 의미의 구별 기준은 품사>문형정보>의미 순이다.
품사가 다르면 Ⅰ, Ⅱ와 같이 로마숫자로 구별하고 그 안에서 문형정보
가 다르면 ①, ② 등으로 구별하며 그 안에서 의미가 다르면 ①, ②와 같
이 구별한다.⁴⁵ '당하다'는 동사와 형용사로 쓰이고 동사는 문형정보에 따

---

44 아래의 예에 제시한 예구는 원문의 용례 가운데 전형적인 것을 필자가 예구화하여
제시한 것이다.
45 〈연세〉와 〈표준〉은 문형정보를 표시함으로써 자, 타와 같은 전통적인 자동사, 타동

라 6가지로 나뉘며 그중 다섯째는 의미에 따라 둘로 나뉜다. 여기서는 동사 '당하다'에 초점을 맞춘다.

〈조화〉는 〈표준〉의 ②와 ④만 제시했다. 둘 다 '-어 있다'와 결합하지 않고 '-고 있다'와만 결합할 수 있음을 표시한 것은 유익한 문형정보이다. 특히 일본어의 '-てある(-te aru)'와 '-ている(-te iru)'가 '-고 있다, -어 있다'와 부분적으로 엇갈려 대응한다는 점에서 일본인 학습자에게 매우 중요한 정보라 할 것이다. 이 사전의 부록 "文法槪說"(문법 개설) 편의 마지막 부분에 이 표시에 대한 설명이 있다. 용언에 '-고 있다'와 '-어 있다'가 둘 다 붙을 수 있는 경우, 둘 다 붙지 못하는 경우, 둘 중 하나만 붙을 수 있는 경우로 네 가지 표시법을 보였다. '-고 있다, -어 있다'의 의미는 '있다' 항에 풀이되어 있다. 그런데 '-고 있다'가 붙을 수 있는 두 경우에 그 의미가 "動作の繼續"(동작의 계속)인지 "結果の繼續"(결과의 계속)인지 예측할 수가 없어서 각 용언에 대해 그 의미를 표시해 줘야 한다. '-고 있다'가 붙을 수 있다는 형태론적 정보만 제시하고 의미정보를 생략한 것은 온당치 않아 보인다. 한편 〈조선〉은 '당하고 있다'가 반복을 표시한다는 의미정보를 밝혀 놓았다. 진행(동작의 계속)의 의미도 나타낼 수 있는 것으로 느껴지나 어쨌든 '-고 있다'가 붙은 형태의 의미를 제시한 점에서 〈조화〉보다 낫다.

또 〈조화〉는 ④의 의미를 접미사 '-당하다'와 관련짓고 바로 이어지는 '-당하다' 항에서 설명과 예문을 통해 '침략당하다=침략을 당하다'와 같은 관련양상을 보여주고 있다. 다른 사전이 제시하지 않은 정보이다. 그런데 그 용례 셋 중 둘의 의미가 일제의 침략사에 치우쳐 있는 점이 공평하지

사 구별 표시를 버렸다. 이와 같이 동사의 문형정보를 정밀하게 표시한 국어사전은 『현대 한국어 동사 구문 사전』(홍재성 외 편, 두산동아, 1997)이 처음이다.

않아 보인다.[46]

〈조선〉은 품사에 따라 셋(자동사, 타동사, 형용사)으로 우선 나누고 자동사를 두 가지 의미로, 타동사를 네 가지 의미로 나누었다. 이처럼 비교적 자세한 의미 구별에도 불구하고 〈표준〉의 ④(=〈조화〉의 둘째 의미)를 제시하지 않은 문제가 있다. 이것은 타동사의 둘째 의미 "(事故·苦難など に)遭う, (被害などを)こうむる."((사고·고난 등을) 겪다, (피해 등을) 입다)에 포함된다고 여겼을 수도 있다. 그런데 두 가지는 〈표준〉이 제시한 바와 같이 문형정보가 다르다. ④의 목적어 '조롱, 폭행' 등과 타동사의 둘째 의미에서의 목적어 '사고, 고난, 피해, 재난' 등은 동작성과 비동작성의 차이가 있는 점도 다르다(조롱하다, 폭행하다, 사고하다(×), 재난하다(×), …). 그리고 〈조화〉에서도 제시했을 정도로 중요한 의미이므로 〈조선〉에서 빠뜨릴 명분은 전혀 없다.

〈조선〉의 한 특징은 다양한 대역어를 제시한 점이다. 자동사의 첫째 의미에 대해 "(一定の時期·狀態などに)當面する, 直面する, 出会う, 当たる."와 같이 대역어를 네 개 제시하고 있는데 〈조화〉가 '当たる(ataru)' 하나만 제시한 것과 구별된다. 다양한 대역어는 두 언어에서의 의미가 정확히 일치하지 않을 때 필요하며 표제어의 의미이해에도 도움이 되고 일본어로의 飜譯에도 도움이 된다.

풀이 끝에 일본어 '遭う(au)'에 관한 다음과 같은 대조표가 붙어 있다. 여기에 '만나다' 항의 대조표도 아울러 참조하라는 표시가 있다.

---

46 용례는 다음과 같다(일역 생략). "한국은 일본에 의하여 침략당했다. / 한국은 일본에 의하여 침략을 당했다." "조선어학회는 조선총독부에 의해서 해산당했다. / 조선어학회는 조선총독부에 의해서 해산을 당했다." "나는 그 사람한테 이 일을 같이 하자고 했지만 그 자리에서 거절당했어."

	만나다	맞다	당하다
사고(事故)			○
도둑(泥棒)		○	△
조난(遭難)			○
비(雨), 소나기(夕立)	△	○	
벼락(雷)		○	
소매치기(すり)		△	○
강도(強盗)	△	△	○

목적어와 타동사가 어울리는 양상을 보여주는 이 표는 비록 간단하기는 하지만 사용자에게 대단히 유익하다. 한국인에게는 '만나다, 맞다, 당하다'가 그다지 가깝게 느껴지지 않을 수도 있으나 외국인에게는 類義關係를 형성하는 단어들일 수 있고 그 용법의 차이를 익히는 것은 표현의 면에서 아주 중요한 일이다.

〈학습〉의 풀이는 다음과 같다.

〈학습〉 '당하다'

당하다¹***[겨다](當--) [당하다 taŋhada] 图 1 (이롭지 않거나 원하지 않는 일을) 겪게 되다. ¶사기를 당하다/무시를 당하다/아이가 그 사람에게 유괴를 당했다. ▷①이 ②에게 ③을 당하다(③협박/모욕/고통/괴로움/사기/배신/해…) ¶여행지에서 의문의 죽음을 당했다./그림 한 점이 도난을 당했다./아침에 교통사고를 당했어요. ▷①이 ②를 당하다(②사고/도난/죽음/강도/피해/해고/불행…) 2 (누구에게서) 고통을 받거나 해를 입다. ¶그들에게 꼼짝없이 당하기 전에 대책을 세웁시다./너, 그 사람한테 또 당하게 생겼구나. ▷①이 ②에게 당하다

[발음하기] 「당하는[당하는 taŋhanɯn], 당하여[당하여 taŋhajə]
(당해[당해 taŋhɛ]), 당합니다[당함니다 taŋhamnida]」

> **'입다'와 '당하다'의 다른 점**
>
> '입다'는 좋은 일이나 나쁜 일에 모두 쓰일 수 있으나, '당하다'는 나쁜 일에만
> 쓰인다.
>   예) 피해를(○)/은혜를(○) 입었다.
>   예) 창피를(○)/혜택을(×) 당했다.

당하다²[맞서다](當--) [당하다 taŋhada] 图 1 맞서서 이기다. ¶힘
으로는 그를 당하기가 어려울 것 같았다./아버지의 고집은
당할 장사가 없다. ▷①이 ②를 당하다(①사람 ②사람/고집…) ¶
민수는 있는 힘을 다해 뛰었으나 앞서가는 경식이에게 당할
수는 없었다. ▷①이 ②에게 당하다(①사람 ②사람) 2 (어떤 일이
나 책임 등을) 맡아 처리하다. ¶혼자서 이 일을 모두 당해 낼
수는 없다. ▷①이 ②를 당하다(②일/책임…) 삐감당하다. 참주
로 '당해 내다'로 쓴다.
[발음하기] 「당하는[당하는 taŋhanɯn], 당하여[당하여 taŋhajə]
(당해[당해 taŋhɛ]), 당합니다[당함니다 taŋhamnida]」

〈학습〉은 다른 사전들과 달리 동사 '당하다'를 표제어 둘로 나누어 실
었다. 이것은 〈연세〉와 〈초등〉을 따른 것이다. '당하다¹'과 '당하다²'의 의
미구분 양상을 〈표준〉에 비추어 정리하면 다음과 같다.

당하다¹ [겪다]
1 ④, ⑤①: 예)남에게 사기를 당하다, 사고를 당하다

2 ①: 예남에게 당하다

당하다² [맞서다]

1 ③: 예남을 당하다, 남에게 당하다

2 ⑤②: 예책임을 당해 내다

두 '당하다'의 의미는 외부의 충격이 가해져 오는 비슷한 상황에서 발생하는 현상을 표현한다는 점에서 같다. 조어법상으로도 같은 한자형태소 '當'에 '하다'가 붙은 구조이고 어원도 같은 것이라 할 수 있다. 그렇지만 외부의 충격에 지는 양상에 초점을 맞추면 '당하다'의 의미가, 외부의 충격을 이겨 내는 양상에 초점을 맞추면 '당하다²'의 의미가 된다. 그래서 서로의 거리가 그리 멀지 않은 일종의 반의관계 같은 의미관계를 보인다. 이 두 의미의 차이를 〈조선〉과 〈표준〉은 품사나 문형정보의 차이에 따른 구분 뒤로 미룸으로써 그 차이가 부각되지 않고 있다. 이는 외국인뿐만 아니라 한국인에게도 혼란을 줄 가능성이 높다. 두 의미 사이의 거리가 비록 가깝다고는 하나 서로 반대방향으로 전개된 의미이므로 품사나 문형정보보다 우선적으로 구별하는 것이 바람직해 보인다. 이 점에서 〈연세〉와 〈학습〉의 처리는 타당하다.[47]

표제어 바로 옆에 붙인 [겨다]와 [맞서다]는 동형어를 쉽게 구별하여 원하는 단어를 빨리 확인할 수 있도록 돕는 確認語이다. 종래의 사전에서 동형어를 어깨번호로만 구별해 놓고 말았는데 사용자의 편의를 고려하여 이러한 장치를 마련한 것이다. 이것은 『(한국어 학습용) 어미·조사사전』(2001)과 〈초등〉에서 채택한 것인데 〈학습〉이 그대로 이어받고 있다.

---

47 그렇지만 이 두 의미를 〈연세〉, 〈학습〉과 같이 표제어를 분할하여 처리하는 게 좋은지 표제어를 통합한 채 그 안에서 일차적으로 구분해야 좋은지는 더 논의가 필요한 문제인 듯하다.

외국인 사용자에게는 더없이 편리한 장치이다.[48]

〈학습〉은 몇 가지 보완되어야 할 문제도 안고 있다. 첫째, 〈조화〉, 〈조선〉에 보이는 '-고 있다'와 '-어 있다'의 결합 가능성 문제, '만나다, 맞다' 등 더 다양한 類義語와의 차이에 대한 설명이 추가될 필요가 있다.

둘째는 未登載語 사용 문제이다. '당하다'의 풀이에 미등재어가 몇 개 등장한다. '당하다'의 둘째 뜻풀이에 쓰인 '해(害)'는 미등재어이다. 이 사전의 '일러두기'의 '6. 뜻풀이'에 다음과 같이 나와 있다.

(1) 각 단어의 뜻은 가능한 한 그 단어보다 쉬운 말과 이 사전에 실린 단어로 설명하였다. 뜻풀이에 어려운 말이 사용되었을 때는, 풀이가 끝난 후에 어려운 말에 대한 뜻풀이를 다시 달아 주었다.
예 **단오**(端午) [다노 tano] 몡 여자는 창포물에 머리를 감고 그네를 뛰며 남자는 씨름을 하며 지내는 한국 명절. 음력 5월 5일. 참 창포: 옛날에 머리를 감을 때 썼던 식물.[49]

이 논리를 받아들이면 뜻풀이를 등재어로만 작성하는 것이 가능하지 않았기 때문에 '해'가 등장한 것이라 할 수 있다. 그렇다면 위의 '창포'처럼 '해'에도 부연설명이 달려야 한다. 그렇지만 그보다 더 나은 방안은 '해'보다 쉬운 단어, 적어도 등재어를 사용해 풀이하는 것이라 할 수 있다.[50]

---

48 『(한국어 학습용) 어미·조사사전』, 〈초등〉, 〈학습〉은 확인어를 '길잡이말'로 부르고 있다. 김태수·최석두(1997)은 '한정어'로, 유현경(2000)은 '구분자'로, 이희자(2001)는 '길잡이말'로 명명했던 것인데 결국은 '길잡이말'로 통일했다. 이것은 *Longman Dictionary of Contemporary English* (롱맨 현대영어사전)의 'signpost' 또는 *Cambridge International Dictionary of English* (케임브리지 국제영어사전)의 'guide word'라는 장치를 본뜬 것이다.
49 사전 본문의 '단오' 항에는 "식물의 하나."로 끝나 있다.
50 *Cambridge Learner's Dictionary* (케임브리지 학습사전)과 *Longman Dictionary of*

미등재어 사용 문제는 참고상자에도 등장한다. '당하다¹'의 끝에 달린 참고상자에서 '창피'가 미등재어이다.[51] 문형정보 제시 때 제시한 단어들 중 '고통, 사기, 사고, 죽음, 강도, 불행, 피해'는 등재어이고 '협박, 모욕, 배신, 해, 도난, 해고'는 미등재어이므로 이 등재어들 중 하나를 '창피' 대신 사용하는 것이 좋을 것이다.[52]

셋째, '당하다¹'과 대비되는 '당하다²'의 용법상의 특징을 보충할 필요가 있겠다. '당하다¹'의 부정표현은 '안 당하다/당하지 않다'인데 '당하다²'의 부정표현은 '못 당하다/당하지 못하다'이다. '당하다²'는 이겨 낼 수 있느냐 없느냐(당할 능력이 있느냐)에 관한 표현으로만 쓰인다. 이 점은 둘째 의미에 대해 붙인 "[참]주로 '당해 내다'로 쓴다."에 부분적으로 표현되어 있다.

'당하다²'는 위에서 보았듯이 부정형에서 능력부정을 뜻하는 '못, 못하다'와만 결합하여 쓰인다. 긍정형에서 주로 쓰이는 형태는 다음과 같다.

(1) 능력을 뜻하는 보조동사 '내다'와 결합: 당해 내다
(2) 능력을 뜻하는 의존명사 '수'를 가진 표현과 결합: 당할 수 있다/없다
(3) 의도를 나타내는 부사형: 당하려고, 당하려는, 당하려면, 당하려야
(4) 서술어가 부정의 의미를 나타내는 평서문, 부정의 의미를 표현하는 수사의문문에서 '당할+명사+서술어'의 형태: [예]그를 당할 사람이 없

Contemporary English (롱맨 현대영어사전)의 경우 定義用 語彙 2000단어를 각각 선정하여 뜻풀이 때 그 단어들만 사용했다고 한다. 이에 비추어 보면 〈학습〉의 등재어 약 8000단어는 정의용 어휘가 되기에 충분한 양이라고 판단된다.
51 '창피하다'는 등재어이다.
52 등재어 중 '강도'는 "(칼이나 총을 써서) 강제로 남의 물건을 빼앗는 사람."으로만 풀이되어 있어서 '강도를 당하다'의 '강도'에 해당하지 않으므로 사실은 부적당하다. 덧붙여 '강도' 항의 연어로 '강도가 들다, 강도를 당하다'가 제시되어 있는데 '강도를 당하다'는 위의 '강도'의 뜻풀이와 어울리지 않는 연어이다.

다. 그를 당할 사람이 있겠느냐?

그런데 '당하다'는 〈학습〉에 별표가 전혀 붙어 있지 않은 것으로 보아서 중요도 순위가 3000위 바깥에 놓이는 단어라고 할 수 있다. 중요도가 낮은 단어에 대한 풀이가 얼마만큼의 깊이로 기술되어야 하는지를 고려한다면 '당하다'의 이러한 용법상의 제약을 꼭 포함해야 한다고 할 수는 없을 것이다.

8. 맺는말

좋은 한국어사전을 만들기 위해서는 한국어를 객관적으로 볼 수 있어야 한다. 국어·한국어사전의 역사를 연 『계림유사』(1104)가 中國人의 손으로 이루어진 것이었고, 학습자를 배려한 모범적인 한국어사전인 『코스모스조화사전』(1988)과 『조선어사전』(1993)이 日本人의 손에서 나왔던 것을 그런 면에서 이해할 수도 있을 것이다.

2000년대에 들어서 中國에서는 한국어 학습자 수가 폭발적으로 늘고 있다. 그것은 한국어교재와 한국어사전을 포함한 한국어학습 관련 출판물의 증가로 나타나고 있다. 아직은 한국에서 낸 책을 그대로 내거나 번역해 낸 책들이 주도권을 잡고 있는 듯 보이나 중국 내에서 한국어학, 한국어교육학이 발전하고 한국어학습의 열기가 계속 이어진다면 머지않아 중국에서도 훌륭한 한국어사전을 스스로의 힘으로 내게 될 것이다.

그렇지만 일본인이나 중국인보다는 한국인이 한국어를 가장 잘 이해하고 잘 기술할 수 있을 것은 틀림없다. 한국은 최근에 한국어학 및 사전학의 발달, 한국어교육 시장의 확대와 그에 따른 한국어교육학의 발달,

컴퓨터기술의 발달, 경제 발전 등 좋은 한국어사전을 만들 수 있는 여건이 조성되었다. 한국인이 만든 최초의 (정규사전 형태의) 한국어사전인 『(외국인을 위한) 한국어 학습 사전』(2006)은 과거의 어떤 한국어사전보다 알찬 정보를 짜임새 있게 제공하고 있다. 그렇지만 한국어를 한국어로만 설명하고 있다는, 즉 단일어사전이라는 치명적인 限界 때문에 정작 외국인 학습자들이 손쉽게 이용할 수는 없는 형편이며 한국어교사와 관련 연구자들이 참고서로 널리 활용하고 있다. 그렇지만 이 사전은 더 나은 한국어사전을 편찬하기 위한 좋은 디딤돌이라 할 수 있다.

한국어사전은 장차 세 가지 방향으로 나아가게 될 것이다. 첫째, 어휘집을 포함한 다양한 특수사전의 편찬, 둘째, 모든 수준의 학습자를 위한 대역사전 형태의 정규사전의 편찬, 셋째, 중급 이상의 학습자를 위한 단일어사전 형태의 정규사전의 편찬. 이러한 한국어사전의 분화와 발달에 『(외국인을 위한) 한국어 학습 사전』을 포함하여 지금까지 나온 여러 한국어사전들이 밑거름이 될 것으로 기대한다.

참고문헌

강현화(2003) 「한국어학습사전의 가표제어 선정에 관한 논의」, 『언어정보와 사전편찬』 12·13, 연세대 언어정보개발연구원.

김광해(1993) 『국어 어휘론 개설』, 집문당.

김민수(1980) 『신국어학사(전정판)』, 일조각. [1964, 초판]

김태수·최석두(1997) 「동형이의어의 구별을 위한 한정어 사용에 관한 연구」, 『제9회 한국어 사전 편찬실 연찬회 발표논문집』, 연세대 언어정보개발원.

박형익(2003) 「심의린의 「보통학교 조선어사전」(1925)의 분석」, 『한국사전학』 2,

한국사전학회. [박형익(2004) 『한국의 사전과 사전학』(도서출판 월인)에 재수록]

배주채(2001) 「외국인을 위한 한국어사전의 방향」, 『성심어문논집』 23, 성심어문학회.

유현경(2000) 「사전에서의 동형어 구별을 위한 새로운 제안: 구분자(distinguisher)의 사용에 대하여」, 『사전편찬학연구』 10, 연세대 언어정보개발원.

_____ · 남길임(2009), 『한국어 사전 편찬학 개론: 사전 편찬의 이론과 실제』, 도서출판 역락.

이병근(1986) 「국어사전 편찬의 역사」, 『국어생활』 7, 국어연구소. [이병근(2000)에 재수록]

_____(1992) 「근대국어 시기의 어휘정리와 사전적 전개」, 『진단학보』 74, 진단학회. [이병근(2000)에 재수록]

_____(2000) 『한국어 사전의 역사와 방향』, 태학사.

이운영(2002) 『『표준국어대사전』의 연구 분석』, 국립국어연구원.

이희자(2001) 「동음이의어의 구별을 위한 "길잡이말"(Guide Words) 연구」, 『사전편찬학연구』 11:2, 연세대 언어정보개발원.

_____(2003) 「독일어 사전 편찬 이론과 『외국어로서의 독일어(DaF) 학습 사전』」, 서상규 편, 『한국어 교육과 학습 사전』, 한국문화사.

정희원(1997) 「역대 주요 로마자 표기법 비교」, 『새국어생활』 7:2, 국립국어연구원.

최경봉(2008) 특수사전 편찬의 현황과 과제, 『우리어문연구』 30, 우리어문학회.

최현배(1961) 『고친 한글갈』, 정음사.

홍종선(1996) 「국어 사전 편찬, 그 성과와 과제 (1)」, 『한국어학』 3, 한국어학회.

_____(2008) 「국어 사전 편찬의 역사 (1)」, 『우리어문연구』 30, 우리어문학회.

_____ · 최호철 · 한정한 · 최경봉 · 김양진 · 도원영 · 이상혁(2009) 『국어사전학 개론』, 제이앤씨.

菅野裕信(간노 히로오미)(1992) 「외국인 편찬 한국어 대역 사전의 현황과 문제점」, 『새국어생활』 2:4, 국립국어연구원.

Hanks, Patrick (1987) 'Definitions and Explanations', in J. M. Sinclair (eds), *Looking up. An account of the COBUILD Project*. London: Collins ELT.

이 글을 다시 읽으며

2009년 5월 16일에 열린 한국사전학회 제15차 전국학술대회에서 주제 특강의 형식으로 발표한 「외국인을 위한 한국어사전 개관」을 보완하여 같은 제목으로 작성한 논문이 이것이다. 이 책의 바로 앞에 실린 논문 「외국인을 위한 한국어사전의 방향」이 2001년 당시에 봉오리가 갓 맺힌 한국어사전의 앞날을 내다본 것이었다면 이 논문은 막 피어나기 시작한 한국어사전의 현재를 훑어본 것이다. 그 사이에 출판된 『(외국인을 위한) 한국어 학습 사전』은 한국어사전의 역사에서 매우 중요한 위치를 차지한다. 외국어 대역이 없는 점만 빼면 기존의 어떤 사전보다 외국인 학습자에게 필요한 정보를 잘 싣고 있기 때문이다. 국립국어원은 2012년 10월에 외국인 학습자를 위한 웹사전인 『한국어 기초사전』(http://krdic.korean.go.kr/)을 임시 개통하여 현재 보완 중에 있다. 표제어 수가 5만이라고 하니 『(외국인을 위한) 한국어 학습 사전』보다 6~7배 큰 규모이나 질적으로 얼마나 더 발전한 모습이 될지는 정식 개통 후에 판단할 수 있을 것이다.

10장

사전 표제어의 성분구조 표시에 대하여

1. 표제어가 담고 있는 정보

국어사전에서 標題語는 거시구조와 미시구조가 만나는 길목인 동시에 사전 이용자에게는 사전에서 필요한 정보를 찾아가는 標識板과 같은 존재이다. 표제어는 그 자체로 어떤 정보를 제공하기보다 정보를 안내하는 길잡이 구실을 한다. 그런데 표제어 자체도 이용자에게 미시구조적 정보를 제공할 수 있다. 그 한 예는 正書法이다. 사전이 文語로 편찬되기 때문에 표제어의 표기는 자동적으로 표제어의 바른 표기를 보여 주게 된다. 예를 들어 국어사전의 한 표제어의 표기인 '찌개'는 그것이 표시하는 단어의 바른 표기가 '찌개'임을 알려 주는 구실을 한다.[1] 이는 여러 언어의 사전에서 공통적으로 나타나는 자연스러운 현상이다.

그런데 국어사전에서는 표제어에 다른 정보도 더 담는 일이 있다. '감:'

---

1 물론 이것이 '찌개'라는 표기가 틀린 표기인지 아닌지를 적극적으로 알려 주지는 않는다. 대체로 한 단어에 한 가지 표기만 옳은 것으로 정해져 있다는 일반적 경향에 따라 '찌개'는 틀린 표기이겠구나 하는 느낌을 전해 줄 뿐이다. '찌게'가 틀린 표기임은 그러한 표기의 표제어가 실려 있지 않음을 통해서 간접적으로 알 수 있다. 최근의 일부 사전은 사람들이 자주 사용하는 틀린 표기를 아예 표제어로 실어 '찌게'는 '찌개'의 잘못된 표기라는 식의 풀이를 달기도 한다.

이나 '감:사'와 같은 표제어의 표기처럼 장음부호(:)를 이용하여 長音으로 발음되는 음절을 표시하는 것이 한 예이다. 이때 표제어의 발음정보 중 音長에 관한 것만 표제어에 표시하고 나머지는 표제어 뒤에 꺾쇠괄호를 치고 소리 나는 대로 한글로 적는 것이 비체계적일 수도 있다. 하지만 이러한 표시법은 음장 외에는 표기와 발음이 일치하여 따로 제시할 발음 정보가 없는 많은 단어에 대해 경제적으로 장음을 표시하는 방법으로 오 랫동안 사랑받아 왔다.[2]

국어사전의 표제어에 흔히 담는 또 하나의 정보는 단어의 성분구조에 관한 정보, 즉 造語情報이다. 이것은 붙임표(-)로 표시되어 왔다.[3] 예를 들어 '달팽이'와 '민-달팽이'의 붙임표 사용법을 통해 '달팽이'는 '달'과 '팽이'의 결합이 아니라 그 자체가 한 형태소로서 더 이상 분석되지 않는 單純語임을 알 수 있고, '민달팽이'는 '민'이라는 요소와 '달팽이'라는 요소가 결합한 複合語임을 알 수 있다.[4]

이상에서 보듯이 국어사전의 표제어는 미시구조에 담길 정보의 일부를 보여 주고 있다. 그 정보를 정리해 보면 다음과 같다.

표제어에 표시하는 미시구조적 정보
1) 바른 표기에 관한 정보(표기정보)

---

2 『연세 한국어 사전』(1998)과 『표준국어대사전』(1999)은 표제어에 장음부호를 붙이는 관행을 따르지 않고 꺾쇠괄호 안에 넣은 발음표기에 장음도 함께 표시하고 있다. 원칙적으로는 이것이 더 정확한 표시법이라고 할 수 있다.
3 이 싹은 최초의 국어사전이라 할 『말모이』(1910년대)에도 보이는데 문세영의 『조선어사전』(1938), 이윤재의 『표준조선말사전』(1947), 한글학회의 『큰사전』(1947-1957) 등을 거치면서 확대되어 왔다(이병근 1986/2000). 그러나 최근의 사전 중 『연세 한국어 사전』은 조어 정보를 생략하고 있다. 한편 북한에서는 『현대조선말사전』(1981)부터 조어정보를 생략하였는데 박금자(1989:190)는 이를 사전 편찬의 퇴보라고 평한 바 있다.
4 단순어는 종래의 단일어에 해당한다.

2) 음장에 관한 정보(발음정보)

3) 단어의 성분구조에 관한 정보(조어정보)

우리는 이 셋 중에서 단어의 성분구조에 관한 정보를 국어사전의 표제어가 얼마나 잘 담고 있는지 검토하고자 한다. 검토대상으로 삼은 국어사전은 『표준국어대사전』(이하 『표준』)이다. 『표준』은 현재 국어사전의 전범으로 인정되고 있고 그 편찬 과정에서 활용한 상세한 지침서가 공개되어 있어서 편찬의 이론적 근거를 이해하는 데 유리하다.

2. 붙임표 사용의 기준

『표준』에 쓰인 붙임표의 기능은 위에서 언급한 바와 같이 기본적으로 단어구조에 대한 정보를 주는 것이라고 할 수 있다. 『표준』의 일러두기에서 '표제어의 제시방법'을 설명하면서 붙임표를 다음과 같이 사용했다고 말하고 있다.

『표준』의 일러두기에 제시된 붙임표 용법

복합어는 붙임표(-)로 분석하여 제시하였다.

① 구성 성분이 여럿일 때에는 가장 나중에 결합한 성분이 어느 것인지 판단하여 그 성분 사이에서 한 번만 보였다.

〈예〉 빗-기다 [이하 생략]

이등분-선 [이하 생략]

② 복합어이어도 구성 성분이 음절로 나누어지지 않을 때는 붙임표를 제시하지 않았다.

〈예〉 눌리다 [이하 생략]

이 설명이 말하는 붙임표 사용의 原則을 정리하면 다음과 같다.

『표준』의 붙임표 사용의 원칙

ㄱ) 복합어, 즉 합성어와 파생어는 직접성분(IC)의 경계에 붙임표를 넣는다.

ㄴ) 직접성분의 경계가 음절경계와 일치하지 않으면 붙임표를 넣지 않는다.[5]

『표준』이 붙임표를 사용하여 사전 이용자에게 전달하고자 한 정보는 결국 표제어가 단순어인지 복합어인지 하는 것이라고 할 수 있다. 원칙 ㄱ)은 매우 단순한 원칙으로서 이에 따라 붙임표의 삽입을 실행하는 데는 별 문제가 없어 보인다. 해당 표제어가 단순어인지 복합어인지를 판단할 수 있고 그 경계가 어디에 있는지만 찾으면 되는데 그것이 그리 어렵지 않은 작업이리라고 생각되기 때문이다. 그리고 붙임표로써 보여 주고자 하는 구조는 그 단어를 이루고 있는 직접성분의 결합구조에 그친다. 그런데 원칙 ㄴ)은 붙임표의 삽입 문제를 複雜하게 만들고 붙임표의 기능을 混亂스럽게 하는 한 요인이 된다.

붙임표가 없으면 단순어와 복합어를 구별해 표시하는 것이 불가능한가 하는 점을 여기서 잠깐 짚고 넘어가고자 한다. '먹-이, 먹-이다' 같은 예에서는 사실 붙임표 없이 '먹이, 먹이다'로만 적더라도 그 성분구조가 쉽게 이해된다. 한글맞춤법은 어기와 접미사의 경계가 음절경계와 불일치할 때 전자를 음절자의 경계로 삼아 표기하는 分綴이라는 장치를 마련해 놓았기

---

5 음운단위인 音節과 표기단위인 音節字를 구별한다면 '음절자의 경계'가 정확한 표현이다.

때문이다. '지피다'와 '짚이다'의 표기 역시 단순어 '지피다'와 복합어 '짚-이다'의 차이를 이미 말해 주고 있다. 또 '집히다'의 표기는 분철과 再音素化(ㅍ⇒ㅂ+ㅎ)를 동시에 활용하여 '집-히다'와 같은 성분구조를 드러내고 있다. 이상의 경우에는 모두 붙임표가 剩餘的이라고 할 수 있겠다.

하지만 '박이다'과 '박-이다'를 보면 붙임표가 잉여적이라고 할 수 없다.

> 박이다¹: 버릇, 생각, 태도 따위가 깊이 배다. 손바닥, 발바닥 따위에 굳
>   은살이 생기다.
> 박-이다²: '박다'(사진을 박다)'의 사동사.

'박이다¹, 박이다²'는 모두 분철 표기되어 있지만 '박이다¹'은 단순어라서 붙임표가 들어 있지 않고 '박이다²'는 '박-이다'로 분석되는 복합어라서 붙임표가 들어 있다. 이것은 한글맞춤법에 반영된 성분구조와 『표준』의 성분구조가 불일치한 결과이다. 따라서 '먹이, 먹이다, 짚이다, 집히다'와 같은 표기만 가지고는 이들이 복합어라고 단정할 수 없는 것이다. 결국 '먹-이, 먹-이다, 짚-이다, 집-히다'와 같은 경우에 붙임표가 결코 잉여적이 아닌 것이다.

『표준』의 편찬자들이 작업의 기준으로 삼았던 『≪표준국어대사전≫ 편찬 지침Ⅰ』(이하 『지침』)은 붙임표의 삽입에 대해 꽤 자세하게 규정하고 있다. Ⅰ장(표제어)의 2-3(3-6면)에서 '-'의 사용법을 예를 들어 상세히 설명하고 있다. 그 내용은 원칙 ㄱ)에 대한 부가 조건들인데 이를 간추리면 다음과 같다.

> 『지침』의 붙임표 사용에 대한 부가 조건
> 1) 용언 표제어에 붙는 종결어미 '-다' 앞에는 넣지 않는다. 예가다, 먹이다.

2) 두 직접성분 중 적어도 한쪽이 고유어문법에서 어기나 접사여야 하며, 그것이 어기나 접사인 경우에도 고유어문법에 따라 구성된 단어일 때만 넣는다. 예어부지리(漁夫之利), 고립-무원(孤立無援)

3) 어근 표제어에는 넣지 않는다. 예먹음직

4) 표제어가 '선어말어미+어말어미' 또는 '어미+조사'일 때는 넣지 않는다. 예-더니, -어요

5) 직접성분의 경계가 음절자의 경계와 일치하지 않으면 넣지 않는다. 예춤, 수캐, 좁쌀

6) 직접성분이 셋 이상이면 넣지 않는다. 예상중하(上中下), 동서남북(東西南北), 피피엠(ppm)

7) 2자 한자어는 넣지 않는다. 다만 '성+이름/칭호'나 '-적' 파생어에는 넣는다. 예쌍룡(雙龍), 창문(窓門)

8) 4자 한자어에서 2자 한자어가 고유어문법에서 어기나 접사가 아니더라도 두음법칙을 따르면 넣는다. 예남존-여비(男尊女卑)

이들을 크게 두 가지로 나눌 수 있다.

원칙 ㄱ)과 중복되는 규정: 1)~4)
원칙 ㄱ)에 대해 예외가 되는 규정: 5)~8)

1)~4)는 원칙 ㄱ)을 철저히 따를 때 자연히 따르게 되는 조건으로서 따로 명시할 필요가 없지만 작업자의 混亂을 덜기 위해 부가한 것으로 보인다. 단순어와 복합어의 구별은 조사와 어미를 제거한 형태, 즉 넓은 의미의 語幹에 대해 적용하는 것이므로 1)에서 규정한 바와 같이 용언 표제어에 나타난 어미 '-다'는 자연히 제외된다. 예를 들어 동사 '가다'는 어

간과 어미로 구성되어 있지만 단순어이므로 '가다'처럼 표시하지 않는다.

2)에서 固有語文法을 언급한 것은 한자어 중 상당수가 漢文文法에 의해 만들어진 것이고 두 가지 한자어가 표면상 잘 구별되지 않으므로 이 점을 주의하도록 한 것이다. 예를 들어 '어부지리(漁夫之利)'는 '어부(漁夫)'가 고유어문법에서 語基로 인정되지만 '어부'가 '지(之)', '리(利)'와 결합한 것이 고유어문법에 따른 것이 아니므로 붙임표를 넣지 않는다. 고유어문법에서 '어부지리'는 단순어인 것이다.[6] 한편 '고립-무원(孤立無援)'은 '고립'과 '무원'이 모두 표제어로 올라 있으므로 붙임표를 넣는다.

3)의 어근과 4)의 어미 결합형 및 어미와 조사의 결합형은 단어가 아니므로 단순어냐 복합어냐를 따질 수 없다. 예를 들어 '먹음직'과 같은 어근, 선어말어미와 어말어미의 결합형인 '-더니', 어미와 조사의 결합형은 '-어요'에 붙임표를 넣지 않는 것은 원칙 ㄱ)의 자연스러운 결과이다.

5)~8)은 원칙 ㄱ)에 대한 例外를 규정한 것이다. 우선 5)는 원칙 ㄴ)에 해당하는 것으로서 『표준』의 일러두기에 명시되어 있다. 원칙 ㄴ)과 같은 예외를 둔 것은 표제어의 조어정보를 보여 주는 일보다 표기정보를 보여 주는 일이 더 중요하다고 보았기 때문이다. '춤, 좁쌀, 수캐'의 성분구조를 굳이 표시한다면 '추-ㅁ, 조-ㅂ쌀, 숳-개(또는 '수ㅎ-개')'와 같이 될 것인데 '추-ㅁ, 조-ㅂ쌀'에서는 성분구조의 경계가 음절자의 경계와 불일치함으로써 맞춤법에 어긋나는 음절자의 구조가 나타나게 된다. '숳-개, 수ㅎ-개'에서는 성분구조의 경계가 음절자의 경계와 불일치함은 물론 분절음의 경계와도 불일치하게 되어 '수캐'라는 바른 표기에서 너무 멀어지게 된다.

6)~8)은 『표준』의 일러두기에서는 찾을 수 없는 내용이다. 『지침』에

---

6 한글학회 편 『우리말 큰사전』(1992)은 '어부지-리'로 표시했다.

따라 작업이 이루어진 결과인『표준』의 사례들을 통해 확인할 수 있을 뿐이다. 우선 '상중하, 동서남북, 피피엠'은 직접성분이 셋 이상인 복합어로서 직접성분 사이의 경계에 붙임표를 넣는다면 '상-중-하, 동-서-남-북, 피-피-엠'과 같이 한 단어 안에 붙임표가 둘 이상 들어가게 된다. 6)은 이러한 경우에 붙임표를 생략한다는 규정이다. 그러나 왜 붙임표를 생략해야 하는지에 대해서는 아무런 설명이 없다.

7), 8)은 한자어의 구조를 어떻게 분석할 것인가와 관련된 규정이다. 7)은 '성+이름/칭호'와 '-적' 파생어를 제외한 모든 2字 漢字語를 한문문법에 따라 구성된 단어로 보고 붙임표를 넣지 않는다고 한 것이다. 그에 따라 '이-황(李滉), 사-적(史的)' 등은 붙임표를 넣고 '국민(國民), 창문(窓門)' 등은 붙임표를 넣지 않는다. 그런데 '국민'은 '국'과 '민'이 한문문법에 따라 결합한 것이라고 할 수 있지만 '창문'은 1음절어 '창'과 '문'이 고유어문법에 따라 결합했을 가능성이 높은데도 붙임표를 넣지 않는다고 한 점에서 문제가 있는 규정이라고 할 수 있다. '쌍룡(雙龍)'도 1음절어 '쌍'과 '용'의 결합일 가능성이 있지만 맞춤법은 '쌍용'이 아닌 '쌍룡'을 선택함으로써 그러한 가능성을 부정하고 있다. 8)은 두음법칙이 반영된 표기를 존중하여 '남존여비(男尊女卑)'의 '여비'와 같은 것을 단어처럼 취급하여 그 앞에 붙임표를 넣는다는 규정이다. '남존여비'와 같은 한자어를 복합어로 인정한 것이라기보다 단순어이지만 맞춤법과의 調和를 위해 예외적으로 붙임표를 넣는다는 뜻으로 이해할 수 있다.

이상에서『표준』의 일러두기와『지침』을 검토한 결과,『표준』의 표제어에 사용된 붙임표가 표제어의 성분구조를 깔끔하게 보여 주지는 못하고 있다고 할 수 있다.

3. 성분구조 표시의 문제점

표제어에 쓰인 붙임표가 상당한 정보를 제공하기는 하지만 붙임표를
이용한 성분구조 표시가 본래의 목적을 충분히 이루어내지 못한 것으로
판단된다. 현재의 성분구조 표시가 안고 있는 문제점을 하나씩 살펴본
다.[7]

3.1. 음절자의 경계

원칙 ㄴ)에서 명시한 바와 같이 구성성분의 경계가 음절자의 경계와
일치하지 않으면 붙임표를 넣지 않았다. 그 이유는 위에서 보았듯이 표제
어의 바른 表記를 깨뜨리지 않고자 한 것으로 보인다. 그렇지만 편의에
따라 성분구조를 보이고 보이지 않는 것은 사전이 취해야 할 태도로서
옳다고 할 수 없다. 다음 피사동사들의 분석을 보자.

> 빗-기다[1]: '빗다(梳)'의 사동사.
> 눌리다[1]: '누르다(壓)'의 피동사.
> 비-우다[2]: '비다(虛)'의 사동사.
> 띄우다[2]: '뜨다(浮)'의 사동사.

---

7 『표준』은 표제어 '똥닭-개'의 발음을 [-딱깨]로 표시하고 있다. '닭'의 초성이 경음화된
다는 것은 '똥'과 '닭개' 사이에 사이시옷이 들어갔다는 뜻이다. 성분구조가 '똥-닭개'가 되어
야 옳다. '똥닭-개'로 분석한다면 '똥닭'에서 硬音化가 일어나는 이유를 설명할 수 없게 된
다. 비슷한 단어 '똥-싸개, 밑-씻개'와도 성분구조가 다를 리가 없다. 아래에서는 이와 같은
誤謬를 제외하고 붙임표 사용에 관한 원칙에 따른 문제점만 살펴본다.

'다른 용언의 피동사나 사동사'로 뜻풀이 한 단어들 중 '빗기다', 비우다'
처럼 어근과 접미사 사이에 붙임표를 넣은 것과 '눌리다', 띄우다'처럼 붙
임표를 넣지 않은 것의 차이는 순전히 그 경계가 음절자의 경계와 일치하
느냐 하지 않느냐에 따른 것이다. 이것은 피사동사들에 대한 올바른 待遇
가 아니다. 구성성분의 경계를 붙임표로 표시하기로 하였으면 '눌리다',
띄우다'와 같은 피사동사, 나아가 '좁쌀, 수캐, 대단찮다, 자연스레, 보배로
이'와 같은 단어들에 대해서도 어떤 방식으로든 성분구조를 표시해 주어
야 할 것이다.[8]

3.2. 직접성분이 셋 이상인 단어

직접성분의 경계에 붙임표를 넣는다면 '상-중-하, 동-서-남-북, 피-피-엠'
과 같이 되어야 할 텐데 직접성분이 셋 이상이면 붙임표를 넣지 않는다고
했다. 여기에서 아무런 이론적 근거나 편리성을 찾을 수 없다. 단지 二分
法을 지나치게 추구한 결과 삼분구조나 사분구조 등의 多分構造를 정상
적인 성분구조로 인정하지 않은 것으로 추측될 뿐이다. 성분구조를 있는
그대로 보여 주는 것이 사실상 아무런 문제도 일으키지 않는다. 일러두기
에도 이러한 예외적 조치가 언급되지 않은 지금과 같은 상황에서는 독자
들이 '상중하, 동서남북, 피피엠' 등을 단순어로 誤解할 도리밖에 없다.[9]

---

8 용언어간을 어기로 하여 명사를 만드는 접미사 '-음'이 붙어 만들어진 파생어에 대한
『표준』의 처리는 두 가지이다. '묶-음, 수줍-음, 비웃-음, 울-음, 웃-음, 젊-음'에는 붙임표가
들어 있고, '걸음, 깨달음, 놀음, 물음, 믿음, 알음, 졸음, 죽음'에는 붙임표가 들어 있지
않다. 『우리말 큰사전』에서는 이들 중 '묶-음, 수줍-음, 울-음, 웃-음, 깨달-음, 놀-음, 믿-음,
알-음, 졸-음, 죽-음'에 붙임표를 넣었고, '걸음, 물음, 비웃음'에는 붙임표를 넣지 않았다.
'젊음'은 표제어로 싣지 않았다. 이들 모두에 붙임표를 넣는 것이 옳을 텐데 왜 단어에 따라
붙임표를 넣기도 하고 빼기도 하는 차이가 생겼는지 알 수 없다.

3.3. 2음절 한자어

'간암(肝癌), 강폭(江幅), 금색(金色), 반원(半圓), 쌍룡(雙龍), 창문(窓門), 책방(冊房), 처첩(妻妾), 획수(劃數)'와 같은 한자어는 한자형태소끼리 한문문법에 따라 결합해 만들어진 단어인지 1음절어끼리 고유어문법에 따라 결합해 만들어진 단어인지 판단하기 어렵다. 그러나 다음 단어들은 1음절어끼리 고유어문법에 따라 결합해 만들어진 단어가 틀림없다.[10]

사이시옷의 개입에 따라 경음화가 일어나는 단어

금방(金房), 방세(房貰), 상복(賞福), 성병(性病), 촌수(寸數), 화병(火病)
숫자(數字), 찻상(茶床), 찻잔(茶盞), 찻장(茶欌), 찻종(茶種), 횟수(回數)

ㄴ첨가가 일어나는 단어

첩약(貼藥)

이들은 '금(金), 방(房), 세(貰)' 등의 구성성분들이 모두 단어로 존재하고, '글-방, 말-수, 눈-병, 찻-집'과 같이 구성성분 사이에서 사이시옷에 의한 硬音化가 일어나거나([금빵], [방쎄] 등) '물-약처럼 ㄴ添加가 일어난다는([첨냑]) 점에서 고유어문법에 따라 만들어진 합성어가 틀림없다. 2음절 한자어라도 고유어문법에 따라 형성된 것이 분명한 단어들에는 붙임표를 넣어야 할 것이다.[11]

---

9 한편 『우리말 큰사전』은 '동서-남북, 상-중-하, 피-피-엠'과 같이 분석하고 있다.
10 『표준』은 다음 예들 중 '찻-상, 찻-잔, 찻-장, 찻-종'에는 붙임표를 넣고 나머지 단어들에는 붙임표를 넣지 않고 있다. 붙임표를 넣지 않는다는 것은 한자형태소끼리 한문문법에 따라 결합한 것으로 본다는 뜻이다. '상복(賞福)'은 표제어로 올라 있지 않다.

3.4. 어근과 문법형태

『표준』은 '믿음직하다, 누르스름하다, 떨떠름하다'의 '믿음직, 누르스름, 떨떠름'을 어근으로 처리하고 성분구조를 표시하지 않고 있다. 어근은 단어 이하의 단위이므로 단순어인지 복합어인지를 논의할 필요가 없다. 그러나 성분구조를 보여 주는 대상을 반드시 단어로 한정할 이유는 없다. 어근도 일정한 조어과정을 거쳐 형성된 것이라면 성분구조를 보여 주는 것이 의미가 있다. '단출하다, 어수룩하다'의 '단출, 어수룩'이 單純語根이라면 '믿음직, 누르스름, 떨떠름'은 複合語根이므로 '믿-음직, 누르-스름, 떨-떠름'과 같이 붙임표를 넣는 것이 좋을 것이다.[12]

『표준』은 '-더니, -더구나'와 같이 선어말어미에 어말어미가 결합한 複合語尾, '-어요, -지요, -지마는, -는다마는'과 같이 어말어미에 조사가 결합한 複合語尾 역시 단어가 아니므로 붙임표를 넣지 않았다. 한편 '로-부터, 에게-로' 등의 複合助詞는 단어이므로 붙임표로 성분구조를 보였다. 어근의 경우와 마찬가지로 복합어미가 단어가 아니더라도 복합형태라는 점에서 그 성분구조를 보이는 것이 독자에게 도움이 될 것이다.

---

11 한편 '독약(毒藥)'은 [동냑] 대신 [도갹]으로 발음하므로 '물약, 첩약'과 달리 한문문법에 따라 만들어진 단어이다. 배주채(2003)은 2음절 한자어가 고유어문법에 따른 복합어인지 아닌지를 소략하게 논의한 바 있다.

12 '믿음직'의 성분구조가 '믿음-직'일 가능성도 있다. 『표준』은 '-스름하다, -스레하다'라는 접미사를 표제어로 올렸는데 이것은 '누르스름-하다, 누르스레-하다'와 같이 표시한 것과 어울리지 않는다. '-스름하다'와 '-스레하다'를 표제어로 싣지 말아야 할 것이다. '떨떠름'은 '떫-'에서 온 것이 틀림없다. '떠름하다'라는 형용사가 있으므로 '떠름'을 어근으로 볼 수 있고 '떨-떠름'과 같이 분석할 근거가 된다. '떠름'은 '맵-(辛)'에서 '매움'('매움하다'의 어근)이 파생되는 방식으로 '떫-'에서 파생되었을 것이다.

3.5. 다른 요소와의 관련성

붙임표로 표제어의 성분구조를 보일 때 우선 그 표제어가 붙임표를 넣을 대상인가(즉 복합형태인가)를 검토해야 할 것이고 그 표제어가 복합형태라면 붙임표를 어디에 넣을 것인가(즉 성분의 경계가 어디인가)를 검토해야 할 것이다. 『표준』과 같은 붙임표 사용법에 따르면 여기까지의 작업을 거쳐 붙임표를 넣거나 넣지 않은 상태로 표제어를 표기하게 된다. 그런데 여기에는 아직 두 가지 문제가 남아 있다.

> 1) 분석된 성분 중 어느 성분이 다른 형태소(단어)와 관련이 있는지 표시가 없다.
> 2) 분석된 각 성분이 어느 형태소(단어)와 관련이 있는지 표시가 없다.

이 두 가지 표시가 없더라도 '민-달팽이' 같은 표제어는 별 문제를 일으키지 않는다고 할 수 있다. 우선 이 단어의 한 성분인 '달팽이'는 『표준』의 표제어로 하나만 존재하므로 그것과 동일시하는 데 문제가 없다. 또 '민'은 『표준』의 표제어로 실려 있는 '민-5'와의 관련성을 확인하기 어렵지 않다. 『표준』의 표제어 중 '민'은 8개가 있는데 '민1'부터 '민4'는 한자어이므로 한자어 표시가 없는 '민달팽이'의 '민'과 동일시할 수 없다. '-민6'은 방언의 어미이고 '-민7'은 접미사이며 '민-8'은 옛말의 접두사이므로 역시 관련이 없다. 관련이 있을 수 있는 것은 接頭辭 '민-5'뿐이다. 물론 이상의 추론은 분석된 각 성분이 『표준』의 표제어로 반드시 올라 있다는 前提가 있을 때 성립한다.

위의 두 가지 표시가 없음으로써 생기는 問題를 다음 예를 통해서 살펴보자.

양지-머리 ⑲ ①소의 가슴에 붙은 뼈와 살을 통틀어 이르는 말. ¶양지
　　머리를 삶다/양지머리를 곤 맑은장국에 떠 있는 편수가 꽃봉오리
　　처럼 어여쁘고 앙증맞았다.≪박완서, 미망≫ ②쟁기 술의 둥글고
　　뾰죽한 우두머리 끝.
새-다래 ⑲ 【동】 새다랫과의 바닷물고기. 몸의 길이는 50cm이고 달
　　걀 모양으로 옆으로 납작하며, 어두운 회색이다. 둥근 비늘로 덮여
　　있고 머리 위가 솟아 있다. 등지느러미와 뒷지느러미가 길고 꼬리
　　지느러미는 길게 두 가닥으로 되어 있다. 원해성 어종으로 한국
　　남부, 일본 중부 이남, 인도양 등지에 널리 분포한다. (Brama
　　japonica) [그림 생략]

　'양지머리'라는 단어가 '양지'라는 말과 '머리'라는 말의 결합으로 이루
어진 복합어임을 이해한 독자는 자연히 '양지'가 무슨 뜻이고 '머리'가 무
슨 뜻인지 궁금해 하게 된다.『표준』의 표제어 '양지'는 16가지가 실려 있
는데 '양지³'부터 '양지¹⁶'은 한자어이므로 관련이 없다. '양지¹'은 '양치질'
의 방언, '양지²'는 '얼굴'의 방언이므로 역시 관련이 없다. '양지'가 무슨
말인지 독자는 여기서 더 이상 追跡할 수 없게 된다.[13]
　『표준』의 표제어 '머리'는 7개가 실려 있다. '머리³'은 의존명사로서 '즈
음'의 틀린 말이고 '머리⁴, 머리⁵'는 외국 인명, '머리⁷'은 부사로서 '멀리'의
옛말이므로 모두 관련이 없다. '머리¹'은 '사람이나 동물의 목 위의 부분'
등 11가지 뜻으로 풀이되어 있다. '머리²'는 첫째, '덩어리를 이룬 수량의
정도를 나타내는 말', 둘째, '돈머리'로 풀이되어 있다. '양지머리'의 '머리'

13『우리말 큰사전』에서는 '양지-머리' ①의 동의어로 '양지두(陽支頭)'를 제시했다. 표제
어 '양지두'에 대해서는 '양지머리'와 같다고만 풀이했다.『표준』에 따르면 '양지두'는 '양지
머리'를 한자를 빌려 적은 말이다.

는 '머리¹'의 11가지 뜻, '머리²'의 2가지 뜻의 어느 것에서 온 것일 수 있다. 그러나 '양지-머리'로만 표시한 성분구조를 가지고는 그중 어느 것이 '양지머리'라는 단어를 형성할 때 참여했는지 알 수 없다. 의미를 고려하면 '양지머리' ②는 '머리¹'의 '⑥사물의 앞이나 위를 비유적으로 이르는 말'과 관련되는 것이 틀림없어 보이고, '양지머리' ①은 '머리¹'의 '⑩한쪽 옆이나 가장자리'와 관련될 듯해 보인다.

'새다래'의 '새'와 '다래'는 관련되는 표제어를 찾기 더욱 어렵다. 『표준』에 '새'는 19개가 표제어로 실려 있다. 한자어, 방언, 옛말, 접미사를 제외하면 '새¹'부터 '새⁶'까지의 6개와 '새-¹⁴'가 남는다. 이 중 '새-¹⁴'는 "(어두음이 된소리나 거센소리 또는 'ㅎ'이고 첫 음절의 모음이 양성인 색채를 나타내는 일부 형용사 앞에 붙어)"라는 조건이 붙어 있으므로 독자가 찾는 '새'는 아니다. '새¹'부터 '새⁴'는 자립명사, '새⁵'는 의존명사, '새⁶'은 관형사이다. '새-다래'와 같은 성분구조 표시만으로는 이 '새'가 '새¹'~'새⁶' 중 어느 '새'와 관련이 있는지 알 수 없다. '새¹'('사이'의 준말)과 '새³'(鳥類)은 장음부호가 붙어 있는데 '새다래'의 '새'는 그렇지 않으므로 발음을 기준으로 '새¹, 새³'은 제외할 수 있을지도 모른다. 그러나 복합어 형성에서 장음과 단음이 교체하는 예외도 있으므로 이를 확신할 수는 없다. '새다래'의 '새'가 음장이 교체하는 예외가 아니라고 가정하고 단음인 네 '새'의 의미를 살펴보자.

새² 명 【광】 금 성분이 들어 있는, 광석 속의 알갱이.

새⁴ 명 【식】 ① 볏과 식물을 통틀어 이르는 말. 띠, 억새 따위가 있다.
　　　 ② 볏과의 여러해살이풀. ③=억새.

새⁵ 명 (의) 피륙의 날을 세는 단위. 한 새는 날실 여든 올이다.

새⁶ 관 ① 이미 있던 것이 아니라 처음 마련하거나 다시 생겨난. ②사용하거나 구입한 지 얼마 되지 아니한.

독자가 찾는 '새'가 이들 중 하나인지 아닌지, 하나라면 어느 것인지 알 길이 없다.

'새다래'의 '다래' 역시 『표준』의 표제어 '다래'들 중에서 찾아내기 어렵다. '다래' 6가지 중에서 방언 하나를 빼면 모두 명사인데 '새-다래'라고만 표시된 것을 가지고는 어느 '다래'와 관련지어야 할지 알 수 없다. 의미를 고려해도 '다래'의 기원을 이들 중에서는 찾을 수 없다.

독자를 이렇게 混亂에 빠뜨리는 것은 위의 두 가지 표시가 없이 성분의 경계만 표시해 놓고 말았기 때문이다. 각 성분이 어떤 단어나 형태소인지, 그 뜻이 뭔지는 독자가 알아서 하라는 것이다. 이것은 제대로 된 성분구조 표시법이 아니다.

4. 성분구조 표시의 이상

3장의 논의로부터 자연히 도출되는 이상적인 성분구조 표시 방법은 다음과 같다.

4.1. 성분구조 표시의 대상이 되는 표제어

모든 복합형태에 대하여 성분구조를 보여 준다. 즉 복합어뿐만 아니라 복합어근, 복합조사, 복합어미 등 모든 복합형태에 대하여 성분구조를 보여 준다. 위에서 다룬 몇 예를 제시하면 다음과 같다.

성분구조 표시의 대상이 되는 복합형태

복합어: 빗기다, 눌리다, 비우다, 띄우다, 이등분선, 고립무원, 상중하, 동서
　　　남북, 피피엠, 금방(金房), 방세(房貰), 숫자(數字), 찻상(茶床), 첩약(貼藥)

복합어근: 믿음직, 누르스름, 떨떠름

복합조사: 로부터, 에게로

복합어미: -더니, -더구나, -어요, -지요, -지마는, -는다마는

또 성분의 경계가 음절자의 경계나 분절음의 경계와 일치하지 않더라
도 보여 준다.[14]

성분의 경계와 음절자의 경계가 불일치하는 경우: 춤, 좁쌀

성분의 경계와 분절음의 경계가 불일치하는 경우: 수캐

4.2. 성분구조 표시의 하한

직접성분의 구조뿐만 아니라 모든 형태소의 결합구조를 보여 준다. 예
를 들어 '무정부주의-자, 뒷발길질-하다, 검은머리-물떼새'와 같이 直接成
分의 구조만 보여 주는 것이 아니라 다음과 같이 最終成分의 구조까지
보여 준다.

최종성분의 구조까지 표시한 예

[[무-정부]-주의]-자

---

14 이러한 경우에 성분구조 표시를 어떻게 할 것인지는 더 생각해 볼 문제이다. '춤,
좁쌀, 수캐'를 '추ㅁ, 조-쌀, 수-개'와 같이 표시하는 방안을 우선 제시해 둔다.

[뒷-[[발-길]-질]]-하다

[[검-은]-머리]-[물-[떼-새]]

4.3. 각 성분의 정체

성분구조를 보여 준 표제어는 각 성분이 그 사전에 표제어로 실려 있는지, 그리고 어느 표제어에 해당하는지 표시한다.[15] 예를 들어 '땅콩'은 '땅(地)'이라는 단어('땅'로 표제어 등재)와 '콩(豆)'이라는 단어('콩¹'로 표제어 등재)의 결합임을 '땅¹-콩¹'과 같은 형식으로 보여 줄 수 있다. 성분들 중 표제어로 존재하지 않는 것이 있다면 그 사실을 표시해야 한다. 예를 들어 '딱지'는 미지의 '딱'과 한자형태소 '지(紙)'의 결합이므로 '딱-지'와 같이 성분구조를 보여 주되 '딱'과 '지(紙)'가 표제어로 실려 있지 않다는 사실을 일정한 방식으로 표시해야 한다.

4.4. 조어정보 표시의 독립

이와 같이 성분구조를 표시하려면 지금처럼 표제어에 성분구조를 표시하는 것은 표제어의 표기를 너저분하게 만들게 되어 표제어가 표지판의 기능을 제대로 할 수 없게 될 것이다. 성분구조 표시는 微示構造의 한 자리를 차지해야 할 것이다. 발음정보가 표제어로부터 완전히 독립했듯이 성분구조에 대한 정보도 造語情報라는 이름으로 한 자리를 차지해야 마땅하다. 그것이 어떤 형식이어야 하는지는 더 논의가 필요하지만 붙임

---

15 그 표제어를 구성하는 모든 성분이 표제어로 존재하지 않는 경우는 성분분석이 어원적 분석이라는 뜻이고 그 표제어가 복합형태가 아니라는 뜻이므로 성분구조를 보여 주지 않아야 한다. 이때 필요에 따라 語源情報를 보여줄 수 있다.

표 한 가지만 가지고 필요한 정보를 다 보여 주지 못하는 것은 분명하다는 점을 우선 지적해 둔다.

5. 마무리

국어사전의 표제어는 사전의 거시구조를 형성하는 최소 단위로서 미시구조를 찾아 들어가도록 안내하는 것이 본래의 역할이다. 사전이 문어로 편찬되기 때문에 표제어는 미시구조의 한 항목이라 할 수 있는 表記情報를 자동적으로 보여 주게 된다. 여기에 더해서 한글이 표음문자이기 때문에 표제어가 發音情報와 造語情報를 담는 그릇으로 이용되기도 했다. 발음정보를 올바로 제공하기 위해 발음정보만을 보여 주는 자리를 따로 마련하게 된 것은 바람직한 처리였다. 이 글에서는 일부 複合語 표제어에 대해 붙임표(-)로 직접성분의 경계만을 표시하는 것이 올바른 조어정보 제시방법이 아님을 논의하고, 조어정보를 올바로 제공하기 위해 조어정보만을 보여 주는 자리 역시 따로 마련해야 함을 지적했다. 한때 '시작하다, 정직하다'와 같이 '하다'가 붙은 동사와 형용사를 따로 표제어로 싣지 않고 그 語基 '시작, 정직'만을 표제어로 싣고 그 풀이에서 '하다'가 붙어 동사나 형용사로 쓰일 수 있다고 표시하는 것으로 만족했던 과거 사전들의 소박함이 아직까지 표제어의 조어정보에 남아 있는 셈이다.

표제어의 조어정보는 종이사전보다 電子辭典에서 더 정확하게 제공되어야 할 것으로 보인다. 한 표제어에서 관련 표제어로 이동하는 것이 마우스 단추를 한 번 누르는 것만으로 순식간에 이루어지므로 표제어와 그 성분들이 구성하는 사전의 거시구조는 더 철저하게 體系的으로 바뀌지 않으면 안 될 것이다. '땅-콩'의 '땅'을 선택할 때 '땅²(의성어)'가 아닌 '땅¹

(地)'로 바로 연결되어야 할 상황에서 현재와 같이 표제어를 '땅-콩'으로 분석해 놓고 마는 것은 무책임한 일인 것이다.

참고문헌

박금자(1989) 「북한의 국어 사전 평설(評說): 〈조선말사전〉, 〈문화어사전〉, 〈현 대조선말사전〉을 중심으로」, 고영근 편 『북한의 말과 글』, 을유문화사.
배주채(2003) 「한자어의 구조와 두음법칙」, 『어문연구』 119, 한국어문교육연구회.
이병근(1986) 「국어사전 편찬의 역사」, 『국어생활』 7, 국립국어연구원. [이병근 (2000) 『한국어 사전의 역사와 방향』(태학사)에 재수록]

국립국어연구원 편(1999), 『표준국어대사전』, 두산동아.
_____(2000), 『≪표준국어대사전≫ 편찬 지침 I』.
연세대학교 언어정보개발연구원 편(1998), 『연세 한국어 사전』, 두산동아.
한글학회 편(1992), 『우리말 큰사전』, 어문각.

이 글을 다시 읽으며

이 논문은 사전이 제공해야 할 정보 가운데 표제어의 조어구조에 관한 정보(조어 정보)를 기존 사전들이 제대로 표시하지 않고 있음을 비판하고 그 이상적인 표시 방법에 대해 논의한 것이다. 기존 사전들이 조어정보를 제대로 표시하지 않았던 데는 두 가지 이유가 있는 듯하다. 첫째는 지면의 제약이다. 조어정보를 이 논문의 4장에서 논의한 것처럼 정확하고 자세하게 표시하려면 꽤 많은 지면을 소비해야 한다. 조어정보가 사전 이용자들에게 그 정도로 중요한 정보는 아니라고 판단했던 듯싶다. 둘째는 모든 표제어에 대해 조어정보를 표시할 수 있을 만큼 조어론적 연구가 잘 이루어져 있지는 않다는 것이다. 조어론 분야의 논문은 조어구조가 무엇인지를 확실하게 판단할 수 있는 예만 다루어도 되지만 사전은 모든 표제어의 조어구조에 대해 책임을 져야 하므로 조어론적 연구가 철저하게 이루어지지 않고서는 사전에서 조어정보를 적극적으로 표시하기 어렵다.

이 논문이 발표된 후에 나온 『고려대 한국어대사전』(2009)은 이 논문에서 주장한 것처럼 조어정보를 제시하는 난을 따로 마련했다는 점에서 획기적인 사전이다. 김양진・이현희(2009) 「<고려대 한국어대사전>의 형태 분석 정보」(『민족문화연구』 51, 고려대 민족문화연구원)에 따르면 전체 표제어 386,889개 중 174,686개에 조어정보를 제시했다. 그러나 이 논문의 §3.5에서 논의한 문제를 적극적으로 해결하지 않은 점에서 이 사전도 여전히 완전한 조어정보 제시에는 이르지 못하고 있다.

조어론이라는 이론 분야나 사전편찬이라는 실무 분야나 언어현실을 더 잘 반영하는 조어구조 분석은 아직 먼 듯하다. 예를 들어 '라면'에 대해 『표준국어대사전』(2008)과 『고려대 한국어대사전』(2009)은 일본어 'ramen'에서 온 외래어라는 원어정보를 제시하고 있을 뿐 조어정보는 제시하지 않고 있다. 즉 '라면'은 한 형태소로 이루어진 단순어라고 보는 것이다. 이 두 사전에서 '쫄면'은 '쫄'과 '면'의 결합으로 표시하고 있다. 한국인이라면 '쫄면'의 '면'과 '라면'의 '면'을 같은 형태소로 인식하고 있음이 틀림없다. 두 사전에 실려 있지 않은 '볶음면, 비빔면' 등의 신어가 널리 쓰이고 있음을 생각하면 '라면'을 '라'와 '면'의 결합으로 표시하는 것이 옳을 것이다. '짜장면'도 '라면'과 마찬가지로 원어정보만 제시할 것이 아니라 '짜장'과 '면'의 결합으로 이루어진 단어임을 적극적으로 표시해야 할 것이다. 이때의 '면'이 두 사전에서 명사 표제어로 올린 '면(麵/麺)'과 같은 형태소라는 사실도 분명하게 표시해야 함은 물론이다.

11장

국어사전 용언활용표의 음운론적 연구

1. 머리말

국어는 용언의 활용양상이 복잡한 언어이다. 그것을 간단한 규칙으로 기술할 만하지 않으므로 국어사전에서 모든 용언 표제어에 대해 활용정보를 제공해야 한다.[1] 그렇지만 같은 방식으로 활용하는 용언들에 대해서도 매번 비슷한 활용정보를 반복하는 것은 지면의 낭비이자 불필요한 정보의 남발이기 쉽다. 그래서 최근의 몇 국어사전은 그러한 활용정보를 간추려 부록으로 용언활용표를 싣고 있다. 용언활용표는 비슷한 종류의 정보를 한 자리에서 간단명료하게 보여 줄 수 있는 효과적인 장치이다. 이 국어사전들이 부록으로 실은 용언활용표가 음운론적 관점에서 적절하게 작성되었는지 검토하는 것이 이 글의 목적이다. 국어사전마다 용언활용표의 모습이 제각각이기 때문에 각각의 장단점을 면밀히 분석하는 일만을 이 글에서 맡고자 한다. 이를 바탕으로 바람직한 용언활용표의 모형을

---

1 『한불ᄌᄼ뎐』(1880)은 국어사전 최초로 용언 표제어에 대해 '-어' 활용형과 '으' 활용형을 하나씩 보임으로써 활용정보를 간단명료하게 보여 주었다. 그 이후 오랫동안 국어사전에서 활용정보를 찾아보기 어려웠는데 일본에서는 『コスモス朝和辞典』(1988), 국내에서는 『금성판 국어대사전』(1991)부터 이 전통이 살아나서 이제는 보편화되었다.

실제로 내보이는 일은 뒷날에 가능할 것이다.

국어사전에서 제공하는 용언의 활용정보는 두 가지가 분명하게 구별되어야 한다. 형태론적 활용정보와 음운론적 활용정보가 그것이다. 어떤 용언에 어떤 어미가 붙어서 활용형을 형성할 수 있느냐, 그리고 그렇게 형성된 활용형이 어떤 문법적 기능을 가지느냐 하는 것은 형태론적 활용정보에 해당한다. 반면에 그렇게 형성된 활용형이 어떤 음운론적인 형태로 실현되느냐 하는 것은 음운론적 활용정보이다. 예를 들어 형용사 '곱다'에 명령형어미 '-어라'가 결합하면 올바른 활용형을 형성할 수 없지만 감탄형어미 '-어라'가 결합하면 "마음씨도 참 고와라." 같은 감탄문의 서술어로 쓰일 수 있는 활용형을 형성할 수 있다. 이것은 형태론적인 문제이다. 그런데 그 '고와라'의 형태가 [고바라], [고버라], [고워라], [고우라] 등이 아니고 [고:와라]라는 것은 음운론적인 문제이다.[2]

용언활용표는 전통적으로 문법서에서 보여 주었다. 용언의 활용을 형태론적 관점에서 정리한 결과를 표로 보여 주었던 것이다. 그런데 국어사전의 부록으로 용언활용표를 실을 때 문법서와 같이 형태론적인 관점에서 작성할 수도 있지만 그보다는 음운론적인 관점의 용언활용표를 실어야 한다는 생각이 최근의 국어사전들에서 분명해지고 있다. 어차피 형태론적 관점의 활용정보를 보이는 일은 문법서의 고유한 몫이므로 사전에 굳이 그러한 표를 실어야 할 필요가 없고 사전 본문에서 용언의 음운론적인 활용정보를 충분히 보여 주지 못한 것을 부록에서 보완할 필요도 있기 때문이다.

음운론적 활용정보는 사실 진짜 음운론적인 것과 문자론적인 것을 나

---

2 용언의 활용정보를 이와 같이 두 가지로 나누어 인식하는 문제는 배주채(2000, 2001)에서도 논의한 바 있다.

누어 기술해야 한다. 형용사 '곱다'의 감탄형을 그 표기형태인 '고와라'로 기술하는 것은 문자론적인 관점이다. 음운론적인 관점에서는 발음형태인 [고:와라]로 기술해야 하는 것이다. 국어사전은 표기형태를 기준으로 활용정보를 제공하는 데 익숙해져 있다. 예를 들어『금성판 국어대사전』은 형용사 '곱다'의 활용정보를 표기형태 '고우니, 고와'로 표시했다. 반면에 『표준국어대사전』은 '고와[고:-], 고우니[고:--]'로 표시하여 발음형태까지 정확하게 표시했다. 그렇지만『표준국어대사전』도 용언활용표에 가서는 '곱다'의 활용형을 '곱고, 곱네, 곱습니다, 고와, 고우면, 고움, 고운, 곱니/고우니'로만 표시하여 발음형태를 보여 주지 않고 있다.[3] 음운론적인 지식이 없는 일반 이용자를 생각하면 국어사전이 표기형태를 중시하는 것은 당연한 일이다. 그리고 사실 대부분의 활용형은 표기형태가 발음형태를 암시하고 있다. 따라서 이 글에서 문자론적인 관점과 음운론적인 관점에 따라 내용이 달라지는 경우를 제외하고는 기존 국어사전들의 태도를 따라 표기형태를 중심으로 논의를 전개하고자 한다.

2. 용언활용표의 현황

부록으로 용언활용표를 실은 다음 여덟 사전을 대상으로 검토한다. 〈오〉, 〈코〉 등은 이 글에서 사용할 약호이다.

---

3 또 '띠다'의 활용형 '띠어(뗘)'처럼 '띄다'도 발음상으로는 [띠어]/[뗘:]라는 활용형을 가진다고 보는 것이 옳은데, '띠어'를 '뗘'로 줄여 적듯이 '띄어'를 한 음절로 줄여 적는 표기는 불가능하기 때문에 표준어에서 발음상의 활용형 [띠어]/[뗘:]를 인정하지 않는다. 어떤 국어사전도 이 같은 활용형을 제공하지 않고 있다.

〈오〉 오사카외국어대 조선어연구실 편(1986) 『朝鮮語大辞典』, 東京: 角
　　川書店.

〈코〉 간노 히로오미[菅野裕臣] 외 편(1988/1991) 『그スモス朝和辞典』, 東
　　京: 白水社.

〈금〉 김상형 편(1991) 『금성판 국어대사전』, 금성출판사.

〈유〉 유타니 유키토시[油谷幸利] 외 편(1993) 『朝鮮語辞典』, 東京: 小学館.

〈표〉 국립국어연구원 편(1999) 『표준국어대사전』, 두산동아.

〈외〉 서상규 외 편(2006) 『외국인을 위한 한국어 학습 사전』, 신원프라임.[4]

〈어〉 이희자·이종희 편(2006) 『한국어 학습 학습자용 어미·조사 사
　　전』, 한국문화사.

〈고〉 고려대 민족문화연구원 편(2009) 『고려대 한국어대사전』, 고려대
　　민족문화연구원.

　〈오〉, 〈코〉, 〈유〉는 일본에서 일본인을 위한 한일 대역사전으로 편찬
한 것이다. 〈오〉는 대사전, 〈코〉는 소사전, 〈유〉는 중사전이다. 〈금〉,
〈표〉, 〈고〉는 한국에서 한국인을 위해 편찬한 한국어 단일어사전으로서
대사전이다. 〈외〉, 〈어〉는 한국에서 한국어교육용으로 편찬한 한국어 단
일어사전인데 〈외〉는 소사전 규모의 정규사전, 〈어〉는 문법형태를 풀이
한 특수사전이다.
　〈오〉는 "用言の活用"(용언의 활용)이라는 제목으로 설명과 표를 제시했
다(2677-2694쪽).[5] 세 가지 표가 실려 있는데 용언별로 하나씩 작성한 '각

---

　4 이 사전은 2004년 3월에 비매품으로 출판한 적이 있는데 2006년판과 대강 대조한
결과 용언활용표는 똑같은 듯하다. 여기서는 2006년판을 기준으로 한다.
　5 첫 면(2677쪽)의 설명 끝에 塚本勳의 『朝鮮語入門』에 의거한 것으로 표시되어 있다.
塚本勳은 이 사전의 편집주간 중의 한 사람이다. 『朝鮮語入門』을 대조해 보지 못해 용언의

표' 28개가 먼저 나온다.[6] 세로로는 어미를 형태론적으로 분류하여 배치하고 가로로는 어미의 형태(형태소가 아닌 이형태)를 음운론적으로 분류하여 다섯 열로 나누었다. 그 다음에 불규칙용언의 예 표, 그리고 여러 용언의 활용양상을 한꺼번에 보인 '종합표'가 나온다. '종합표'에서는 세로로 규칙용언과 불규칙용언을 유형별로 배치하고 가로로 어미를 배치했다. '각표'와 '종합표'가 상당히 다른 관점에서 작성되었다. '종합표'가 음운론적인 관점의 용언활용표의 모습이다.

〈코〉는 "文法槪說"(문법개설)에서 "Ⅳ. 用言の語幹と変格用言"(용언의 어간과 불규칙용언)이라는 제목으로 설명을 하면서 그 가운데 용언활용표를 제시했다(1009-1016쪽). 설명 가운데 불규칙용언의 예도 표로 제시했다. 용언활용표는 세로로 용언유형을 계층적으로 분류하여 배치하고 가로로 세 종류의 "語基"(어기)를 표시했다(이 '어기'에 대해서는 3장 참조). "Ⅴ. 用言の拡大された語幹"(용언의 확대된 어간)이라는 제목으로 선어말어미가 붙은 '잡았-, 잡겠-, 잡으셨었겠-' 등의 형태를 설명하고 있으며 "Ⅹ. 用言"(용언)이라는 제목으로 형태론적 관점의 용언활용표 등 용언의 형태론에 대해 자세히 설명하고 있다. 용언활용을 음운론적 관점에서 설명한 Ⅳ장과 형태론적 관점에서 설명한 Ⅴ장, Ⅹ장을 분명하게 구분한 것이 특징이다.

〈금〉은 "동사·형용사 어미표 및 조사표"라는 제목 아래 "동사 어미표"와 "형용사 어미표"와 "조사표"를 차례로 제시했으며 약간의 부연 설명을 덧붙였다(3552-3559쪽). 우선 "동사 어미표"라는 제목으로 동사 '가다'의 형태론적 활용표 한 면과 "동사표"라는 제목으로 동사활용표 세 면을, 그

활용에 대한 내용의 어디까지가 『朝鮮語入門』에 의거한 것인지 알 수 없다.

6 이 '각표'와 뒤의 '종합표'는 필자가 논의의 편의를 위해 임시로 붙인 이름이다.

다음에 "형용사 어미표"라는 제목으로 형용사 '차다'의 형태론적 활용표 한 면과 "형용사표"라는 제목으로 형용사활용표 세 면을 차례로 제시했다. 동사활용표와 형용사활용표를 따로 보이되 먼저 형태론적 활용표를 보이고 나서 그 표의 일부를 확대한 표처럼 뒤이은 세 면에 걸쳐 나타낸 것이 음운론적 활용표에 해당한다. 동사와 형용사 각각에 대해 세 면에 걸쳐 제시한 음운론적 활용표에서는 세로로 활용유형별로 대표적인 용언의 활용형을 벌여 놓았는데 이들을 크게 규칙용언, 불규칙용언, 약어로 묶어 제시했다. 형용사활용표 맨 아래에 지정사 '이다'도 하나의 활용유형으로 설정한 점이 특별하다.[7] 그리고 가로로는 어미를 형태론적 관점에서 분류하여 배치했다.

〈유〉는 "用言活用表"(용언활용표)라는 제목으로 설명 뒤에 표를 보였으며 표 밑에 자세한 주석이 붙어 있다(1986-1999쪽). 표는 동사활용표, 존재사활용표, 지정사활용표, 형용사활용표, 보조어간활용표로 나뉘어 있다. 세로로 용언 및 보조어간을 유형별로 배치하고 가로로 어미를 배치했다. "용언활용표" 앞에 "変則用言とㄹ語幹"(불규칙용언과 ㄹ어간)이라는 제목으로 불규칙활용에 대해 간단히 설명했다(1985쪽). "용언활용표" 뒤에 "用言早見表"(용언일람표)라는 제목으로 주요 용언들이 용언활용표에 나오는 어떤 유형에 속하는지를 일일이 표시한 점이 특징이다(2000-2004쪽).

〈표〉는 "용언 활용표"라는 제목으로 용언활용에 대한 음운론적인 설명을 먼저 제시하고 표를 보였다(7162-7187쪽). 표는 7164-7187쪽에 걸쳐 하나로 제시했다. 세로로 용언을, 가로로 어미와 비고란을 배치했다.

---

7 지정사 '이다'를 서술격조사로 보았기 때문에 맨 뒤의 "조사표" 첫 면에서 "서술격의 형태"라는 제목으로 명사 '개'에 '이다'가 붙은 활용형을 형태론적 관점의 분류표로 제시하고 있다. 지정사활용표가 음운론적인 것은 "형용사표"에, 형태론적인 것은 "조사표"에 들어가 있는 것이다.

〈외〉는 "용언의 활용표(규칙이 아닌 것)"이라는 제목으로 설명 없이 표만 제시했다(807-819쪽). 표는 807-819쪽에 걸쳐 하나로 제시했다. 세로로 용언을, 가로로 어미를 배치했다.

〈어〉는 "용언 활용표"라는 제목으로 설명 없이 표만 제시했다(478-499쪽). 표는 478-499쪽에 걸쳐 하나로 제시했다. 세로로 용언을, 가로로 어미를 배치했다.

〈고〉는 "용언의 활용"이라는 제목으로 설명을 하면서 "4. 용언의 활용 양상"에서 용언의 유형별로 표를 제시했다(7445-7448쪽). 표는 유형별로 12개로 나누어 보였다. 표의 세로로 용언 및 '이다', 선어말어미를 배치하고 가로로 어미를 배치했다. 또 "5. 용언 활용형의 실제"라는 제목으로 88쪽에 걸쳐 22,731개의 활용형이 각각 어떤 용언의 활용형인지를 일일이 표시한 목록을 실었다(7448-7535쪽). 이 목록에 실린 활용형들은 "3. 용언 목록"에서 제시한 동사 627형태(929단어), 형용사 216형태(221단어)와 "2. 용언 활용 어미"에서 제시한 어미 30개가 결합한 형태들이다.[8]

최근에 국내에서 용언활용표만을 수록한 단행본들이 다음에서 보는 바와 같이 몇 가지 나왔다. 이들은 모두 형태론적 기준에 따라 표를 작성하고 활용형들을 보여 주고 있으며 음운론적 기준에 따라 활용양상을 기술하려는 시도는 전혀 하지 않았다. 따라서 이 글에서 다루지 않는다.

남지순(2007) 『한국어 동사·형용사 활용 마법사』, 박이정.

---

[8] 이와 같이 많은 수의 활용형을 표제어로 삼고 각 활용형이 무슨 용언에 무슨 어미가 결합한 것인지를 풀이한 사전이 필요함을 김정남(2003)에서 논의한 바 있는데 〈고〉는 그와 비슷한 내용을 사전의 부록으로 실은 셈이다. 김정남(2003)이 참고하지 않았지만 이미 〈유〉에서 활용형과 활용형의 일부, 체언과 조사의 결합형 같은 말들 중 형태분석이 어려운 것들을 사전 본문에서 표제어로 싣고 형태분석을 보인 바 있으며 油谷幸利(2003)에서 그 배경을 소개한 바 있다.

Bryan Park(2008) 『한국어 동사 500 활용사전』, 소통.

Bryan Park(2009) 『한국어 형용사 500 활용사전』, 소통.

김종록(2009) 『외국인을 위한 표준 한국어 동사 활용 사전』, 박이정.

3. 어미의 음운론적 검토

〈금〉, 〈외〉, 〈어〉, 〈고〉는 어미를 음운론적인 관점에서 유형화하지 않고 활용표를 작성했다. 〈금〉은 어미를 형태론적으로 분류했으나 나머지 셋은 어미를 전혀 분류하지 않았다. 어미의 음운론적 유형화 양상을 표로 정리하면 다음과 같다.

	오	코	금	유	표	외	어	고
어미의 유형화	5유형	3유형	-	5유형	9유형	-	-	-

어미를 음운론적으로 유형화하지 않은 〈금〉, 〈외〉, 〈어〉, 〈고〉도 음운론적으로 다양한 유형의 어미를 표에 제시하거나 설명에서 암시하고 있기는 하다. 예를 들어 〈외〉는 어미 6개 '-아, -았다, -는/ㄴ, -(으)니, -ㄹ, -(으)면'을 보이고 있는데 여기에 모음조화와 관련된 어미 '-아, -았다', 매개모음과 관련된 어미 '-(으)니, -ㄹ, -(으)면', 기타 어미 '-는/ㄴ'이 고루 들어 있다.[9] 또 〈고〉는 설명 가운데서 "'-어/-아'계 어미"나 "'으'계 어미"라는 용어를 사

---

9 그런데 '-는/ㄴ'의 설정에는 문제가 있다. 대체로 형용사에는 '가까운, 거센, 고픈'과 같은 활용형을, 동사에는 '가꾸는, 감추는, 굽는'과 같은 활용형을 제시했다. 그런데 동사 '걸리다, 나오다, 눈치채다'에 대해서는 '걸리는, 나오는, 눈치채는' 대신 '걸린, 나온, 눈치챈'을 제시하고 있어 일관성이 없다. 서로 다른 형태소인 현재시제의 '-는'과 과거시제의 '-ㄴ/은'을 구별하지 않고 한 열에 배치하다 보니 생긴 실수이다.

용함으로써 어미의 유형을 의식하고 있음을 알 수 있다. 그러나 활용표를 제시할 때 그러한 유형을 전혀 이용하지 않았다. 또 '놓다'의 활용형 '놓아' 외에 '놔'도 가능함을 언급할 때 '-아, -았-'이 붙은 활용형에서 '놔'와 같은 예외적 활용형을 허용한다고 표현하고 있다. 이와 같이 표현하면 '놔, 놨-' 만 허용되고 '놔도, 놔서, 놔야, 놔라' 등 다른 유사한 활용형은 허용되지 않는다는 뜻이 된다. 어미유형을 이용하지 않음으로써 기술이 부정확해진 예이다. 따라서 〈고〉는 어미를 유형화하지 않은 것으로 평가한다.

수많은 어미를 모두 용언활용표에 보이지 않으면서 어미를 유형화하지 않고 그중 일부만 싣는 것은 문제가 있다. 우선 표에서 빠진 어미가 붙은 활용형이 무엇인지를 이용자가 확인할 수 없게 된다. 또 활용양상이 같은 어미들이 동시에 표에 들어가면 지면을 낭비하게 되고 이용자의 불필요한 주의를 끌게 된다. 따라서 분명한 음운론적 규칙성을 어미의 유형화에 반영하지 않을 이유가 없다.[10] 이제 어미를 음운론적으로 유형화하여 표에 반영한 〈오〉, 〈코〉, 〈유〉, 〈표〉를 검토한다.

3.1. 〈오〉

〈오〉는 '종합표(2693쪽)'에서 어미 10개를 다음과 같이 3유형으로 나누었다.

아/어: 아/어, 았-/었-, 아라/어라

---

10 김종덕·이종희(2005)는 국어사전의 용언활용표 작성 방법론을 논의하면서 어미의 음운론적인 유형화를 전혀 고려하지 않고 빈도가 높은 57개의 어미(종결어미 31개, 연결어미 20개, 전성어미 6개)를 선정한다고 했다. 음운론적 유형화를 거치면 이처럼 많은 어미를 동원하여 용언활용표를 방대하게 만들 필요가 전혀 없다. 〈오〉, 〈코〉, 〈유〉를 참고하지 않고 〈표〉의 장점도 정확하게 파악하지 못한 상태에서 펼친 논의이므로 이는 당연한 결과이다.

으: 시-/으시-, 면/으면, ㅂ니다/읍니다, ㄴ/은, ㄹ/을

ㄴ: 는, ㄴ다/는다

이 셋은 순서대로 모음어미, 매개모음어미, 자음어미에 해당한다. 어미를 이렇게 셋으로 나누는 것은 매우 합리적이다.[11]

그런데 여기에는 두 가지 문제가 있다. 첫째는 '-ㅂ니다/읍니다'의 형태에 관한 것이다. '종합표'에서는 '-ㅂ니다/읍니다'로 표시했지만 '각표'에서는 '-ㅂ니다/읍니다/습니다'로 표시했다. 그리고 '종합표'에서는 이 어미가 결합한 활용형을 '받읍니다, 잡읍니다, 웃읍니다, 좋읍니다, 나읍니다(낫다), ……'로 보였는데, '각표'에서는 '받읍니다/받습니다, …… 도웁니다/돕습니다, 누웁니다/눕습니다' 등을 보였다. '각표'와 '종합표'에서 어미의 형태 및 그 활용형을 달리 제시한 비일관성이 문제이다. 사실 이들은 당시의 맞춤법에서 '-습니다'를 인정하지 않아 혼란이 있었던 것인데 1988년의 맞춤법 개정 때 '-읍니다'를 없애고 '-습니다'를 인정하면서 자음어미 '-ㅂ니다/습니다'가 확립되었다.

둘째 문제는 자음어미의 예를 '-는'과 '-ㄴ다/는다'만 제시하고 그 이름을 'ㄴ'이라고 표시한 점이다. '-고, -지, -더라, -겠' 등 다른 자음어미들이 많은데 하필 'ㄴ'으로 시작하는 것 두 개만 제시하고 이름을 'ㄴ'이라고 붙임으로써 이것이 모든 자음어미를 대표할 가능성을 줄이고 있는 것이다. 그런데 이것은 활용표의 유용성을 생각하면 충분히 이해할 수 있다. '-고, -지, -더라, -겠' 등의 자음어미는 어간과의 결합으로 형태가 바뀌는 일이

---

11 이와 같은 어미의 3분법은 『한불ᄌ뎐』(1880)이 용언 표제어에 대해 '-어' 활용형과 '으' 활용형을 하나씩 보임으로써 표제어를 표기한 '-다' 활용형과 함께 세 가지 활용형을 함께 제시한 데서도 싹이 보이나 이희승(1931), 최현배(1937)의 이론적 논의를 통해 분명하게 확립되었다.

없어 활용형을 쉽게 예측할 수 있다. 그런데 '-ㄴ다/는다'는 동사에만 붙고 형용사에는 붙지 못한다는 점과 어간의 말음이 모음인가 자음인가에 따라 두 형태가 선택적으로 결합하는 복잡함 때문에 활용표에 특별히 넣을 필요가 있다. '-는' 역시 동사에만 붙고 형용사에는 붙지 못한다는 점이 특별하고 '-ㄴ다/는다'와 달리 한 가지 형태로 고정되어 쓰인다는 점에서 활용표에 들어갈 자격이 있다.

각표에서는 어미의 형태를 5개의 유형으로 나누어 5개의 열에 배치했다. 자음어미인 '-다, -겠-, -는, -던, -지, -는구나/-구나'는 "単一式"이라는 이름으로 한 열에 배치했다. 매개모음어미인 '-ㄴ/은, -ㄹ/을, -시/으시-' 등과 자음어미 '-ㄴ다/는다'는 빗금 앞의 형태를 "母音接続形"이라는 이름으로 한 열에 배치하고, 빗금 뒤의 형태를 "子音接続形"이라는 이름으로 또 한 열에 배치했다. 모음어미 '-았/었-, -아/어' 등도 빗금 앞의 형태를 "陽母音形", 빗금 뒤의 형태를 "陰母音形"이라고 부르고 서로 다른 열에 배치했다. 어미형태소가 아닌 어미이형태를 5가지로 나눈 것이 '종합표'의 어미 3유형과 어떻게 관련되는지 파악하기 힘들게 되어 있어서 이 표는 이용자에게 혼란을 주기 쉽다.[12]

3.2. 〈코〉

〈코〉 역시 자음어미, 모음어미, 매개모음어미에 해당하는 세 유형을 설

---

12 각표의 형태론적 문제점 한 가지를 더 지적해 둔다. 각표의 행을 형태론적 기준에 따라 구분했기 때문에 한 행이 다섯 열과 만나 생기는 다섯 칸 중 네 칸은 비고 한 칸에만 활용형이 표시된다. 예를 들어 '보다'의 표에서 '-ㄴ다/는다' 행의 다섯 칸 중 모음-접속형 열과 만나는 칸에만 '본다'가 표시되고 나머지 네 칸은 비게 된다. 표가 가지는 간결함이라는 장점이 없는 점에서 그다지 훌륭한 표가 못 된다.

정했다. 활용표 뒤에 이어지는 설명에서 세 유형을 제 I 어기, 제 II 어기, 제 III 어기에 붙는 어미·접미사로 구분하고 다음과 같이 예를 제시했다.

제 I 어기: 'ㄱ, ㄷ, ㅈ'으로 시작하는 것 전부; '-느'로 시작하는 것과 '-나⁴, -네⁵, -니²; -세⁴, -소⁴, -습니까, -습니다, -습디다

제 II 어기: 'ㄹ, ㅁ, ㅂ'으로 시작하는 것 전부; 'ㄴ'으로 시작하는 것 가운데 '-느' 계열 전부와 '-나⁴, -네⁵, -니²' 이외의 것 전부; -시-⁶, 그 밖에 '-시'로 시작하는 것 전부; -오³; -이¹⁰

제 III 어기: 제로(⇨-아⁴/-어), -도⁷, -서⁶, -ㅆ-, -ㅆ댔-, -ㅆ자, -야⁴, =지다⁴

용언의 활용형을 어간과 어미의 결합으로 분석하지 않고 "語基"와 어미의 결합으로 분석하는 것이 독특하다.[13] 이에 따라 매개모음 'ㅡ'와 모음어미의 첫 음소 'ㅏ/ㅓ'를 어미의 일부로 보지 않고 어기의 말음으로 보게 된다.

활용표(1010-1013쪽)에는 어간과 어미의 결합형이 실려 있는 것이 아니라 어기가 실려 있다. 예를 들어 기본형 '닭다'에 대해 제 I 어기를 '닭', 제 II 어기를 '닭으', 제 III 어기를 '닭아/닭어〔話〕'로 표시했다.[14] 위의 어미 분류에 따라 '-고' 앞에는 제 I 어기 '닭'이 쓰여 '닭고'가 되고 '-시-⁶' 앞에는 제 II 어기 '닭으'가 쓰여 '닭으시-'가 되며 '-도⁷' 앞에는 제 III 어기 '닭아/닭어〔話〕'가 쓰여 '닭아도/닭어도〔話〕'가 된다고 설명할 수 있다.

활용형을 어간과 어미로 분석하는 국내 국어학계의 방식만 옳고 어기

---

13 용언의 활용을 이와 같이 세 유형의 어기를 설정함으로써 기술하는 것은 일본 한국어학계의 한 유파를 형성한다. 그 연구사와 내용은 菅野裕臣(1997)에 정리되어 있다.

14 이 사전에서 〔話〕는 구어체를 뜻하는데 주로 표준어와 다른 현실 구어를 보이기 위한 것이다.

와 어미로 분석하는 위의 방식을 그르다고 할 이유는 없다. 여기서는 자세한 논의를 피하고 어기설의 약점 두 가지만 지적해 둔다. 어미 '-아/어'가 붙은 '닦아' 같은 활용형은 어미가 붙지 않고 어기만으로 이루어진 형태로 분석해야 한다는 점에 문제가 있다. 또 '-니²'(의문형어미)는 제Ⅰ어기에 붙는 어미이고 '-니³'(이유 표시 연결어미)은 제Ⅱ어기에 붙는 어미인 점을 '-니'와 '-으니'처럼 어미의 형태로써 구별하지 못하고 반드시 문법적 기능을 언급해야 구별할 수 있는 점에서 실용성에도 문제가 있다.

3.3. <유>

<유>는 용언을 1군~4군의 네 유형으로, 어미를 1류~5류의 다섯 유형으로 나누었다. 활용표를 제시하기 전에 이에 대해 자세하게 설명했다.

> 1류: 네 유형의 용언에 붙을 때 아무 변화가 없다. 예-고
> 2류: 네 유형 중 4군(ㄹ용언)에 붙을 때 'ㄹ'이 탈락한다. 예-ㅂ니다/습니다, -는
> 3류: 자음어간에 붙을 때는 모음어간에 붙는 형태 앞에 '으'가 첨가된다. 또 3군(불규칙자음용언)과 4군은 어간의 형태가 바뀐다. 예-ㄴ/은
> 4류: 자음어간에 붙을 때는 모음어간에 붙는 형태 앞에 '으'가 첨가된다. 또 3군(불규칙자음용언)은 어간의 형태가 바뀐다. 예-므로/으므로
> 5류: '아/어'로 시작하는 어미로서 모음조화를 따른다. 2군(불규칙모음용언)과 3군은 어간의 형태가 바뀐다. 예-아서/어서

이것은 자음어미, 모음어미, 매개모음어미의 3분법을 더 정밀화한 유형화이다. 1류와 2류는 자음어미인데 ㄹ용언에 결합할 때 'ㄹ'의 탈락 여

부에 따라 두 유형을 다시 구분한 것이다. 3류와 4류는 매개모음어미인
데 역시 ㄹ용언에 결합할 때 'ㄹ'의 탈락 여부에 따라 두 유형을 구분한
것이다. 5류는 모음어미와 일치한다.

활용표에 실제로 보인 어미를 정리하면 다음과 같다.

	동사	존재사	지정사	형용사	보조어간
1류	-지만, -던	-지만, -던, -다	-다, -지만, -던	-다, -지만, -던	-지만, -던, -더라, -다, -소서
2류	-ㄴ다/는다, -ㅂ니다/습니다, -는	-ㄴ다, -ㅂ니다/습니다, -ㄴ/는	-ㅂ니다	-ㅂ니다/습니다	-다, -ㄴ다, -ㅂ니다/습니다, -는, -나이다, -ㄴ다
3류	-ㄹ/을, -ㄴ/은, -시/으시-	-ㄹ/을, -시/으시-	-ㄴ, -ㄹ, -시-	-ㄴ/은, -ㄹ/을, -시/으시-	-는데, -ㄹ/을, -ㄴ
4류	-면/으면, -라고/으라고	-면/으면, -라고/으라고	-면, -라고	-면/으면	-면/으면
5류	-아/어, -아요/어요, -았다/었다, -았습니다/었습니다, -았어요/었어요, -았던/었던, -아라/어라	-어, -어요, -었다, -었습니다, -었어요, -었던, -어라	-어, -어요, -었다, -었습니다, -었어요, -었던	-아/어, -아요/어요, -았다/었다, -았습니다/었습니다, -았어요/었어요, -았던/었던	-어/아, -어요, -었다, -었습니다/았습니다, -었어요, -었던/았던

대체로 이들이 활용표에 실릴 특별한 이유가 있는 어미들이기는 하지
만 5류의 어미를 이만큼 많이 실을 필요는 없어 보인다. '-았다/었다'가
붙은 활용형이 있으면 '다' 대신 '습니다, 어요, 던'을 집어넣어 각각 '-았습
니다/었습니다, -았어요/었어요, -았던/었던'이 결합한 활용형도 금방 알
수 있다. 이렇게 활용형을 추측하는 방법이 어렵지도 않고 조금이라도 불

규칙한 형태가 있는 것도 아니므로 활용형을 일일이 보일 필요가 없다. 이들 어미를 생략하면 활용표가 더 단순해지는 장점이 있다.

설명의 끝에서 용언과 어미의 유형별 결합관계를 종합한 표를 제시했는데 조금 고쳐서 보이면 다음과 같다. 음영을 넣지 않은 칸은 기본형태가 그대로 쓰임을, 음영을 넣은 칸은 기본형태가 바뀜을 나타낸다. 한마디로 매우 간명한 표이다.

	1류 -고	2류 -ㅂ니다/습니다	3류 -ㄴ/은	4류 -므로/으므로	5류 -아서/어서
1군 받다	받고	받습니다	받은	받으므로	받아서
2군 쓰다	쓰고	씁니다	쓴	쓰므로	써서
3군 하얗다	하얗고	하얗습니다	하얀	하야므로	하얘서
4군 울다	울고	웁니다	운	울므로	울어서

3.4. <표>

<표>는 어미 8개 '-고, -네, -ㅂ니다/습니다, -아/어, -면/으면, -ㅁ/음, -ㄴ/은, -니/으니(의문형)'를 보이고 있는데 표 앞의 설명에서 6가지 유형, 곧 '-고', '-네, -소', '-ㅂ니다/습니다', '-아/어', '-면/으면, -ㅁ/음, -ㄴ/은', '-니/으니'로 나누어 설명하고 각 유형에 속하는 어미 목록을 제시했다. 그런데 '-네'와 '-소', '-면/으면'과 '-ㅁ/음'과 '-ㄴ/은'의 차이점을 다시 설명하고 있어서 '-소'까지 모두 9가지 유형을 설정한 셈이다. 그 설명을 참고하여 9가지 어미유형의 특징을 정리하면 다음과 같다.[15]

---

15 설명의 끝에서 '-이/으이, -되/으되'의 교체가 특이한데 이들에 대해서는 사전 본문을 참조하라고 했다.

- -고: 자음어미. 어간과 어미의 모습을 바꾸지 않음.
- -네: 자음어미. 어간말의 'ㄹ' 탈락, '좋다' 외의 형용사의 말음 'ㅎ' 탈락.
- -소: 자음어미. 어간말의 'ㄹ' 탈락.
- -ㅂ니다/습니다: 어간말음이 모음이나 'ㄹ'이면 '-ㅂ니다', 자음이면 '-습니다'가 선택됨. 어간말의 'ㄹ' 탈락.
- -아/어: 모음어미.
- -면/으면: 어간말음이 모음이나 'ㄹ'이면 '-면', 자음이면 '-으면'이 선택됨.
- -ㅁ/음: 어간말음이 모음이나 'ㄹ'이면 '-ㅁ', 자음이면 '-음'이 선택됨. 어간말의 'ㄹ'과 결합하여 'ㄻ'이 됨.
- -ㄴ/은: 어간말음이 모음이나 'ㄹ'이면 '-ㄴ', 자음이면 '-은'이 선택됨. 어간말의 'ㄹ' 탈락.
- -니/으니
   -니: 어간말음의 종류에 관계없이 결합. 어간말의 'ㄹ' 탈락. 불규칙형용사의 말음 'ㅎ' 탈락.
   -으니: 'ㄹ' 이외의 자음으로 끝난 형용사와만 결합. 불규칙형용사의 말음 'ㅂ'을 'ㅜ'로 바꿈.

〈표〉를 〈유〉와 비교하면 〈유〉의 '-고' 형은 〈표〉에서 '-고' 형, '-네' 형, '-소' 형으로 세분되었다. 그런데 '-네' 형과 '-소' 형에 대한 〈표〉의 기술은 '파랗-네→파라네, 가-소→가소, 불-소→부소'와 같은 활용형을 전제한 것인데 이들 활용형에 문제가 있다. '파랗-네'는 '파랗네'로 실현되며 '파라네'라는 활용형은 '-네' 앞에 매개모음이 끼어든 '-으네'라는 형태가 새로 생겨 '파랗-으네→파라네'가 된 것으로 해석하는 것이 옳다. 〈표〉는 '좋다'에 대해서는 '좋-네→좋네'만 인정하지만 '좋-네→좋네' 외에 '좋-으네→좋으네'도 인정하여 '파랗다'와 동일하게 기술하는 것이 바람직하다. 그래서 '-네'

는 '-고' 형에 속하고 신형 '-네/으네'는 '-면/으면' 형에 속하는 것으로 보면 된다. 예를 들어 형용사어간 '희-, 작-, 좋-'에 '-네'가 붙으면 각각 '희네, 작네, 좋네'가 되고 '-네/으네'가 붙으면 각각 '희네, 작으네, 좋으네'가 된다. 그리고 '가소→가소, 불소→부소'는 방언형이다. 표준어는 '가오, 부오'가 되어야 할 것이다.

〈표〉의 '-면/으면' 형은 〈유〉의 '-므로/으므로'형과, '-ㄴ/은' 형은 〈유〉의 '-ㄴ/은' 형과 일치한다. 〈표〉는 〈유〉에 없는 '-ㅁ/음' 형과 '-니/으니' 형을 더 설정했다. '-ㅁ/음' 형은 표기형태를 기준으로 하면 말음 'ㄹ'이 유지되므로 '-면/으면' 형에 들어가게 되고 발음형태를 기준으로 하면 말음 'ㄹ'이 탈락하므로 '-ㄴ/은' 형에 들어가게 된다. 둘 중 한 관점을 택해 두 유형 중 한쪽에 넣어야 할 것이다. 또 '-니/으니' 형은 위의 '-네' 문제와 비슷하다. 〈표〉의 기술은 '가-니→가니, 먹-니→먹니, 졸-니→조니', 형용사 '작-니→작니, 작-으니→작으니, 파랗-니→파라니'를 전제한 것이다. 그러나 '-니'는 '-고' 형에 속해서 '가니, 먹니, 조니, 작니, 파랗니'를 형성하는 것으로 보아야 하고, '-니/으니'는 '-면/으면' 형에 속하며 형용사에만 붙어서 '예쁘-니→예쁘니, 작-으니→작으니, 파랗-으니→파라니'를 형성하는 것으로 보아야 한다. 이상의 검토를 통해서 보면 〈유〉의 5가지 어미유형을 〈표〉의 9가지로 세분할 이유가 없다.

요컨대 〈오〉, 〈코〉, 〈유〉와 〈표〉만 어미를 유형화했고 한국에서 낸 나머지 네 사전은 유형화하지 않았다. 〈오〉는 전통적인 어미의 3분법을 반영하고 있는데 〈코〉는 어기설에 따라 이를 조금 다른 방식으로 형식화했다. 〈유〉는 3분법을 정밀화한 5분법을 세웠다. 〈표〉의 9분법은 〈유〉의 5분법에 비해 나아지지 않았다.

4. 용언의 음운론적 검토

〈표〉, 〈외〉, 〈어〉는 용언을 음운론적인 관점에서 유형화하지 않고 각 각 773개, 578개, 275개의 용언을 가나다순으로 나열했다. 나머지 다섯은 유형화를 했다. 이러한 상황을 표로 정리하면 다음과 같다.

	오	코	금	유	표	외	어	고
용언의 유형화	23 유형	57 유형	5 유형	용언 61유형 보조어간 6유형	-	-	-	9유형>50유형

어미의 경우와 마찬가지로 수많은 용언을 모두 용언활용표에 보이지 않으면서 용언을 유형화하지 않고 그중 일부만 싣는 것은 문제가 있다. 우선 표에서 빠진 용언의 각 활용형이 무엇인지를 이용자가 확인할 수 없게 된다. 또 활용양상이 특수한 용언들을 골고루 넣고 평범한 용언들을 최소화하지 않는다면 지면을 낭비하게 되고 이용자의 불필요한 주의를 끌게 된다. 따라서 용언의 음운론적 유형을 용언활용표에 반영하여 표를 간결하게 만드는 것이 표를 만드는 목적에 부합한다. 먼저 〈오〉, 〈코〉, 〈금〉, 〈유〉, 〈고〉를 검토하고 〈표〉, 〈외〉, 〈어〉를 간단히 언급하겠다.

4.1. 〈오〉

〈오〉에서 용언을 분류한 체계를 '각표'와 '종합표'를 절충하여 정리하면 다음과 같다.

규칙 용언	모음으로 끝남		양성	보다
			음성	주다
	자음으로 끝남		양성	받다
			음성	웃다
불규칙 용언	탈락형	단순탈락	① ㅅ→0	낫다 / 짓다
			② 으→0	쓰다 / 바쁘다 / 슬프다
			③ 우→0	푸다
		탈락이행	④ ㅎ→0	발갛다 / 그렇다 / 하얗다
			⑤ ㄹ→0	알다 / 멀다
	현출형		⑥ 0→ㄹ	푸르다
	교체형	단순교체	⑦ ㄷ→ㄹ	깨닫다 / 듣다
			⑧ 르→ㄹㄹ	오르다 / 흐르다
		교체이행	⑨ ㅂ→우	돕다 / 딥다
	기타		⑩ 여	하다
			⑪ 거라	가다
			⑫ 너라	오다

〈오〉의 규칙용언의 분류는 단순하기 그지없다. 어간말음이 모음이냐 자음이냐는 매개모음어미와 '-ㄴ다/는다'의 형태 선택과 관계가 있고 어간의 모음이 양성이냐 음성이냐는 모음어미의 형태 선택과 관계가 있으므로 의미가 있다. 그런데 모음용언에 모음어미가 결합할 때 '보아/봐, 주어/줘, 마시어/마셔' 같은 활용형의 공존에 대해서는 언급이 없다. 따라서 이를 고려한 유형화 역시 없다.

이에 비하면 불규칙활용의 분류는 꽤 자세하다. 이러한 분류는 최현배 (1937/1971:330-331, 516), 허웅(1965:271-272), 남기심·고영근(1985:134-146) 등 전통문법 및 학교문법에서 오랫동안 이루어져 온 것을 따른 것이다. 다만 그 유형을 음운론적 관점에서 계층적으로 표현한 점이 돋보인다.

'종합표'에서 불규칙용언의 활용형이 특별한 것을 고딕체로 표시했다. 예를 들어 '푸다'의 활용형 중 규칙적인 형태인 '푸시-, 푸면, 풉니다, 푼,

풀, 푸는, 푼다'는 명조체로 두고 불규칙적인 형태인 '퍼, 펐-, 퍼라'를 고딕체로 표시했다. '보다'의 활용형 '보아, 보았-'이 규칙적이라면 '오다'의 활용형 '와, 왔-'은 불규칙적인데 이들은 명조체로 되어 있어서 매우 자상하다고 할 수준은 아니다.

〈오〉는 '있다', '없다', '이다'의 활용표를 '각표'로 따로 보인 점이 특징이다. '있다', '없다'는 동사 활용표의 틀을, '이다'는 형용사 활용표의 틀을 이용했다. '있다, 없다'에 대해 '있는다, 있으오, 없는다, 없으오' 대신 '있다, 있소, 없다, 없소'를 쓰며 의문형이 '있는가, 없는가'라는 점을 주석에 적었다. 또 관형사형으로 '있는, 있은, 있을, 없는, 없을'이 표시되어 있다. '있다'의 명령형으로 '있어라(있거라)'가 나와 있으며 감탄형은 '있구나, 없구나'로 나와 있다. 흔히 존재사라 불러 온 '있다, 없다'의 활용표를 따로 제시하고 일부 특수한 활용형에 주목한 점은 좋게 평가할 수 있다. 그러나 '있다'가 동사로 쓰인 활용형 '있는다, 있자' 등이 가능하고 의문형 '있나, 없나'도 가능한 점을 빠뜨리거나 '없다'를 굳이 동사 활용표의 틀로 보이면서 명령형을 비워 둔 점 등은 문제이다.

'이다'의 모음어미 활용형은 '이여, 이어'인데 '여'로 줄어들 때도 있음을 주석에 적었다. 과거 종결형을 '이였다/이었다'로, '-지 않다'가 결합한 부정형을 '아니다'로 표시한 점이 특이하다. '이다'에 연결어미 '-아/어'가 이어진 활용형으로 '이라'도 가능함을 빠뜨린 점, 종결어미 '-아/어'가 이어진 활용형이 '이야'가 됨을 빠뜨린 점, 그리고 맞춤법에 어긋난 '이여, 이였다'를 인정한 점, '이지 않다'를 반드시 '아니다'로 바꿔 써야 하는 것으로 표시한 점 등은 문제이다. '이다'의 특별한 활용형이 이 밖에도 많으므로 간단한 활용표만으로는 해결이 안 된다.[16]

---

16 이에 대해서는 배주채(2000, 2001)에서 자세히 논의한 바 있다.

4.2. <코>

<코>는 용언의 유형(57유형)과 대표적인 용언의 제Ⅰ어기, 제Ⅱ어기, 제Ⅲ어기를 표시한 꽤 복잡한 표 하나를 제시했다. 그 표를 모음어간(34유형), ㄹ어간(5유형), 자음어간(18유형)의 세 표로 분리해서 용언 분류의 핵심 내용을 보이면 다음과 같다.[17]

어간				어간말음절의 모음	예
모음어간	정격			ㅏ	가다
				ㅓ	서다
		1음절	'(-)오다'만	ㅗ	오다(-오다)
			'(-)오다' 이외		보다[1]
			장모음		: 고다
		1음절	'푸다' 이외	ㅜ	주다
			1단어만		푸다
		다음절	자음+ㅜ		바꾸다
			우		배우다
		1음절 단모음/다음절		ㅐ	깨다[2]
		1음절 장모음			: 내다
		1음절 장모음		ㅔ	: 메다[1]
		다음절			거세다
		1음절	단모음	ㅚ	되다[1]
			장모음		: 괴다[1]
		1음절 장모음		ㅟ	: 쉬다[1]
		1음절 단모음/다음절			사귀다
		1음절	단모음	ㅓ	희다
			장모음		: 띄다
		다음절			아끼다
		1음절	장모음	ㅣ	: 이다[2]
			지, 치, 찌		지다[1]

---

17 이 사전에서 ' : 고다' 등의 장음부호(:)는 그 오른쪽 음절이 장음임을 나타낸다.

			양/음	모음	예
기타					피다¹
지정사					-이다³
					아니다
1음절					크다
다음절	하나 직전의 모음		양	—	아프다
			음		: 예쁘다
	'르'의 직전의 모음		양		따르다¹
			음		치르다
르변격	'르'의 직전의 모음		양	르	가르다
			음		흐르다
러변격					이르다²
불규칙				ㅏ	하다¹

어간			어간말음절의 모음	예
ㄹ어간	1음절 단모음/다음절	양	ㅏ	갈다¹
	1음절 장모음			: 살다
			ㅗ	: 놀다
	1음절 단모음/다음절	음		슬다
	1음절 장모음			: 멀다

어간			어간말음절의 모음	예
자음어간	정격	1음절 장모음	양	ㅏ	: 많다
					: 삶다
		1음절 단모음/다음절			닦다
				ㅗ	쫓다
		1음절 장모음	음		: 밸다
		1음절 단모음/다음절			죽다
	ㄷ변격	1음절 단모음/다음절	양		깨닫다
			음		듣다¹
		1음절 장모음			: 걷다¹
	ㅂ변격	다음절	양	ㅏ	가깝다
				ㅗ	공교롭다
		1음절 장모음			: 돕다
		1음절 단모음/다음절	음		눕다
		1음절 장모음			: 덥다

ㅅ변격	1음절 장모음	양	:낫다[1]
		음	:짓다
ㅎ변격	다음절	양	빨갛다
		음	그렇다

〈오〉에 비하면 대단히 정교한 용언 분류이다. 분류의 기준은 다음과 같다.

> 어간말음의 종류: 모음, ㄹ, 자음('ㄹ' 이외)
> 규칙활용 여부: 규칙과 불규칙
> 음절 수: 1음절, 다음절
> 1음절 어간의 모음 음장: 단모음, 장모음
> 어간말음절 모음('ㅡ'이면 직전의 모음)의 음양: 양성모음, 음성모음
> 모음어간의 말음절 모음: ㅏ, ㅓ, ㅗ, ㅜ, ㅐ, ㅔ, ㅚ, ㅟ, ㅓ, ㅣ, ㅡ
> ※ㄹ어간과 자음어간의 경우 'ㅏ, ㅗ'만 구분

이렇게 다양한 기준에 따른 용언의 세밀한 구분이 필요한 이유는 유형별로 활용양상이 조금씩 다른 데 있다. 예를 들어 모음어간 표에서 'ㄹ로 끝난 용언 '따르다[1], 치르다, 가르다, 흐르다'를 서로 다른 유형으로 구분했다. 이들은 제Ⅲ어기가 각각 '따라/따러〔話〕, 치러, 갈라/갈러〔話〕, 흘러'로 서로 조금씩 다르다.

이 표 뒤에 특별한 사항들에 대한 설명이 나와 있다. 그중 몇 가지를 보이면 다음과 같다.

• ㅎ불규칙용언의 제Ⅰ어기는 'ㄴ'으로 시작하는 어미가 결합하면 제Ⅱ 어기와 형태가 같아진다. 예를 들어 '그렇다'의 제Ⅰ어기 '그렇'에 '-네'

가 결합하면 '그러네'가 된다.

- ―어간, ㄹ어간, 자음어간의 제Ⅲ어기는 구어에서 '아퍼, 알어, 많어' 와 같이 나타나기도 한다.

- '그러다, 어쩌다'의 제Ⅲ어기는 각각 '그래, 어째'이다.

- '뵙다, 여쭙다'는 어기가 각각 'Ⅰ뵙-, Ⅱ뵈-, Ⅲ뵈어〈뵈여〉/봬〔話〕', 'Ⅰ여쭙-, Ⅱ여쭈-, Ⅲ여쭈어'이다.[18]

- '-이다³, 아니다, -시-⁶'은 '-이에요, 아니에요, -세요', '-이다3, 아니다'는 '-이야, 아니야, '말다⁵'은 ' : 마'라는 특수한 활용형을 가진다.

- '-네⁵, -니², -느냐/-냐'에는 제Ⅰ어기와 제Ⅱ어기가 모두 쓰이는 일이 있다. 즉 동사는 '먹네(Ⅰ), 먹니(Ⅰ), 먹느냐(Ⅰ)/먹냐(Ⅰ)'처럼, 형용 사는 ' : 좋네(Ⅰ)/ : 좋으네(Ⅱ), : 좋니(Ⅰ)/ : 좋으니(Ⅱ), : 좋으냐(Ⅱ)/ : 좋냐(Ⅰ)'와 같이 활용한다.

〈코〉의 또 한 가지 특징은 북한의 표기법에 따른 활용형도 보이고 있 다는 점이다. 예를 들어 '희다'의 제Ⅲ어기를 '희어〈희여〉'로 표시했는데 〈희여〉는 바로 북한식 표기이다.

〈코〉의 분류는 정교하면서 표준어와 다른 현실어나 북한어에 대한 정 보도 제공하는 등의 장점이 있다. 그러나 어미 형태를 취하는 방식이 유 사한 용언들을 묶어서 단순하게 표현하려는 노력은 부족한 단점이 있다. 전체적으로 표가 매우 복잡하게 보여서 이용자가 이를 쉽게 익혀 필요할 때 바로 활용형을 떠올리기가 대단히 어려울 듯하다.[19]

---

18 〈코〉에서 '그러다'류와 '뵙다'류의 활용을 이와 같이 정확하게 기술한 점을 특기할 만하다. 국내에서는 이러한 인식이 뒤늦게 이루어졌다. '그러다'류에 대해서는 배주채 (1995), 송철의(2004), '뵙다'류에 대해서는 유필재(2002) 참조.
19 김양진・정경재(2008)은 어간 모음의 종류에 따른 다양한 모음어미 활용형을 이 사

4.3. ⟨금⟩

⟨금⟩은 규칙동사를 1군~5군으로 나누었다.

    1군: 모음어간으로서 어간말음이 'ㅏ, ㅐ, ㅓ, ㅔ'임. 예가다
    2군: 모음어간으로서 어간말음이 'ㅗ'임. 예보다
    3군: 모음어간으로서 어간말음이 'ㅚ, ㅜ, ㅟ, ㅡ, ㅢ, ㅣ'임. 예주다
    4군: 자음어간으로서 어간말음절 모음이 'ㅏ, ㅗ'임. 예받다
    5군: 자음어간으로서 어간말음절 모음이 'ㅏ, ㅗ' 이외의 모음임. 예먹다

어미를 형태론적 기준에 따라 배열한 표에서 각 동사군에 어떤 어미 형태가 붙는지를 표시했다. 예를 들어 평서형어미는 1군~3군에 '-ㄴ다' 가, 4군~5군에 '-는다'가 붙으며, 명령형어미는 1군에 '-라'가, 2군과 4군 에 '-아라'가, 3군과 5군에 '-어라'가 붙는다는 식이다.

불규칙동사는 ㄷ, 러, 르, ㅂ, ㅅ, ㅕ, ㅜ, ㄹ, ㅡ불규칙과 'ㄴ'을 제시했 다. ㄷ불규칙동사 '깨닫다'는 4군, '듣다'는 5군과 같이 대표 동사가 어느 용언군에 해당하는지를 표시함으로써 어떤 어미형태가 붙는지를 표시했 다. ㄹ불규칙과 ㅡ불규칙은 학교문법에서 규칙으로 처리한다는 주석을 붙였다. 'ㄴ'으로 표시한 불규칙동사는 설명에서 어미 '-ㄴ다/는다'가 '다' 로 바뀌고(즉 '있다'로 쓰임) '-ㄴ/은'이 붙지 않는 용언인데(즉 '있은' 대신 '있는'이 쓰임)[20] '있다' 하나뿐이라고 했다.

여기에 더하여 다음과 같은 동사를 약어라고 하여 특별히 유형화했다.

전을 인용하지 않고 정리했는데 결과가 비슷하다. 그런데 어간 모음을 유형별로 묶어 모음 어미 활용형의 특징을 간단히 정리한 점에서 이 사전의 단점을 넘어섰다.

20 그러나 '있은'이 불가능한 활용형이 아님을 주의할 필요가 있다. 岸田文隆(1997) 참조.

여 약어: 'ㅓ+여=ㅐ'로 줆. 1군 예하다

오 약어: 'ㅗ+아=ㅘ'로 줆. 2군 예오다

외 약어: 'ㅚ+어=ㅙ'로 줆. 3군 예되다

오 약어: 'ㅜ+ㅓ=ㅝ'로 줆. 3군 예주다

이 약어: 'ㅣ+어=ㅕ'로 줆. 3군 예지다

형용사의 분류 또한 같은 방식으로 했는데 불규칙형용사로 러, 르, ㅂ, ㅅ, ㅕ, ㅎ, ㄹ, ㅡ불규칙과 'ㄴ'을 제시했다. 'ㄴ'으로 표시한 불규칙형용사는 설명에서 어미가 '-은→는, -으오→오, -으이→네'로 바뀌는 용언인데 '계시다, 없다' 둘뿐이라고 했다. 형용사 약어는 여 약어(1군 착하다), 오 약어(3군 보다), 외 약어(2군 참되다), 이 약어(3군 어리다)를 제시했다. 덧붙여 '서술격 -이+어미'라는 제목으로 유형을 하나 설정했는데 지정사 '이다'에 관한 것이다. 그 예로 3군인 '집-이-다, 위-이-다, 위-이-다'의 세 유형을 제시했다. '위-이-다' 두 번째 유형은 '위다, 위냐, 위구나'처럼 '이'가 탈락한 형태를 위한 것이다. '이다'의 활용양상이 형용사와 거의 같음에 주목하여 형용사의 한 유형처럼 설정한 점이 특별하다.

〈금〉의 또 한 특징은 불규칙하거나 주의할 활용형을 고딕체로 표시한 점이다. 규칙동사와 규칙형용사의 활용형은 고딕체로 표시한 것이 없고 불규칙동사, 불규칙형용사나 약어의 일부 활용형을 고딕체로 표시했다. 예를 들어 '깨달아라, 깨달으렴, 퍼라, 안다, 아는구나, 써라, 있다, 해, 와, 돼, 줘, 져' 등이 고딕체로 표시된 활용형들이다. 고딕체 활용형의 분포가 조금은 규칙적이지만 몇 번 보아 익힐 만큼은 아니다.

〈금〉은 용언을 〈오〉보다 조금 더 세밀하게 유형화하고 불규칙용언이 어미형태를 취할 때 어떤 규칙용언과 비슷한지를 표시한 점이 특별하다. 그런데 어미를 유형화하지 않아서 여러 용언의 활용양상이 매우 복잡하게 표현된 단점이 있다. 또 약어를 따로 유형화함으로써 '하다'와 '주다'가 두 군데서 서로 다른 유형으로 등장하는 복잡함도 있다. 그리고 세부적인 오류도 보인다. 예를 들어 ㅐ용언과 ㅔ용언은 1군 용언이라서 과거 종결 형이 동사 '갔다', 형용사 '찼다'처럼 '아/어'가 나타나지 않는 활용형만 가 지는 것으로 되어 있다. 그러나 동사 '개었다, 데었다', 형용사 '배었다, 세 었다'와 같이 '아/어'가 나타난 활용형도 가능하다. 또 3군 규칙용언은 모 음 'ㅡ'로 끝난 것을 포함하는 것으로 설명되어 있는데 ㅡ불규칙용언을 따로 유형화했으므로 ㅡ용언은 두 유형에 동시에 들어가야 하는 문제가 생긴다. 그리고 '오다'는 2군과 오 약어에 동시에 해당되므로 '오아'와 '와' 를 모두 옳은 활용형으로 인정한 결과가 된다.

4.4. 〈유〉

〈유〉는 앞에서 언급한 바와 같이 용언을 1군~4군의 네 유형으로 나누었다.

1군(정칙용언): 어미가 결합할 때 어간의 형태가 바뀌지 않는다.
2군(변칙 모음어간용언): '-아/어'로 시작하는 어미가 결합할 때 어간의 형 태가 바뀐다. 으변칙, 르변칙, 러변칙, 우변칙, 하변칙, 어변칙의 6 종류가 있다.
3군(변칙 자음어간용언): 모음으로 시작하는 어미가 결합할 때 어간의 형 태가 바뀐다. ㅂ변칙, ㄷ변칙, ㅅ변칙 ㅎ변칙의 4종류가 있다.
4군(ㄹ어간용언): 일부 어미가 결합할 때 'ㄹ'이 탈락한다. ㄹ어간에는 모 음어간에 연결되는 어미가 붙는다.

여기에 이어서 어간말음의 종류에 따라 모음어간, ㄹ어간, 자음어간의 세 유형으로 분류할 수도 있고 어간 모음의 성격에 따라 양어간과 음어간의 두 유형으로 분류할 수도 있다고 했다.

활용표는 동사, 존재사, 지정사, 형용사, 보조어간의 다섯 개를 따로 작성하고 활용양상을 기준으로 유형을 세분했다(1988-1999쪽). 동사는 1군~4군을 먼저 나누고 정칙과 변칙을 나눈 뒤에 전부 30개의 유형으로 세분했다. 존재사는 '있다, 없다, 계시다'를 한 유형씩 셋으로 나누었고 지정사는 '이다, 아니다'를 한 유형씩 둘로 나누었다. 형용사는 1군~4군을 먼저 나누고 정칙과 변칙을 나눈 뒤에 전부 26개의 유형으로 세분했다. 보조어간은 '-았-, -겠-'을 각각 한 유형씩, '-시-, -옵-'을 각각 두 유형씩으로 나누어서 전부 6개의 유형으로 나누었다. 그래서 동사부터 형용사까지 활용유형은 모두 61개가 되고 보조어간을 합치면 67개가 된다. 활용표에 이어 용언일람표(2000-2004쪽)를 보였는데 주요 용언과 보조어간 및 접미사 '-하다'가 67개의 유형 중 어디에 속하는지를 일일이 표시했다.

용언의 세부 유형은 〈코〉와 비슷한 기준들을 가지고 설정한 것이다. 예를 들어 2군의 으변칙으로 14형(따르다), 15형(쓰다), 르변칙으로 16형(오르다), 17형(부르다)을 설정한 것은 〈코〉가 '르'로 끝난 용언 '따르다¹, 치르다, 가르다, 흐르다'를 각각 별개의 유형으로 설정한 것과 똑같은 기준에 의한 것이다. 그러나 〈코〉와 유형 설정이 다른 것도 있다. '그러다, 뵙다'를 〈코〉는 별개의 유형으로 설정하지 않고 표 밖에서 따로 설명하고 말았는데 〈유〉는 각각 21형(어변칙)과 24형(ㅂ변칙)으로 설정해서 활용표에 넣었다. '그러다, 이러다, 저러다, 어쩌다'의 활용과 '뵙다, 여쭙다'의 활용이 특수함을 간파하고 기술한 것은 〈코〉, 〈유〉가 같으나 〈유〉가 이들을 독립된 유형으로 설정한 점에서 더 적절히 처리한 것으로 평가할 수 있다.

〈유〉의 활용표에서 특별한 점은 네 유형의 용언과 다섯 유형의 어미가 결합할 때 어느 경우가 규칙적이고 불규칙적인지를 표시한 표(위의 §3.1

참조)가 동사활용표와 형용사활용표에 그대로 음영으로 표시되어 있다는 점이다. 활용표에 실린 많은 활용형 가운데 어떤 것이 쉽게 예측할 수 있는 규칙적인 형태이고 어떤 것이 그렇지 않은지를 분명하게 표시하고 있다는 점에서 이용자에게 매우 편리한 장치이다. 〈오〉나 〈금〉이 고딕체로써 그러한 주의 표시를 한 바 있으나 〈유〉는 용언 행과 어미 열이 교차하는 일정한 구역을 음영으로 표시함으로써 활용의 불규칙성이 어느 경우에 발생하는지 한눈에 파악되는 장점을 얻게 되었다.

그러나 동사와 형용사의 활용표가 분리되어 있어서 품사 차이와 관계없이 음운론적으로 활용양상이 같은 경우도 서로 다른 유형으로 나뉘고 유형의 수가 대폭 늘게 된 점은 〈유〉의 단점이다. 한 예로 '어쩌다'는 사전 본문에서 동사일 때 21형 '그러다'류, 형용사일 때 51형 '어쩌다'류에 속한다고 표시했다. 둘의 활용양상의 차이는 동사 '어쩌는', 형용사 '어쩐'의 경우처럼 품사에 따른 것이지 음운론적으로는 차이가 없다.

이 밖에도 다음과 같은 자잘한 문제를 지적할 수 있다.

- 사전 본문에서 '켜다, 펴다'를 '보내다'류로 표시했다. 용언활용표의 비고란에서도 어간이 'ㅕ'로 끝난 용언은 '보내다'류라고 했다. '보내다'류는 '보내어/보내'처럼 어미 '-어'가 연결될 때 '어'가 유지된 형태와 탈락한 형태가 모두 가능하다. 그러나 '켜다, 펴다'는 '켜, 펴'와 같이 '어'가 탈락한 형태만 가능하고 '켜어, 펴어'는 틀린 형태이다. 이 점에서 이 둘을 '서다'류로 표시해야 옳다. 한편 사전 본문에서 '켜다'의 활용정보란에서는 바른 형태 '켜서'를 보였는데, '펴다'의 활용정보란에서는 틀린 형태 '펴어서'를 제시하고 있다.
- 사전 본문에서 '지다, 찌다, 치다'를 '기다'류로 표시했다. '기다'류는 어미 '-어'가 연결될 때 '기어'처럼 원래의 형태도 가능하고 '겨'처럼

j반모음화(iə→jə)가 일어난 형태도 가능하다. 그러나 '지다, 찌다, 치
다'는 '져[저], 쪄[쩌], 쳐[처]'만 가능하다. 이들은 표기상으로는 j반모음
화가 일어난 형태이나 발음상으로는 'ㅣ'가 탈락한 형태들이다. 그러
므로 '지다, 찌다, 치다'를 '기다'류와 동일시할 수 없고 독립된 유형으
로 설정해야 한다. 한편 이와 유사한 차이를 보이는 '보다'류와 '오다'
류는 서로 독립된 유형으로 설정되어 있다.

- '뵙다'의 모음어미 활용형 중 '뵈어'만 주석에서 축약형 '봬'가 가능하
  다고 언급하고 '뵈어요, 뵈었다, ……, 뵈어라'에 대해서는 축약형을
  언급하지 않았다.

- 사전 본문에서 '갓다'를 '받다'류, '딛다'를 '읽다'류, '건들다, 머물다,
  서둘다'를 '만들다'류, '서툴다'를 '길다'류로 표시하고 말아서 이들의
  활용계열이 완전한 듯한 오해를 준다. 널리 알려진 바와 같이 '갓어,
  딛어, 건들어, 머물어, 서둘어, 서툴어' 등과 같은 모음어미 활용형은
  불가능해서 이들을 불완전계열을 가진 용언으로 보아야 한다.

- 사전 본문에서 '누렇다, 퍼렇다' 등을 '그렇다'류로 표시하고 '누래서,
  퍼래서' 같은 활용형을 제시함으로써 지금의 맞춤법에 따른 표기 '누
  레서, 퍼레서' 등과 어긋난다.[21]

4.5. <고>

가장 최근에 나온 <고>는 용언의 유형에 대한 자세한 설명 및 용언활
용표를 제시하고 22,731개의 활용형을 목록화하고 있어서 용언의 활용

---

21 반면에 '부옇다, 허옇다'와 같이 어간말에 'ㅕ'가 들어 있는 형용사는 '부예, 허예'처럼
맞춤법을 따르고 따로 유형을 설정했다.

부분에 상당한 노력을 들인 것으로 보인다.[22] 용언의 활용유형은 크게 "규칙 활용형", "불규칙 활용형", 기타의 셋으로 나누고 다시 세분했다.[23] 규칙 활용형을 모음형과 자음형으로 나누고 모음형은 모음조화 외에 변화가 없고 자음형은 규칙활용을 한다고 했다.

모음형

ㅟ	동	뛰다
	형	야위다
ㅢ	동	띄다
	형	희다

자음형

ㄱ	동	먹다
	형	약다
ㄲ	동	깎다
ㄴ	동	신다
ㄵ	동	앉다
ㄶ	동	않다
	형	많다
ㄷ	동	믿다
	형	곧다
ㄺ	동	긁다
	형	늙다
ㄻ	동	옮다
	형	젊다

ㄼ	동	밟다
	형	넓다
ㄾ	동	훑다
ㄿ	동	읊다
ㅀ	동	곯다
	형	옳다
ㅁ	동	감다
	형	검다
ㅂ	동	입다
	형	좁다
ㅄ	형	없다
ㅅ	동	웃다
ㅆ	동	있다

ㅈ	동	찾다
	형	낮다
ㅊ	동	좇다
ㅌ	동	뱉다
	형	같다
ㅍ	동	짚다
	형	높다
ㅎ	동	넣다
	형	좋다

불규칙활용형도 모음형과 자음형으로 나누었는데 이를 다시 세분했다. 모음형은 주로 모음어미 활용형이 불규칙적이라고 하고 모음생략형, 모음축약형, 모음탈락형, 예외적 활용으로 나누었다. 예외적 활용으로 '이다, 말다, 놓다'와 '그러다'류를 설명했다.

모음생략형: 모음어미가 붙을 때 말음이 'ㅏ, ㅓ, ㅕ'이면 '아/어'가 반드

---

22 김양진·정경재(2008)이 그 작업의 한 결과라 할 수 있다.
23 여기서의 "규칙 활용형, 불규칙 활용형"의 '활용형'은 活用形이 아니라 활용유형의 준말(즉 活用型)일 것이다. 일반적인 용어는 아니다.

시 생략되고 'ㅐ, ㅔ. ㅒ, ㅖ'이면 수의적으로 생략된다.

모음축약형: 모음어미가 붙을 때 말음절이 '오'이면 '아/어'가 반드시 축
약되고 초성이 있으면 수의적으로 축약된다. 말음이 'ㅜ, ㅚ, ㅣ'이
면 축약이 수의적이다.

모음탈락형: 르, 러불규칙용언을 제외한 ㅡ용언과 ㅜ불규칙용언은 모음
어미가 붙을 때 어간의 'ㅡ, ㅜ'가 탈락한다.

<table>
<tr><td colspan="3">모음생략형</td></tr>
<tr><td rowspan="2">ㅏ</td><td>동</td><td>가다</td></tr>
<tr><td>형</td><td>짜다</td></tr>
<tr><td>ㅓ</td><td>동</td><td>서다</td></tr>
<tr><td>ㅕ</td><td>동</td><td>펴다</td></tr>
<tr><td rowspan="2">ㅐ</td><td>동</td><td>개다</td></tr>
<tr><td>형</td><td>재다</td></tr>
<tr><td rowspan="2">ㅔ</td><td>동</td><td>베다</td></tr>
<tr><td>형</td><td>세다</td></tr>
<tr><td>ㅒ</td><td>동</td><td>폐다</td></tr>
<tr><td>ㅖ</td><td>동</td><td>꿰다</td></tr>
</table>

<table>
<tr><td colspan="3">모음축약형</td></tr>
<tr><td rowspan="2">ㅗ</td><td>동</td><td>오다</td></tr>
<tr><td>동</td><td>보다</td></tr>
<tr><td rowspan="2">ㅜ</td><td>동</td><td>세우다</td></tr>
<tr><td>동</td><td>주다</td></tr>
<tr><td rowspan="2">ㅚ</td><td>동</td><td>되다</td></tr>
<tr><td>형</td><td>외다</td></tr>
<tr><td rowspan="3">ㅣ</td><td>동</td><td>이다</td></tr>
<tr><td>동</td><td>기다</td></tr>
<tr><td>형</td><td>더디다</td></tr>
</table>

<table>
<tr><td colspan="3">모음탈락형</td></tr>
<tr><td rowspan="6">ㅡ</td><td>동</td><td>쓰다</td></tr>
<tr><td>동</td><td>모으다</td></tr>
<tr><td>동</td><td>치르다</td></tr>
<tr><td>동</td><td>들르다</td></tr>
<tr><td>동</td><td>다다르다</td></tr>
<tr><td>동</td><td>우러르다</td></tr>
<tr><td>ㅜ불</td><td>동</td><td>푸다</td></tr>
</table>

불규칙활용형의 자음형은 자음변화형과 자음탈락형으로 나누었다.

<table>
<tr><td colspan="3">자음변화형</td></tr>
<tr><td rowspan="2">ㄷ불</td><td>동</td><td>내닫다</td></tr>
<tr><td>동</td><td>걷다</td></tr>
<tr><td rowspan="3">ㅅ불</td><td>동</td><td>낫다</td></tr>
<tr><td>동</td><td>젓다</td></tr>
<tr><td>형</td><td>낫다</td></tr>
<tr><td rowspan="5">ㅂ불</td><td>동</td><td>돕다</td></tr>
<tr><td>동</td><td>굽다</td></tr>
<tr><td>형</td><td>곱다</td></tr>
<tr><td>형</td><td>고맙다</td></tr>
<tr><td>형</td><td>쉽다</td></tr>
</table>

<table>
<tr><td colspan="3">자음탈락형</td></tr>
<tr><td rowspan="4">ㄹ</td><td>동</td><td>갈다</td></tr>
<tr><td>동</td><td>들다</td></tr>
<tr><td>형</td><td>잘다</td></tr>
<tr><td>형</td><td>길다</td></tr>
<tr><td>-읍-</td><td></td><td></td></tr>
</table>

기타에는 불규칙용언 네 가지를 넣었다.

기타

르불	동	오르다
	동	구르다
	형	**빠르다**
	형	그르다
러불	동	이르다
	형	노르다
	형	푸르다

ㅎ불	형	발갛다
	형	벌겋다
여불	동	하다
	형	하다

　용언의 분류가 매우 상세하고 정교하다. 활용형 형성에서 나타나는 용언과 어미의 변화를 잘 분류했으며 대표 용언도 동사와 형용사에서 잘 가려뽑았다. 그러나 그 결과는 지나치게 복잡하다. 예를 들어 규칙활용형의 자음형에서 말음별로 동사와 형용사를 고루 들다 보니 용언 35개와 어미 11개가 교차하는 복잡한 표를 보이고 말았다. 표의 개수가 많고 일부 표가 복잡하므로 불규칙적인 활용형에 대해서 고딕체로 표시한다든가 음영을 넣어 강조해 두었으면 시각적인 복잡성을 다소 줄일 수 있었을 것이다. 또 음운론적으로는 규칙활용을 하는 것으로 흔히 기술하고 있는 모음생략형, 모음축약형, 모음탈락형을 모두 불규칙활용형으로 처리한 점도 문제가 된다. 이것은 철저하게 문자론적인 기준으로 규칙과 불규칙을 구별한 결과이다.[24] 실용적인 관점에서는 이것이 유리할 수도 있으나 결과적으로 모음용언 중 'ㅟ, ㅢ'용언 외의 모든 용언을 불규칙활용을 하

---

24 그러나 부분적으로 음운론적인 관점의 설명도 섞여 있다. 'ㄹ'용언의 'ㄹ' 탈락 예로 '-ㅂ니다'가 붙은 '갑니다, 듭니다' 등과 함께 '-ㅁ'이 붙은 '갊, 듦' 등도 포함하고 있는 것이다. '갊, 듦'을 표기로만 보면 'ㄹ' 탈락의 예가 아니다.

는 것으로 처리하게 된 점에서 이용자의 직관에서 멀어진다. '보다, 보면, 보아/봐' 같은 활용이 불규칙적이라고 믿는 이용자는 아마 없을 것이다. 이 밖에도 다음과 같은 자잘한 문제점이 보인다.

- '모음생략'과 '모음탈락'의 구별이 모호하다. '가-아→가, 개-어→개'는 'ㅏ/ㅓ'의 "생략"이라고 하고 '쓰-어→써'는 'ㅡ'의 "탈락"이라고 했다. 음장을 고려하면 '깨-어(破)→[깨ː]'에서는 장모음화가 일어나는데 나머지 두 경우에는 장모음화가 일어나지 않으므로 오히려 '개-어→개'를 한 종류로, '가-아→가, 쓰-어→써'를 다른 종류로 분류해야 할 수도 있다.
- '없으오, 옳으오, 있으오' 등은 '없소, 옳소, 있소' 등의 비표준어로 처리해야 옳을 것이다. "5. 용언 활용형의 실제"에는 '없소, 없으오, 옳소, 옳으오, 있소, 있으오'가 함께 실려 있다.
- '이다'의 활용형 중 특별한 활용형을 다 보이지는 않았다. '아니다'의 특별한 활용은 언급이 없다.
- '말다'의 활용형 중 특별한 것은 '마, 마라'인데 정상적인 'ㄹ'용언의 활용형인 '마오, 말라고'도 언급함으로써 이들도 불규칙적인 듯 기술하고 말았다.
- '뵙다'류를 유형화하지 않았다. 활용형 목록을 보면 '뵙다, 여쭙다'에 대한 인식이 여전히 부정확하다.
- '그러다'류는 ㅓ불규칙용언으로 유형화할 수 있는데도 예외적 활용에서 따로 설명했다.
- 'ㄹ'용언의 경우 '갈-ㄹ→갈, 갈-ㄹ까→갈까, 갈-ㄹ수록→갈수록' 등의 활용형을 제시하지 않았다.
- ㅓ불규칙용언 '하다'의 활용형으로 '했다'를 제시하면서 '하였다'를 제

시하지 않았다.

• 활용형 목록에도 문제가 없지 않다. '가는'은 '가다, 갈다[1,2,3], 가늘다'
  의 활용형으로 나와 있다. 문제는 이들 용언과 어떤 어미가 결합
  하여 '가는'이 되는 것인지 설명이 없다는 것이다. 또 '기운'의 경우
  '기울다'의 활용형으로만 나와 있는데 '깁다'의 활용형일 수도 있다.
  '깁다'가 용언 1150개에 들어가 있지 않아 이런 문제가 생긴 것이
  다. 그리고 '가셔'는 '가시다'의 활용형으로만 나와 있는데 '가-시-어'
  의 구조일 수도 있다.

4.6. <표>, <외>, <어>

〈표〉, 〈외〉, 〈어〉는 용언을 유형화하지 않고 각각 773개, 578개, 275개
를 가나다순으로 배열했다. 이 많은 용언을 실으면서 활용양상에 유의해
야 하는 용언을 잘 가려 실었는지, 활용형은 정확한지를 살펴본다.

우선 〈표〉는 규칙용언 '걷다[1,3,4]'와 불규칙용언 '걷다[2]', 동사 '굳다 Ⅰ'과
형용사 '굳다 Ⅱ', '까불다[1]'과 '까불다[2]'('까부르다'의 준말)를 각각 딴 행에
배치함으로써 기본형이 같지만 활용양상이 다른 용언들이 대비되도록 보
여 주었다. 그런데 불규칙용언 '곱다[2]'를 실으면서 규칙용언 '곱다[1,3,4]'를 싣
지 않았다. 또 '말다'는 '말고, 마네, 맙니다, 말아, 말면, 맒, 만, 마니'와
같이 일반적인 'ㄹ'용언으로서의 활용형을 보였는데 이것이 '말다[1]'(둘둘
말다)이나 '말다[2]'(밥을 물에 말다)인지, 아니면 '말다[3]'(하지 말다)인지 표시
가 없다. '말다[3]'이라면 '말아'는 '마'가 되어야 하며 '맒, 만' 같은 활용형이
형태론적으로 불가능할 가능성이 높다. 또 '없다'는 사전 본문에서 '없는'
을 제시한 것과 달리 불가능한 활용형 '없은'을 제시했다. '그러하다'와 '그
리하다'에 대해 각각 '그러하여(그러해/그래)'와 '그리하여(그리해/그래)'를

제시했는데 두 '그래'는 각각 '그러다'와 '그렇다'의 활용형이다. '잡숫다'의 활용형 '잡수어(잡숴)'에서도 '잡숴'는 '잡수다'의 활용형이다.

〈외〉는 '곱다, 굽다, 묻다'에 아무 표시 없이 불규칙용언의 활용형만 보이고 규칙용언의 활용형은 언급이 없다. 마찬가지로 '누르다, 이르다'에 아무 표시 없이 르불규칙용언의 활용형만 보이고 러불규칙용언의 활용형은 언급이 없다. '말다' 역시 아무 표시 없이 '말아, 말았다, 마는, 마니, 말, 말면'을 제시했다. '맞다, 없다, 있다'에 '-는/ㄴ'이 붙은 활용형이 무엇인지가 궁금할 텐데 이들 용언이 실려 있지 않다. 모음어미 활용형에 많은 잘못이 보인다. '가꾸다, 감추다'에 '가꿔(가꾸어), 감춰(감추어)'를 보이면서 '-었다'가 결합한 형태로는 준말 '가꿨다, 감췄다'만 보이고 본말 '가꾸었다, 감추었다'는 보이지 않았다. 모든 관련 용언에 이런 식으로 처리했는데 어떤 근거에서인지 설명이 없다. 또 '가리다, 갇히다' 등에 대해서도 준말 '가려, 가렸다, 갇혀, 갇혔다' 등만 보이고 있어서 본말 '가리어, 가리었다, 갇히어, 갇히었다' 등은 틀린 형태로 오해하게 되어 있다. ㅓ불규칙용언인 '그러다, 이러다, 저러다, 어쩌다'는 실려 있지 않다.

〈어〉는 동사 '고르다¹'과 형용사 '고르다²', 불규칙동사 '굽다¹'과 규칙동사 '굽다²'를 따로 실었다. 모음어미 활용형의 준말 '가려서, 걸려서, 감춰서, 꿔서, 꺼내서' 등만 싣고 본말 '가리어서, 걸리어서, 감추어서, 꾸어서, 꺼내어서' 등은 싣지 않았다. 그런데 이상하게 준말 '괘서, 돼서'는 싣지 않고 본말 '괴어서, 되어서'만 실었다. '맞다'는 있는데 '없다, 있다'는 없다. '그러다, 이러다, 저러다, 어쩌다'는 실려 있지 않다.

이 세 사전에 모두 지정사 '이다, 아니다'는 실려 있지 않다. '뵙다'는 〈표〉에 실려 있지 않고 〈외〉에는 실려 있고 활용형도 잘 제시되어 있다. 〈어〉는 '뵈다'의 활용형으로 '뵈니까, 뵈어서, 뵈면, 뵈려고, 봬, 뵈었다, 뵈어라'를, '뵙다'의 활용형으로 '뵙는, 뵙고, 뵙는다, 뵙습니다, 뵙느냐, 뵙니, 뵙는구나, 뵙자'를 실었다. 두 행의 빈칸이 정확히 상보적이다. 이 둘은 사실은 '뵙다'라는 한 용언에 속한다. '뵙다'의 활용양상에 대한 오해 때문에 한 행에 넣을 활용계열을 두 행으로 나누어 다른 단어처럼 처리한 예이다.[25]

'가지다, 딛다'의 준말 '갖다, 딛다'의 불완전한 활용계열을 〈표〉는 '갖아(×), 갖으면(×), 딛어(×), 딛으면(×)'과 같이 잘 보여 주고 있다. 〈외〉, 〈어〉에는 '갖다, 딛다'가 없다. 〈표〉는 '건드리다, 머무르다, 서두르다, 서투르다'의 준말 '건들다, 머물다, 서둘다, 서툴다'의 불완전한 활용계열을 '건들어(×), 머물어(×), 서둘어(×), 서툴어(×)'와 같이 잘 보여 주고 있다. 〈외〉, 〈어〉는 '건들다, 머물다, 서둘다'를 싣지 않고 '서툴다'는 싣고 있다. 그런데 '서툴다'에 대해 〈외〉는 '서툴어, 서툴었다', 〈어〉는 '서툴어서, 서툴러, 서툴었다' 같은 잘못된 활용형을 보이고 있다.[26]

요컨대 〈표〉, 〈외〉, 〈어〉는 아주 많은 용언을 수록하면서 정작 필요한 용언을 빠뜨리거나 잘못된 활용형을 보이는 등 문제를 안고 있다. 특히 〈외〉, 〈어〉에 많은 문제가 보인다.

5. 맺음말

국어사전에서 용언 표제어의 풀이에 활용형을 풍부하게 싣는 데는 한계가 있다. 용언의 활용양상을 상세히 보이는 좋은 방법은 용언활용표를 사전의 부록으로 싣는 것이다. 그 용언활용표는 우선 음운론적인 기준에

---

25 〈외〉는 용언활용표에서 잘 처리했는데 사전 본문에서는 〈어〉와 같은 잘못된 처리를 보이고 있다. 〈표〉도 마찬가지다. 위의 §4.2, §4.4 참조.
26 '서툴러'는 '서투르다'의 활용형으로 제시해야 옳다.

따라 작성되어야 한다. 형태론적인 용언활용표는 문법서에서 더 잘 보여줄 수 있다.

『朝鮮語大辞典』(1986) 이후 여러 국어사전이 부록에 용언활용표를 싣고 있다. 그 대부분은 필요한 설명도 곁들이고 있다. 그런데 모든 용언과 모든 어미를 표에 반영할 수는 없으므로 활용형이 같은 방식으로 형성되는 것들을 유형화하여 제시할 필요가 있다. 어미의 유형은 세 가지, 다섯 가지, 아홉 가지가 대표적이고 용언은 말음의 종류(자음, 모음, ㄹ), 규칙성 여부, 어간 모음의 종류(양성, 음성) 등의 기준에 따라 사전마다 조금씩 다르게 유형화하고 있다.『コスモス朝和辞典』,『朝鮮語辞典』,『고려대 한국어대사전』이 상당히 정교한 용언분류를 보였다. 표에서 가로의 용언유형들과 세로의 어미유형들이 교차하여 활용형을 형성하는 양상은『朝鮮語辞典』이 가장 간명하게 나타낸 것으로 평가할 수 있다.

이들보다 더 나은 용언활용표를 구성하기 위해서 크게는 수많은 용언과 어미를 어떻게 유형화하여 어떤 형식으로 만드는 것이 효과적인지 결정해야 할 것이다. 그리고 작게는 활용양상이 특수한 용언인 지정사 '이다, 아니다', 부정용언 '말다', 준말 '갖다, 딛다, 머물다, 서둘다' 등과 교체조건이 특별한 어미 '-으되'와 '-으시-어요→으세요' 같은 현상도 활용표에 넣을 것인지, 아니면 따로 효과적으로 기술할 수 있는 방안이 있는지 탐색해야 할 것이다. 또 '꿰어, 뉘어, 뛰어, 쉬어, 휘어, 바뀌어, 나뉘어, 야위어' 등을 한 음절씩 더 줄여 발음할 수도 있다는 사실은 어떤 사전도 보여주지 않는데 표기에 전혀 반영되지 않는 이러한 발음상의 활용정보를 어떻게 제시할지도 풀어야 할 숙제이다. 더 나아가서는 국어사전 본문에서 제시하는 용언 표제어의 활용정보와 부록으로 싣는 용언활용표가 사전이용자의 편의를 극대화하기 위해서는 어떻게 임무를 분담해야 하는지 사전학적인 관점에서 검토할 필요가 있다. 궁극적으로는 문법서와 사전이 용언의 활용에 대한 정보를 합리적으로 분담하는 방안도 모색해야 할 것이다.

참고문헌

김양진·정경재(2008) 「국어사전에서 '-어/-아' 계열 어미의 결합 정보 기술에 대하여」, 『한국사전학』 12, 한국사전학회.

김정남(2003) 「학습자용 활용형 사전을 위한 제안」, 『한국사전학』 2, 한국사전학회.

김종덕·이종희(2005) 「용언의 활용형 일람표 연구: 사전의 부록으로 활용하기 위한 방안을 중심으로」, 『한국사전학』 5, 한국사전학회.

김종록(2005) 「『외국인을 위한 한국어 동사 활용 사전』을 편찬하기 위한 기초적 연구」, 『한글』 270, 한글학회.

남기심·고영근(1985) 『표준 국어문법론』, 탑출판사.

배주채(1995) 「'그러다'류의 활용과 사전적 처리에 대하여」, 『한일어학논총』, 국학자료원. [배주채(2008)에 재수록]

_____(2000) 「국어사전에서의 지정사의 활용정보」, 『관악어문연구』 25, 서울대 국어국문학과. [배주채(2008)에 재수록]

_____(2001) 「지정사 활용의 형태음운론」, 『국어학』 37, 국어학회. [배주채(2008)에 재수록]

_____(2008) 『국어음운론의 체계화』, 한국문화사.

송철의(2004) 「'ㅎ'변칙과 '어'변칙에 관련된 몇 가지 문제」, 『조선어연구』 2, 조선어연구회(일본). [송철의(2008) 『한국어 형태음운론적 연구』(태학사)에 재수록]

유필재(2002) 「'붑다'류 동사의 형태음운론」, 『한국문화』 29, 서울대 한국문화연구소.

이희승(1931) 「「ㄹㄹ」 바침의 무망을 논함」, 『조선어문학회보』 2, 조선어문학회.

[이희승(1947) 『국어학논고』(을유문화사)에 「"ㄹㄹ" 받침의 불가를 논함」이라는 제목으로 재수록]

최현배(1937) 『우리말본』, 정음사. 제5판, 1971.

허 웅(1965) 『국어음운학』, 정음사.

菅野裕臣(1997) 「朝鮮語の語基について」, 国立国語研究所 編, 『日本語と朝鮮語』 下巻(研究論文篇), くろしお出版.

岸田文隆(1997) 「있은初探」, 国立国語研究所 編, 『日本語と朝鮮語』 下巻(研究論文篇), くろしお出版.

油谷幸利(2003) 「조선어 사전의 편찬: 학습자를 위한 한일사전」, 서상규 편, 『한국어 교육과 학습 사전』, 한국문화사.

이 글을 다시 읽으며

국어사전에서 음운론적 활용정보를 제시하는 문제는 국어사전 편찬의 초창기인 개화기부터 사전 편찬의 실무 분야에서 고려되어 왔다. 1980년대 이후에는 사전학적 관점에서 논의가 시작되었다. 2000년대에 들어 논문 몇 편이 발표되었지만 지엽적 혹은 단편적 혹은 피상적인 논의에 머물러 있다. 이 논문은 실제 여러 사전의 공과를 종합적으로 검토하여 현재를 진단하고 미래를 전망하고자 했다. 단순화한 용언활용표의 한 예는 저자의 『한국어의 발음(개정판)』(2013)에서 볼 수 있다.

형태론적 활용정보에 관한 문제는 이 논문에서 다루지 않았다. 일차적으로 문법서에서 활용의 형태론적 양상의 큰 틀을 제시하고 사전에서는 그것을 바탕으로 개별 표제어와 관련된 정보를 제시해야 할 것으로 보인다. 이러한 방향의 연구에는 우선 형태론 연구자들이 힘을 기울여야 할 것이다.

12장

국어사전의 발음표시에 대하여

1. 『표준국어대사전』 이전의 연구

이 논문의 목적은 국어사전에서 발음을 적절히 표시하기 위해 고려해야 할 사항들을 전반적으로 검토하는 것이다. 현행 국어사전들에 발음이 잘 표시되어 있다면 이 연구는 필요치 않을 것이다. 그러나 아직 사전이 용자들이 만족할 만한 수준으로 발음표시가 이루어지고 있는 것은 아니라고 판단된다.[1]

국어사전의 발음표시 문제는 오랫동안 이론적인 논의의 대상이 되지 못했다. 사전편찬자들이 발음을 관찰하고 검토하여 결정한 바를 사전에 반영하는 실무적인 차원에 머물러 있었다. 그러다가 1980년대 후반에 국

---

1 이 글에서 자주 거론할 국어사전은 다음과 같이 약호로 표시한다.

『조화』: 간노 히로오미[菅野裕臣] 외 편(1988/1991) 『コスモス朝和辞典』, 白水社.
『금성』: 김상형 편(1991) 『금성판 국어대사전』, 금성출판사.
『조선어』: 유타니 유키토시[油谷幸利] 외 편(1993) 『朝鮮語辞典』, 小学館.
『연세』: 연세대 언어정보개발연구원 편(1998) 『연세 한국어 사전』, 두산동아.
『표준』: 국립국어원 편(1999) 『표준국어대사전』, 두산동아. [웹사전 개정판(2008)을 기준으로 함]
『학습』: 서상규 외 편(2006.1.) 『(외국인 학습자를 위한) 한국어 학습 사전』, 신원프라임.

어사전학이 싹트면서 이현복(1987), 남기심(1987)에서 당시의 국어사전들이 안고 있는 발음표시의 문제점들을 거론하기 시작했다. 이현복(1987)은 국어사전이 표준발음을 보여야 하고, 변이음 수준의 정밀표기보다 음소 수준의 간략표기가 좋으며, 강세도 표시해야 한다고 했다. 남기심(1987)은 여러 국어사전을 전반적으로 검토하는 자리에서 발음표시에 관한 중대한 문제점 몇 가지를 지적했는데 그중 사전학적인 것은 다음 세 가지이다. 첫째, 용언의 장음을 기본형에만 표시하고 다른 활용형들에는 표시하지 않았다. 둘째, 용언어간말 자음군의 발음 역시 기본형에만 표시하고 다른 활용형들에서 어떻게 발음하는지는 표시하지 않았다. 또 불규칙용언의 활용형들을 체계적으로 제시하지 않았다. 셋째, 'ㄴㄹ' 연쇄와 'ㅇㄹ' 연쇄가 들어 있는 표제어의 발음표시를 하기도 하고 하지 않기도 하여 일관성이 없다.[2]

이병근(1989)는 국어사전의 발음표시 문제에 대한 첫 본격적인 연구이다. 이병근(1989)는 국어음운론의 성과를 국어사전의 발음표시에 어떻게 합리적으로 반영할 것인가에 대해 논의했다. 이병근(1989)가 지적한 기존 사전의 주요 문제점과 개선방안은 다음과 같다.

(1) 어떤 표제어에 대해 발음을 표시하는지 명확한 기준을 보이지 않았다. 발음을 표시하는 표제어를 "발음을 그릇 알기 쉬운 것", "잘못 읽기 쉬운 말", "원음과 다르게 발음되는 말"과 같이 모호하게 표현했다.

---

[2] 남기심(1987)의 비판 중 합성어에서의 경음화 표시가 규칙성이 없다는 점은 사전학자가 책임질 문제가 아니라 국어학자가 책임질 문제이다. 예를 들어 '김밥'의 발음이 [김밥]인지 [김빱]인지를 국어학자가 결정하고 나서야 사전학자가 그 내용을 사전에 어떻게 반영할 것인지 결정할 수 있다.

(2) 같은 조건을 가진 표제어들에 대해 발음표시 여부가 다르거나 발음
표시 방식이 다르다. 예를 들어 '굶다'의 발음은 [굼따로 표시하고
'앉다'의 발음은 표시하지 않았으며 '젊다'의 발음은 [-따로 표시했
다. 또 '같이'는 [가치]로 연음을 반영한 반면 '겉옷'은 [걷-]으로 연음
을 반영하지 않았다.

(3) 굴절형(곡용형과 활용형)의 발음표시를 전혀 하지 않거나 소략하게 하
고 있다. 조선총독부 편(1920) 『조선어사전』, 문세영 편(1938) 『조선
어사전』, 이윤재 편(1947) 『표준조선말사전』에서는 용언 항목에 '-어,
-은' 또는 '-어, -으니'와의 결합형의 발음을 표시했으나 한글학회 편
(1947~1957) 『큰사전』부터는 표시하지 않았으며 체언과 조사의 결합
형의 발음을 표시한 사전은 없다.

(4) 음장의 표시가 일관성이 없고 신뢰하기도 어렵다. 예를 들어 '밤사
이'의 준말인 '밤새'와 '밤새움'의 준말인 '밤샘 : '은 장음 표시가 달
리 되어 있어 일관성이 없다. 또 '삼국 사:기'와 같이 합성어로 볼
수 있는 단어의 비어두에 장음을 표시한 것은 올바른 발음표시라
하기 어렵다.

이병근(1989)는 특히 (1)에 대해, 사전편찬의 경제성을 고려하여 표제
어의 표기를 발음표시로 대체할 수 있는 경우에 발음표시를 생략하고 나
머지의 경우에는 발음표시를 해야 한다고 명확히 규정했다. 그리고 발음
을 표시해야 할 구체적인 예들을 「표준 발음법」(1988)에 의거하여 제시했
다. 그리고 (3)에 대해, 체언 항목에는 곡용표를, 용언 항목에는 활용표를
작성하여 제시하되 각 곡용형과 활용형에 발음을 함께 제시해야 한다고
했다. 구체적으로는 곡용표와 활용표를 부록에서 대표 단어를 이용하여
제시하고 본문에서는 분류번호만 간단히 제시하는 방안을 제안했다. 또

(4)에 대해, 「표준 발음법」에 따라 비어두 단모음화 및 용언의 활용에 나타나는 음장의 교체를 적절히 표시해야 한다고 했다.

이병근(1990)은 국어사전의 음장의 표시 문제를 집중적으로 논의하였다. 음장도 사전이 표시해야 할 중요한 발음정보라는 점, 그리고 표제어의 발음정보뿐만 아니라 곡용형과 활용형의 발음정보도 파리외방전교회 편(1880) 『한불ᄌᆞ뎐』과 『조화』(1988)에서와 같이 제시되어야 한다는 점을 강조하고 곡용형과 활용형에 나타나는 음장의 교체를 유형별로 상세히 기술하여 사전편찬의 기초자료를 제공했다.

이병근(1989, 1990)의 꿈은 『표준』에서 대부분 실현되었다. 특히 이 사전의 편찬과정에서 이루어진 연구인 권인한(1998)은 『표준』에서 곡용형과 활용형의 발음을 일관되고 충분하게 그리고 경제적으로 제시하는 토대가 되었다. 권인한(1998)의 주요 결론은 다음과 같다.

(5) 곡용표, 활용표를 부록에 제시하고 각 표제어에 분류번호만 제시하는 방안보다는 각 표제어의 발음란에 대표적인 곡용형, 활용형을 제시하는 것이 이용자에게 더 편리하다.

(6) 체언 가운데 말음이 'ㄱ, ㅂ, ㅅ'인 것은 조사 '만'의 결합형 발음만 제시하고, 말음이 'ㅈ, ㅊ, ㅋ, ㅍ, ㄹㄱ, ㄹㅁ, ㄱㅅ, ㄹㅐ, ㅄ'인 것은 조사 '이, 만'의 결합형 발음을 제시하며, 말음이 'ㅌ'인 것은 조사 '이, 을, 만'의 결합형 발음을 제시한다.

(7) 모든 용언은 어미 '-어, -으니'의 결합형 발음을 제시하되 일부 용언에 대해서는 다른 어미가 결합한 형태의 발음도 다음과 같이 함께 제시한다. 첫째, 어간말음이 'ㄹ, ㅚ'인 용언은 어미 '-오'의 결합형 발음을 제시한다. 둘째, 어간말음이 자음인 동사는 어미 '-는'의 결합형 발음을, 형용사는 어미 '-네'의 결합형 발음을 제시하며, 어간

말음이 'ㅎ, ㄶ'인 용언은 여기에 어미 '-소'의 결합형 발음을 추가한
다. 셋째, 어간말음이 'ㄺ, ㄻ, ㄼ, ㄽ, ㄿ'인 용언은 어미 '-고, -지,
-는(동사)/-네(형용사)'의 결합형 발음을 제시한다.

이병근(1989, 1990), 권인한(1998)의 바탕 위에서 이루어진『표준』의 발
음표시가 그 이전의 국어사전들에 비해 대폭 개선된 것은 두말할 나위가
없다.

2.『표준국어대사전』에 대한 평가

『표준』은 20세기의 국어학과 사전학의 성과를 종합적으로 반영한 첫
대사전으로서 이전의 대사전들과 여러 면에서 달랐다. 그러나『표준』의
발음표시에 대해서도 비판이 간간이 이어졌다.[3] 『표준』의 발음표시에 대
한 비판으로서 검토할 만한 가치가 있는 것은 다음과 같다.

   (8) 문법형태소, 외래어, 구 등 일부 유형의 표제어들에 대해서는 발음
      표시가 없어 이용자들이 불편을 느낀다.[4] 특히 외래어의 발음표시

---

  3 권인한(2006)은 발음표시와 관련하여 기존 사전의 문제점을 비판하고 개선 방안을
제시하고자 했다. 그러나 기존 사전 가운데 표본으로『연세』의 문제점을 비판하면서『표준』
에서도 일부 비슷한 문제점들이 나타난다고 언급한 것은 사실과 다르다. 권인한(2006)의
기존 사전 비판 세 가지, 즉 발음표시의 규범성, 발음표시의 통일성, 발음표시의 명확성의
문제는『연세』에만 해당하며『표준』에는 해당되지 않는다. 또 '발음표시의 원칙', '발음표시
의 방법과 실제'라는 제목으로 다룬 내용들도『표준』에서 이미 실현된 것들이다. 따라서
권인한(2006)은 권인한(1998)과 같은 시점에서 통할 수 있는 내용을 뒤늦게 보완한 것이라고
이해할 수 있다.
  4 김선철(2006)은 이 문제와 관련하여 일러두기를 숙지하지 않은 사전이용자들의 오해

가 없는 것은 큰 문제이다.[5]

(9) 표기와 발음이 같은 표제어 및 표기와 발음이 같은 음절에 대해서
도 발음표시가 있어야 한다.

(10) 발음표시가 소략한 경우에 이용자들이 불편을 느낀다. 예를 들어
‘회의(會議)’의 발음을 [회:의/훼:이]로만 표시하고 가능한 표준발음
[회:이]와 [훼:의]를 보여주지 않고 있다.[6]

(11) 정상적인 발음이라 할 수 있는지 의심스러운 것들이 있다. 예를
들어 ‘고갯길’의 발음 [고개낄/고갣낄]에서 [고갣낄]은 부자연스러
운 발음이다.

이들은『표준』이전의 사전들이 안고 있던 문제점들과 성격이 다르다.
이현복(1987), 남기심(1987), 이병근(1989, 1990)에서『표준』이전의 사전
들에 대해 제기한 비판은 대부분 변명의 여지가 없는 것들이었다. 예를
들어 ‘굵다’의 발음은 [굼때로 표시하고 ‘젊다’의 발음은 [-때로 표시한 것
은 누가 보더라도 일관성이 부족한 것이다. 그런데 (8)~(11)에 대해서는
『표준』도 할 말이 있다.『표준』의 편찬자들이 이 문제들을 예상하지 못
했거나 실수를 저지른 것이 아니라 일정한 기준을 세워 놓고 편찬한 결과
이기 때문이다.

우선 (8)은 다음과 같은 발음정보의 ‘표기 원칙’에 말미암은 결과이다.

를 낳을 수 있다고 지적했다.

5 이 글 전체에서 외래어는 ‘택시비(taxi費), 핑크빛(pink빛)’과 같이 외래형태소를 포함한
혼종어도 포함한다.

6 이 점은「표준 발음법」제5항 다만 4에 나오는 예 ‘강의의[강:의의/강:이에]’에 대한
민현식(1999), 김선철(2004ㄱ)의 비판과도 관련된다.

(12) "발음 표시는 고어, 방언, 비표준어 및 북한어 따위를 제외한 현대
표준어에 한하여 제시한다. 현대 표준어 중에서도 '^' 기호로 연결
되는 표제어(띄어 쓴 표제어 포함)와 조사나 어미, 접사와 같은 문법
형태, 어근, 외래어 따위에는 발음 표시를 하지 않는다. 준말(줄어
든 말)의 경우 품사가 주어진 경우에는 발음 표시를 하며, 품사가
없는 준말(줄어든 말)은 아무리 단어 형태를 하고 있더라도 발음
표시를 하지 않는다."(『표준국어대사전 편찬지침 1』, 139쪽)

여기에는 특히 외래어에 대한 발음규정이 마련되어 있지 않은 상황이
라 발음표시를 보류했다는 주석이 달려 있다. 국가예산을 들여 만든 규범
사전이 어문규범에 근거하지 않고 외래어의 발음을 제시하는 것은 옳지
않다. 『표준』으로서는 외래어의 발음법이 성문화되고 나서 그것을 개별
단어에 적용하여 발음표시를 할 수 있을 뿐이다.

그런데 여기에 대해서는 다른 의견이 있을 수 있다. 「표준 발음법」
(1988)이 외래어에 대해서도 적용되어야 한다는 것이 그것이다. 「표준 발
음법」의 어디에도 그것이 외래어에는 적용되지 않는다는 언급이 없기 때
문이다. 「표준 발음법」의 총칙 제1항에는 표준 발음법이 표준어의 실제
발음을 따른다고 명시되어 있다. 표준어에는 외래어도 당연히 포함된다.
「표준어 사정 원칙」(1988)의 총칙 제2항에는 "외래어는 따로 사정한다."
라고 되어 있다. 이 규정에 따라 외래어에 대한 표준어 사정이 이루어져
반영된 것이 『표준』이다. 그러므로 『표준』에 수록되어 있는 외래어는 모
두 표준어이고 「표준 발음법」은 당연히 그러한 외래어에 적용된다. 현재
외래어의 표기에 대해서는 「외래어 표기법」이라는 분명한 규범이 존재한
다. 규범적 표기가 주어져 있다면 발음은 그 표기를 고려하여 정하는 것
이 순리이다. 그렇다면 외래어의 규범적 표기를 「표준 발음법」에 따라

발음한 것이 외래어의 표준발음이라고 해야 할 것이다. 예를 들어 '버스'의 표준발음은 [버스]이고 '사인펜'의 표준발음은 [사인펜]이며 '홈런'의 표준발음은 [홈넌]인 것이다.

일반적인 견해에 따라 「표준 발음법」이 외래어에 적용되지 않는다고 보고 외래어 발음법을 따로 제정한다 하더라도 그 전까지는 위와 같은 견해에 따라 표기를 기준으로 외래어의 표준발음을 도출하는 것이 논리적으로 옳다. 그러나 『표준』의 편찬자들은 외래어 발음법이 따로 만들어지기 전에는 외래어의 표준발음을 알 수 없다는 전제 하에 모든 외래어의 발음표시를 보류함으로써 많은 사전이용자들의 궁금증과 불편을 낳게 되었다. 그렇다면 외래어의 발음표시를 보류한다는 사실을 『표준국어대사전 편찬지침 1』에만 보이지 말고 『표준』의 일러두기에 적극적으로 밝혔어야 할 것이다. 외래어의 발음표시 문제에 관해 누가 봐도 『표준』의 잘못이라고 할 수 있는 것은 바로 이 점이다.

한편 고어, 방언, 비표준어, 북한어에 대해 발음을 제시하지 않은 것은 이들이 표준어가 아니기 때문이다. 표준어가 아닌 말에 대해서는 표준발음을 제시할 아무런 근거가 없기 때문에 『표준』의 태도에는 문제가 없다.

그런데 정말로 문제가 되는 것은 구, 조사, 어미, 접사, 어근, 준말에 대해 발음을 제시하지 않은 점이다. 다음에서 보듯이 한 단어인 '지질영력'에는 발음을 표시하고 두 단어로 이루어진 구 '내부 영력'과 '내적 영력'에는 표시하지 않았다.

    (13) 지질-영력(地質營力)[--령녁] 〔지질영력만--령녕-〕
        내부^영력(內部營力)
        내적 영력(內的營力)

구 표제어에 발음을 표시하지 않은 이유는 구를 형성하는 단어들의 발음을 이으면 저절로 구의 발음이 된다고 전제하기 때문이다. 또 '집합 개념, 집합 명사, 집합 함수'와 같은 구를 발음할 때 두 단어의 경계에서 각각 경음화(ㄱ→ㄲ), 비음화(ㅂ→ㅁ), 유기음화(ㅂ+ㅎ→ㅍ)가 일어날 수 있음을 사전이용자가 안다고 전제하는 것이다. 이렇게 전제하면 발음표시의 생략으로 지면을 절약할 수 있는 이점이 있다. 그렇지만 이 논리대로라면 한 단어 '합격, 입문, 집합'에서도 같은 종류의 경음화, 비음화, 유기음화가 각각 일어날 수 있음을 사전이용자가 안다고 전제하고 이들의 발음표시를 생략해야 일관성이 있지만 생략하지 않고 있다. 사전이용자로서는 '합격, 입문, 집합'과 같은 단어의 발음을 궁금해하기보다는 '집합 개념, 집합 명사, 집합 함수'와 같은 구에서 위의 음운현상들이 일어난 발음을 해야 하는지를 몰라서 사전을 찾을 가능성도 있어 문제가 더 크다.

조사, 어미, 접사, 어근과 같이 자립적으로 쓰이지 않는 요소(줄여서 '의존요소')들은 그 요소들만의 발음을 독립적으로 확인하기가 어려운 면이 있다. 예를 들어 조사 '하고'는 '떡하고[떠카고], 솥하고[소타고], 밥하고[바파고]'와 같은 말에서 [하고]로 발음된다고 하는 것도 정확하지 않고 [카고], [타고], [파고]와 같이 발음된다고 하는 것도 어색하다. [떠카고], [소타고], [바파고]를 굳이 명사와 조사로 분석하지 말고 이들 곡용형의 발음을 통째로 제시하는 것이 자연스럽다. 또 어미의 경우 '하다'의 활용형 '해[해ː]'와 '되다'의 활용형 '돼[돼ː]'에 쓰인 연결어미 '-어'의 발음을 어떻게 제시해야 할지도 문제이다. '해'와 '돼'의 모음 [ㅐː] 안에 어간의 말음과 어미가 함께 녹아들어가 있기 때문에 어미의 발음만 분리해서 제시하는 것은 불가능한 것이다. 이 경우에도 '해, 돼'라는 활용형의 발음을 [해ː], [돼ː]로 제시하는 것이 합리적이다. 『표준』이 이런 논리에 따라 의존요소인 표제어들에 대해 일률적으로 발음을 표시하지 않았다고 하면 수긍할 수 있다. 그렇지만 위의 [떠카고], [해:]처럼 의존요소가 결합한 어절의 발음을 보여 준다든지 하는 보완이 없으므로 의존요소인 표제어들에 대해서는 발음정보가 불충분하다는 문제가 여전히 남는다.

품사가 없는 준말(줄어든 말), 예를 들어 '저 아이'의 준말로 풀이한 '쟤'와 같은 표제어에 대해 발음표시를 하지 않은 데서는 어떤 합리적인 근거도 찾기 어렵다.[7]

(9)는 '깜짝, 단풍나무, 말괄량이, 출렁출렁하다' 등 표기와 발음이 같은 표제어에 발음표시를 하지 않은 것, 그리고 '잔물결[--껼], 홑이불[혼니-]'과 같이 표기와 발음이 같은 음절의 발음을 [-]로 표시한 것에 대한 비판이다. 이것은 사전이용자의 편의성 면에서는 문제가 될 수 있으나 정확성이나 일관성의 면에서는 문제가 되지 않는다. 종이사전이 가지는 지면의 제약 때문에 그렇게 처리했을 것이기 때문에 『표준』을 탓할 일은 아니다.[8]

(10)은 다음과 같은 '복수 발음의 처리' 원칙에 말미암은 결과이다.

> (14) "한 표제어 안에서 둘 이상의 음절에 복수 발음 문제가 걸릴 때에는 '/' 왼쪽에는 해당 음절 모두의 원칙 발음을, '/' 오른쪽에는 해당 음절 모두의 허용 발음을 제시한다."(『표준국어대사전 편찬지침 1』, 141쪽)

『표준』은 이러한 지침에 따라 '회의(會議)'의 허용발음으로 [훼:이]만,

---

7 이상의 외래어, 의존요소, 품사가 없는 준말에 대해 『표준』과 달리 발음표시를 한 사전들의 표시내용에 대해서는 §5.1에서 논의한다.

8 김선철(2006)은 이러한 문제들과 관련하여 『연세』, 『표준』과 같은 종이사전들이 경제성을 우위에 둔 처리를 많이 해 왔으나 전자사전을 지향해야 할 지금의 상황에서는 사용자 편의성을 더 고려해야 한다고 지적했다.

'장윗감(葬儀-)'의 허용발음으로 [장:읻깸]만 제시했다. 이렇게 하면 '회의'의 허용발음 [훼:의]와 [회:이], '장윗감'의 허용발음 [장:이깸]과 [장:읻깸]은 제시되지 않아 사전이용자가 이들은 표준발음이 아니라고 오해할 가능성이 생긴다. 그런데 복수발음은 특히 'ㅚ'나 'ㅢ'가 들어 있는 단어와 사이시옷이 들어 있는 단어에 집중되며 이들이 어떤 식으로 복수발음을 가지게 되는지는 「표준 발음법」에 따라 예측할 수 있다. 『표준』의 편찬자들은 예측이 가능한 이러한 허용발음을 모두 제시하기 위해 발음정보란을 어지럽게 만들 필요가 없고 종이사전의 경제성도 고려해야 한다고 판단한 듯하다.⁹ 그러나 규칙적인 음운현상이 일어나 표준발음을 기계적으로 예측할 수 있는 '국민[궁-], 엊그제[얻끄-]' 같은 단어들에 대해서는 친절하게 발음표시를 하면서 그보다 예측의 난도가 더 높은 허용발음을 상세히 표시하지 않은 것은 지면의 제약 때문이었다 하더라도 정보의 상세함과 친절함이 균형을 잃었다고 평가할 수밖에 없다.¹⁰

(11)은 다음과 같은 '발음 규범'에 말미암은 결과이다.

(15) "'표준어 규정'(문교부 고시 제88-2호:1988.1.19.)의 제2부 '표준 발음법'의 규정에 따른 표준 발음을 제시한다."(『표준국어대사전 편찬 지침 1』, 139쪽)

『표준』은 기술사전이 아닌 규범사전이기 때문에 「표준 발음법」을 따

---

9 유현경·남길임(2009:89-90)도 이것이 지면의 제약과 지나치게 복잡한 정보 제시의 우려 때문일 것이지만 가능한 발음을 모두 제시하는 것이 좋다고 했다.

10 그렇지만 '꾀죄죄하다'의 이론적으로 가능한 표준발음 8가지 [꾀죄죄하다/꿰죄죄하다/꾀줴죄하다/꾀죄줴하다/꿰죄죄하다/꾀줴줴하다/꿰죄줴하다/꿰줴줴하다]를 모두 제시해야 할지 망설여지는 것은 사실이다.

라 표준발음을 제시해야 한다. 표준발음과 어긋나는 현실발음을 제시할
수는 없다. 「표준 발음법」에 문제가 있더라도 『표준』이 그것을 어길 수
는 없다. 「표준 발음법」이 제정되기 전에는 국어사전이 제시하는 발음이
이상적인지를 문제삼을 수 있다. 지준모(1969), 이철수(1980)이 그러한 문
제를 제기한 예이다. 그러나 「표준 발음법」이 제정되어 있는 상태에서
나온 규범사전으로서의 『표준』이 표준발음만 제시해서 현실과 맞지 않다
고 비판하거나 「표준 발음법」에 근거가 없더라도 현실발음을 제시해야
한다고 주장하는 것(박동근 2007:43-44, 김종덕 2008:71-74)은 불합리하다.

　요컨대 『표준』에 대한 비판 (8)~(11)은 『표준』이 규범사전이면서 종이
사전이라는 제약을 가지고 있다는 점을 참작하면 대부분 부당한 평가라
할 수 있다. 그렇지만 우리 언어생활의 환경을 돌아볼 때 규범사전과 종이
사전에만 의지해도 되는 시대는 저물어 가고 있다. 기술사전에 대한 수요
가 커지고 전자사전이 일반화되는 시대적 변화를 국어사전이 적극적으로
수용하는 관점에서 보면 『표준』의 발음표시에 만족할 수는 없는 것이다.

3. 『한국어 학습 사전』과 그 이후

『학습』은 다음과 같은 점에서 『표준』과 발음표시의 태도가 다르다.

 (16) 모든 표제어에 발음을 표시했다. 구체적으로 말해 표기와 발음이
    같은 표제어, 외래어, 의존요소에 대해서도 발음을 표시했다.
 (17) 한글과 함께 국제음성기호로도 표시했다.
 (18) 표준발음과 다른 현실발음도 참고정보로 제시했다.

이 세 가지 모두『학습』이 한국어를 배우는 외국인 학습자를 대상으로 한 국어사전이라는 점을 생각하면 당연한 처사이다. 일본인 한국어 학습자를 위한『조화』와『조선어』에서 이미 이 세 가지 태도를 보인 바 있으므로[11]『학습』은 이들의 방식을 이어받았다고 할 수 있다.

(16)는 §5.1에서, (18)은 §5.2에서 종합적으로 논의하기로 하고 여기서는 (17)만 검토한다.『학습』의 '일러두기'에 "학습자의 편의를 위해 비교적 단순화한 IPA"로 발음을 표시한다고 하고 이 사전에서 사용한 국제음성기호를 표로 보였다. "비교적 단순화"했기 때문에 국제음성기호의 사용법과 정확히 일치하지 않는 것이 문제가 아니라고 할 수도 있지만 학습자를 위해 도움이 되는 한에서는 정확히 사용하는 것이 좋을 것이다. 이 점에서 개선이 필요하다고 여겨지는 부분은 다음과 같다.[12]

첫째, 'ㅈ[ts/dz], ㅉ[ts], ㅊ[tsʰ]'은 'ㅈ, ㅉ, ㅊ'의 음가가 치조음인 것으로 표시한 것이므로 평안방언이나 중국 연변지역 방언에서의 음가를 표시한 것이 된다. 남한에서 쓰이는 한국어에서의 일반적인 음가는 'ㅈ[tʃ/dʒ], ㅉ[tʃ], ㅊ[tʃʰ]'과 같이 치조구개음으로 표시하는 것이 정확하다.

둘째, 'ㅅ[s], ㅆ[sʰ]'은 '시, 쉬, 샤, 셔, 쇼, 슈, 섀, 셰, 씨, 쒸, 쌰, 쎠, 쑈, 쓔, 썌, 쎼'와 같이 'ㅅ, ㅆ'이 'ㅣ, ㅟ, j' 앞에서 각각 [ʃ], [ʃʰ]로 발음되는 것을 무시한 음소적 표기이다. 치조음 [s], [sʰ]와 치조구개음 [ʃ], [ʃʰ]의 차이가 외국인 학습자에게는 큰 차이로 느껴질 수 있다. 영어와 중국어 등 일부 외국어에서는 이러한 차이가 음소적 차이이기도 한 것이다. 예를 들

---

11 간노(1992)에서『조화』의 발음표시의 특징을, 유타니(2003)에서『조선어』의 발음표시의 특징과 배경을 엿볼 수 있다.

12 아래의 첫째와 셋째 문제는『학습』의 초고본(2004.3.)에 대한 전문가 자문회의에서 임홍빈(2004)의 지적이 있었으나『학습』의 최종본(2006.1.)에 반영되지 않았다. 셋째 문제는 유타니(2003)에서도 지적한 바 있다.

어 '실시(實施)'의 발음은 [sils'i]보다 [ʃilʃ'i]로 제시하는 것이 더 낫다.

셋째, 'ㅎ'은 항상 [h]로만 적고 있으나 'ㅎ'은 유성음과 유성음 사이에서 유성음화된 [ɦ]로 발음되는 것이 일반적이다. '사흘[sahɯl], 실험[silhəm]'보다는 『조선어』의 '사흘[saɦɯl], 실험[ʃirɦɔm]'이 'ㅎ'의 발음표시 면에서는 더 낫다. 외국인들이 한국어의 유성음 간 'ㅎ'을 곧이곧대로 [h]로만 발음하여 어색한 느낌을 주는 일은 흔히 있는 일이기 때문에 더욱 그렇다.

넷째, 'ㅚ[ø/we], ㅟ[wi]'는 우선 'ㅚ'와 'ㅟ'에 대한 태도가 달라 문제가 된다.[13] 'ㅚ'의 음가로 단순모음 [ø]도 인정했다면 'ㅟ'에 대해서도 단순모음 [y]를 인정해야 한다. 또 이중모음 'ㅟ'의 음가는 [wi]보다 [ɥi]가 정확하면서도 외국인 학습자에게 더 유익하다. 영어, 프랑스어 등의 [wi]와 달리 'ㅟ'의 반모음은 [ɥ]로 발음되기 때문이다. 프랑스어에서는 [wi]와 [ɥi]가 변별적이기도 하다.

『학습』이 한글로는 표시할 수 없는 음성을 국제음성기호로써 보여 주려고 한 것은 좋은 태도이나 위와 같은 문제들이 개선되었을 때 학습자들에게 더 실용적이고 유익한 사전이 될 것이다.[14]

유현경 · 남길임(2009:2장)는 국어사전의 발음표시에 관한 여러 문제를 북한의 사회과학원 언어학연구소 편 『조선말대사전』(1992), 『조화』, 『연세』, 『표준』, 『학습』의 예들을 들면서 전반적으로 소개하고 있다. 그런데

---

13 『학습』의 이러한 태도를 유현경 · 남길임(2009:85-6)는 현실발음을 정확히 반영하기 위한 것이라고 주장하고 있다. 김선철(2004ㄴ)에 따르면 1990년대 이후 나온 발음사전으로서 국제음성기호 발음표시가 되어 있는 것 4종 가운데 3종은 'ㅟ[y/wi], ㅚ[ø/we]로 표시했고 1종은 'ㅟ[wi], ㅚ[ø]'로 표시하고 있어서 유현경 · 남길임(2009:85-6)의 주장에 반한다. 사실 『학습』이 이런 태도를 취한 것은 'ㅚ'의 두 발음 [ø], [we]는 각각 'ㅚ, ㅞ'로 구별 표기할 수 있는 반면 'ㅟ'의 두 발음 [y], [wi]는 한글로 구별 표기할 수 없기 때문이었을 가능성이 더 큰 듯하다.

14 이 밖에 배주채(2009)는 『학습』의 발음표시가 지면을 지나치게 낭비하는 비경제성도 가지고 있다고 지적했다.

그 주요 내용은 이 두 저자가 『학습』의 편자 8명의 일원이기도 하기 때문인지 『학습』의 발음표시에 대한 해설에 치우쳐 있다.

한편 고려대 민족문화연구원 편(2009) 『고려대 한국어대사전』은 『표준』의 초판이 나온 지 꼭 10년 만에 나온 대사전이다. 이 사전은 『표준』이 안고 있는 사전학적, 국어학적 문제들을 많이 개선했다고 할 수 있지만 발음표시에 관해서는 거의 전적으로 『표준』을 따르고 있어서 여기서 특별히 거론할 가치가 없다.[15]

4. 발음표시의 필요성

발음표시의 내용과 형식을 잘 결정하기 위해서는 국어사전이 왜 발음을 표시해야 하는지를 먼저 따져 볼 필요가 있다. 발음표시의 필요성은 사전이용자의 입장과 사전편찬자의 입장을 분리해 생각할 수 있다. 우선 사전이용자의 입장을 고려하면 발음정보를 구하는 목적을 다음과 같이 정리할 수 있다.

(19) 사전이용자가 발음정보를 요구하는 목적
　　① 특정 단어에 관한 발음정보를 언어수행에서 사용하기 위해
　　　　㉠ 말하기에서 특정 단어를 잘 발음하기 위해
　　　　㉡ 듣기에서 특정 단어를 잘 알아듣기 위해

---

[15] 홍종선 외(2009:7장)도 유현경·남길임(2009:2장)와 비슷하게 국어사전의 발음표시에 대해 전반적으로 다루고 있지만 『표준』과 『학습』을 넘어서는 혜안을 보여 주지 못하고 있다. 그 저자들이 편찬에 참여한 『고려대 한국어대사전』의 발음표시가 『표준』과 별로 다르지 않은 것과 관련이 있을 것이다.

② 특정 단어의 발음정보를 가지고 다른 목적을 달성하기 위해

   ⊙ 표제어 검색에 활용하기 위해

   ⓛ 다른 언어활동에 활용하기 위해

사전편찬자와 사전이용자는 (19)①⊙이 사전이 제공하는 발음정보의 유일한 용도라고 생각하기 쉽다. (19)①ⓛ도 성공적인 언어수행을 위해서는 중요하다. 이 두 가지 외에도 (19)②와 같이 발음정보의 획득이 다른 목적을 달성하기 위한 수단이 되는 경우도 현실에서 발견할 수 있다.

(19)②⊙은 능숙한 사전이용자가 특정 단어를 검색하는 과정에서 구사하는 기술이라고 할 수도 있다. 예를 들어 발음이 [종개라고 들린 단어를 사전에서 찾을 때 표기가 '종가'인 표제어를 찾으면 '종가(宗家)'와 '종가(終價)'가 눈에 띄는데 전자와 후자는 발음이 각각 [종개와 [종깨이므로 이용자가 들은 단어는 전자라고 판단하게 된다.

중국어사전은 한자음의 로마자표기를 기준으로 주표제어(한자)와 부표제어(한자어)를 배열하기 때문에 이용자가 발음을 먼저 알고 있어야 원하는 표제어를 쉽게 찾을 수 있다. 발음이 표제어 검색에 더 적극적으로 이용되는 경우라 할 것이다. 이에 비하면 '종가'와 같은 국어사전의 예는 발음이 표제어 검색에 매우 제한적인 도움을 주는 경우이다. 그렇지만 국어사전도 중국어사전과 같이 발음을 표제어 검색에 더 적극적으로 활용할 수 있도록 편찬할 가능성이 있다. 한국어의 발음에는 어느 정도 익숙하지만 한글맞춤법에는 익숙지 않은 외국인이 듣기를 통해 접한 단어를 국어사전에서 쉽게 찾도록 돕기 위해 현행의 자모순 사전이 아닌 발음순 사전을 편찬할 수도 있다. 그러한 수요가 많지 않으리라고 예상되므로 실현가능성은 물론 적다. 오히려 발음이 표제어 검색에 필수적인 국어사전은 시각장애인용 전자사전의 형태로 편찬한 국어사전일 것이다. 시각장애인

을 위해 음성의 합성과 인식이 가능한 전자기기(구체적으로 컴퓨터나 휴대
전화)에 전자사전을 담는다면 발음을 표제어 검색의 일차적인 수단으로
사용하게 될 것이다.

중국어사전이나 시각장애인용 국어사전을 발음순으로 편찬한 이러한
특수한 경우가 아니라면 일반적인 사전이용자에게 발음표시가 '종가'와
같이 동철이음어가 있는 표제어의 검색에 도움을 주는 것은 사전편찬자
가 의도한 것이라기보다는 우연한 현상이라고 하는 것이 옳을 것이다.

(19)②ⓛ의 예로 영어에서 'honest'의 'h'가 [h]로 발음되면 부정관사를
'an'으로, 'h'가 묵음이면 부정관사를 'a'로 써야 하므로 'honest'라는 단어
의 발음정보를 사전이용자가 원하는 것을 들 수 있다. 또 중국과 한국의
전통적인 한시에서 압운의 위치에 있는 한자의 선택을 위해 운서와 같은
한자 발음사전을 찾는 것도 여기에 해당할 것이다.

이상과 같이 사전이용자가 다양한 목적을 위해 발음정보를 요구한다
고 해서 사전편찬자가 반드시 사전에 발음표시를 달아야 하는 것은 아니
다. 예를 들어 일반적으로 일본어사전은 발음표시를 하지 않는 것이다.
그래서 사전편찬자가 어쩔 수 없이 발음표시를 달아야 하는 이유는 다음
과 같다고 할 수 있다.

(20) 사전편찬자가 발음표시를 하는 이유
　　① 문자로 된 사전텍스트가 자동적으로 발음정보를 제시하지는 못
　　　하기 때문에
　　② 국어의 표기와 발음이 완전히 규칙적으로 대응하지는 않기 때
　　　문에

사전이용자가 국어사전에서 확인하고 싶어하는 정도와 빈도는 발음보

다 표기 쪽이 더 클 텐데 사전이 표기정보를 따로 주지는 않는다. 표제어를 맞춤법에 맞게 제시하는 과정에서 표기정보가 자연히 제공되고 있기 때문에 따로 표기정보를 제시할 필요가 없는 것이다. 만약 사전텍스트를 음성으로 제작한다면 이번에는 표제어의 제시가 곧 발음정보의 제시가 되어 발음정보를 따로 제시할 필요가 없게 된다. 그러므로 (20)①과 같이 텍스트가 문자로 이루어져 있는 사전에서 발음정보가 자동적으로 제시되지 않는 문제점을 보완하기 위해 발음표시가 필요한 것이다.

사전텍스트가 문자로 이루어져 있기 때문에 발음을 표시한다는 설명이 충분한 설명이 되지는 못한다. 텍스트가 문자로 이루어져 있는 일본어 사전에서는 발음표시를 하지 않기 때문이다. 반면에 텍스트가 문자로 이루어진 영어사전에서는 발음표시를 한다. 따라서 국어사전에서 발음표시를 해야 할 더 근본적인 이유는 표기법의 특성에 있다. 일본어와 달리 국어와 영어는 표기와 발음의 대응이 완전히 규칙적이지는 않아서 표제어의 표기만을 가지고 그 발음을 완벽하게 예측할 수 없다. 그래서 (20)②와 같이 발음표시가 필요하다. 이와 같이 표기법의 특성에 따라 국어와 영어는 발음사전을 편찬할 필요성이 꽤 크지만 일본어는 그렇지 않다.

5. 발음표시의 내용

5.1. 발음을 표시하는 대상

국어사전에서 무엇에 대해 발음을 표시할 것인가? 국어사전의 전형적인 표제어는 단어이지만 단어가 아닌 단위들도 표제어로 수록되어 있다. 그래서 단어에만 발음을 표시할 것인지, 단어가 아닌 표제어들에 대해서도 발음을 표시할 것인지, 나아가 표제어가 아닌 항목들도 발음표시의 대상이 될 필요가 있는지가 문제가 된다. 또 단어 중에서도 외래어의 발음 표시 여부가 사전에 따라 다르다. 「표준 발음법」 공포 이후에 나온 국어사전 중에서 『조화』, 『금성』, 『조선어』, 『표준』, 『학습』이 발음을 표시한 대상은 다음과 같다.

발음표시의 대상		내국인을 위한 국어사전		외국인을 위한 국어사전		
		『금성』	『표준』	『조화』	『조선어』	『학습』
표제어	비-외래어	○	○	○	○	○
	외래어	○ / ×	×	○	○	○
	의존요소	×	×	○	○	○
	구	×	×	○	○	○
곡용형, 활용형		×	○	○	○	○

5.1.1. 외래어

『금성』에서는 외래어에 부분적으로 발음표시를 했다.[16] 이 사전에서 외래어에 대해 발음을 표시한 대표적인 예를 몇 개 보이면 다음과 같다.

(21) 장음 표시가 있는 예

포스터(Stephen Collins Foster)

포:스터(Edward Morgan Forster)

도:쿄:(東京)

포타:주(ㅍ potage)

---

16 한글학회 편(1992) 『우리말 큰사전』은 외래어의 표기가 규범과 다른 경우가 적지 않으며 외래어의 발음표시 양상도 『금성』과 별로 다르지 않으므로 따로 언급하지 않는다.

캥거루 : (kangaroo)

칼 : 리다 : 사(Kālidāsa)

(22) ㄴ첨가가 일어난 발음을 표시한 예

디 : 젤-유(diesel油)[-류]

디 : 젤 연료(diesel 燃料)[-렬-]

칼륨-염(Kalium鹽)[-념]

칼륨 유리(Kalium 琉璃)[-뉴-]

(23) 표기와 다른 발음을 표시하지 않은 예

캠릿(camlet)

캡 램프(cap lamp)

핀란드(Finland)

헤비-급(heavy級)

칸디다-증(candida症)

펭귄-과(penguin科)

이 사전의 일러두기에는 외래어의 발음표시 원칙이 무엇인지 나와 있지 않다. 그런데 위의 예들을 보면 첫째, 원어가 가진 장음을 어두와 비어두에서 모두 그대로 표제어에 장음으로 표시하고, 둘째, ㄴ첨가가 일어난(그리고 그 이후 유음화가 일어난) 발음을 표시하며, 셋째, 그 밖의 음운현상이 일어난 발음은 표시하지 않는 것을 원칙으로 삼았음을 알 수 있다. 원어가 장음을 가지고 있다고 해서 그에 대응하는 외래어가 장음을 가지고 있다고 볼 근거가 없으며 여러 음운현상 중 ㄴ첨가만 발음표시에 반영할 근거도 없으므로 이 사전의 외래어 발음표시는 진지하게 받아들일 가치가 없다고 할 수 있다.

일본인이 편찬한 『조화』, 『조선어』의 외래어 발음표시는 『금성』보다 더 전면적이다.

(24) 『조화』

가스(gas) [kasɯ　カス]

버스(bus) [pɔsɯ　ポス ((書)) / ˀpɔsɯ　ポス((話))]

카피(copy)　[kʰapʰi　カッピ]

커피(coffee)　[kʰɔːpʰi　コーッピ]

컴퓨터(computer) [kʰɔmpʰjutʰɔ　コンピュット]

키스(kiss) [kʰisɯ　キス]

(25) 『조선어』

가스(gas) [kasɯ　カス]

사인(sign) [sain]

스테인리스 스틸(stainless steel) [sɯtʰeinrisɯsɯtʰiːl]

온 라인 시스템(on-line system) [ollainʃisɯtʰem]

커피(coffee)　[kʰɔːpʰi　コービ]

컨트롤(control) [kʰɔntʰɯroːl]

컴퓨터(computer) [kʰɔmpʰjuːtʰɔ]

키스(kiss) [kʰisɯ]

『조화』의 '가스, 키스', 『조선어』의 '가스, 사인, 시스템, 키스'의 발음표
시를 보면 학습자에게 더 이로울 현실발음 [까쓰], [키씨], [싸인], [씨스템]
등은 제시하지 않아 학습자는 이들의 현실발음을 확인할 방법이 없다.
『조선어』에서는 특히 '스테인리스 스틸'의 발음표시에 [ㄴㄹ]이 그대로 발
음되는 것처럼 되어 있어서 잘못된 정보를 주고 있다. 그런데 '온 라인
시스템'에 대해서는 현실발음 [올라인]만 보여 주고 [온나인]이라는 발음도

쓰이는 점은 표시하지 않아서 역시 충분한 정보는 주지 못하고 있다. 이 점에서 『조화』가 '버스'에 대해서 [버스(문어)/뻐스(구어)]와 같이 표시한 것은 특별하다. 많이 쓰이는 현실발음을 구어라는 뜻으로 '((話))'라는 약호를 달아 제시한 것이다. 그러나 『조화』가 외래어의 현실발음을 정말 현실에 맞게 다 제시한 것은 아니라서 오히려 '가스, 키스' 등을 현실에서 [가싀], [키싀] 등으로만 발음한다는 오해를 강화시키는 단점이 있을 수 있다.

『조화』의 커피[커ː피], 『조선어』의 '스틸[스틸ː], 커피[커ː피], 컨트롤 [컨트롤ː], 컴퓨터[컴퓨ː터]'의 장음표시는 해당 일본어 외래어의 장음을 기계적으로 반영한 것으로 보인다. 그러면서도 『조화』는 '컴퓨터[컴퓨터]' 에서 보듯이 비어두에 장음을 표시하지 않은 합리적인 태도를 보인 반면 『조선어』는 '스틸, 컨트롤, 컴퓨터'에서 보듯이 비어두에서까지 기계적으로 장음을 표시한 불합리를 보이고 있다. 이 사전의 외래어 발음표시에서도 일관된 원칙이나 실용성을 찾아보기 어려운 것이다. 이와 같이 『조화』, 『조선어』가 외래어에 발음표시를 했다는 점은 한국어 학습자를 위해 다행한 일이나 그 정확성이나 실용성은 부족했다고 평가할 수 있다.

『학습』은 『조화』, 『조선어』처럼 한국어 학습자를 위한 사전이기 때문에 외래어에 발음표시를 달 수밖에 없었을 것이다. 『학습』은 더 나아가 『조화』의 '버스'에서 본 바와 같이 현실발음에 대한 꽤 정확한 정보를 제시하고 있다. 예를 들어 '버스(bus)'의 발음정보로 [버스 pəsɯ]를 제시하고 풀이 끝에서 참고정보로 "말할 때 [버쓰 pəsʼɯ/뻐쓰 pʼəsʼɯ]로 발음하기도 한다."라고 하고 있다. 『조화』가 제시한 [뻐싀는 사실 비현실적인 발음이었는데 [버쓰/뻐씌를 제시함으로써 그러한 비현실성도 개선되었다. 그런데 『학습』의 방식에도 문제가 없지 않다. 예를 들어 '온라인 (on-line)'의 발음정보란에 [온라인 onrain]이라고 표시하고 참고정보란에서 [온나인 onnain/올라인 ollain]을 제시했는데 현실적으로 거의 불가능한 발음인 [온라인]을 발음정보란에 제시한 것을 사전이용자가 어떻게 받아들일지 문제가 되기 때문이다. 또 '줄다'의 모음교체형 '졸다'의 참고정보로 [쫄:다 ts'o:lda]를 제시하여 장음도 표시했는데 그렇다면 '버스'도 [버:쓰/뻐:씨]가 더 정확한 현실발음일 것이다. 그리고 현실발음을 제시할 때 "말할 때"라고 표현한 것은 군더더기일 수 있다. 발음에 대해 이야기하고 있기 때문에 '말할 때'가 '글로 쓸 때'와 대립한다면 군더더기인 것이다. 만약 '말할 때'가 '글을 소리 내어 읽을 때'와 대립한다면 군더더기가 아니다. 그렇지만 그렇게 해석할 가능성은 훨씬 적은 듯하다. 이러한 자잘한 문제에도 불구하고 『학습』의 외래어 발음표시는 『금성』과 『조화』, 『조선어』에 비해 더 현실적이고 정확한 편이다.

한국어 학습자를 위한 사전이라면 기술적인 태도를 취해 외래어에 발음을 표시하는 것이 마땅하다. 반면에 『표준』과 같은 규범사전은 외래어의 표준발음이 아직 확정적이지 않으므로 여전히 발음표시를 유보해야 할 것이다. 문제의 본질을 들춰 말한다면, 외래어의 발음을 사전에 표시해야 하느냐 말아야 하느냐보다는 외래어의 발음에 대한 규범을 어떻게 세울 것인가가 더 시급한 과제라고 할 수 있다.

5.1.2 의존요소

『조화』, 『조선어』, 『학습』은 문법형태소, 즉 조사, 어미, 접사에도 발음을 표시했다. 『조화』, 『학습』은 의존명사에 대한 발음표시에도 특별한 점이 있다.

(26) 『조화』
① 것[gɔˈ ゴッ((有声音＋))/ˈkɔˈ コッ((無声音＋))], ~은[gɔsɯn

ゴスン((有声音+))/ʰkɔsɯn　ユスン((無声音+))]((書))、　〜이
[gɔʃi　ゴシ((有声音+))/ʰkɔʃi　ユシ((無声音+))]((書))、　〜만
[gɔnman　ゴンマン((有声音+))/ʰkɔnman　ユンマン((無声音
+))]

② －게[ge ゲ((母音語幹・ㄹ語幹+))/kʼe ケ((子音語幹+))]

③ －는구나[nɯnguna ヌングナ/lɯnguna ルングナ((ㄾ・ㅀ+))]

(27) 『조선어』

① 것[kɔᵗ ユッ]

② －게[ke ケ]

③ －는구나[nɯnguna]

(28) 『학습』

① 것[걷 gɔtˉ/껃 kɔtˉ] …… (발음하기)「아무 것[아무걷
amugɔtˉ], 큰 것이[큰거시 kʰɯngɔsi], 할 것만[할껀만
halkʼɔnman]」

② －게[게 ge/께 kʼe] …… (발음하기)「가게[가게 kage], 먹
게[먹께 mɔkˉkʼe], 걸게[걸 : 게 kɔ : lge]」

③ －는구나[는구나 nɯnguna] …… (발음하기)「가는구나[가
는구나 kanɯnguna, 먹는구나[멍는구나 mɔŋnɯnguna]」

『조선어』는 의존요소에 발음표시를 제시하기는 했지만 환경에 따른
다양한 이형태의 발음을 표시하지는 않았다. 그에 반해 『조화』와 『학
습』은 환경에 따른 다양한 이형태의 발음을 제시했다. 의존명사 '것'에 대
해 『조화』는 발음정보란이 어지러울 정도로 너저분하게 '것'의 앞뒤 환경
을 제시하면서 발음을 표시했다. 그 내용은 단독형 '것'은 [걷](유성음 뒤),
[껃](무성음 뒤)으로, 곡용형 '것은'은 문어에서 [거슨](유성음 뒤), [꺼슨](무

성음 뒤)으로, 곡용형 '것이'는 문어에서 [거시](유성음 뒤), [꺼시](무성음 뒤)로, 곡용형 '것만'은 [건만](유성음 뒤), [껀만](무성음 뒤)으로 발음된다는 것이다. 『학습』은 같은 내용을 용례 '아무 것, 큰 것이, 할 것만'으로써 간단히 보인 점이 장점이다. 어미 '-게'와 '-는구나'에 대해서도 발음표시 방식이 비슷하다. 여기서 '-는구나'에 대해 『조화』는 [른구나]라는 이형태와 그 환경(ㄾ·ㅀ 뒤)을 표시해 『학습』보다 더 정밀하다. 그런데 『조화』, 『학습』조차도 '-게'가 '놓게, 않게, 끓게' 등 어간말음 'ㅎ' 뒤에 결합하면 'ㅎ'과 'ㄱ'이 축약되는 유기음화 때문에 [케 kʰe]로 발음된다는 점을 알려주지 않고 있어서 발음정보가 충분치 않다.

이 밖에도 의존요소에 대해 발음을 제시할 때 해결해야 할 문제가 있다. 2장에서 언급한 바와 같이 '떡하고[떠카고], 밥하고[바파고]'나 '하다, 되다'의 활용형 '해[해ː], 돼[돼ː]'에서 조사 '하고'와 연결어미 '-어'의 발음을 분리해서 제시하는 것이 불가능하다. 이들이 체언이나 용언어간의 말음과 축약되어 있기 때문이다. 의존요소의 발음을 제시한다면 의존요소의 발음만 따로 제시하기 어려운 경우에는 어절 전체의 발음을 제시하는 것과 같은 현실적인 방안을 마련해야 할 것이다.

문법형태소의 이형태로서 표제어로 실리는 것 중에는 독립된 음절을 형성하지 못한 자음을 가진 것들이 있다. 목적격조사 {를}의 이형태 'ㄹ', 보조사 {는}의 이형태 'ㄴ', 보조사 {일랑}의 이형태 'ㄹ랑', 관형사형어미 {-은}과 {-을}의 이형태 '-ㄴ'과 '-ㄹ', 명사형어미 {-음}의 이형태 '-ㅁ', 종결어미 {-읍시다}의 이형태 '-ㅂ시다[ㅂ씨다]' 등이 그러한 예이다. 종이사전에서 이들의 발음을 문자로 제시하는 것은 문제가 없겠지만 전자사전에서 음성으로 제시할 때는 문제가 된다. 자음만을 발음하는 것은 불가능하기 때문이다.[17] 실제로 최근에 개통된 웹사전 『한국어 기초사전』(http://krdic. korean.go.kr)은 보조사 {는}의 이형태 '는'과 '은'의 발음을 음성으로 들려주지만 'ㄴ'의 발음은 들려주지 않고 있다. 이런 경우에는 해당 문법형태소가 참여한 어절 용례의 발음을 음성으로 제공하는 것이 합리적일 것이다.

5.1.3. 구

『학습』은 구를 부표제어로 실었다. 그리고 부표제어 가운데 명사 나열 형 연어에 대해서만 발음을 표시했다. 이에 해당하는 실제 예는 매우 적다. 좀더 친절한 사전이 되려면 모든 부표제어에 발음을 표시해야 할 것이다.

구의 발음표시를 생략하는 것보다 구의 준말에 대한 발음표시를 생략하는 것이 이론적으로나 실제적으로 더 큰 문제이다. 『표준』은 구는 물론이고 구의 준말에 대해서도 발음을 제시하지 않았다. 예를 들어 '쟤'를 '저 아이'의 준말로 풀이하고 발음을 표시하지 않았다. 『조화』, 『조선어』, 『학습』 역시 '쟤'를 표제어로 싣고 '저 아이'의 준말로 풀이했는데, 『조화』는 [tʃɛ: ㅕㅡ]로, 『조선어』는 [tʃɛ:]로 표시했고 『학습』은 [쟤 tsjɛ]로 표시하고 있다. '쟤'는 사실 '저 아이'의 준말이 아닌 '저 애'의 준말로 풀이하는 것이 정확하다.[18] 이렇게 보면 『학습』의 발음표시 [쟤 tsjɛ]에 장음부호가 빠진 잘못을 발견할 수 있다. '애[애:]'가 장음을 가지고 있음을 고려하면 '얘, 걔, 쟤' 역시 모두 장음을 가진 것으로 보아야 하기 때문이다. 또 'ㅈ' 뒤에서 이중모음 'ㅒ'가 온전히 발음된다고 표시한 것도 문제이다.

---

17 김종덕(2008:88)에서는 『학습』의 '-ㄴ답니다[ㄴ담니대'와 '-ㄹ지[ㄹ찌]'가 어떻게 발음하라는 것인지 알 수 없는 문제가 있다고 했다. 그러나 종이사전에서 발음을 이와 같이 표시하는 것이 잘못이라고 할 수 있는지는 확실치 않다.

18 '애'가 '아이'에서 발달한 것은 사실이나 이제는 뜻이 조금 달라져서 다른 단어가 되었다고 보아야 한다. 따라서 '저 아이'는 '쟤'의 할아버지쯤 된다고 할 수는 있겠으나 '쟤'의 본말은 아니다(이익섭 2005:98). '얘, 걔, 쟤'의 본말은 각각 '이 애, 그 애, 저 애'로 보아야 마땅하다.

『학습』에서 '-지요'의 준말인 '-죠'의 발음을 [조 dzo/쪼 ts'o]로 표시한 것처럼 'ㅈ, ㅉ, ㅊ' 뒤에서 반모음 'j'는 탈락한다고 보아야 한다. 따라서 '재'의 발음은 『조화』, 『조선어』처럼 [재: ʃɛ:]로 표시하는 것이 정확하다. 어쨌든 구의 준말에 대해서도 발음은 제시되어야 한다.[19]

5.1.4. 굴절형과 용례

굴절형(곡용형과 활용형)도 발음표시의 대상으로 삼는 일은 외국인을 위한 국어사전에서 오랜 전통이다(간노 1992). 내국인을 위한 국어사전 가운데는 동아출판사 편 『동아 새국어사전(개정판)』(1994)에서 '낮이[나치], 낮을[나츨]', '여덟이[여덜비], 여덟을[여덜블]'과 같이 곡용형에 대해 부분적으로 발음을 제시한 바 있었는데 『표준』에서 굴절형의 발음표시가 전면적이고 체계적으로 제시되었다.[20]

『조화』는 용례에서도 부분적으로 발음표시를 했다. 예를 들어 명사 '숨'의 용례 '~(을)쉬다'에 [~ʃwida シュイダ/~ɯl ʃwi:da スームルシュイーダ]와 같이 발음을 표시했다. '숨쉬다'와 같이 사용할 때는 '쉬'를 단음으로, '숨을 쉬다'와 같이 사용할 때는 '쉬'를 장음으로 발음한다고까지 정밀하게 표시했다. 또 수사 '십'의 예문으로 "할아버지 연세는 80(팔'십)이 넘'습니다."를 제시했는데 여기서 닫는 따옴표(')는 표기에 반영되지 않은 경음화가 일어남을 나타낸다. 용례에 대한 발음표시는 내국인을 위한 국어사전에서는 필요성이 적을 것이나 외국인을 위한 국어사전에서는 학습의 효과를 최대화하기 위해 『조화』가 보여 준 것과 같은 적절한 발음표

---

19 시각장애인을 위해 전자사전의 텍스트 전체를 음성으로 제공하는 경우에는 구 표제어든 아니든 발음정보가 저절로 제시될 수밖에 없다.

20 그렇지만 굴절형에 대한 『표준』의 발음표시가 이상적인 것은 아니다. 활용형의 발음표시 문제를 용언활용표의 관점에서 다룬 배주채(2010) 참조.

시가 필요할 것이다.

5.2. 발음의 변이에 대한 정보

한 단어의 발음이 여럿일 때 사전편찬자의 고민은 깊어진다. 체언과 용언어간의 경우 곡용형과 활용형의 발음을 표시하는 방식으로 이 문제를 해결하고 있음을 앞 절에서 보았다. 그리고 『학습』에서는 문법형태소의 이형태 교체도 표시하려고 하고 있음도 보았다. 이러한 형태음운론적 교체를 비롯하여 사전에 표시해야 할 발음의 변이는 언어 내적 요인에 따른 변이와 언어 외적 요인에 따른 변이로 나눌 수 있다.

  (29) 언어 내적 요인에 따른 변이
      ① 형태음운론적 교체: 형태소의 이형태들, 어휘소의 변이형들
      ② 품사나 의미에 따른 발음의 변이
  (30) 언어 외적 요인에 따른 변이
      지역방언과 사회방언에 따른 발음의 변이

영어의 경우 한 단어가 품사에 따라 발음이 달라지는 일이 흔하다. 특히 명사와 동사로 쓰이는 단어들이 강세의 위치가 달라지고 그에 따라 모음의 변이가 나타나는 예들이 꽤 많다. 이 경우에 품사별로 발음표시를 다는 것은 당연한 일이다.

그런데 한 단어가 의미에 따라 발음이 달라지는 일은 매우 드물다. 그러나 간혹 나타나는 그런 경우에는 다음과 같은 영어사전의 처리처럼 의미별 발음표시가 필요하게 된다.

(31) housewife [háuswàif] 명 1. (가정) 주부. 2. [보통 hʌzif] (영) 반짇고리.[21]

　'housewife'의 발음정보란에 일단 [háuswàif]라고 표시해 놓고서 2번 의미에 다시 [보통 hʌzif]라는 발음표시를 특별히 달고 있다. 같은 단어라도 의미에 따라 발음이 달라짐을 표시하기 위해서는 이렇게 처리할 수밖에 없다.

　국어에서는 한 단어가 품사에 따라 발음이 달라지는 예는 찾기 어렵지만 의미에 따라 발음이 달라지는 예는 있다. 국어의 부사 '서로'는 일반적으로 [서로]로만 발음되지만 '둘 이상이 앞다투어'의 의미일 때는 [서:로]로 발음될 수 있다. 이때의 장음은 표현적 장음으로서 변별적 기능은 없다.[22] 그렇지만 대사전이라면 '서로'라는 단어가 특정 의미로 쓰일 때만 그러한 표현적 장음이 나타날 수 있음을 다음과 같이 표시해야 할 것이다.

(32) 서로 [부] ① 관계를 이루는 둘 이상의 대상이 그 상대에 대하여.
　② (경쟁의 심함을 강조할 때 [서 : 로]로 발음할 수 있음) 둘 이상이 앞다투어.[23]

---

21 포털사이트 '다음'의 영어사전(http://dic.daum.net)으로 실린 금성출판사 편(2006) 『그랜드 영한사전』의 내용이다.
22 몇 년 전 사석에서 홍재성 선생님(전 서울대)은 '서'에 놓인 강세의 사전적 처리의 어려움을 지적하신 바 있다. 본문에서 이것을 표현적 장음으로 보고 제시한 처리 방안은 필자의 것이다. '서로'의 이러한 특수성은 사실 홍재성(1985)에서 대칭구문의 '서로'와 달리 경쟁구문의 '서로'의 '서에 강세가 놓일 수 있다고 지적한 데서 이미 드러났었다. 이 논문의 존재를 일깨워 준 박진호 선생(서울대)께 감사를 드린다.
23 심사위원 중 두 분은 이와 같이 표현적 장음을 표시하는 데에 회의적인 의견을 제시했다. 그러나 표현적 장음은 어휘적 변별성은 없지만 원어민이 자유자재로 부려쓸 수 있는 언어요소이고 단어에 따라 출현 가능 여부가 달라 규칙으로써 예측할 수 없으므로 사전에 실을 정보에 속한다고 본다. 다만 아직 표현적 장음에 대한 연구가 충분히 이루어져 있지

(30)과 같은 지역방언과 사회방언에 따른 발음의 변이로서 국어사전에 반영해야 할 대표적인 예는 표준발음과 현실발음의 문제이다. 『표준』과 같은 규범사전은 표준발음만 제시하므로 이 문제에 대한 고민은 없다. 다만 (10), (14)와 관련하여 논의한 바와 같이 원칙적인 표준발음과 허용하는 표준발음을 일일이 다 제시하느냐 하는 문제만 남는다.

한편 외국인을 위한 국어사전은 현실발음에 대한 요구가 매우 크다.[24] 『조화』, 『학습』이 이러한 요구에 부응하려고 노력했다. 만약 국어사전이 철저한 기술적 태도를 취한다면 현실발음을 전면적으로 제시하게 될 것이고 §5.1.1에서 본 외래어의 발음도 규범의 확립과 관계없이 제시하게 될 것이다. 그런데 이제는 현실발음으로 반영할 발음의 정체가 문제가 된다. 누구의 발음 또는 어떤 집단의 발음을 현실발음의 표본으로서 사전에 실을 것인가 하는 언어 외적 문제에 부딪치게 된다. 한 예로 '비행기[비앵기], 전화[저놔], 감흥[가믕], 황혼[황온], 결혼[겨론]' 등 ㅎ탈락이 현실발음에서 자주 나타나고 'ㅔ'와 'ㅐ'의 합류와 음장의 소실 역시 꽤 일반화되어 있는데 이러한 현실을 반영한 사전은 아직 없다.[25] 이러한 발음들까지도

않아 사전에 잘 반영할 수 없을 뿐이다. 그럼에도 불구하고 『연세』가 표현적 장음을 표시하려고 시도한 것 자체는 높이 평가할 만하다. 김선철(2011)은 『연세』가 표현적 장음을 표시한 것이 사전학적으로 문제가 되는지는 따지지 않고 『연세』에 표시된 표현적 장음 자료를 대상으로 하여 표현적 장음이 나타나는 조건을 밝히려 한 연구이다. 한편 전남방언의 부사 '벌써(예상보다 빠르게 어느새)'와 '폴:쎄(이미 오래전에)'는 똑같이 중세국어의 '볼써'에 소급된다. 이것이 특정 의미로 쓰일 때만 어두 유기음화와 어두 장음화를 겪어 결국에는 어휘분화에 이르게 되었다. 따라서 '서로'의 표현적 장음이 필수화되면 장단의 구별에 따라 어휘분화가 일어날 가능성도 있다. 이 점에서 '서로 ①'과 '서로 ②'의 발음상의 차이를 사전에 표시할 필요가 있다고 본다. '벌써'의 두 방언형은 이기갑 외 편(1997) 참조.

24 배주채(2001)은 국어사전에서 찾을 수 없는 현실어의 예들을 제시하면서 외국인을 위한 국어사전이 규범적이기보다 기술적이어야 함을 논의한 바 있다.

25 배주채 외 편(2000) 『외국인 학습자를 위한 초급 한국어 사전 개발』(문화관광부 보고서)은 ㅎ탈락이 일어난 현실발음을 적극적으로 표시한 점에서 예외이다.

국어사전에 수용할지 결정하는 일은 쉽지 않을 것이다.

이보다 더 큰 언어 외적 문제는 남북 화해와 공영을 지향하게 될 미래에 북한의 표준발음(즉 문화어의 발음)을 어떻게 수용하느냐 하는 문제일지도 모른다. 상당수의 영어사전에서 영국식 발음과 미국식 발음을 병기하는 것처럼 국어사전에서도 남과 북의 발음이 다를 때는 병기하는 것이 가장 현실적이고 합리적인 방안이 될 것이다.

6. 발음표시의 형식

매체에 따른 사전의 유형별로 발음표시의 형식이 달라져야 한다. 종이사전에서는 시각정보만을 제시할 수 있지만 전자사전에서는 시각정보뿐만 아니라 청각정보도 제시할 수 있기 때문이다.

6.1. 종이사전

종이사전에서 발음을 표시하기 위해 제시하는 시각정보란 발음을 적는 문자이다. 국어사전에서는 그러한 문자로 한글을 즐겨 이용한다. 어떤 문자로 발음을 표시하느냐 하는 문제는 발음을 어느 정도까지 정밀한 수준으로 표시하느냐 하는 문제와 어느 정도 독립적이면서도 깊은 관계가 있다. 즉 음소 수준으로 표시할 때는 한글로 표시하는 것이 별 문제가 없지만 변이음 수준으로 표시할 때는 국제음성기호의 사용이 필수적이기 때문이다.

(33) 발음표시에 사용하는 문자

　① 한글

　② 국제음성기호

　③ 학습자 모어의 문자[26]

(34) 발음표시의 정밀성

　① 음소 수준

　　ㄱ. 표시내용이 간단하다.

　　ㄴ. 표시에 사용되는 문자로 한글과 음성기호가 모두 가능하다.

　　ㄷ. 한국인에게 필요한 발음정보를 제공하는 데 효과적이다.

　② 변이음 수준

　　ㄱ. 표시내용이 복잡하다.

　　ㄴ. 표시에 사용되는 문자로 음성기호가 가능하다.

　　ㄷ. 한국어의 발음에 익숙하지 않은 외국인에게 필요한 발음정보를 제공하는 데 효과적이다.

　내국인을 위한 것이든 외국인을 위한 것이든 모든 국어사전에 음소 수준의 발음표시와 변이음 수준의 발음표시를 함께 제시해야 한다고 볼 수도 있다.[27] 한국어 원어민이라도 발음에 민감한 사람은 변이음 수준의 발음표시를 원할 수 있고 비원어민이라도 고급 수준에 가서는 음소 수준의 발음표시를 더 편리하게 느낄 수 있기 때문이다. 『조화』, 『조선어』, 『학

---

26 학습자 모어의 문자를 이용하여 발음을 표시하는 일은 외국인이 출판한, 외국인을 위한 국어사전에서 흔히 볼 수 있는 현상이다. 『조화』, 『조선어』도 가나로 발음을 표시하고 있다. 초급 수준의 학습자에게는 어느 정도 도움이 될 것이다.

27 김선철(2006)은 내국인을 위한 국어사전에서도 방언화자 등을 위하여 국제음성기호로써 변이음 수준의 발음표시를 해야 한다고 했다.

습』등 외국인을 위한 국어사전은 실제로 그와 같이 두 가지 발음을 모두 제시하고 있다. 그러나 내국인을 위한 국어사전에서 변이음 수준의 발음 표시를 전면적으로 보이는 것은 지면의 지나친 낭비와 대부분의 사전이 용자가 접근하기 어려운(실은 접근하려고 하지도 않는) 정보의 범람을 초래할 것이다. 굳이 그러한 정보의 제시가 필요하다면 일러두기에서 종합적으로 기술하고 마는 것이 나을 것이다.

6.2. 전자사전

종이사전의 발음표시를 전자사전에 그대로 옮겨 싣는 것이 가장 초보적인 방식이다. 사전의 다른 정보, 이를테면 품사정보 같은 것은 종이사전의 제시 형식과 전자사전의 제시 형식이 달라질 수가 없다. 예를 들어 종이사전에서 명사를 명이라는 약호로 표시한 것을 전자사전에서도 그대로 받아들일 수밖에 없는 것이다. 그렇지만 발음정보는 전자사전의 장점을 가장 잘 살려 제시할 수 있는 항목이다. 발음정보의 가장 정확한 형식은 실제 발음을 그대로 들려주는 것이라고 할 수 있기 때문이다. 종이사전이 시각정보의 형식으로만 발음정보를 제시할 수 있는 반면 전자사전은 시각정보는 물론 청각정보로써도 발음정보의 원래 형태인 음성형을 고스란히 제시할 수 있다는 점에서 전자사전은 발음표시를 위한 이상적인 사전 유형이라 할 수 있다. 필요하다면 그리고 정보량의 제한이 해결된다면 발음을 하는 사람의 음성기관의 움직임을 동영상으로 보여주는 것까지도 가능할 것이다.

현재 일반인이 쉽게 이용할 수 있는 인터넷 포털사이트의 국어사전, 전자수첩 형태의 국어사전, 휴대전화에서 이용할 수 있는 국어사전 등 여러 전자사전이 모두 발음을 들려주는 형식으로 발음을 제시하고 있다. 그렇다면 문자로 적어 주는 시각정보 형식의 발음표시는 불필요하다고 생각할 수도 있다. 그러나 그것은 그렇지 않다.

첫째, 전자사전이 들려주는 발음은 모범적인 발음 한 가지(경우에 따라서는 남자 발음 한 가지와 여자 발음 한 가지)이다. 그 발음은 파롤이다. 그것은 옳은 것으로 인정할 수 있는 발음의 예 전체 중 극히 일부에 불과하다. 그러나 사전이용자에게 제공해야 하는 것은 랑그로서의 발음이어야 한다. 랑그로서의 발음이란 현실에서 존재할 수가 없다. 어른이든 아이든, 남자든 여자든, 아나운서든 일반인이든 어느 누구의 발음도 모범적이라고 할 수 있을지는 모르지만 랑그로서의 발음이라고 할 수는 없기 때문이다.

둘째, 전자사전이 들려주는 발음은 사전이용자의 듣기능력에 따라 달리 해석될 수 있다. 예를 들어 어떤 비슷한 두 단어의 발음이 완전히 같은지 어느 한 부분이 다른지 사전이용자에 따라 판단이 다르거나 잘 판단하지 못할 수 있다. 특히 초분절음 같은 경우에는 일반인이 정확한 판단을 하지 못할 가능성이 상당히 크다.

따라서 전자사전에서 청각정보 형식으로 발음을 제시하더라도 문자로 표시하는 전통적인 발음표시 방식은 반드시 필요하다.

7. 마무리

국어사전의 발음표시는 한편으로는 국어학 및 사전학의 성과에 바탕을 둔 『표준국어대사전』과 다른 한편으로는 외국인을 위한 국내외 국어사전들을 통해 합리적인 방향으로 발전해 왔다. 이에 기왕의 국어사전들의 발음표시 양상을 돌아보고 앞으로 나아갈 길을 탐색해 보았다. 이 작업을 통해 얻은 주요 결론을 정리하면 다음과 같다.

(35) 규범사전이 표준발음만을 제시하는 것은 당연하다. 그러나 실용적인 관점에서는 현실발음을 보여 주는 기술사전도 필요하다. 특히 외국인을 위한 국어사전들이 현실발음을 보여 주어야 할 필요성은 더 크다.

(36) 외국인을 위한 국어사전이 변이음 수준의 정밀표기를 제시하는 것은 타당하나 그 표시방법은 개선의 여지가 많다.

(37) 국어사전이 발음표시를 해야 하는 이유가 사전이용자가 해당 표제어를 잘 발음하도록 돕는 것만이 아님을 사전편찬자들이 잘 인식할 필요가 있다.

(38) 구, 의존요소, 준말 등 모든 유형의 표제어에 대해 발음표시가 있어야 하지만 특히 의존요소의 발음표시 방법은 현재보다 더 정교해질 필요가 있다.

(39) 형태음운론적 교체에 따른 발음의 변이는 꽤 잘 표시되고 있으나 의미에 따른 변이나 언어 외적 요인에 따른 변이를 표시하는 문제는 더 연구가 필요하다.

(40) 종이사전에서는 발음표시에 사용하는 문자와 발음표시의 정밀성을 잘 결정해야 한다. 전자사전은 발음정보를 실제 음성형으로 제시할 수 있으므로 발음정보를 제공하는 데에 이상적인 형태의 사전이라고 생각할 수도 있지만 음성형을 들려주는 것만이 좋은 발음 제시 방법은 아니다.

앞으로는 국제화의 진전에 따라 내국인을 위한 국어사전과 외국인을 위한 국어사전의 경계가 점차 희미해질 것이고 전자기술의 발달로 전자사전이 보편화될 것이다. 또 남과 북이 궁극적인 언어적 통일을 위해 국어사전의 통일을 추구하게 될 것이다. 한마디로 국어사전은 내국인을 위한 규범사전이라는 작고 단순한 틀을 벗어나 새로운 환경에 적응하여 진화하고 있다. 발음표시뿐만 아니라 국어사전이 제공하는 다른 정보들의 제시 방식도 전환기의 변화에 적절히 대처해야 할 것이다.

참고문헌

간노 히로오미[菅野裕臣](1992) 「외국인 편찬 한국어 대역 사전의 현황과 문제점」, 『동양 삼국의 사전 편찬에 관한 국제학술회의』, 국립국어연구원. [『새국어생활』 2:4에 재수록]

국립국어연구원(2003) 『표준국어대사전 편찬지침 1』.

권인한(1998) 「표준 발음의 사전적 처리」, 『새국어생활』 8:1.

_____(2006. 4.) 「국어사전의 발음 표시에 대하여」, 편찬위원회 편, 『이병근선생퇴임기념 국어학논총』, 태학사.

김선철(2004ㄱ. 3.) 「표준 발음법과 언어 현실」, 『새국어생활』 14:1.

_____(2004ㄴ. 12.) 「국어 발음 사전의 현황과 과제」, 『한말연구』 15.

_____(2006. 12.) 「국어대사전의 새로운 발음정보 처리 방법에 대하여」, 『언어학』 46.

_____(2011) 「국어 형용사와 부사의 표현적 장음화: ≪연세 한국어 사전≫을 중심으로」, 『언어학』 59.

김종덕(2008) 「국어사전에서의 발음 정보 처리에 대하여」, 『한국사전학』 12.

남기심(1987. 12.) 「국어사전의 현황과 그 편찬 방식에 대하여」, 『성곡논총』 18.

민현식(1999) 『국어정서법 연구』, 태학사.

박동근(2007) 「국어사전의 외래어 발음 표시 방안」, 『겨레어문학』 39.

배주채(2001) 「외국인을 위한 한국어사전의 방향」, 『성심어문논집』 23.

_____(2009) 「외국인을 위한 한국어사전 개관」, 『한국사전학』 14.

_____(2010) 「국어사전 용언활용표의 음운론적 연구」, 『한국문화』 52.

유타니 유키토시[油谷幸利](2003) 「조선어 사전의 편찬: 학습자를 위한 한일사전」, 서상규 편『한국어 교육과 학습 사전』, 한국문화사.

유현경·남길임(2009. 2.)『한국어 사전 편찬학 개론』, 역락.

이기갑 외 편(1997)『전남방언사전』, 전라남도.

이익섭(2005)『한국어 문법』, 서울대출판부.

이병근(1989)「국어사전과 음운론」,『애산학보』7. [이병근(2000)『한국어 사전의 역사와 방향』(태학사)에 재수록]

_____(1990)「음장의 사전적 기술」,『진단학보』74. [이병근(2000)『한국어 사전의 역사와 방향』(태학사)에 재수록]

이철수(1980)「표준말의 발음표시: 국어발음사전의 발음표기원칙」,『어문연구』27.

이현복(1987. 3.)「국어사전에서의 발음표시」,『어학연구』23:1.

임홍빈(2004)「『외국인을 위한 한국어 학습 사전』교열 작업에 대한 전문가 자문 내용」,『"외국인을 위한「한국어 학습 사전"』보완·개편 사업 결과 보고서』, 문화관광부.

지준모(1969)「사전론: 의미와 발음과 품사를 중심으로」,『어문학』20.

홍재성(1985)「한국어 경쟁 구문에 대한 몇 가지 지적」,『한글』187.

홍종선 외(2009. 10.)『국어 사전학 개론』, 제이앤씨.

이 글을 다시 읽으며

국어사전의 발음표시 문제에 대한 상당수의 논의는 특정 사전이 제시하는 발음이 옳은 발음인가 아닌가 하는 문제에 집중해 왔다. 그러나 사전의 경우 그 문제에 대한 대부분의 책임은 사전편찬자에게 있지 않다. 사전편찬자는 음운론 연구에서 이미 밝혀진 어떤 단어의 발음을 사전에서 어떻게 보여 줄 것인가에 더 신경을 써야 하기 때문이다. 이 논문은 그러한 문제의식에서 출발했다.

국어사전의 발음표시 문제는 오랫동안 종이사전을 전제로 논의되어 왔다. 전자사전은 사전이 제공하는 여러 정보 가운데 발음정보의 제공 방식에 가장 큰 변화를 가져오고 있다. 이 논문의 §6.2에서 전자사전의 발음표시 문제를 간략히 다루기는 했지만 더 본격적인 논의가 필요해 보인다.

13장

사전의 미래

종이사전과 전자사전이 공존하는 시대가 왔다. 아니, 종이사전이 급격히 쇠퇴하고 전자사전이 사전의 세상을 정복하는 순간이 코앞에 닥쳤다. 사전의 짧지 않은 역사를 생각하면 그야말로 순식간에 벌어지고 있는 변화이다. 컴퓨터라는 기계의 등장으로 우리 사회의 여러 분야가 상전벽해가 되었지만 사전만큼 그 변화가 큰 분야는 흔치 않다.

컴퓨터의 등장은 우선 사전편찬의 방법을 크게 바꾸어 놓았다. 전통적으로 종이사전을 편찬할 때는 사전에 넣을 정보를 카드에 기록해 나가면서 카드의 분류와 배열을 바꾸기도 하고 카드의 내용을 고치기도 하는 일에 많은 사람이 오랜 시간을 매달려야 했었다. 종이사전의 편찬에 컴퓨터를 활용하게 되면서는 일손과 시간의 절약은 물론 사전의 내용을 훨씬 더 정확하고 일관성 있게 구성할 수 있게 되었다.

뒤이은 컴퓨터 기술의 발달로 전자사전이 등장하면서 사전의 사용법도 크게 바뀌었다. 무엇보다도 방대한 규모의 사전이 손바닥 안에 들어오게 되었으며 사전에서 필요한 정보를 찾는 것이 매우 쉬워지고 빨라지게 되었다.

그동안의 사전학적 연구는 대부분 종이사전의 편찬을 전제하고 이루어져 왔다. 전자사전을 기준으로 한 사전학적 연구도 최근에 이루어지고 있지만 아직 전자사전의 진화가 진행 중이므로 현재까지의 사전학적 연구들이 앞으로 등장할 전자사전의 편찬과 이용에 얼마나 기여하게 될지는 가늠하기 어렵다.

사전은 사람이 알고 싶어하는 여러 종류의 정보 가운데 언어에 관한 정보만 모아 원하는 정보를 쉽게 찾을 수 있도록 구성한, 책의 특별한 유형이다. 언어에 관한 정보만 모아 책으로 만든 이유는 언어가 다른 정보들을 얻는 도구로서 중요하기 때문에 그에 관한 정보를 책으로 엮을 필요성이 컸고 또 그렇게 모은 것만으로도 책으로 만들어 유통할 만한 분량이 되었기 때문이다.

컴퓨터 기술의 발달은 책과 같이 정보를 담는 그릇의 크기를 획기적으로 변화시켰다. 종이사전의 시대에는 사전에 실을 내용이 너무 많아 사전의 크기가 너무 커지지 않도록 하기 위해 글자 크기를 줄이거나 온갖 약호를 사용해 최대한 간결하게 표현하거나 얇은 종이를 쓰거나 하는 등의 노력을 기울였다. 전자사전의 편찬에서는 그러한 노력을 거의 할 필요가 없다. 그보다는 사람들이 원하는 정보를 최대한 정확하고 풍부하게 제시하고 더 쉽고 빠르게 검색할 수 있도록 하는 것이 더 중요한 목표이다. 그러한 목표는 벌써 상당한 수준으로 실현되고 있다.

사람들은 자신들이 알고 싶어하는 정보가 언어에 관한 정보인지 아닌지에 얽매이기를 원하지 않는다. 모르는 것을 언어사전에서 찾아야 할지 백과사전에서 찾아야 할지, 아니면 다른 어떤 책에서 찾아야 할지를 고민하는 데 시간과 노력을 허비하고 싶어하지 않는다. 사람들은 알고 싶은 것을 빨리 정확하게 알면 그것으로 만족한다. 그렇게 도와주는 것이 사전이라는 책이든 다른 종류의 책이든 컴퓨터 같은 기계이든 상관이 없다. 사람들에게 필요한 것은 세상의 모든 정보를 통합적으로 저장하고 있다가 제공해 주는 장치이다.

　전자사전이 언어사전과 백과사전을 통합적으로 수록하는 것은 그러한 장치의 초보적인 모습이다. 궁극적으로는 세상의 모든 정보를 아우른 정보창고가 사전을 대신하게 될 것이다. 그것을 어떻게 보면 사전의 발전이라고 할 수도 있지만 실제로는 사전의 죽음이라고 해야 정확할 것이다. 훗날 인류문명의 역사를 거시적으로 바라보는 사람들의 눈에 사전은 종이책 시대에 일시적으로 나타났다가 사라진 특별한 유물에 지나지 않을 것이다. 그러나 그것이 인류사에서 사전이 불필요한 존재였음을 뜻하는 것은 아니다. 돌도끼가 없었으면 어떻게 쇠도끼가 나왔을 것이며 상형문자가 없었으면 어떻게 표음문자가 나타날 수 있었겠는가?

2장 국어 어휘의 통계적 특징

On the statistical characteristics of Korean vocabulary

The characteristics of Korean vocabulary can be well described in terms of statistics. The basic vocabulary (Bv hereafter) and the whole vocabulary (Wv hereafter) show a little different statistical aspects.

(1) ng(ㅇ) is the most frequent first letter and g(ㄱ), s(ㅅ), j(ㅈ), b(ㅂ) follow it in the order named in both Bv and Wv, while ng(ㅇ), m(ㅁ), n(ㄴ) have slightly higher frequency in Bv than in Wv.

(2) Two, three, and four syllables are the most frequent in the order named in both Bv and Wv, while their frequencies are higher in Bv than in Wv.

(3) Nouns occupy 75.86% of Wv and 54.97% of Bv. This means that the higher the level of vocabulary, the more predominent the nouns. Accordingly dependent nouns, pronouns, numerals, auxiliary verbs, and auxiliary adjectives are destined to be driven in Bv.

(4) The derivative verbs from -*doeda*(-되다), -*georida*(-거리다), -*daeda*(-대다) have lower percentage in Bv than in Wv. On the other hand, the derivative adverbs from -*i*(-이), -*hi*(-히) have higer percentage in Bv than in Wv.

(5) Native-Korean words are the major part of Bv, whereas

sino-Korean words are a supermajority of Wv with a percentage of 57.26.

3장 韓日 **기초어휘의** 複合度 **대조**

韓日の基礎語彙の複合度対照

　言語類型論は主に屈折形態論と関連して一つの単語を構成する形態素の数に関心を持ち続けてきた。それは造語論においても意義がある。単語を単純語と複合語に分類するとき、単純語は単形態素語、複合語は多形態素語である。語彙の中で複合語が占める割合、つまり複合語度の面で各言語の類型を考察する必要がある。

　韓国語と日本語は系統的にしても類型論的にしても非常に近い言語である。また、長い間、中国語から数多い単語を借用してきたという共通点もある。そういうことで韓国語と日本語の複合語を対照することは意味がある。まず、この二つの言語の基礎語彙を対象にして複合度を調べた結果、基礎語彙全体から韓国語の複合度(42.57)のほうが日本語(21.69)の二倍程度高いことがわかった。等級別、品詞別に対照したとき、副詞を除けばほかは全部韓国語の複合度が遥かに高かった。したがって、単語の分析的な理解は語彙学習をすることに当たって日本語より韓国語のほうが大いに役に立つであろうと思われる。

4장 '달라, 다오'의 어휘론

A lexicological study on *dalla, dao*

Conjugational forms *dalla* (달라) and *dao* (다오) have been considered word-forms of a lexeme *dalda* (달다) 'to give me/us', but they should be treated as word-forms of a lexeme *juda* (주다) 'to give'. From a morphological point of view, a morpheme {ju-} has three allomorphs /ju-/, /dal-/, /da-/, of which /dal-/, /da-/ are suppletive forms. From a lexicological point of view, lexemes «ju-» 'to give', «bwaju-» 'to tolerate', «al'aju-» 'to appreciate' have /dal-/, /da-/; /bwadal-/, /bwada-/; /aladal-/, /alada-/ repectively. These alternations are both morphologically and semantically conditioned. On the contrary lexemes «jug'yeoju-» 'to be cool, great', «kkeutnaeju-» 'to be gorgeous' have regular paradigms.

Major Korean dictionaries list *dalda* as a headword, giving a definition of it with example sentences, which means they regard *dalda* as a lexeme. However they neither divide it into sememes along with *juda* nor mention the gaps in the paradigm of *juda* that could be supplied by *dalla, dao*. This lack of consistency in dealing with *dalda* and *juda* comes from lexicological ignorance of *dalla, dao*. *dalda* cannot be a headword because it is not a lexeme. The entry of *juda* should include *dalla* and *dao* as its conjugational forms and give enough examples with *dalla* and *dao*. Compound verbs such as *bwaju-* should also be described as having suppletive forms like *bwadal-, bwada-*.

The lexicographic description of the grammatical categories of *issda* and *gyesida*

There is no consensus among Korean dictionaries about the grammatical categories of *issda*(있다) and *gyesida*(계시다). It is no doubt that *issda* is a verb and adjective, *gyesida* is a verb. *Standard Korean Language Dictionary* (1999) has the least defects on this matter, which should still be corrected. (1) It should add *issda* as an auxiliary adjective. (2) It should show example sentences with *issda* and *gyesida* as a decent auxiliary verb. (3) It should add *iss-eun*(있은) as a conjugated form of *issda*. (4) It should properly link *issda* with *gyesida* as its honorific counterpart. (5) It should adapt example sentences to have various conjugated forms.

6장 '물론'의 품사와 구문

The grammatical category of *mullon* and constructions with it

The sino-Korean word *mullon*(勿論) belongs to the basic vocabulary of Korean. Its grammatical category is not noun but adverb, which is the minor view among Korean dictionaries. The constructions with *mullon* are of three types. The first type consists of sentential adverb *mullon* followed by a sentence. The second is 'NP/S+postposition+*mullon*+(copula)', in which there are some constraints on S, postposition and copula. Copula-ellipsis may occur in this construction, when copula is in a connective form. The third is '*mullon*+(copula)'. One of its subtype, *mullon*, representing a sentence by itself possibly stems from the first type.

7장 '잘생기다류'의 품사

The grammatical category of *jalsaenggida* type

The grammatical category of *jalsaenggida* type that includes *mosnada, mosdoeda, mossaenggida, andoeda, jalnada, jalsaenggida* is not adjective but verb. It has been mistaken for adjective due to its special conjugation that its past-form means state rather than action. But it shares the special conjugation with *neulgda* type which is undoubtedly verb. The special conjugation of these two types can be explained in terms of aspect. Their past-forms should be interpreted as perfective aspect, meaning present state. While *neulgda* type is used to mean both action and state, *jalsaenggida* type only state. In short, *jalsaenggida* type has adjective mind in verb body.

8장 외국인을 위한 한국어사전의 방향

The right direction of Korean dictionaries for foreigners

We don't have a Korean dictionary for foreigners worthy of the name. The first Korean dictionary for foreigners should be a print dictionary rather than an electronic dictionary, and a pocket dictinary rather than an comprehensive dictionary. It should be bilingual or multilingual but not monolingual, and descriptive but not prescriptive. The most important in the macrostructure of it is to mark the priority of each headword. The meaning of each headword should be shown not by definition but by translation. The most important in the microstructure of it may be good examples that would help users have a command of the headwords. In general it should aim for being practical.

9장 외국인을 위한 한국어사전 개관

An overview of Korean dictionaries for foreigners

Korean dictionaries for foreigners (hereafter KDFs) have a long history of 900 years or so, if *Gyerimyusa* (鷄林類事) is considered the first of them. But many of us would be stricter about the qualification for a KDF so that one of *New Korean-English Dictionary* (1968), *Cosmos Korean-Japanese Dictionary* (1988), *Shogakukan Korean-Japanese*

Dictionary (1993), *Learner's Dictionary of Korean* (2006) should be the first one. The first three are bilingual dictionaries and the last is a monolingual dictionary.

Learner's Dictionary of Korean (2006) was made with the help of two corpus-based Korean dictionaries for Koreans (hereafter KDKs), i.e. *Yonsei Korean Dictionary* (1998) and *Standard Korean Language Dictionary* (1999). So it has many good points that the preceding KDKs didn't have. But its Achilles' heel is that it was written only in Korean, so most of Korean learners below advanced level cannot understand the dictionary texts. It is urgent to translate it into foreign languages. In addition to this regular KDF, many special KDFs have been published home and abroad since 2000. There is a good outlook for KDF.

10장 사전 표제어의 성분구조 표시에 대하여

On giving constituent structures of headwords in Korean dictionaries

The constituent structure of a word is one of important information that a Korean dictionary should give in each lexical entry. It is marked by a hyphen between the two immediate constituents of some headwords in current Korean dictionaries. It is not a good way of giving constituent structures of headwords. First, the constituent structure of a headword should be shown in an independent space for word-formational information. Secondly, full but not immediate constituent structure should be shown. Thirdly, every constituent shown in the structures of headwords should be listed as a headword in the dictionary, i.e. making a cross-reference.

11장 국어사전 용언활용표의 음운론적 연구

A study on the tables of conjugation in Korean dictionaries

The purpose of this paper is to examine the tables of conjugation attached to 8 Korean dictionaries in terms of phonological perspective, out of which 3 were compiled by Japanese scholars. 4 dictionaries out of them try to classify conjugational endings phonologically, and 5 try to classify conjugational stems phonologically. *Cosmos Korean-Japanese Dictionary* (コスモス朝和辞典)(1988), *Shogakukan Korean-Japanese Dictionary* (朝鮮語辞典)(1993), and *Korea University's Korean Dictionary* (고려대 한국어대사전)(2009) show comparatively systematic and accurate tables of conjugation. Conjugational aspects are displayed in the most concise form in *Shogakukan Korean-Japanese Dictionary*, which still has minor defects. When we design a better table of conjugation, we should decide at the same time how to relate it to the conjugational descriptions in the main text of a dictionary.

On giving pronunciations in Korean dictionaries

Active lexicographical research on Korean dictionaries since the late 1980's made it possible for *Standard Korean Language Dictionary* (1999/2008) to reach a fairly good specification of pronunciations. Giving pronunciations in *Learner's Dictionary of Korean* (2006) became kinder and more practical owing to the two preceding user-friendly Korean dictionaries for Japanese. Yet those dictionaries need improvements in contents and form of showing pronunciations. For example, pronunciations of loanwords and grammatical morphemes should be more elaborately given, and it should be studied how to show phonological variations depending on word meaning or dialects in Korean dictionaries. And even electronic dictionaries need traditional alphabet-based specification of pronunciations together with replaying announcers' pronunciations.

(면 번호 뒤의 'n'은 각주란을 가리킴)

1. 사전 (연대순)

	315, 316, 337, 353n, 371
한글학회(1992) 『우리말 큰사전』	100n, 113, 141, 173n, 175, 245, 301n, 302n, 305n, 371n
사회과학원(1992) 『조선말대사전』	28n, 100n, 141, 146n, 149, 173n, 175, 245, 275n, 278n
유타니[油谷幸利] 외(1993) 『조선어사전』	103n, 105n, 141, 175, 226, 237, 246, 250, 252, 253, 255, 259, 262, 267, 316, 325, 339, 353n, 365, 371, 373, 374, 376
임홍빈(1993) 『뉘앙스 풀이를 겸한 우리말 사전』	98n, 113, 237
B. J. Jones 외(1993) *Standard English-Korean Korean-English Dictionary*	212n, 218
동아출판사(1994) 『동아 새국어사전』	113, 141, 148n, 175, 219, 379
이상억(1995) *Basic Korean Dictionary*	212n, 218, 247
동아출판사(1996) 『동아 프라임 한영사전』	225
홍재성 외(1997) 『현대 한국어 동사 구문 사전』	104, 281n
민중서림(1998) 『민중 초등학교 으뜸 국어사전』	225
연세대(1998) 『연세 한국어 사전』	92n, 97, 113, 141, 144, 175, 212n, 213, 219, 223, 232, 246, 258, 293n, 353n, 357n
이주행 외(1998) 『표준 한국어 발음사전』	225
국립국어연구원(1999) 『표준국어대사전』	26, 54n, 56, 56n, 59n, 92n, 93, 95, 97, 97n, 112, 113, 138, 141, 149, 169, 173n, 175, 212n, 213, 214, 219, 222n, 223, 231, 236, 246, 255n, 258, 267, 293n, 294, 315, 316, 327, 347, 353, 353n, 357, 371, 379
신현숙 외(2000) 『현대 한국어 학습 사전』	104, 254, 256, 265

2. 용어

■ 본서 수록 논문의 출전

● 어휘

새로 집필. 「어휘론의 주요 개념」

2010. 8. 30. 「국어 어휘의 통계적 특징」, 『최명옥 선생 정년 퇴임 기념 국어학논총』, 태학사. (875-896면)

2010. 2. 20. 「韓日 기초어휘의 複合度 대조」, 『일본연구』 28, 중앙대학교 일본연구소. (박지연과 공동) (113-135면)

2009. 12. 30. 「'달라, 다오'의 어휘론」, 『국어학』 56, 국어학회. (191-220면)

2000. 2. 20. 「'있다'와 '계시다'의 품사에 대한 사전 기술」, 『성심어문논집』 22, 가톨릭대학교 국어국문학과. (223-246면)

2003. 12. 30. 「'물론'의 품사와 구문」, 『국어학』 42, 국어학회. (53-81면)

2014. 2. 28. 「'잘생기다류'의 품사」, 『한국학연구』 32, 인하대학교 한국학연구소. (375-409면)

● 사전

2001. 2. 20. 「외국인을 위한 한국어사전의 방향」, 『성심어문논집』 23, 성심어문학회. (39-67면)

2009. 10. 25. 「외국인을 위한 한국어사전 개관」, 『한국사전학』 14, 한국사전학회. (7-51면)

2006. 4. 25. 「사전 표제어의 성분구조 표시에 대하여」, 『이병근선생퇴임기념 국어학논총』, 태학사. (737-755면)

2010. 12. 30. 「국어사전 용언활용표의 음운론적 연구」, 『한국문화』 52, 서울대학교 규장각한국학연구원. (23-52면)

2012. 12. 31. 「국어사전의 발음표시에 대하여」, 『어학연구』 48권 3호, 서울대학교 언어교육원. (407-433면)

새로 집필. 「사전의 미래」